均线看盘法

（第二版）

刘国栋　著

地震出版社
Seismological Press

图书在版编目（CIP）数据

均线看盘法／刘国栋著．—2版．—北京：地震出版社，2019.4
ISBN 978-7-5028-4834-7

Ⅰ．①均…　Ⅱ．①刘…　Ⅲ．①股票交易－基本知识　Ⅳ．①F830.91

中国版本图书馆CIP数据核字（2017）第250720号

地震版　XM3969

均线看盘法（第二版）

刘国栋　著

责任编辑：薛广盈　吴桂洪
责任校对：孔景宽

出版发行：地震出版社
北京市海淀区民族大学南路9号　邮编：100081
发行部：68423031　68467993　传真：88421706
门市部：68467991　传真：68467991
总编室：68462709　68423029　传真：68455221
证券图书事业部：68426052　68470332
http://seismologicalpress.com
E-mail：zqbj68426052@163.com
经销：全国各地新华书店
印刷：廊坊市华北石油华星印务有限公司

版（印）次：2019年4月第二版　2019年4月第四次印刷
开本：787×1092　1/16
字数：381千字
印张：23.25
书号：ISBN 978-7-5028-4834-7/F（5533）
定价：68.00元

再版序言

《均线看盘法》一书出版后，受到读者的热情欢迎，五年内已经三次印刷。为了满足广大读者的需要，现在推出第二版。

在新版付梓之前，作者对全书内容做了一次认真修订。

首先是在文字上做了进一步推敲和润色，表述尽量准确简明，通俗易懂，突出重点。

其次是修改和增加了部分章节，充实了有关内容。

一是在第五章增加了股市五线谱结构分析、K 线和均线分析。

二是在第六章增加了股市五线谱解盘。

三是新增了第七章五线趋势与三线数浪。

四是新增了第八章反转形态。

五是在第十章增加了有关“骗线”分析。

《均线看盘法》（第二版）共十二章，内容更加充实，更具有实战性和可读性。

借此机会，衷心感谢广大读者朋友来信对《均线看盘法》的高度评价及修改建议，恕不一一回复；同时也希望读者朋友们继续给予热情关注，多提宝贵意见。新浪微博：刘国栋书法作品网。

刘国栋

2019 年 2 月 18 日于长春

序　言

我的股票情缘与操盘秘籍

我是一个老股民，从 1991 年长春有股票交易所，我就抓宝似地闯入股市，至今已经 20 多年了。

为什么要炒股呢?

首先，是为了赚钱。在一个以金钱为生活载体的社会里，对金钱的追求成为普遍的价值追求，而生活压力成为最沉重的人生压力。贫困是我从农村荆棘丛中背过来的一个包袱，窘迫之至，怎样卸掉这个包袱呢?“君子爱财，取之有道”，股票市场无疑提供了一个难得的平台。我认为，炒股是上班族业余淘金的一种最好形式。投资办企业需要有大量资金、经验积累和人脉关系，需要投入很大精力，而炒股则不同，钱少也可以做，又不牵扯很多精力，很适合上班族的特点。所以，我一直把炒股作为自己的“第二职业”。

其次，是为了学习。由于工作的原因，我过去曾研读过经济理论，对经济工作也有过广泛接触，所以，有一个经济情结。我深知，台上表演的是政治，台下的基础是经济，经济领域才是社会生活的主战场。一直以来，我对于经济问题情有独钟，对股份制改革、资本市场建设尤其关注。搞股票投资，可以说是我为自己设定的一个学习课题，是我关注和了解经济问题的一个纽带、一个路径。炒股的过程，就是我研究经济问题，介入资本市场的过程。

第三，是为了博弈。赌性是人的一种天性，有竞争求胜的因素在里面。下围棋、打麻将总想争个输赢，不愿离场，但是，当我进入股市后，马上感觉到，这是一种更高级的博弈。从此，我找到了乐此不疲的“赌场”!

股票市场好比一个大赌场，盈亏得失不仅靠技术，有时也靠运气。但是，炒股与赌博不可同日而语。

其一，性质不同。赌博是非法的，炒股是合法的。而且不必邀友设局，围坐方城，也不用到澳门赌城、美国拉斯维加斯就可以体验到赌的刺激、赢的快乐，还有输的沮丧和懊恼。

其二，炒股胜算更大。炒股是一种可以自我掌控的博弈。赌博总有收场的时候，一局赌完就要清点筹码，算账走人。炒股则不同，只要你是用自有资金，所买股票如果暂时下跌，可以持有不动，等待股价上涨或调仓换股。一般来说，只要上市公司的基本面是好的，股价就总有上涨的时候，没有只跌不涨的股票。

其三，炒股是智慧的博弈。赌博是一种简单重复的游戏，炒股则是一种智谋的运用。赌博使人单纯、停滞和消沉，而炒股则使人丰富、充实和进取。赌博按规定抓牌，带有很大的偶然性，胜负常常在牌；买什么股票，何时买卖，完全由个人决定，胜负主要在自己。股票是有资料信息的，涨跌是有规律可循的，技术分析是可以学习的。所以说，在股票市场上你是完全自主的，可以凭借自己的努力去把握住赚钱的机会。

炒股是快速致富的一条捷径。《史记·货殖列传》有言："夫以贫求富，农不如工，工不如商，刺绣文不如倚市门，此言末业，贫者之资也。"而脱贫致富，没有哪一条路能快过股票市场。"股票是华尔街的10倍聚财物"，在交易场上，股票价格涨跌幅度之大，变化速度之快，甚于任何商品。持有股票的人，既可以享受优秀企业的发展成果，又能获得股票炒作的巨幅差价，涨跌盈亏之巨，常常令人瞠目，而正是股价这种富有刺激性和挑战性的巨幅波动，给人们提供了无时不在的赚钱机会。假如，你有10万元，购物消费是很容易就会花掉的；你也可以储蓄以保值增值，但存到银行里边的钱剔除物价上涨因素，实际不仅不能保值增值，还要不断贬值；但是，如果你将这10万元作为资本金投入股市，假设选股正确、操作得法的话，获得5~10倍的回报是完全可能的，这就掘得了第一桶金。以此为基础，你可以向更高的目标迈进，步入财富的殿堂。所以，在市场经济条件下，股票市场一直是大众关注的淘金场，无数俊秀到这里淘金，富豪大亨从这里走出，假如你想发财致富，是不可以没有股票的。置身其中你还会发现，股市的激情燃烧甚至不亚于体育比赛和政治选举，充满了激情和魅力，特别是当那些百元大钞“唰、唰、唰”凭空向你手中飞来的时候，你会比武打影片中那些技术高强的大侠更感惬意和自豪，你会像指挥若定的将军一样收获胜利的喜悦！

但是，如果以为在股市赚钱很容易，那你就大错特错了。股市不仅是送宝的麒麟，更是吃钱的老虎。股海风云，波诡云谲，鲸鲨出没，险象环生，你只有对股市有更深的理解、更透彻的分析，技高一筹，才能履险胜出。我常常看到，股票大厅的人们整天殷殷守望着那飘忽不定的行情走势，而不愿深入钻研技术分析；我还看到，有些人因赚了几元钱而沾沾自喜，实际上并不真正懂得股市的律动；我也曾看到，有些人谦恭有礼地向别人打听买哪只股票，有些人在摇头晃脑地讲述着有关股票的消息……这恐怕就是作为弱势群体的广大散户屡屡上套割肉，经常赔得一塌糊涂的原因吧？

我也有过同样的经历。面对未知的领域，每受失败的挫折，深感个人的局限，欲求名师而难得。股票是大众情人，而我深爱之，不唯追求她，还要读懂她，没有别的办法，买各种有关股票证券的书籍来读。股市没有救世主，读书就是聆听国内外股市高手“谈股论经”，自己参悟。我做股票投资的过程，就是一个在实践中不断学习的过程，这种学习，经历了一个由简入繁的积累、又由繁到简的升华，感悟至深，终于豁然开朗，诚所谓“众里寻他千百度，蓦然回首，那人却在，灯火阑珊处。”正因如此，我才看清了2006年初的大底、2007年末的大顶，在波峰浪谷中凌波舒展，获得自由。

那么，我的至深感悟和操盘秘籍是什么呢？概括起来就是四个字：“均线看盘”。

“均线看盘”这四个字，是我20多年炒股经验的高度浓缩。我的切身体会是：要把握股市的脉动，必须深入进行基本面分析和技术分析，而技术分析尤为重要；技术分析的指标很多，而移动平均线最为重要。移动平均线分析是技术分析的主线和基础，其他技术指标都是辅助性的分析手段。

炒股要想赚，先看平均线。移动平均线是打开股市财富之门的金钥匙。你要想在股市立于不败之地，必须学会均线看盘。那么，怎样用均线看盘呢？现在，我将自己的均线看盘经验系统整理成《均线看盘法》一书，奉献给广大读者朋友。

《均线看盘法》一书，是我多年操盘经验的认真总结，根据实战体会，书中提出一些新的理念和方法，在其他著作中是看不到的，我相信广大读者朋友看过此书会耳目一新，有所启发。我衷心祝愿读者朋友获得成功！

刘国栋

2013 年 5 月 15 日于长春

目 录

炒股要想赚，先看平均线。

第一章 均线为王

开宗明义第一章，写上这个题目，未免有些突兀和生冷，为什么说均线为王呢？

这要从技术分析的 ABC 说起。

一、技术分析的困惑

我们知道，股市分析包括基本分析和技术分析。

基本分析，又叫基本面分析，主要是通过宏观政治经济环境、行业发展及上市公司的前景和业绩分析，评估股票的内在价值和价格走势，判断有利的买卖时机。

技术分析，是以市场行为本身为研究对象，以预测市场运行趋势为目的，以图表和技术指标等为主要手段，对市场行情所进行的分析。

基本分析和技术分析有相通之处，都认为股票的内在价值决定其优劣，股票的市场表现是由供求关系决定的，所不同的是，基本分析主要是根据股票质地及影响供需关系的因素分析预测股价走势，而技术分析则是根据市场本身的变化过程预测未来的方向。由于技术分析是以市场行为本身为研究对象，更贴近市场，技术分析不仅包含了基本分析的因素，同时更直观化，所以更具有可操作性，是分析市场运行趋势必须熟悉的一种方法。

但是，当我们实际运用技术指标分析市场行情走势时，却遇到了种种困惑。比如：

——技术指标对市场的反映并不准确，按照一些技术指标操作效果并不理想。例如，RSI 和 KDJ 这两个指标，通常是在“天线”和“地线”之间运行，一般认为如果超过“天线”（即达到80以上）会出现回调，跌破“地线”（进入20以下）会出现反弹。但是，在强势上涨或弱势下跌行情中，这两个指标却常常在80以上或20以下持续驻留，像馋嘴猪拱进了菜地似的，不肯回头，即出现所谓的指标“钝化”，按照指标操作往往吃亏。如图1－1所示。

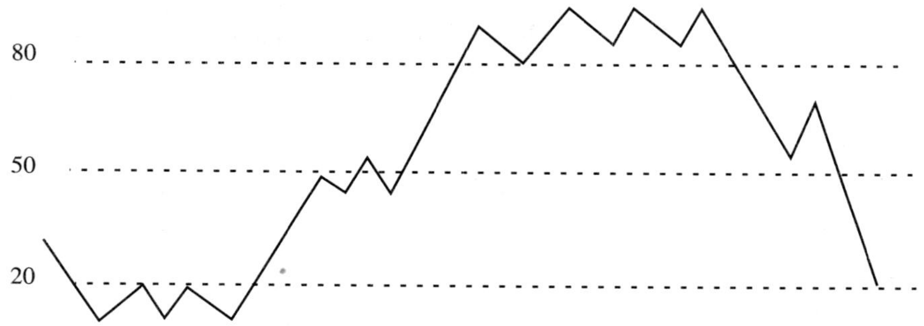

图1－1　RSI（KDJ）指标“钝化”示意图

——在行情走势相同的情况下，不同技术指针给出的买卖信号往往相互矛盾。甲指标反映的是上涨，乙指标指示的是下跌，形态各异。这种矛盾现象经常发生。

——技术指标很多，不知哪个管用。目前，一些炒股软件都列有很多的技术指标，有的分十几大类，上百种指标。这么多技术指标，到底哪个指标是真正管用的呢？好像都管用，又都不管用，感到无所适从，很茫然。

正因如此，有些朋友炒股是不看技术指标的，跟着感觉走，偏重看形势，听消息，“利好”买入，“利空”卖出。且不说这些信息的真假虚实，也不说是否利好必涨、利空必跌，但有一点是可以肯定的，经过反复辗转才传给你的“信息”早已是昨日黄花。

有一位朋友，看好云海金属（002182）这只股票，2008年1月份40元一股重仓买进，后来看大市不好，卖了，卖了是对的。到8月份奥运会召开之前，他看举国迎奥运，重大利好啊，云海金属已经从42元跌到17元，又要买，我和他说不行，你再看一看，他没有听，又重仓杀进。结果怎么样啊？云海金属只涨了几天，又返身向下继续下跌，一直跌到11月份，最低跌到5.7元，赔个鼻青脸肿。如图1－2所示。

图 1－2　云海金属日线图

还有不少朋友喜欢使用 RSI（强弱指标）和 KDJ（随机指标）等指标做短线。这是我们常用的技术指标，也遇到了前面所说的问题。有一位朋友，在 2006 年 1 月份，8 元一股买进 2 万股中金黄金（600489），花了 16 万元。到 2 月份涨到 14.3 元，RSI 和 KDJ 等指标显示严重超买，他没卖，因为看好了，要持有。结果股价掉回来了，砸得很深，破了 10 元，跌到 9.9 元，很后悔。到 4 月份又涨到 14 元多，接近前期高点了，RSI 和 KDJ 等指标再次显示严重超买，卖了吧，想法是等回调时再接回来。结果怎么样啊？这个大黑马啊，一撒手就再也没有回到 14 元上来，可以说一骑绝尘，脱缰而去，最后简直飞起来了，RSI 和 KDJ 等指标多次显示超买，股价却不断地上涨，最后涨到多少啊？159.6 元！假如这 2 万股中金黄金不卖，净赚多少钱呢？300 多万元，翻了 20 倍！如图 1－3 的买卖点。

以上举一买一卖这两个例子，失误的原因在哪里呢？在于不懂技术分析，关于这个问题后面我们会讲到。

如上所述可以看出，技术分析实际是个很挠头的事儿，技术指标本身存在很多缺陷，不懂技术分析又不行。可以肯定地说，你用技术指标看盘

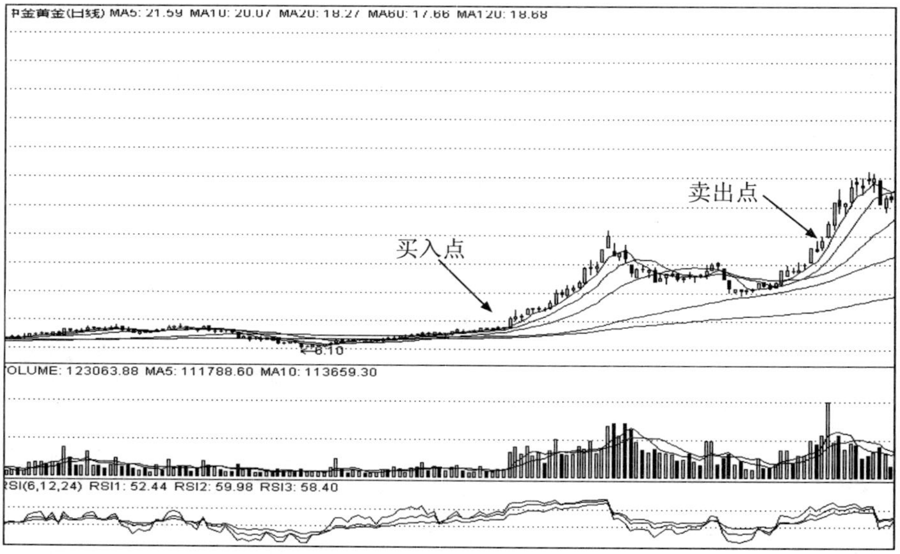

图 1－3　中金黄金日线图

不一定赚钱，但是，如果你不懂技术分析一定会赔钱。

那么，怎样破解这个难题呢？症结到底在哪里呢？一些股民朋友虽然做股票多年，但这层窗户纸始终没有捅破，所以，进入股市总觉得手里没抓手，买了股票心里没底数，很不自信。

好，现在我就交给你一个抓手，给你一个底数，我要告诉你一个公开的秘密：炒股要想赚，先看平均线。在所有的技术指标当中，移动平均线是一个最重要的指标。你只有抓住移动平均线分析，才是抓住了技术分析的主线和根本，才是牵住了股市的牛鼻子，才能解开技术分析的困惑，排除短期波动的干扰，把握市场的主要趋势。所以，你必须学会均线看盘。

二、为什么均线看盘？

大家知道，目前在各种股票软件中，移动平均线是应用最广泛的一个指标。K 线和移动平均线构成股价走势图的主体，而 K 线是挂在均线上的；下面是成交量；再下面才是其他技术指标。盘面的排列顺序是：价—

量—其他指标。为什么要讲这个？因为明白这一点很重要，你应该清楚，移动平均线是一个本体性的指标，而其他的技术指标都是在价和量的基础上派生出来的，是间接的、第二位的指标，是“抽象画”。如图 1－4 所示。

图 1－4　股价走势图

什么是移动平均线？说白了，移动平均线就是一条价格线（均价线）。移动平均线（MA），是采用统计学的移动平均原理，将一段时期内的股票价格平均值连成曲线，用以显示股价的历史波动情况，进而预测股价未来趋势的一种技术分析方法。

以 5 日移动平均线为例：

我们首先将第 1 日至 5 日的收盘价相加之和除以 5，得出第 1 个 5 日的平均价，标出一个点；然后，再将 2 日至 6 日的收盘价相加之和除以 5，得到第 2 个 5 日的平均价，形成第二个点；……以此类推，可以得到一系列的 5 日均价，将这些 5 日均价的点用一条曲线连结起来就是 5 日移动平均线。

我们用同样的方法，可以计算出 10 日、20 日、60 日和 120 日移动平均线，以及周均线、月均线、年均线或分时均线，等等。

用公式来表示就是：

$$MA = (C1 + C2 + C3 + \cdots + Cn) / N$$

（其中，C 为某日收盘价 N 为移动平均周期的天数）

这就是我们现在使用的移动平均线，也叫算术移动平均线、简单移动平均线，简单得很。但是，大道至简，这个看似简单的指标却是一个最重要的、最实用的指标。

那么，为什么说移动平均线是一个最重要的、最实用的技术指标呢？

因为移动平均线具有其他任何指标都无法替代的多种看盘功能，是一种最重要的盘面语言。

（一）股价运行一条线

我们知道，股票价格的波动是很剧烈的，跌宕起伏，忽上忽下，有时涨跌幅度很大，很难一下子看清楚它的走势。移动平均线则是通过计算移动平均值将股价运行轨迹变成了一条线，使之呈现出比较平滑稳定的走势，不像日 K 线那样上蹿下跳，猴性十足，这就消除了股价随机波动的跳跃性影响，使市场走势清晰可辨，一目了然。所以，移动平均线是一个很好的看盘指标。如图 1－5 所示。

图 1－5　股价运行一条线

（二）市场平均成本线

股票市场的交易是不公开的，每个人投入多少钱、买多少股票不公开，买卖价格一般也不透明。市场里面那么多的人，你不知道别人花多少钱买的股票，而移动平均线则将市场投资者平均成本的秘密公开了。因为移动平均线就是一条平均成本线，它能够清楚地告诉我们不同时间周期市场的平均成本是多少，什么时候买入低于市场的平均成本，什么时候买入高于市场的平均成本。另外，移动平均线作为一条平均成本线，在一定程度上也能够反映出股票价格和价值的背离程度，可以帮助我们从总体上了解购买股票的安全边际和有利时机，以及波段操作上的盈亏平衡点，这就为我们在股票市场不完全信息博弈中的胜出提供了重要依据。如图 1－6 所示。

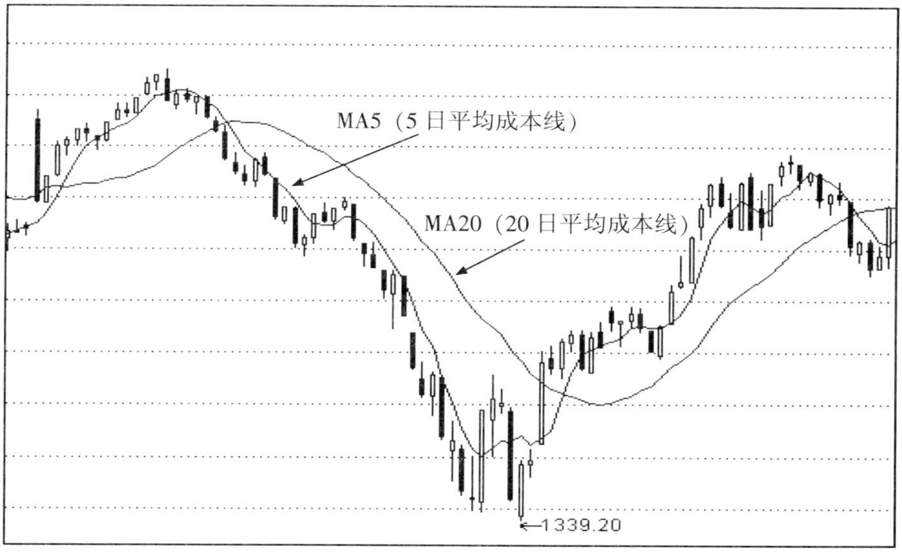

图 1－6 市场平均成本线

（三）均线就是趋势线

移动平均线本质上是一条趋势线。移动平均线的走向反映市场的买卖意愿，反映市场的心理预期和对后市的判断，反映投资者认识上的分歧或投资行为的一致性。从市场心理层面讲，也是一条重要的心理线和情绪指标。移动平均线向右上方移动，说明多数人看好后市，买盘大于卖盘，推动股价不断上涨；移动平均线向右下方运行，说明多数人看淡后市，卖盘大于买盘，导致股价连续下跌。而且像物体运动一样，移动平均线的运行具有惯性，特别是中长期移动平均线的运行方向一旦形成，就不会轻易改变。移动平均线由上升转为下降和由下降转为上升，反映市场趋势发生变化。所以，你要在波涛汹涌的股海中不迷失方向，就必须紧紧地抓住移动平均线这个导航工具，要盯住移动平均线的走势。如图 1－7 所示。

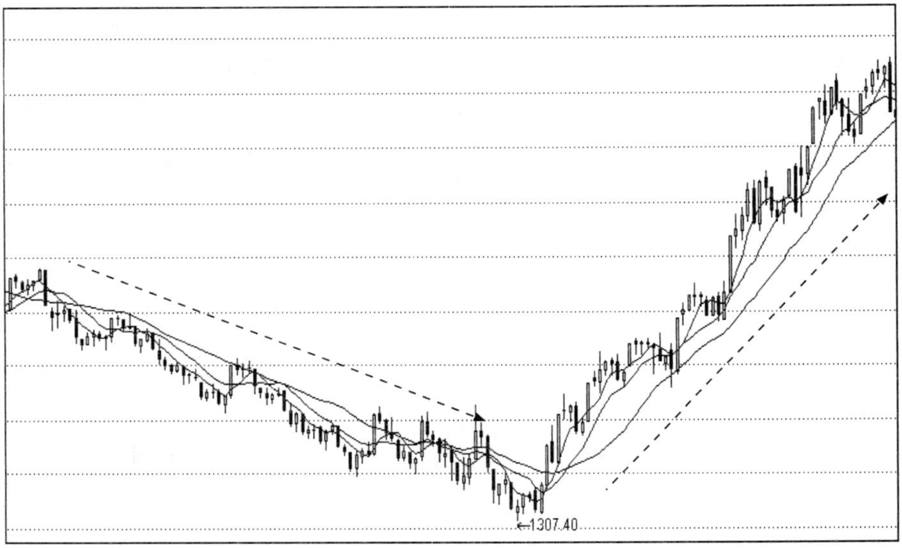

图 1－7　均线即是趋势线

（四）支撑线与阻力线

移动平均线具有支撑线和阻力线的双重作用。在上升行情中，股价站在移动平均线之上，此时移动平均线就变成了一道支撑线。当股价回调至移动平均线附近时，就是接近了支撑位，如果均线支撑有效，是买入的时机。在下跌走势中，股价处于移动平均线之下，此时，移动平均线就转变成一道阻力线。当股价反弹至移动平均线附近时，就是接近了阻力位，如果未能有效突破阻力位，是卖出时机。如图 1－8 所示。

（五）母线

移动平均线是一个主体性指标，是许多技术指标的“母线”和载体。如，MACD、瀑布线、指数平均数（EXPMA）、三重指数平均线（TRIX）等许多指标都是在移动平均线的基础上派生的。有些技术指标的应用则是

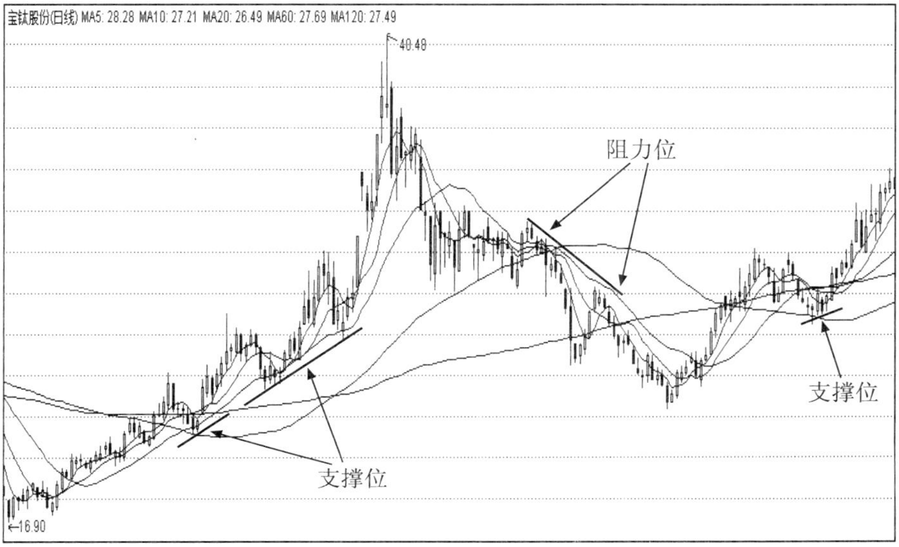

图 1－8 支撑位与阻力位

以移动平均线为参照和坐标，如乖离率（BIAS）、变动速率（ROC）、动量指标（MTM）、强弱指标、随机指标，等等。也就是说，移动平均线是一个基础性的指标，如果离开移动平均线去搞一些边缘性指标的分析，无异于舍本求末。如图 1－9 所示。

图 1－9 “母线”

（六）波浪线

移动平均线是一条神奇律动的波浪线。道氏理论提出的长期走势、中期走势和短期波动的概念，在长期均线、中期均线和短期均线上得到最直观的表现；波浪理论所揭示的五浪上升、三浪下跌、八浪循环模式，在移动平均线的波动中也显示得形象而清晰。如果应用道氏理论和波浪理论分析市场走势，移动平均线是最好的辅助工具。如图1－10所示。

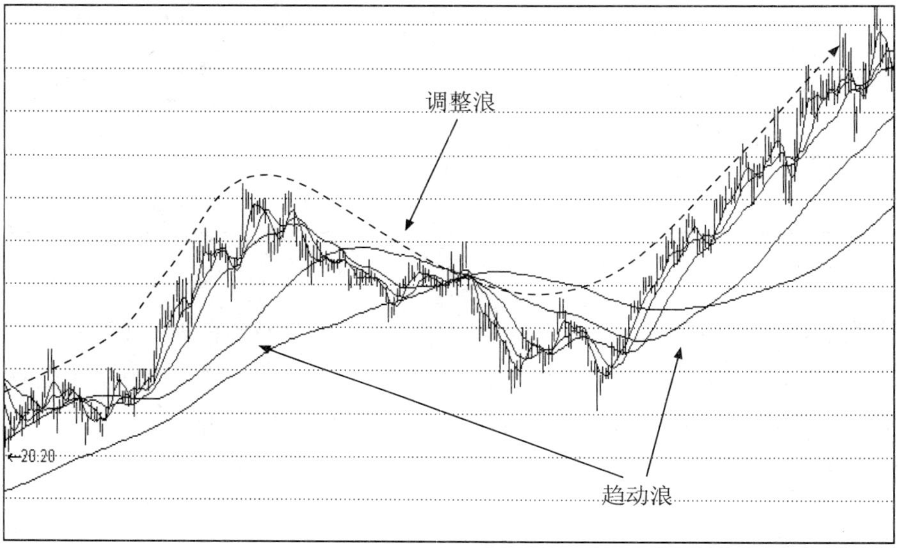

图1－10　波浪线

从以上的分析我们不难看出，移动平均线是一个最基础、最重要的指标，它的作用是多方面的，还有哪个技术指标具有移动平均线这样多的功能呢？没有。移动平均线是股价走势最直接、最直观的反映，是分析市场趋势最重要的工具，是承载诸多技术指标的母线和载体，是买卖股票的最主要依据，只有抓住移动平均线分析，才是抓住了技术分析的主线和根本。中医开药方子的方剂配伍原则，讲究"君臣佐使"，在技术分析指标的综合运用上也是这样。我认为，在众多的技术指标当中，均线为君，均线为王，均线为帅。移动平均线是一个主体性的趋势性指标，其他的技术指标都是辅助性的分析手段。只有抓住移动平均线分析这条主线，才能纲举目张，把众多的技术指标统起来；只有抓住移动平均线分析这条主线，才能提裘振领，把技术分析的思路理顺；只有抓住移动平均线分析这条主线，才能一通百通，改变技术指标使用的盲目和无助状态；只有抓住移动平均线分析这条主线，才能廓清技术分析的迷误和混沌，提升整个技术分析的理念和方法、层次和水平。

概括起来一句话：均线为王。股市技术分析应该从移动平均线开始，你如果想到股市发财，必须掌握均线看盘的方法，学会移动平均线分析是必修课。

三、“均线为王”的市场含义

移动平均线是股票市场上最早被应用的技术分析指标。在证券市场分析中，技术分析的开山鼻祖查尔斯·道是最先提出平均成本概念，发明并使用移动平均线的人。正是查尔斯·道通过对股票市场的深入研究，于1884年创造性地绘制出股票价格移动平均线，对股票市场的走势进行科学分析，并籍以创立了著名的道氏理论。① 所以说，移动平均线是一个最古老、最具权威性的经典指标。

开宗立派的大师们以其卓越智慧打开了技术分析的广阔空间，各种技术分析的指标和方法应运而生，特别是由于计算机的广泛应用，各项技术指标如雨后春笋，标新立异，良莠难分。近年来，一些炒股软件好像是随便哪个小饭店都能做出的一道小菜儿，翻新爆炒，沿街叫卖，真像吹嘘的那么灵吗？嘈杂声中听不到美妙的音乐，我们有必要祛除杂音，唱响主旋律，树立均线为王的理念，深入探讨均线看盘的方法，从根本上提高自己的实战本领。

那么，“均线为王”的市场含义是什么呢？

---

① 1884年7月3日，查尔斯·道在《顾客晚报》上首次刊登了一项包含11种股票的指数，其中包括9家铁路公司和两家汽轮公司股票的平均价格，又被称作“铁路平均指数”。这个道－琼斯指数一经推出，就迅速被华尔街所接受。经过几年反复不断的研究，他总结出了众所周知的“道氏理论”，又发明了“工业平均指数”，即当时被认为投机性最强的12家工业公司股票的平均收盘价，并于1896年5月26日首次在《华尔街日报》上发表。从此之后，“道－琼斯工业平均指数”与“铁路平均指数”（现称为运输平均指数）一起刊登在每一期《华尔街日报》上，直至今天。查尔斯·道提出的平均指数不但影响了华尔街，而且影响了全世界。查尔斯·道创立的指数移动平均线，使迷茫莫测的股票市场显示出清晰的趋势，无异于在证券市场点起一盏指路明灯。

（一）均线分析为主线

目前，用于证券市场技术分析的指标很多，炒股软件上列出的指标就有上百种，不同软件的分类各不相同。为什么要以移动平均线分析为主线呢？通过前面的分析，我们已经清楚：

第一，移动平均线是一个本体性的指标。移动平均线本身是一条实实在在的价格线（均价线），K 线、均线和成交量是“市场本身的行为”，而其他的所有指标都是在这三者的基础上“加工制造”出来的，如果说移动平均线是实体，其他的技术指标只不过是描摹和影像，只有抓住移动平均线分析，才是抓住了“市场本身的行为”分析。

第二，移动平均线是一个趋势性指标。技术分析的主要目的是预测市场趋势，移动平均线说到底是一种趋势追踪工具，而与其他趋势指标相比，移动平均线指标的最大优势是，可以全面展示市场的短中长期趋势，移动平均线的这个特点，是其他任何技术指标都不具备的。

第三，移动平均线是一个主体性指标。移动平均线是一个主要的趋势性指标，是许多其他技术指标的母线和载体、参照和坐标，只有抓住移动平均线分析，才是抓住了技术分析的主线和根本。

所以，无论在技术分析的整体上还是在个人的操盘实践中，都应该构建以移动平均线为主体的技术分析指标体系，用移动平均线分析来统领各项技术指标分析，做到“君臣佐使”优势互补，长短结合，合理搭配。

（二）以趋势分析为重点

均线为王的本质含义是趋势为王，趋势决定一切。所以，技术分析的重点是趋势分析。

道氏理论认为，市场运行过程中同时存在着三种趋势：一是主要趋势，所经历的时间至少在一年以上，有时长达好几年；二是次要趋势，表现形式是主要空头市场的反弹或主要多头市场的下跌，一般会持续 3 个星期到几个月；三是日常波动，即短暂的价格波动，很少超过 3 个星期，通常为一周左右。短期走势具有不确定性，最有可能为人所操纵，但没有人能够操纵得了主要趋势和次要趋势。道氏把这三种运动比作潮汐、波浪和涟漪。看大势者，登高望远，纵观大海的潮汐和洪波是赏心悦目的，如果只垂顾那微不足道的如鳞涟漪，很有可能被滚滚涌来的海潮所吞没。

股票市场的技术分析，实际是一种概率分析。技术指标都是建立在历史统计资料基础上的，根据过去市场的走势变化，预测未来行情演变的方向，并假定历史会重演，是一种可能性，而非必然性。实际上，历史只能给出一个大致揣摩的线索，而不能提供一套切实可行的方案。历史永远不会简单重复。现实的市场活跃、多维而丰富，远不是一些统计数值、数学模型所能涵盖的，由于每个指标所选的参数和变量只能大致反映市场的个别层面，而不能体现真实市场的鲜活整体，所以，技术指标本身就是存在缺陷的，不可能准确预测市场的变化。有时，当技术指标无法解释市场的走势时，人们往往用“指标钝化”来自圆其说，其实，技术指标的这种缺陷是“先天”存在的。这就好比用并不精准的标尺去测量湍急河流的水位，经常会出现一些误差，人们不厌其烦地调整着标尺的刻度，而由于降雨量和地势的变化，河水的流量和河床的形状也在永无休止地变化着。

所以，技术分析的要点，就是要看清市场大的趋势，忽略短期的波动。技术分析的核心是把握趋势，顺势而为。只有看清大的趋势，才能手握胜券，不吃大亏。有一点可以肯定，你不可能抓住每一次赚钱的机会。

（三）以价格分析为中心

技术分析必须以价格分析为中心，因为市场价格涵盖了所有信息。既然影响市场的所有因素都会反映在市场价格中，人们交易的对象是股价而不是其他，所以市场分析就必须聚焦于市场价格。现在，人们经常讲技术分析有价、量、时、空四大要素，其实，时空是价的存在形式，量是价的形成动因，不可以等量齐观。比如说，成交量是推动价格涨跌的主要动力，但成交量并不是造成股票价格涨跌的唯一因素，在成交量相同的情况下，股价既可能上涨，也可能下跌，还可能走平。这就好比汽车的车速和耗油量，要使汽车提速，必须加大油门，但汽车的速度不完全取决于耗油量，还有路况——道路的平滑和坡度情况；天气——是否有大风雨雪，等等。

股票市场的周期性波动，很像一年四季那样有规律地循环。

第二章 均线的运行周期

移动平均线是一条动态的曲线。移动平均线分析，要求我们首先能够从总体上了解它的运行周期和波动形态，清楚它的循环阶段和形态特征。

图 2－1 是沪市 1990 年成立以来的季线图，这张图可以说是由股票堆积起来的，形状很像山，我们不妨把它叫作“股票山”。从这张图上我们看到了什么呢？我们仿佛看见一道道连绵起伏的山岭，有高峰，也有

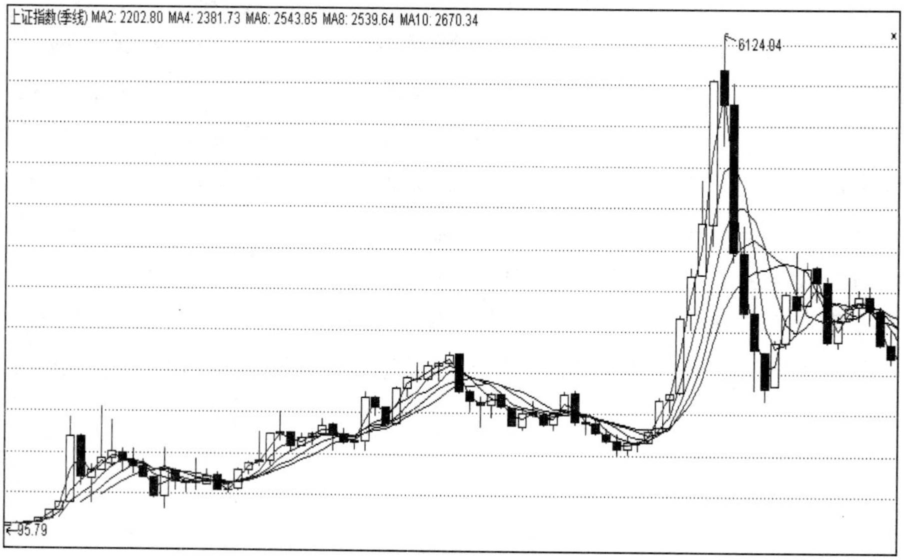

图 2－1 “股票山”

低谷，移动平均线像波浪一样起伏波动。看起来很简单，其实，这个“股票山”包含着丰富的市场信息。它包含着什么信息呢？

一、均线的波动周期

我们将这张图的高点和低点连接起来发现，高峰和低谷的出现具有一定的规律性。请看图 2 – 2。

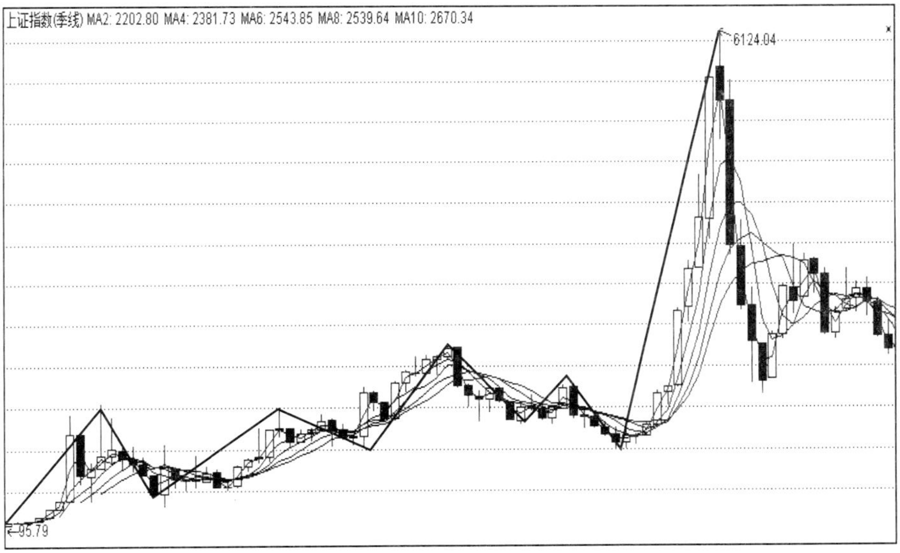

图 2 – 2　短周期波动

如图 2 – 2 所示，自沪市 1990 年成立以来，除个别例外，大体上每 4 年左右为一个波动周期，平均每次上涨持续的时间大约 2 年，而下跌持续的时间约为 1.7 年。

从较长的时间跨度来分析，移动平均线的波动也呈现一定的周期性。如图 2 – 3 所示。

股市的无穷魅力在于它的变化莫测，一波牛市或熊市运行的时间长短更是难以逆料的，虽然鉴往可以知来，但经验常常欺骗我们，对于以上的走势图，人们也会有不同的理解，不过，有一点认识应该是共同的，那就是股票市场是涨跌交替、周期波动的，移动平均线的运行也具有一定的周

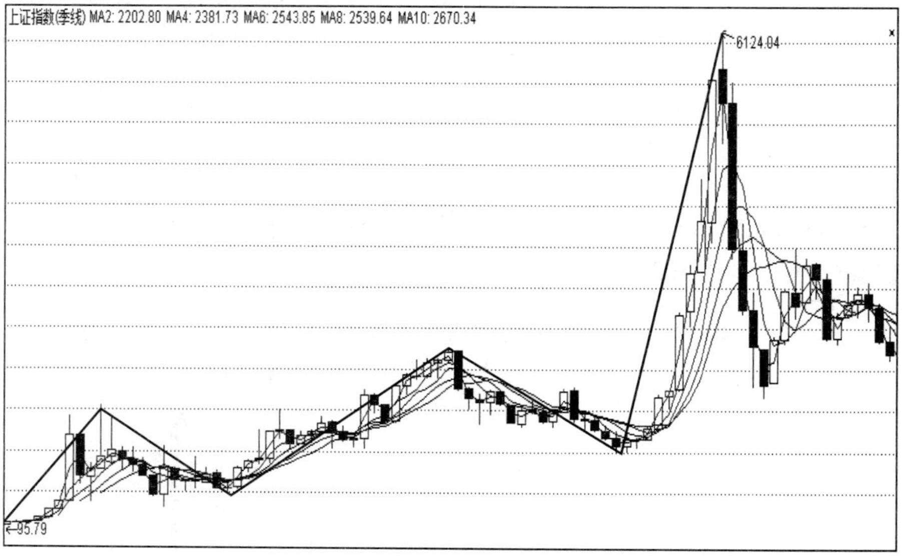

图 2－3 长周期波动

期性。我们了解股票市场和移动平均线波动的这种周期性，是制定正确投资策略的重要前提。

二、牛市与熊市的交替

图 2－4 是一个非常漂亮的“股票山”，我们看到，2005 年 6 月至 2008 年 10 月沪市经历了一个从牛市到熊市的波动过程。从 2001 年 6 月开始的熊市历时 4 年，至 2005 年 6 月最低下探至 998 点，之后走出一波强劲的牛市行情，到 2007 年 10 月最高上涨至 6124 点，随后开始熊市下跌，至 2008 年 10 月末跌到 1664 点才开始企稳。

在牛市上涨过程中，移动平均线开始缓慢上升，逐渐形成多头排列，不断发散向上，K 线总体站在各条均线之上，阳线多于阴线，“朵朵红花向阳开”；上涨到最高点之后，短中长期移动平均线呈抛物线形状依次弯转向下，形成空头排列，进入熊市，K 线落到各条移动平均线之下，阴线多于阳线，“棵棵大葱倒着栽”。

从这个“股票山”我们不仅很直观地看到，股市的一个循环周期要经

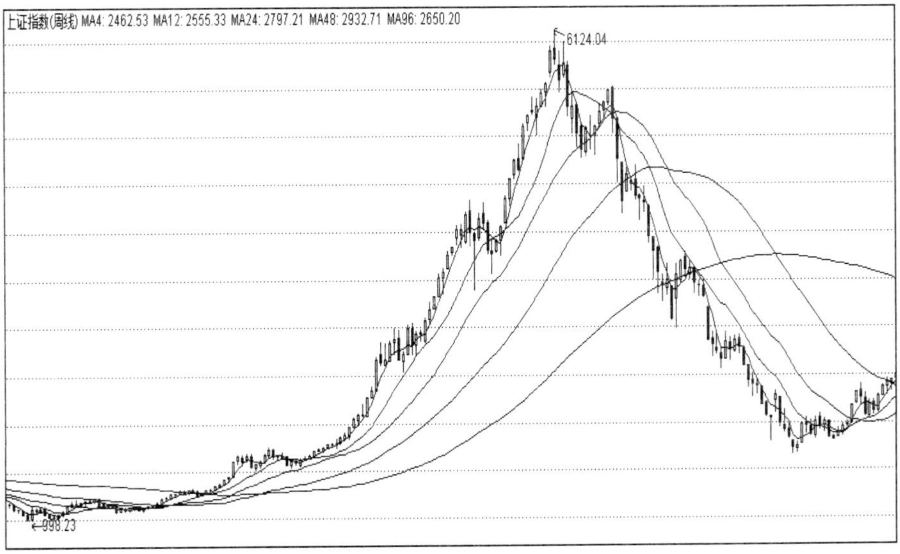

图 2－4 沪市 2005. 6～2008. 10 周线图

历牛市和熊市两种市场，牛市和熊市是交替进行的；而且看到，牛市上升和熊市下跌的大趋势一旦形成，就将持续很长的时间。从 2005 年 6 月最低 998 点至 2007 年 10 月最高 6124 点，历时 2 年零 4 个月时间；而从 2007 年 10 月 6124 点开始的下跌，至 2008 年 10 月的 1664 点，历时一年多。而且，涨跌幅度之大超乎我们的想象——从 998 点至 6124 点，大盘上涨了 5126 点，涨幅高达 513.6%（个股的涨幅有的高达十几倍、二十几倍），而从 6124 点至 1664 点，下跌了 4460 点，跌幅达 72.8%。如果我们真能够看清大势，在牛市开始时买入，在熊市开始时卖出，不用折腾，就将获得丰厚回报。由此可见，做股票投资，看清大的趋势——分清牛市还是熊市，顺势而为——而不是逆市操作，该是多么重要。

现在回过头来看 2005 年 6 月至 2008 年 10 月沪市的走势图，大盘的走势竟是如此清晰：从 2005 年下半年开始股指一步步攀升，移动平均线逐渐发散向上，上涨趋势十分明显；至 6124 点之后，股指高台跳水，移动平均线开始拐头向下，步步走低，势如垒卵。但是，“不识庐山真面目，只缘身在此山中”，当时多数朋友似乎没有注意到移动平均线的这种走势，该买的时候没有买，卖了；该卖的时候没有卖，买了；该出货的时候没有出货，套上了。一轮牛市下来，坐了一趟过山车，赚钱的不多，赔钱的不少。

三、均线运行的阶段性

如图 2－4 所示，我们还看到移动平均线的运行具有阶段性，一个波动周期大体上可以划分为四个阶段：底部横盘阶段—发散向上阶段—顶部震荡阶段—发散向下阶段，每个阶段具有不同的形态特征。如图 2－5 所示。

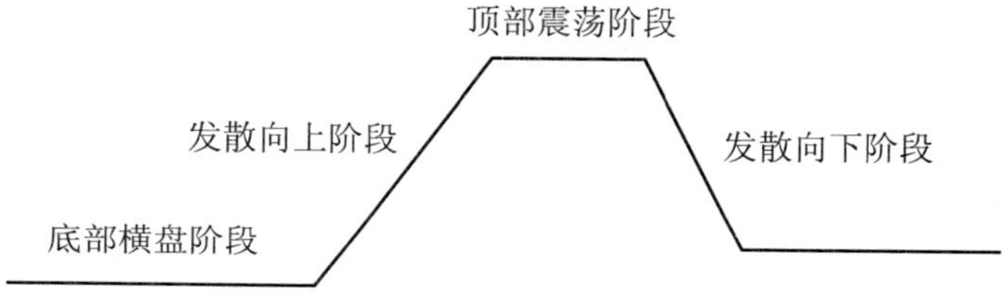

图 2－5　移动平均线运行的四个阶段

（一）底部横盘阶段

在熊市下跌的末期，进入所谓底部横盘阶段，即筑底阶段，熊尾牛头相连。这时移动平均线的总体特征是：各条移动平均线下行速度趋缓，波动幅度减弱，均线间距收窄，短期移动平均线收束、缠绕、黏合，与中长期移动平均线距离拉近，中长期移动平均线开始躺底、走平；当股指探至最低点之后，短期移动平均线首先弯转上翘，形成黄金交叉，然后上穿中期移动平均线。因为筑底有个反复的过程，K 线图形会出现 W 底、三重底、头肩底或圆弧底等不同底部形态。如图 2－6 所示。

当股市开始从低谷向上缓慢爬升时，底部阳线增多，成交量极度萎缩后逐渐放大，绩优股开始活跃。这时，一些有远见的投资者开始入市建仓，买入价格低廉的绩优股。但大多数投资者还没有从熊市的恶梦中清醒过来，他们当中的多数已经被深度套牢，资金严重缩水，心有余悸，“一朝被蛇咬，十年怕井绳”，怕再次被套而不敢入市。虽然已经是在山脚下，感到前面还有深谷。如图 2－7 所示。

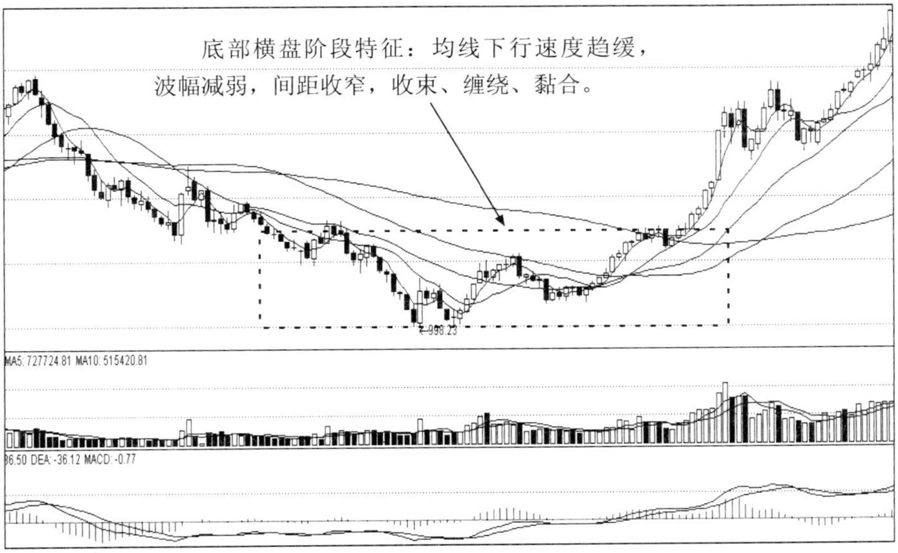

图 2－6 沪市底部横盘阶段周线图

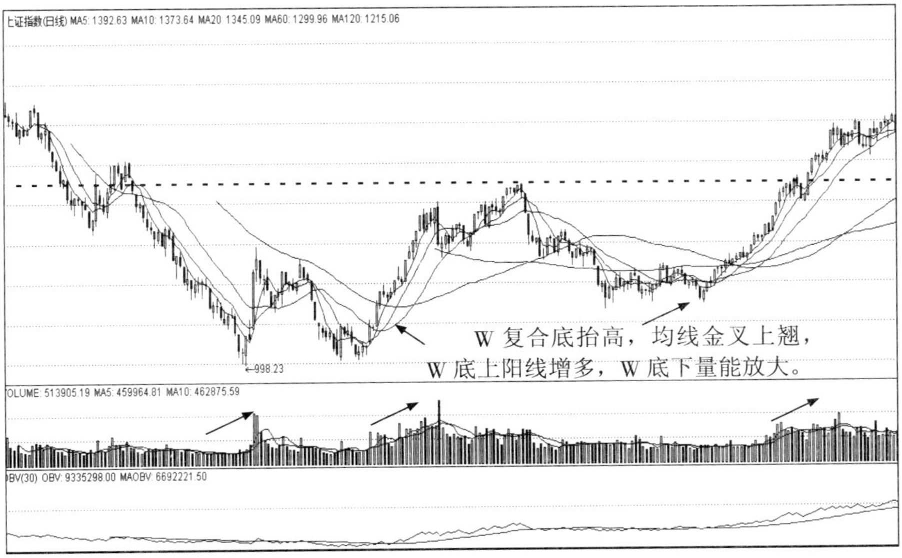

图 2－7 沪市底部横盘阶段日线图

（二）发散向上阶段

随着市场逐渐走出低谷，进入移动平均线发散向上阶段。如图2－8所示。

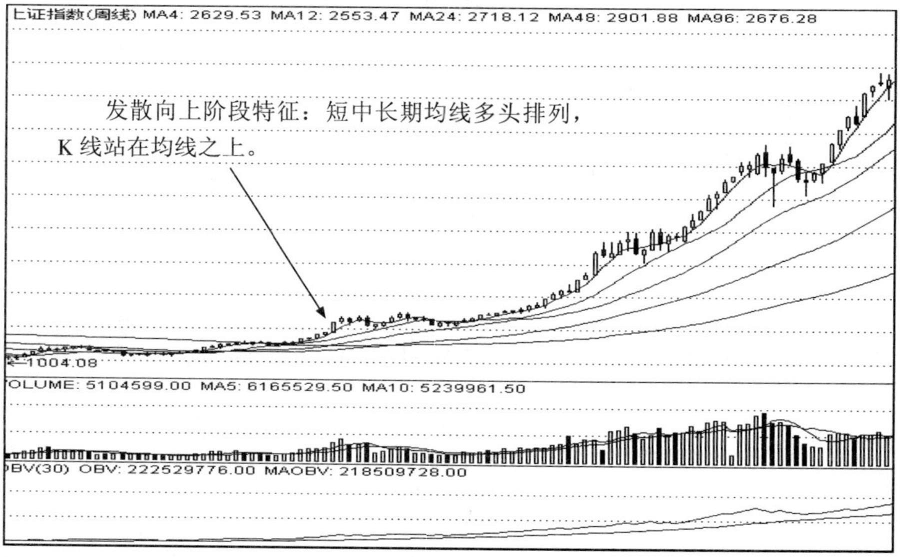

图2－8　沪市发散向上阶段周线图

这时移动平均线的总体特征是：短中长期均线呈由上而下的多头排列，K线站到各条移动平均线之上，均线系统不断发散向上。在牛市的涨升初期，首先是短期移动平均线做出方向选择，由空头排列转变为多头排列，拉动中长期移动平均线缓慢上行；进入牛市主升段，中长期移动平均线逐渐形成多头排列，各条移动平均线呈现明显的向上发散形态。如图2－9所示。

在移动平均线发散向上阶段，投资者信心已经恢复，市场明显活跃，股价出现普涨局面，成交量不断放大，赚钱效应彰显，几乎逢买必涨，市场被乐观情绪所笼罩，人声鼎沸，气氛热烈。

这时，广大散户朋友最容易犯的一个错误是，受个别短期技术指标影响而过早地卖出手中的股票。我们不妨看看薛斯通道，特别是这个周线图，在牛市上涨的过程中，薛斯通道的股价多数时间冲到外轨线的上边，处于严重超买状态，但是大盘正处于牛市上涨阶段，移动平均线显示大盘走势非常好，你应该坚定持股啊。如果按照薛斯通道所显示的超买信号操作，把股票卖掉，就亏大了。如图 2－10 所示。

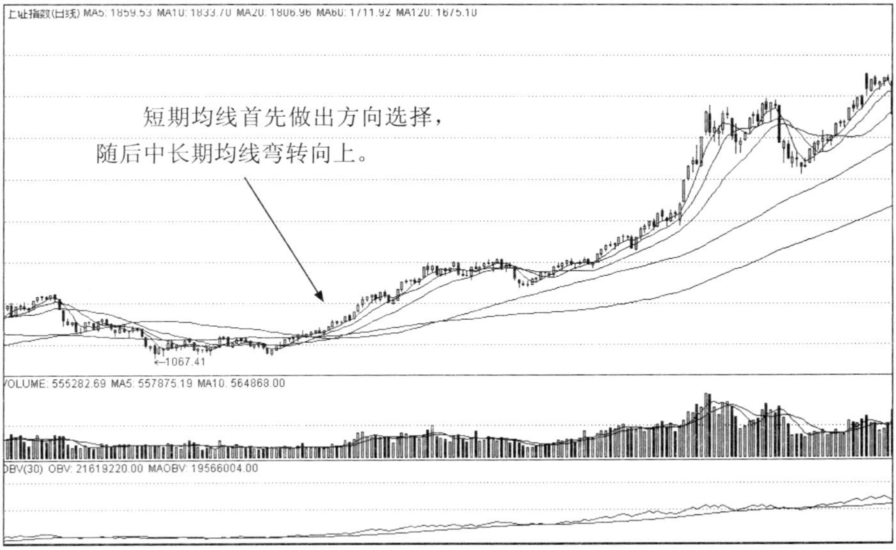

图 2－9　沪市日线图

图 2－10　薛斯通道周线图

还有一些朋友，在牛市当中喜欢跟着一些技术指标做短线，频繁交易，也往往错失大的行情。在上一章中，我们曾经举过中金黄金（600489）的例子，下面请看一下中金黄金的日线图，如图 2－11 所示。

图 2－11　中金黄金日线图

从图 2－11 中我们看出，这位朋友买入中金黄金的时机选择很好，正是移动平均线形成多头排列，发散向上的时候。卖出时机的选择如果看 RSI 指标的话，也不错，但如果看移动平均线的排列，那就大错特错了。股价经过前期调整之后，5 条移动平均线刚刚形成向上发散形态，呈现标准的多头排列，正是持股待涨的时候，却被这位朋友稀里糊涂地卖掉了。糊涂在哪里呢？糊涂在他只看到了 RSI 指标呈现出难看的超买形态，而没有看到移动平均线所展示的漂亮的多头排列。关注小涨跌，而未见大趋势。

我们再来看一下中金黄金的周线图：

实际上，我们是应该用周均线来把握市场中长期趋势的。从周线图 2－12 中可见，一轮大牛市行情才刚刚开始，中金黄金这只大牛股才刚开始起跑的时候，就被这位朋友卖掉了。中金黄金这只股票，可以说志存高远，从 2004 年下半年就开始建仓，一直到 2005 年末，历时一年多，拉到 28. 9 元之后又长时间深度洗盘，随后展开凌空欲飞的走势。

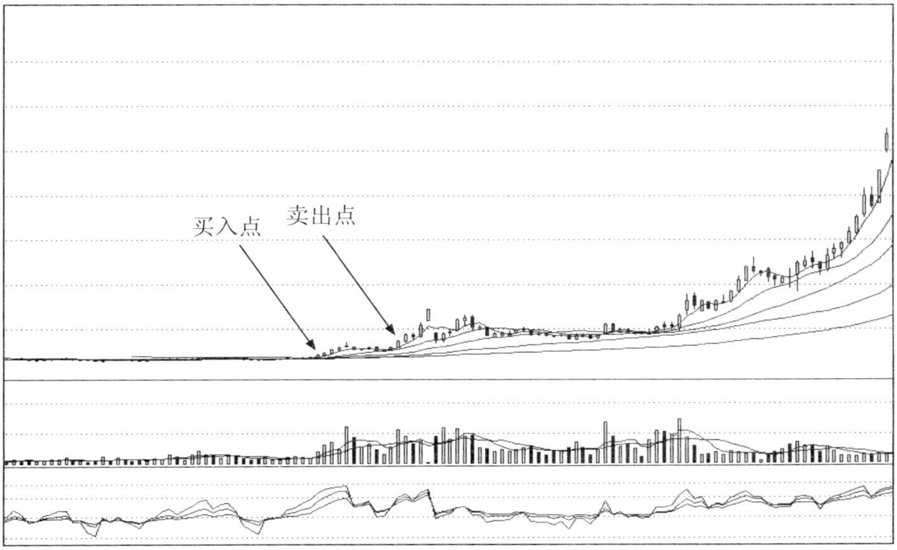

图 2－12　中金黄金周线图

从图 2－11 和图 2－12 中金黄金的走势我们应该看到，什么叫“放长线钓大鱼”、“看大势者赚大钱”。“长线”是什么？长线就是中长期移动平均线；“看大势”看什么？就是看中长期均线的排列。我们常说做股票就是做趋势，移动平均线是什么？移动平均线就是趋势线，中长期均线是把握市场趋势的主要依据。像中金黄金这样的大牛股，基本面非常好，在 14 元左右时，正值沪深股市一轮大牛市刚刚启动，短中长期移动平均线形成标准的多头排列，而中金黄金呼啸而出，龙头风范尽显，假如你能用移动平均线把握住趋势，持股不动，可以一股暴富，把一头金牛牵回家；而如果按照 KDJ、RSI 等摆动性指标频繁买卖，顶多薅几撮牛毛，赚点小钱。因为 KDJ、RSI 等短线指标所能提供的只是方便面，它不可能推出美馔佳肴、满汉全席。

所以，我主张“熊短牛长”，在牛市要做长线，在熊市做短线（原则是牛市做多，熊市做空。如果你在熊市手痒想做多的话，也应该做短线，而且轻仓）。在牛市上涨行情中，要选好股票，用移动平均线把握住趋势，拿住不动，在大势没有险象的情况下，一般不要在意 KDJ、RSI 等短线指标的频繁波动，不要受它的干扰，“任凭风浪起，稳坐钓鱼船”。

（三）顶部震荡阶段

移动平均线的顶部震荡阶段，即是通常所说的盘头阶段。

顶部震荡阶段的均线特征是：股指上涨至最高点之后，首先短期移动平均线拐头向下，出现死亡交叉、死亡角，压迫中长期移动平均线逐渐走平、弯腰。顶部震荡阶段实际是主力机构的出货阶段，这个过程不是一下子能够完成的，所以，反复震荡，在K线图形上，会出现M顶、三重顶、头肩顶、圆弧顶等顶部形态。上面我们提到，对于好股票要拿住不动，并不是说要死抱到底，这时就应该择机卖出了。一个大跌市的出现必然伴随着巨烈震荡，出现大阴、连阴K线和跳空缺口等形态，而MA10和MA20出现死亡交叉是重要的卖出信号。如果高位出现断头铡刀、乌云盖顶等看跌K线形态或跳空缺口，MA20与MA60出现死亡交叉，说明大势不好，应该果断出局；如果MA60与MA120形成死亡交叉，短中长期移动平均线转变为由下而上的空头排列，说明大势已去，必须撤出，赔了也要撤。如图2－13所示。

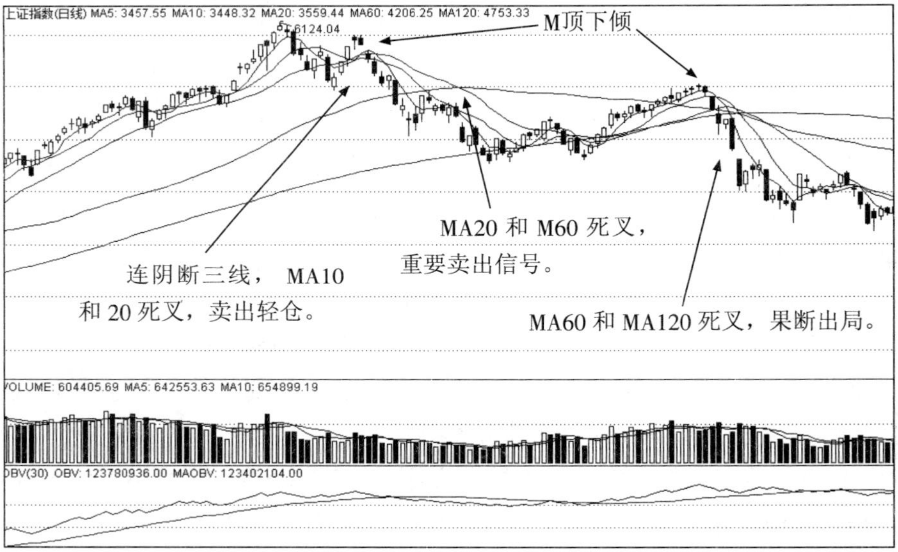

图2－13　沪市顶部震荡阶段日线图

但是，顶部震荡阶段，是一个大多数投资者都失去理智的时期，人们亢奋到极点，人人议论炒股赚大钱。大多数股票已经涨幅巨大，出现滞涨现象，价升量缩，只赚指数不赚钱等，但股市继续惯性走牛，市场热度不减。理性的投资者冷静观察宏观面和市场面变化，适时收手，逐步减仓退出，持盈保泰；而没有经验的广大散户朋友则盲目买进，甚至将跌破重要趋势线误认为是买入时机，愈挫愈奋，接过烫手的山芋。结果套上了。

（四）发散向下阶段

经过顶部震荡阶段，市场由牛转熊，进入移动平均线的发散向下阶段。

这时移动平均线的总体特征是：各条移动平均线的排列顺序发生换位，由原来的多头排列拐头向下变为空头排列，短中长期均线依次发散向下运行，K 线跌落到各条移动平均线之下，股价跌跌不休，“一江春水向东流”。如图 2－14 所示。

图 2－14　沪市发散向下阶段日线图

移动平均线发散向下阶段，是持续做空阶段。当主力机构出货完毕后一般会猛烈砸盘，造成股价连续暴跌，形成高台泄水之势，虽然跌幅深时会出现反弹，但由于市场下跌趋势已经确定无疑，股价步步走低，人人饱受套牢之苦。精明的投资者不再火中取栗，逆势而为，退出观望。

在熊市下跌趋势中，最容易吃大亏的有三种人：

（1）不知深浅者，受 KDJ、RSI 等技术指标的诱惑，在跌幅较深时入市抢反弹。结果由于功夫不深，多数被套牢。所以，当你确认大盘已经由牛转熊时，要果断斩仓离场，及时止损，不要去抢反弹，抢那些“鸡肋”，好肉不多，危险很大。

（2）不知轻重者，采取所谓摊薄成本的做法，加仓买入。有炒股经验的朋友都知道，在熊市下跌的初期，采取摊薄成本的做法加仓买入，其实是错误的，股价步步走低，你玩摊薄成本的游戏，买越来越多的股票，仓位越来越重，只能越套越深。

（3）不知涨跌者，抱住股票不放。在一轮大熊市已经形成的情况下，不看趋势，不认小赔，结果必然吃大亏。熊市下跌过程是漫长的，有的一套好几年。

四、“投资四季”

以上我们分析了移动平均线运行的一个周期、两种市场和四个阶段，从中可以看出，移动平均线的运行具有周期性的特点，牛市和熊市是交替出现的；同时移动平均线的波动不仅具有周期性，而且具有阶段性，在不同的运行阶段，具有不同的形态特征。根据移动平均线的这些特点，我们应该采取相应的投资策略。概括起来说：

第一，股票投资，要树立中长期投资的思维。因为股市的短期波动是很难预测的，而中长期趋势具有周期性和阶段性，是可以把握的。

第二，在选择入市时机时，首先应该看大势。要清楚市场是处于牛市还是熊市，牛市做多，熊市做空。同时要清楚市场是处于四个循环阶段中的哪一个阶段，从而采取不同的投资策略。

第三，从大的操作思路上说，要清楚“投资四季”。股票市场运行的四个阶段，很像一年当中四个季节那样有规律的循环：春种，夏长，秋收，冬藏。

底部横盘阶段是春季播种的季节，是建仓阶段。尽管春寒料峭，冷雨凄凄，“春到人间草木知”，你应该不误农时抢墒播种，不失时机地栽种几棵摇钱树，买入几只具有潜力的股票。低位建仓应该大胆一些。

发散向上阶段是夏季生长的季节，是持股做多阶段。金色的种子受到阳光雨露的滋润，生根，发芽，开花，结果，你应该等待果实成熟再去采摘。持有股票应该坚定一些。

顶部震荡阶段是秋季收获的季节，是出货阶段。春华秋实，稻谷归仓，经过春种夏长，风风雨雨，你终于迎来了金色的秋天，丰收的果实压满枝头，你要及时收获。卖出股票应该果断一些。

发散向下阶段是冬季贮藏的季节，是蛰伏观望阶段。雪花飘飘，冷风萧萧，你已经仓廪充实，应该休闲一下。离开股市应该淡定一些。

如果春天不及早播种，夏季去抓别人的苗子，人家可能不答应；如果秋天不及时收割，果实可能被别人拿走；如果冬天你想播种，有违农时，逆势而动，可能事与愿违。

总而言之，要用移动平均线看盘测市，把握好“投资四季”的操作节奏。就是说，要在市场波动中把握住均线，要在均线运行中把握住趋势。根据移动平均线运行的四个阶段——投资的四个季节——采取不同的投资策略：在底部横盘阶段，买入；在发散向上阶段，持股；在顶部震荡阶段，卖出；在发散向下阶段，空仓。

投资四季虽然不像一年四季那样分明，但大多数投资者是可以把握的。所以，用移动平均线看盘测市，大多数投资者是可以赚到钱的。如图 2－15 所示。

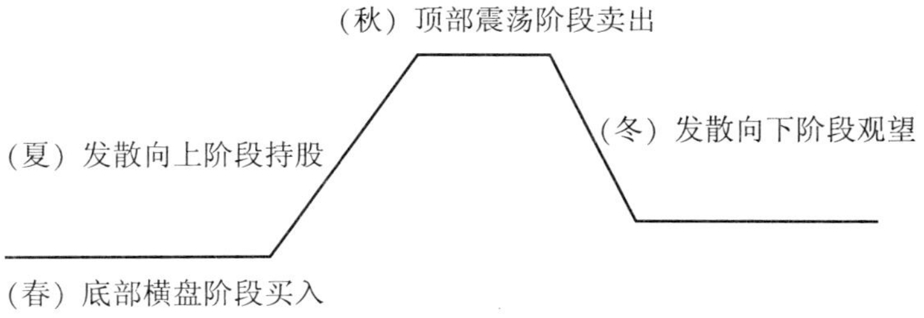

图 2－15　“投资四季”示意图

均线图形分析，是
均线看盘的基本功。

第三章　均线基本图形解析

在对移动平均线的运行周期和波动形态有所了解之后，我们有必要对移动平均线的基本图形做进一步的解析。

关于移动平均线的基本图形，专家们有不同的总结和概括。其中，黎航主编的《股市操练大全》（第二册）归纳列举出27种移动平均线的基本图形，并对每种图形的识别和运用进行了具体分析，具有重要的参考价值。

根据实战观察，我认为，从大的方面划分，移动平均线的基本图形可以区分为：直线、曲线、平行、交叉、黏合、发散、收敛和背离等八大类，每一类又可以细分为不同的具体形态。

一、直线形态

单根的移动平均线可以区分为直线形态和曲线形态。均线的直线形态并不是绝对直线，而是指相对平直的线。

（一）直线形态的市场含义

移动平均线的直线形态，反映市场运行的稳定性。直线形态一般出现在行情稳定发展的情况下，多数出现在持续上涨或持续下跌趋势中，在平稳的盘整阶段也偶尔可见。相对而言，短期移动平均线波动比较剧烈，出现直线形态的情况较少，中长期移动平均线走势相对稳定，波动较小，出现直线形态的机会较多。

移动平均线的直线形态，反映市场运行的趋势性。直线形态的指向性是明白无误的，很直观地反映出市场运行的趋势方向，为我们排除市场短期波动的干扰，把握中长期趋势提供了重要依据。

（二）直线的三种形态

移动平均线的直线形态，从运行方向上说，可以区分为上行、下行和横行三种形态。如图 3－1 所示。

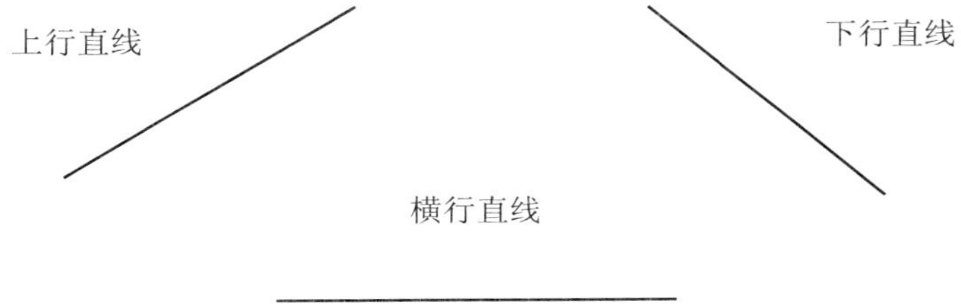

图 3－1　移动平均线的直线形态

1. 上行直线

上行直线形态，表明市场处于稳定的上升趋势中。从图 3－2 中我们看到，在上升趋势中，中期移动平均线基本以直线形态向右上方运行。

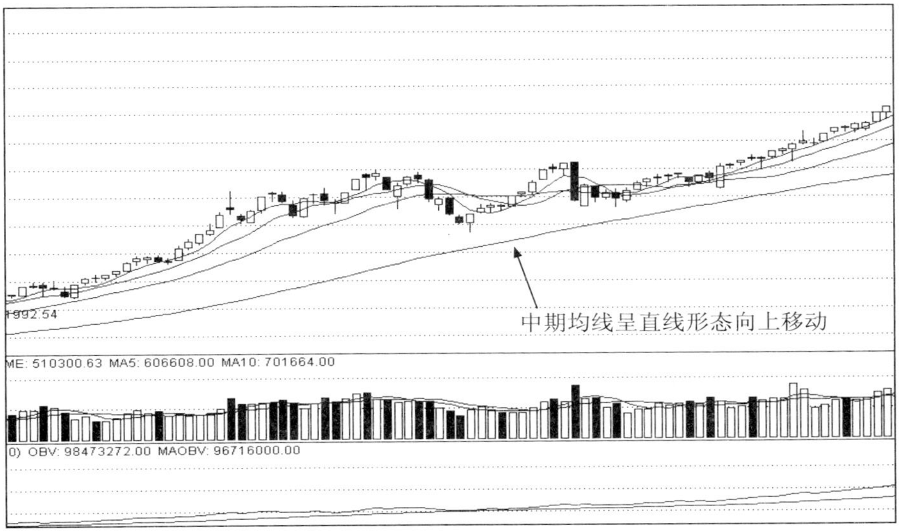

图 3－2　上行直线

2. 下行直线

下行直线形态，反映市场处于持续的下跌趋势中。如图 3－3 所示，在下跌行情中，中期移动平均线基本呈直线形态向右下方运行。

3. 横行直线

横行直线形态，表明市场处于横盘整理状态。从图 3－4 中我们看到，在底部横盘整理过程中，中长期移动平均线基本呈横行直线形态，而且各条均线间距收窄。

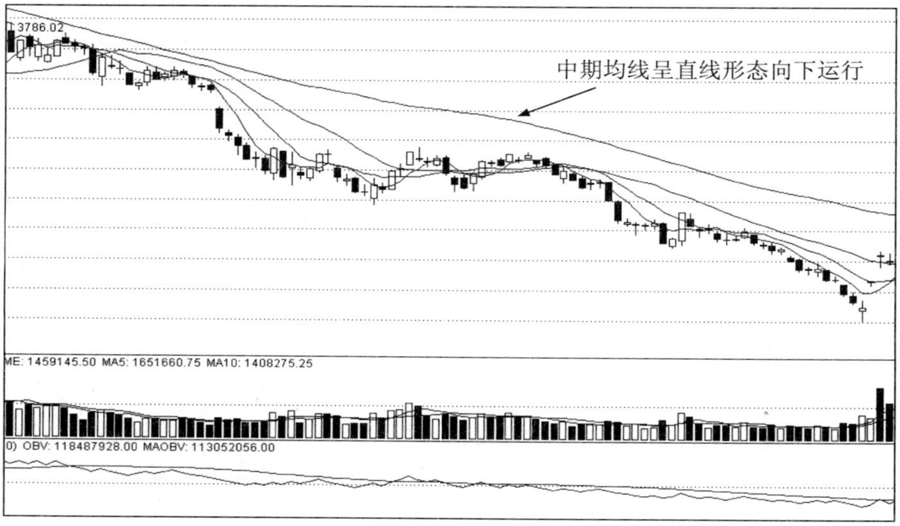

图 3－3　下行直线

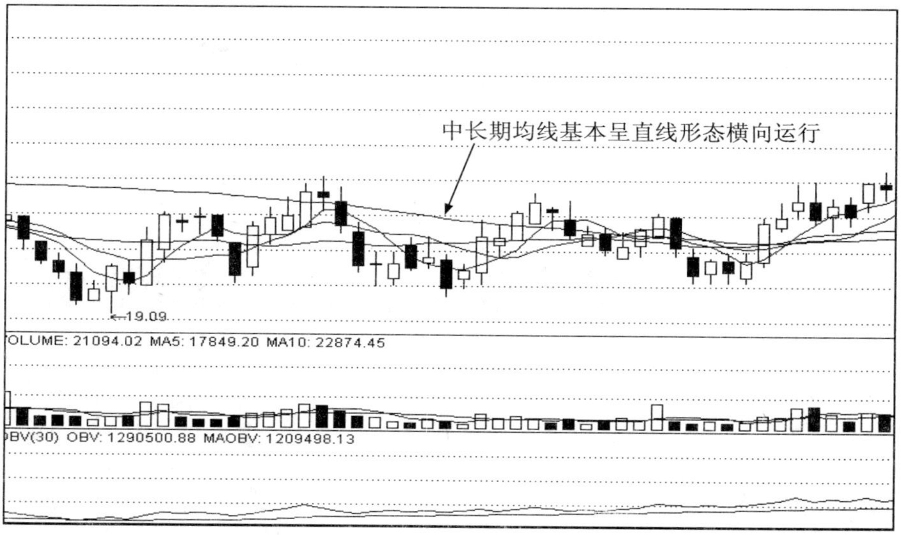

图 3－4　横行直线

二、曲线形态

股价是不断波动的，所以，移动平均线也是起伏波动的，曲线形态可以说是移动平均线运行的一种常态，是波浪形态的一种存在形式。如图 3－5 所示。

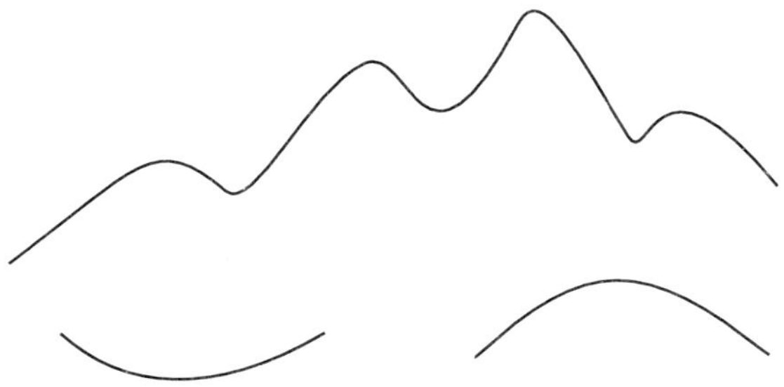

图 3－5 移动平均线的曲线形态

（一）曲线形态的市场含义

曲线形态反映市场行情的波动性和不稳定性。每一条移动平均线都是一条生动优美的曲线，有波峰，也有波谷，曲线形态诠释了市场行情的波动性，它告诉我们，在任何时候，股价都不会一直上涨，也不会永远下跌，而是有涨有跌，有升有降，“贵极反贱，贱极反贵”，股价波浪式运行是一种客观规律。

曲线形态说明市场行情发展的曲折性和证券投资的风险性。曲线是一种运动方向不断变化的线，显示出市场涨涨跌跌的变化莫测和运行方向的扑朔迷离，也反映出股票投资的风险性，告诉我们“股市有风险，入市须谨慎”。

（二）曲线的不同形态

从图 3－5 中我们看到，分解后的曲线基本上可以分为向上弯曲和向下弯曲两种形态。移动平均线向上弯曲反映市场趋势由下跌转为上升，移动平均线向下弯曲说明市场趋势由上升转为下跌，曲线形态的底部和顶部是股价变动的底部区域和顶部区域，曲线形态的高点和低点是股价涨跌的高点和低点，也是行情演变的拐点。

我们如果根据移动平均线的弯曲度作进一步的划分，向上弯曲的移动平均线可以区分为“锅底形”、“碗底形”和“漏斗形”，而向下弯曲的移动平均线则表现为倒置的“锅底形”、“碗底形”和“漏斗形”。如图3－6所示。

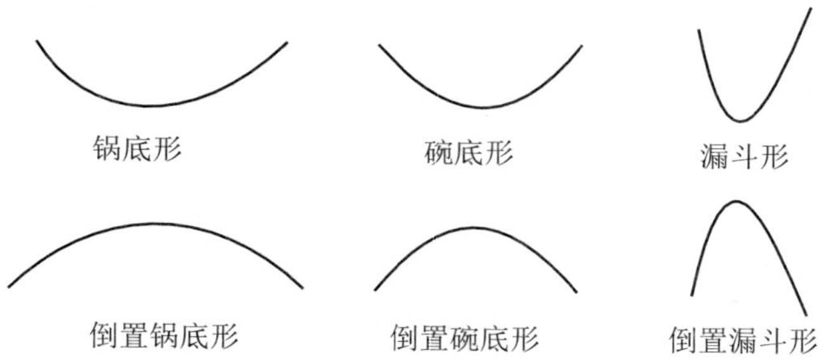

图3－6　弯曲度不同的六种曲线形态

移动平均线的弯曲度反映行情转折的强度和力度，也大致反映出短中长期移动平均线运行的不同特点。一般而言，长期移动平均线的弯曲比较平缓，呈“锅底形”或倒置的“锅底形”，中期移动平均线呈“碗底形”或倒置的“碗底形”，而短期移动平均线的走势往往比较陡峭峻急，呈“漏斗形”或倒置“漏斗形”的情况较多。如图3－7所示。

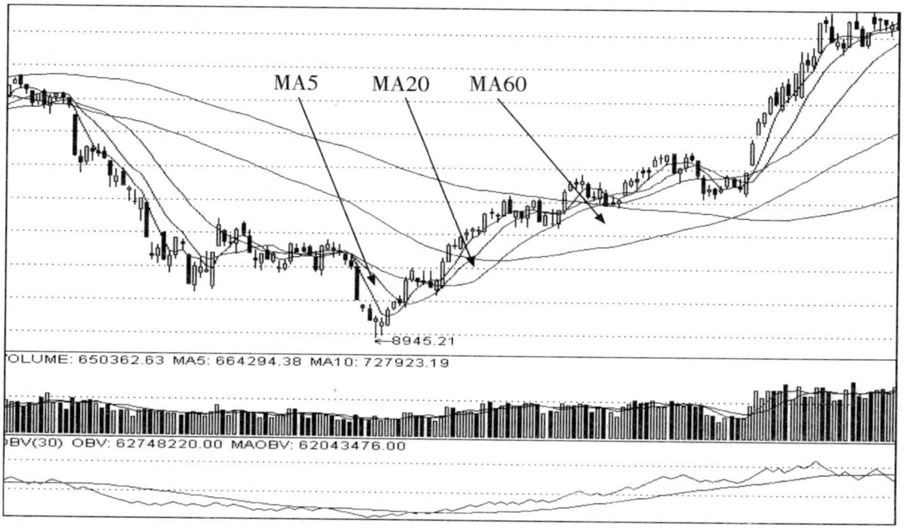

图3－7　移动平均线弯曲度差异

从以上分析我们看到，曲线形态的向上弯转或向下弯转，反映移动平均线运行方向的改变，波峰与波谷通常是行情的转折点，显示出买卖的机会，应该在移动平均线由跌转升时买入、由升转跌时卖出。当然，同时要注意观察移动平均线的弯曲度和形态特点。如图 3－8 中的 a a′反映行情走势只是一种的微调，b b′说明回档较深，而 c c′则形成 M 和 W 图形，d 是一种横盘整理形态，等等。

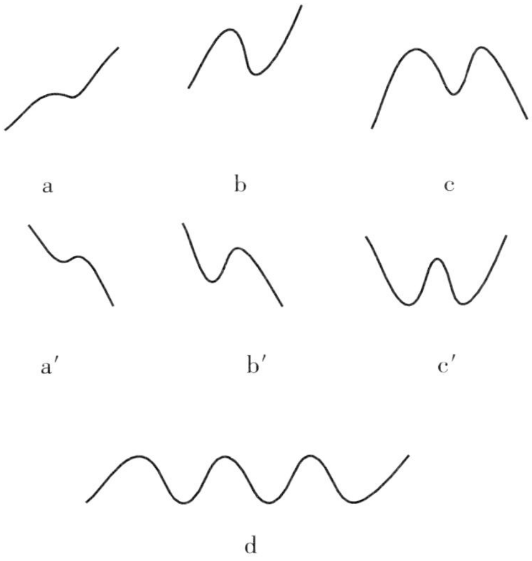

图 3－8　曲线的不同形态

三、平行形态

所谓平行直线，是指两条以上的移动平均线基本呈直线形、并保持等距离运行的状态。移动平均线的平行形态，反映市场沿着一定的趋势方向持续稳定地运行。因其运行方向的不同，可以区分为上升平行线、下降平行线和横向平行线三种形态。如图 3－9 所示。

（一）上升平行线

两条移动平均线保持平行状态向右上方运行，说明市场处于稳定的上涨趋势中，是一种安全的持股信号。上升平行均线托着股价走，等于上了“双保险”，对股价会起到较强的支撑作用。如图 3－10 所示。

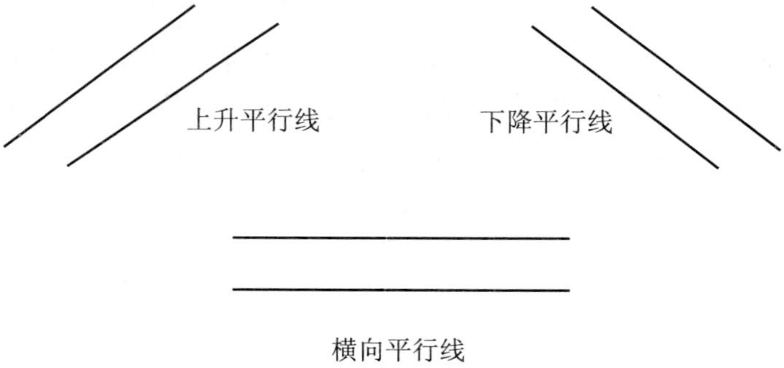

图 3 – 9　三种平行均线形态

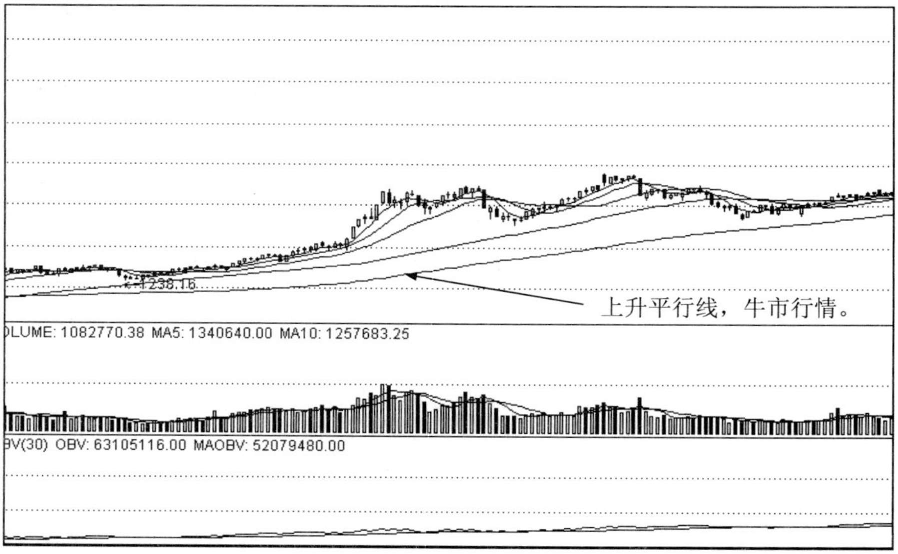

图 3 – 10　上升平行线

（二）下降平行线

两条移动平均线保持平行状态向右下方运行，说明市场下跌趋势在沉重延续，是一种典型的空头形态。下行平行线压着 K 线走，等于股价上压着“两座大山”。如图 3 – 11 所示。

（三）横向平行线

两条移动平均线呈平行状态横向运行，反映市场买卖双方处于胶着盘

图 3－11　下降平行线

整状态。低位横向平行线——“铁道轨”往往构筑铁底，“铁道轨”下通常是买入时机。如图 3－12 所示。

图 3－12　横向平行线

四、交叉形态

交叉形态，是移动平均线运行当中最常见的一种形态。均线交叉有两线交叉、三线交叉、四线交叉等，根据移动平均线交叉的位置和形态，我们可以将其区分为普通交叉、黄金交叉和死亡交叉。如图 3－13 所示。

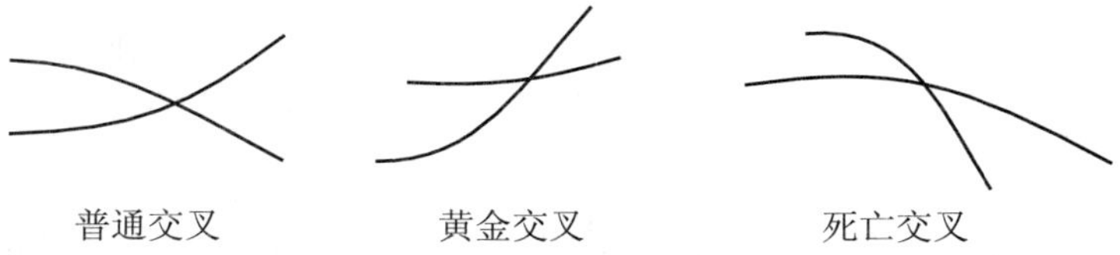

图 3－13　移动平均线三种交叉形态

（一）普通交叉

在移动平均线的运行中，经常会出现不同时间周期的移动平均线相互交叉的现象。在趋势并不明显的市场或在横盘整理阶段，有些频繁出现的均线交叉对股价的走势并不会产生方向性的影响，我们把这类均线交叉叫作普通交叉。如图 3－14 所示。

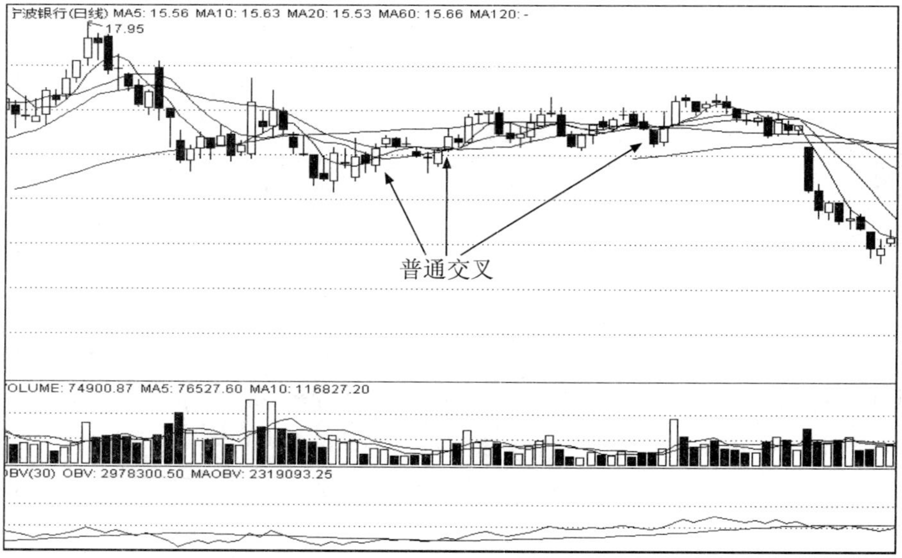

图 3－14　普通交叉

从图 3 – 14 中我们看到，宁波银行（002142）处于横盘走势中，中长期移动平均线大体走平，短期移动平均线相互缠绕，出现多次交叉，这些移动平均线交叉的方向基本是横向的，对股价运行方向并没有太大的影响。

移动平均线的普通交叉大体可分为两种情况（图 3 – 15）：

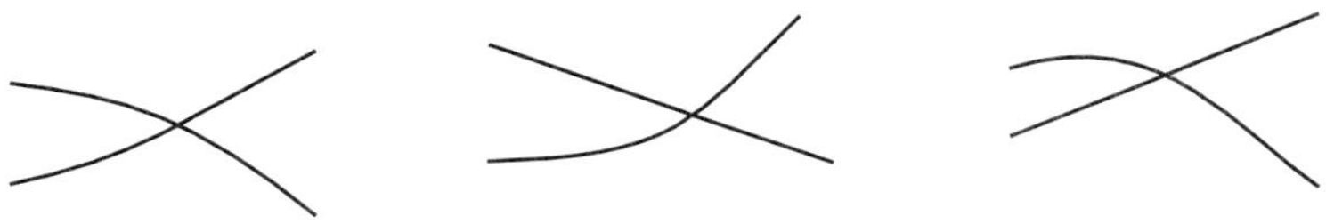

图 3 – 15　普通交叉的两种形态

一是两条移动平均线呈水平方向的剪刀交叉。这种情况多数出现在短期移动平均线之间，反映股价的短期波动，并不具有趋势性的意义。

二是短期移动平均线向上、中长期移动平均线向下，或者短期移动平均线向下、中长期移动平均线向上形成交叉，有时多空力量均势抵消，对股价走向暂时不会产生方向性影响。

普通交叉对市场的方向虽暂时不会产生影响，但均线交叉酝酿着变数，而且有些普通交叉本身就是市场方向选择的一种尝试或征兆，需要注意它的后续变化。

（二）黄金交叉

黄金交叉，是指天数较短的移动平均线上穿天数较长的移动平均线，同时天数较长的移动平均线向上运行所形成的交叉。如图 3 – 16 所示。

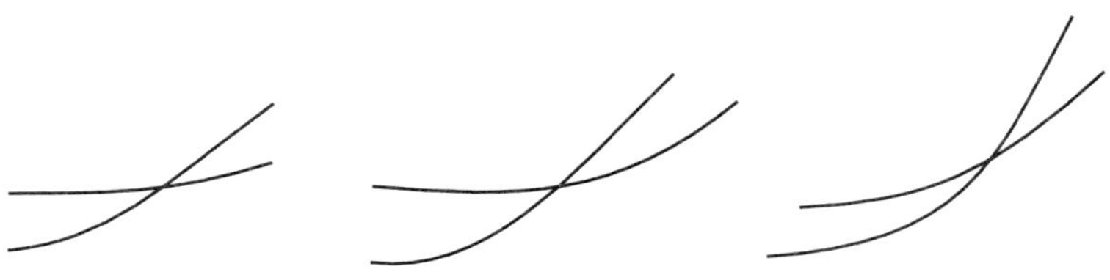

图 3 – 16　黄金交叉

黄金交叉出现在由跌转升、由弱转强的行情中，通常是一种买入信号。越是处于行情运行底部的黄金交叉，上涨的信号越可靠；如果移动平均线向上交叉的角度较陡，反映上涨信号较强；时间周期长的均线出现黄金交叉，要比时间周期短的均线交叉信号更具有趋势性。如图 3 – 17 所示。

图 3－17　底部黄金交叉

（三）死亡交叉

死亡交叉，是指天数较短的移动平均线从上向下跌穿天数较长的移动平均线，且天数较长的移动平均线同时向下移动所形成的交叉。如图 3－18 所示。

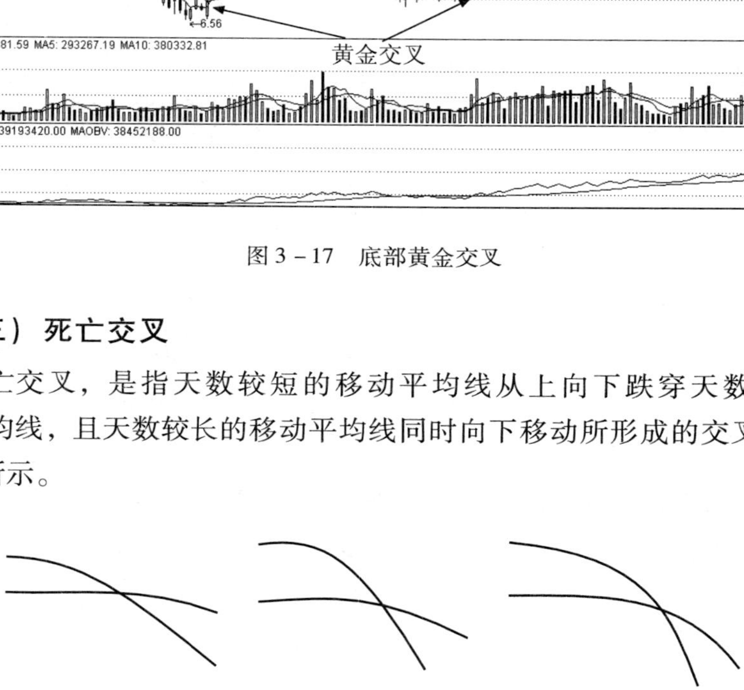

图 3－18　死亡交叉

死亡交叉出现在由升转跌、由强转弱的行情中，通常是卖出信号。在行情上涨的顶部区域出现死亡交叉，是明显的卖出信号，应密切关注行情变化。若移动平均线向下交叉的角度较陡，说明下跌信号较强；时间周期长的均线出现死亡交叉，要比时间周期短的均线死叉对市场的影响更大。如图 3－19 所示。

图 3－19　下跌途中死亡交叉

（四）银三角

银三角，也称银山谷，是由 3 条移动平均线相互交叉而成的底部三角形。由于底部三角形有时会出现两个以上，所以通常把第一个出现的三角形称为银三角。例如，5 日移动平均线由下往上先后与 10 日、20 日移动平均线交叉，同时 10 日移动平均线由下往上与 20 日移动平均线交叉，从而形成一个尖头向上的三角形，即称为银三角。银三角一般出现在行情由下跌转为上升的转折点，是看涨信号。

银三角按其不同形态可以区分为上倾三角形、偏正三角形和不规则三角形。如图 3－20 所示。

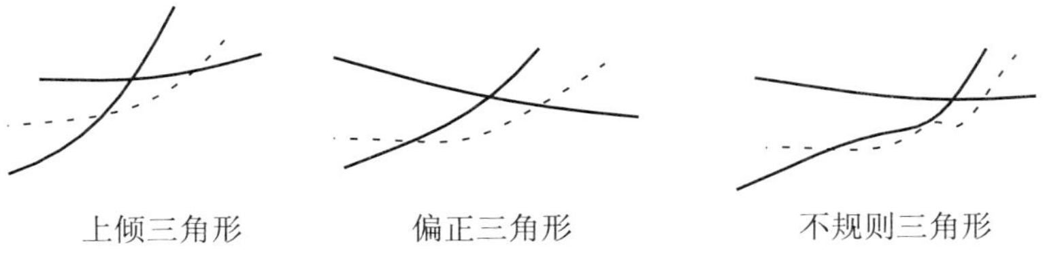

图 3－20　银三角的三种形态

1. 上倾三角形

上倾三角形的特点是：5 日、10 日均线向上的角度较陡，先形成黄金交叉，随后与向上运行的 20 日均线形成黄金交叉。上倾三角形是买入形态。如图 3－21 所示。

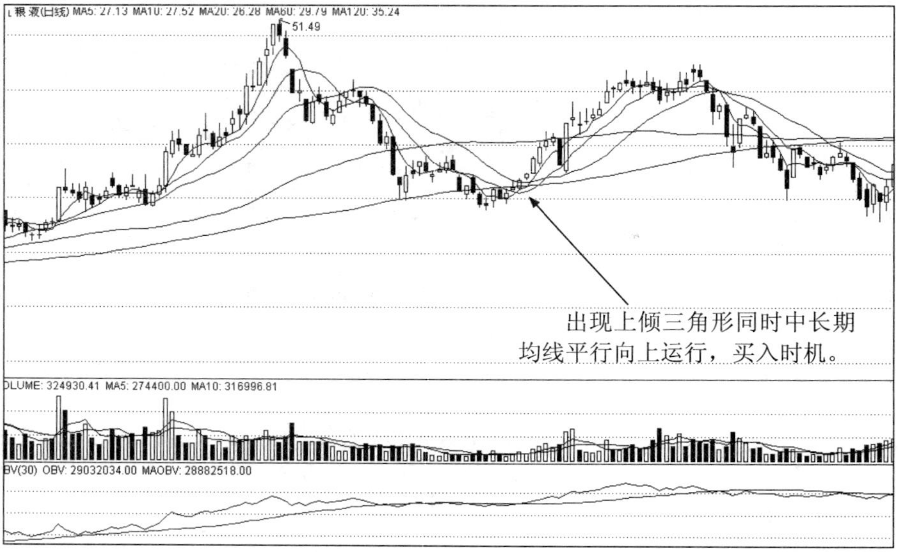

图 3－21　上倾三角形

2. 偏正三角形

偏正三角形的特点是：5 日均线和 10 日均线先形成黄金交叉，随后与向下倾斜的 20 日均线相交，由于受 20 日移动平均线向下运行的压力，行情可能继续走弱。如图 3－22 所示。

3. 不规则三角形

不规则三角形的特点是：5 日均线和 10 日均线向上先形成黄金交叉，随后与 20 日均线相交，但由于行情波动比较剧烈，三角形态不够规则，对行情走势的判断应该关注中长期移动平均线的走向。如图 3－23 所示。

（五）金三角

金三角，也称金山谷，出现在银三角之后，构成方式和银三角相同。金三角的水平位置，往往相当于或高于银三角的位置。金三角的出现，一般是 W 底形成的标志，是一个比较典型的买入信号，也是稳健投资者的重

图 3－22　偏正三角形

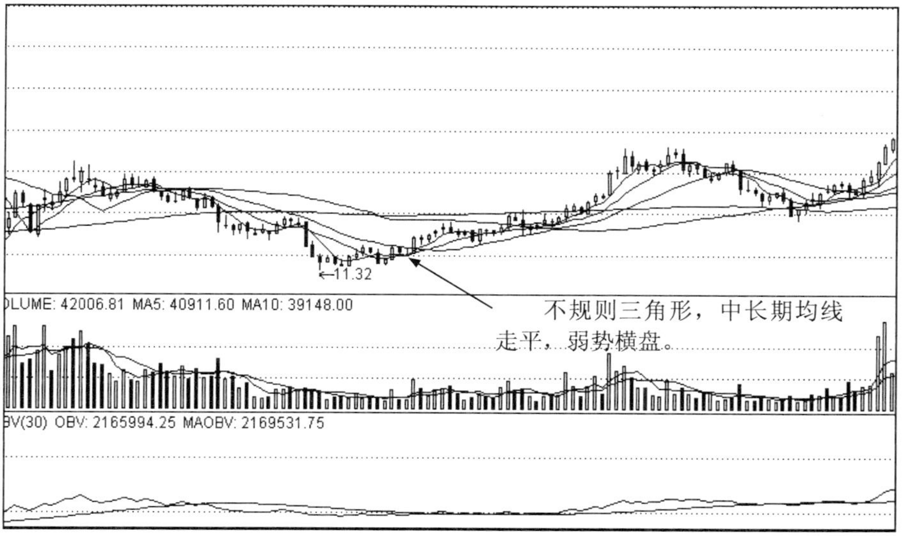

图 3－23　不规则三角形

要买入点。如果金三角和银三角相隔时间较长，金三角所处的位置又偏高，信号更可靠。如图 3－24 所示。

从市场操作来说，股价经过一个时期下跌之后，三根移动平均线相

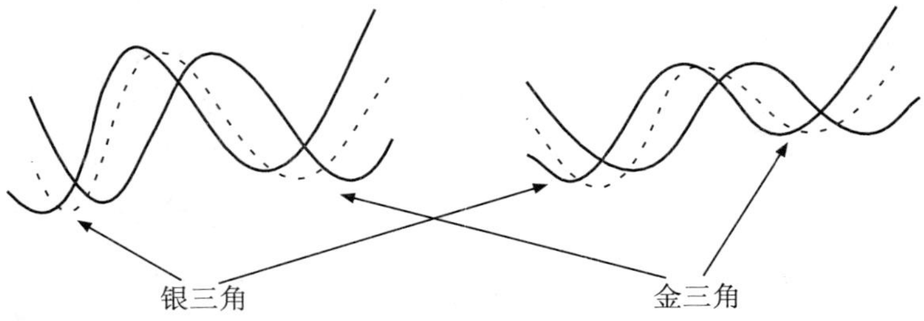

图 3－24　金三角形态

交形成银三角，有可能止跌企稳，有一个上扬过程。但此时如果中长期移动平均线仍然向下运行，说明市场的总体趋势尚未完全改变，做多动能还不够充分，投资者信心尚有待恢复，此时主力机构也常常趁机洗盘吃货，所以市场短暂上涨后往往会出现再次下跌，导致银三角启动的升势不能持续。如果说银三角是第一个底，那么金三角就是第二个底。当金三角出现时往往形成 W 底，这时，一般中长期移动平均线已经开始走平或上扬，市场上涨趋势已经进一步明朗，应该考虑买入。如图 3－25 所示。

图 3－25　银三角和金三角

但需要注意的是，如果第二个三角形的位置明显低于第一个三角形，而且中长期移动平均线仍然向下运行，那么，这个三角形就很有可能是一个“失败的金三角”，因为受中长期移动平均线下行的压制，股价很有可能短暂上扬后继续走低。如图 3－26 所示。

图 3－26　“失败的金三角”

（六）死亡角

死亡角，也称死亡谷，一般出现在上升行情的末期，当移动平均线拐头向下，趋势发生逆转时，会先出现死亡交叉，随后形成死亡角。死亡角的形态特征是，5 日均线先下穿 10 日、20 日均线，随后 10 日均线跌破 20 日均线，形成一个尖头朝下的三角形。高位出现死亡角说明后市看跌，是强烈的做空信号，尤其是在股指大幅上扬后出现死亡角，要及时离场。

死亡角有三种形态：

一是 5 日、10 日均线和 20 日均线同时向下倾斜，形成三个死亡交叉，卖出信号强烈。二是 5 日均线和 10 日均线向下倾斜，20 日均线走平，做空动能稍弱。三是 5 日均线和 10 日均线向下倾斜，20 日均线仍向上运行，做空动能更弱些。如图 3－27 所示。

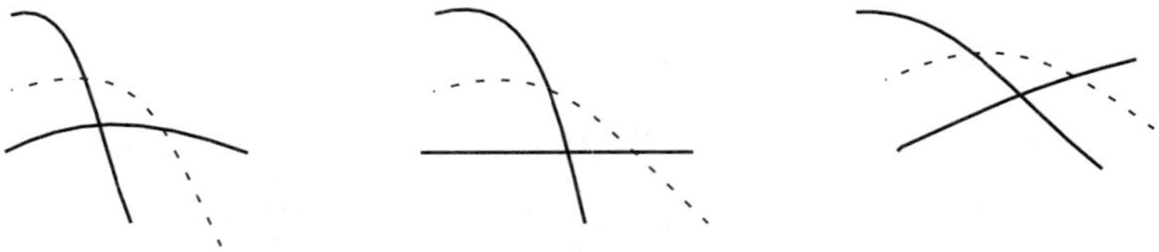

图 3-27　死亡角的三种形态

死亡角出现的位置很重要：在上涨过程中短期均线出现死亡角，如果中长期均线仍然向上运行，不排除是一种深幅震荡洗盘行情；在大涨行情末期出现死亡角，急跌长阴不论何种形态都是危险信号。在下跌过程中短期均线出现死亡角，如果中长期均线仍向下运行，将会继续跌势。如图 3-28 至图 3-30 所示。

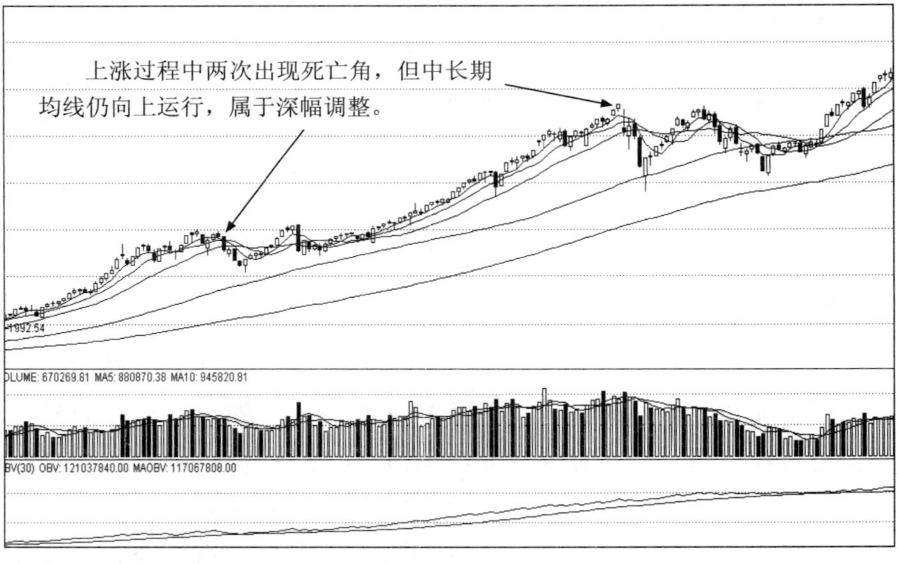

图 3-28　上涨行情中的死亡角

由于死亡角都是在股价有了一定跌幅以后才出现的，所以，根据死亡角买卖股票往往会错失一段行情，但在趋势研判方面，死亡角具有重要的参考价值。

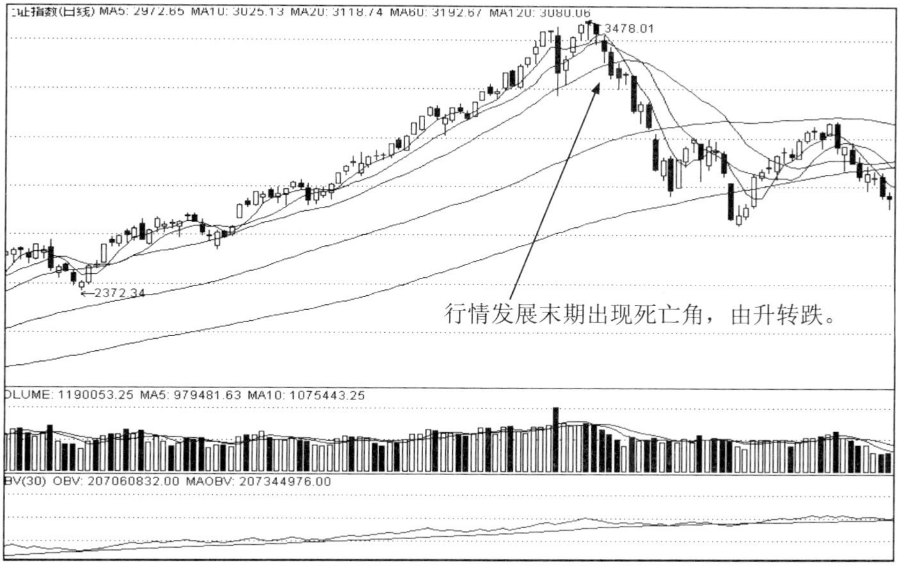

图 3－29　顶部死亡角

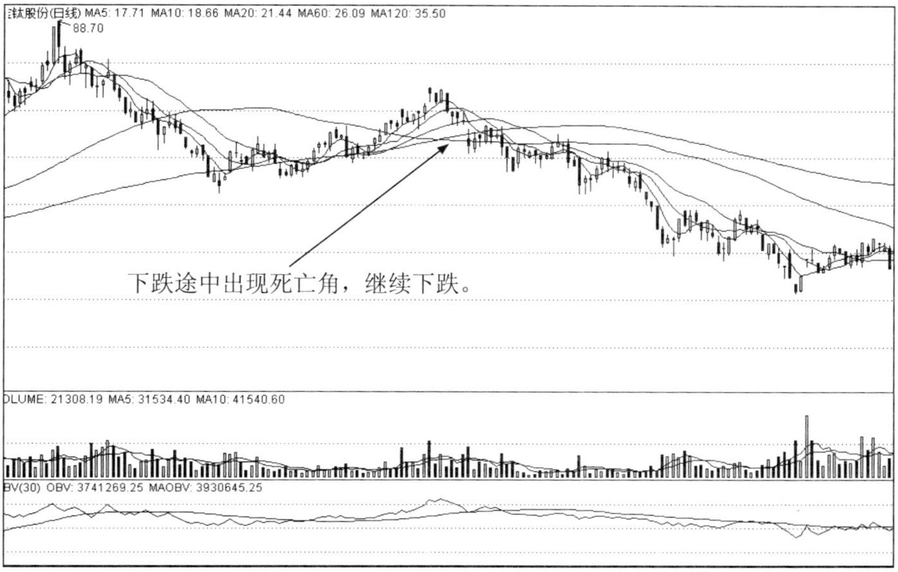

图 3－30　下跌途中死亡角

（七）地上井

银三角或金三角之后，通常会出现“地上井”，即四条移动平均线相交叉，形成一个井字。地上井的出现是对上涨趋势的进一步确认，这时股价已经站在四条均线之上。所以，地上井通常是确认涨势的一种信号，但是，地上井有三种形态，提供的市场信息有所不同。如图3－31所示。

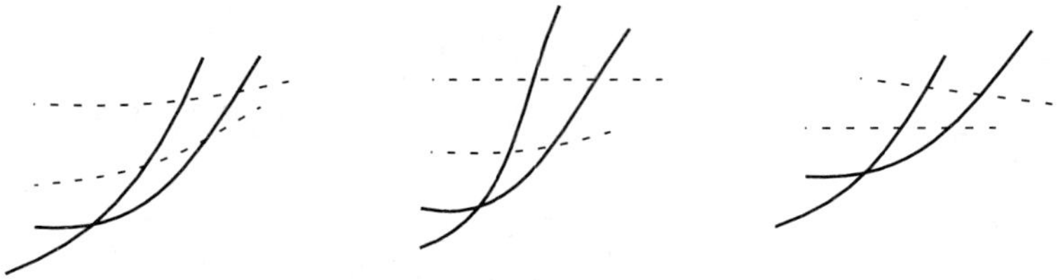

图3－31　地上井的三种形态

一是四条移动平均线同时向上倾斜，买入信号强烈；二是5日、10日和20日移动平均线向上运行，而60日移动平均线基本走平，信号稍弱；三是5日、10日移动平均线向上运行，20日、60日移动平均线向下走，说明中长期趋势还没有根本改变。如图3－32至图3－34所示。

图3－32　四线向上地上井

图 3－33　三线向上地上井

图 3－34　两线向上地上井

（八）天上井

死亡角之后一般会出现“天上井”，也称死亡井。天上井的出现是对下跌趋势的进一步确认，这时股价已经跌到四条移动平均线之下，一般应该坚定看空。如图 3－35 所示。

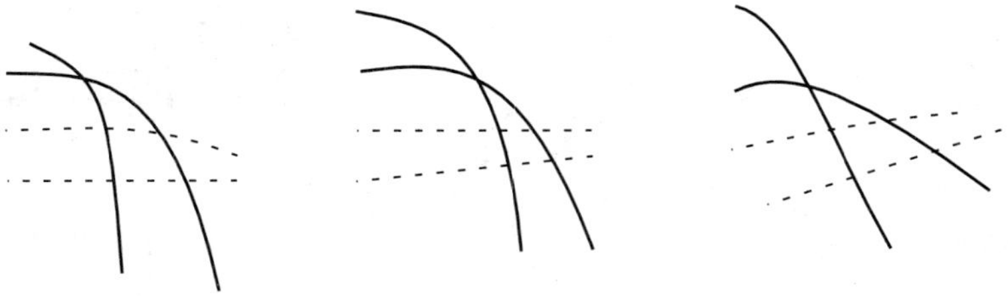

图 3－35　“天上井”的三种形态

上图的第一、二种形态做空趋势相对强烈，在第三种形态中 20 日和 60 日移动平均线仍向上运行，做空动能较弱。如图 3－36 和图 3－37 所示。

图 3－36　天上井

图 3－37　天上井

五、黏合形态

移动平均线的黏合形态，是指在某一价格区间，几条移动平均线相互贴近、重合或缠绕，波动幅度很小。均线黏合是一种常见形态，多发生在横盘整理阶段。如图 3－38 所示。

图 3－38　黏合形态

移动平均线黏合形态，反映某一时间段市场买入股票的成本基本接近，往往孕育行情向上或向下的突破，常常是变盘的先兆。移动平均线黏合的时间越长，变盘后上涨或下跌的空间就越大。按均线黏合出现的位置不同，大体可以区分为低位黏合和高位黏合。

（一）低位黏合

移动平均线的低位黏合，如果出现在底部横盘阶段，通常在均线黏合之后会选择向上突破。如图 3－39 所示。

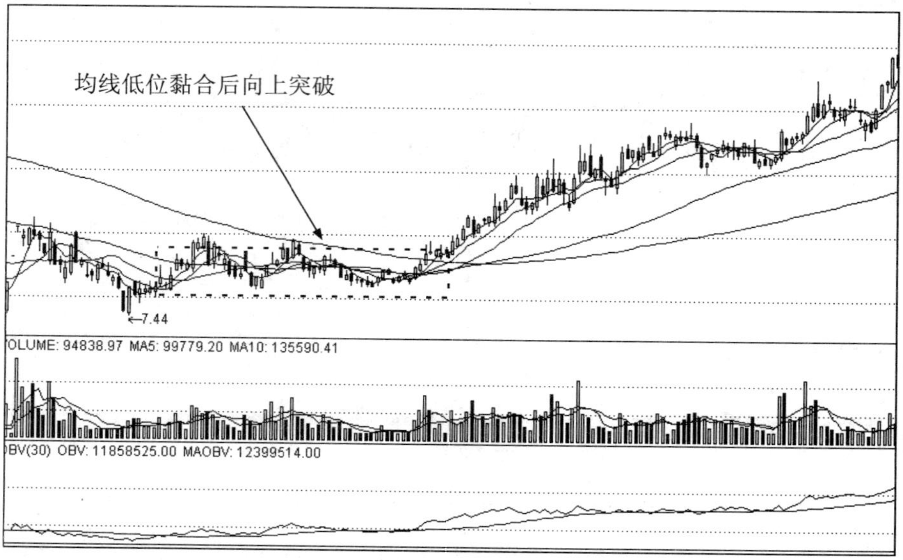

图 3－39　均线低位黏合

（二）高位黏合

移动平均线的高位黏合，如果出现在顶部震荡阶段一般会选择向下突破。如图 3－40 所示。

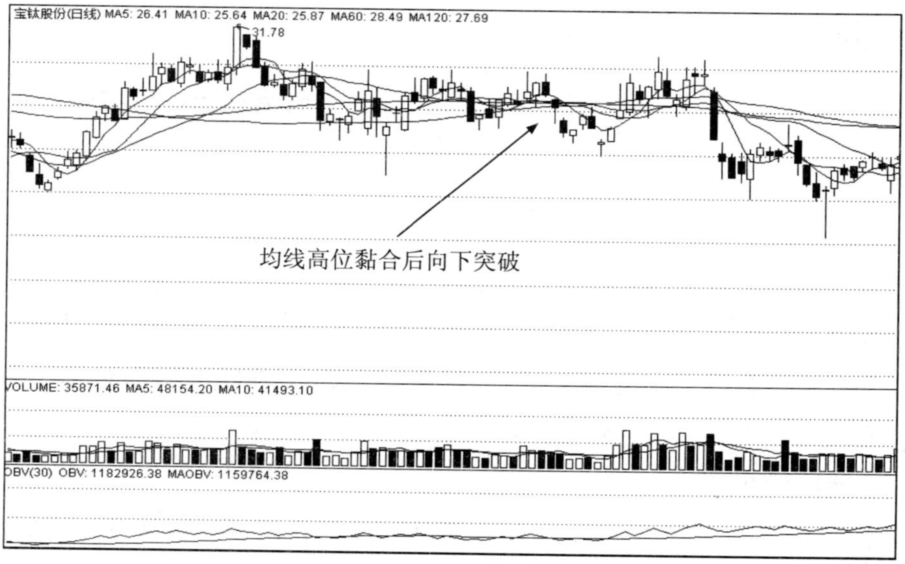

图 3－40　均线高位黏合

有时，均线黏合会出现在行情发展的中段，突破方向要结合盘面情况综合研判。另外，移动平均线黏合形态的突破，在短中长期移动平均线的运行方向基本一致时，比较容易把握，当短中长期移动平均线的运行方向不一致时，要根据黏合形态出现的位置作具体分析。

六、发散形态

所谓发散形态，是指短中长期移动平均线逐渐展开、间距逐渐拉大形成的扩散状运行状态。发散形态分为向上发散形态——多头排列和向下发散形态——空头排列。

（一）多头排列

多头排列，是指移动平均线向上发散形态。在上升行情中，短中长期移动平均线由上而下依次排列，呈发散状向右上方移动状态，称为多头排列。如图 3－41 所示。

多头排列表明市场处于上升趋势中，一般来说，当移动平均线出现多头排列时，说明市场做多力量已经控制了局面，上升趋势将会延续。

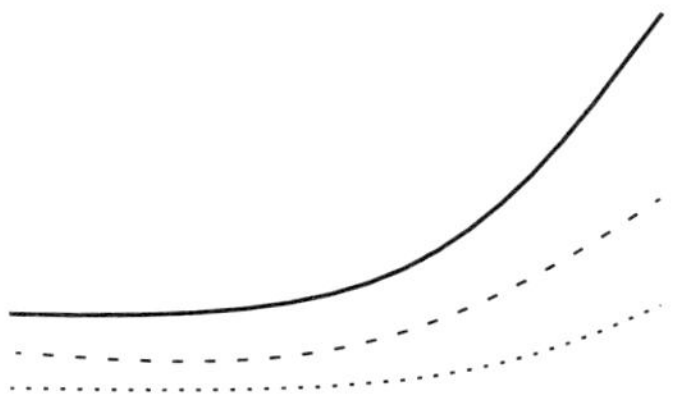

图 3－41　多头排列

多头排列，分为短期移动平均线多头排列和中长期移动平均线多头排列，市场含义不同。如，5 日、10 日和 20 日移动平均线形成多头排列，是买入信号，但这个买入信号的强度是受中长期移动平均线制约的，如果此时的中长期移动平均线也呈多头排列，说明行情不仅短期处于上涨走势，而且中长期趋势看好。如果 5 日、10 日和 20 日移动平均线呈多头排列，中长期移动平均线仍呈空头排列，一般属于下跌过程中的反弹行情。如图 3－42 和图 3－43 所示。

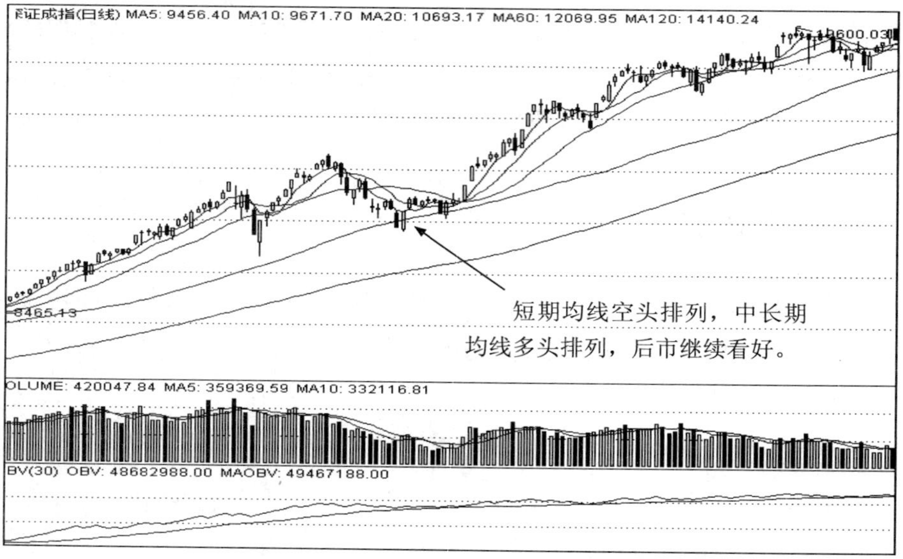

图 3－42　长多短空形态

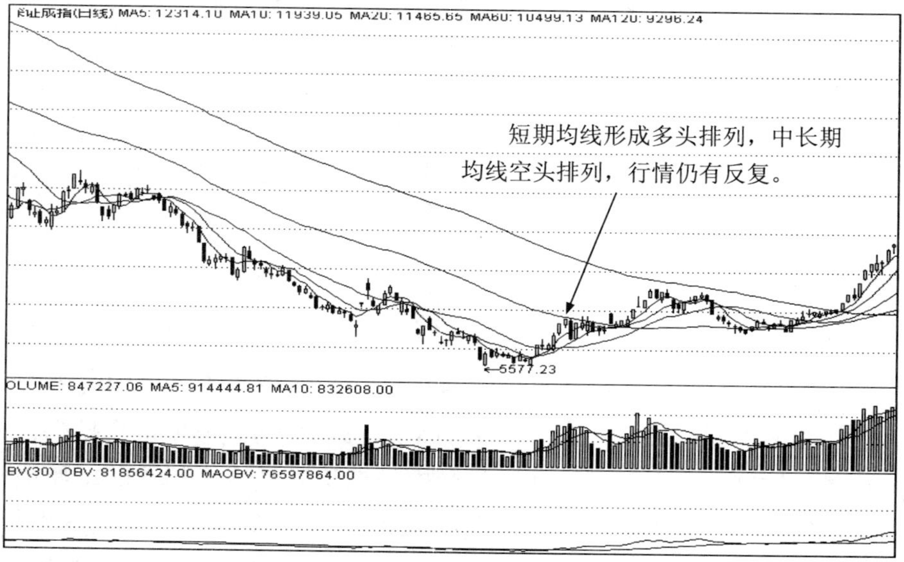

图 3－43　长空短多形态

均线多头排列，形成的原因和走势形态不同，可区分为以下几种形态：

1. 黏合向上发散形（图3－44）

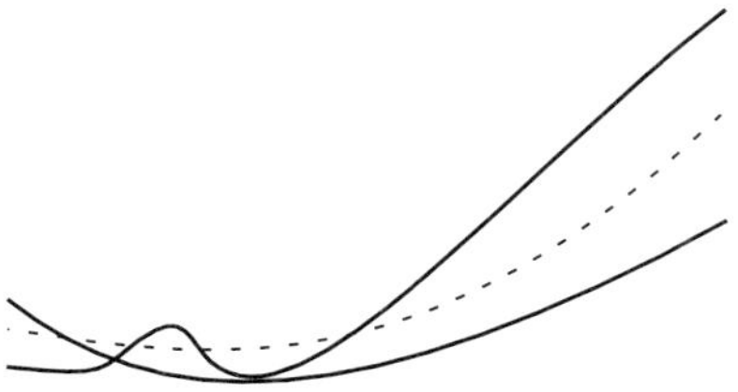

图3－44　黏合向上发散形

黏合向上发散形，既可能出现在底部横盘阶段的末期，也可能出现在上涨途中横盘之后，黏合在一起的短中长期移动平均线逐渐向上发散，标志着横盘调整的结束，涨升行情的开始，是买进信号。如果成交量同步放大，信号更可靠。如图3－45和图3－46所示。

图3－45　黏合向上发散

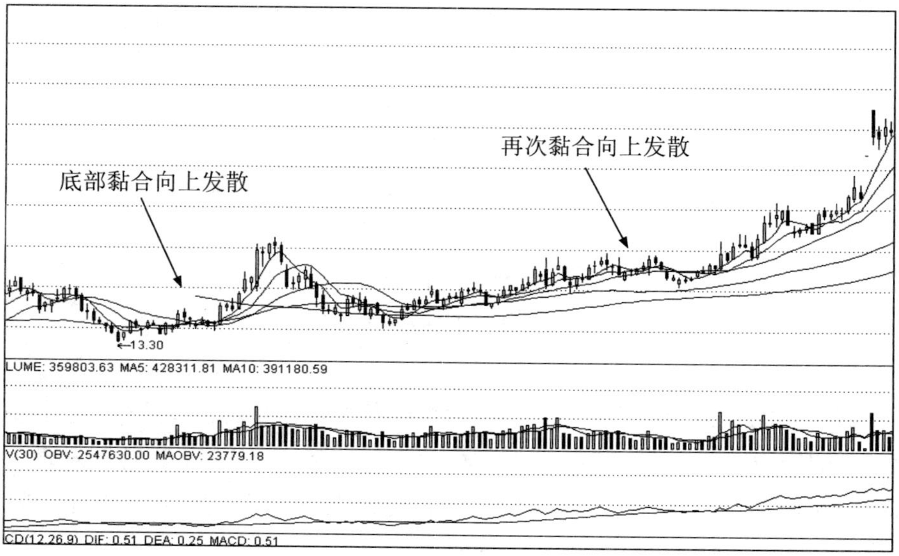

图 3-46　两次黏合向上发散

2. 交叉向上发散形（图 3-47）

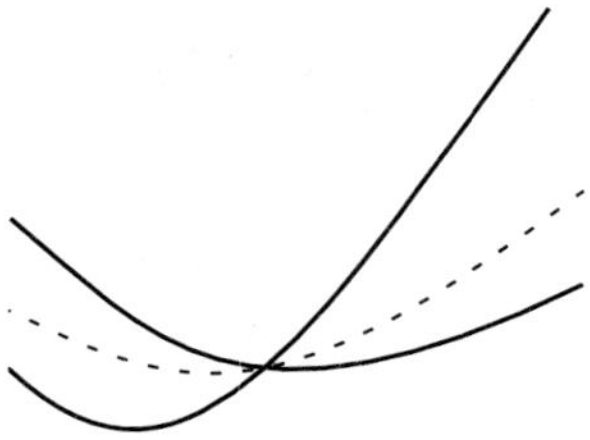

图 3-47　交叉向上发散形

交叉向上发散形，也称“大鹏展翅”，出现在由下跌转为上升的行情中，其特点是短中长期移动平均线由向下发散逐渐收敛后再交叉向上发散，是一种空翻多形态。如图 3-48 和图 3-49 所示。

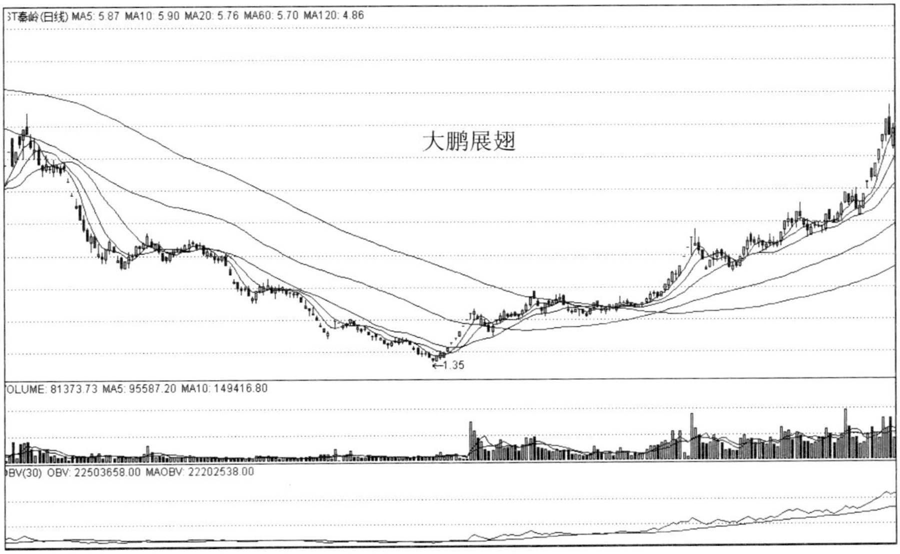

图 3－48　交叉向上发散形

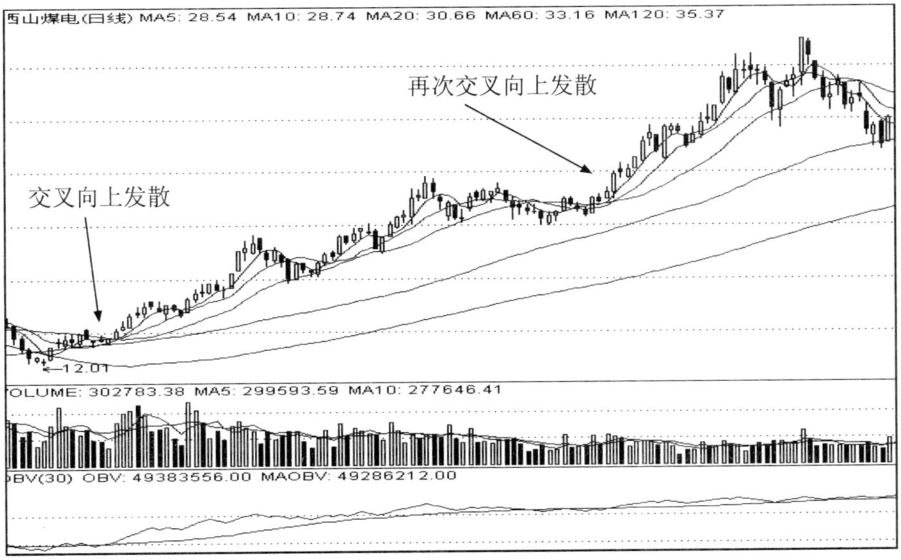

图 3－49　两次交叉向上发散

3. 上山爬坡形（图 3－50）

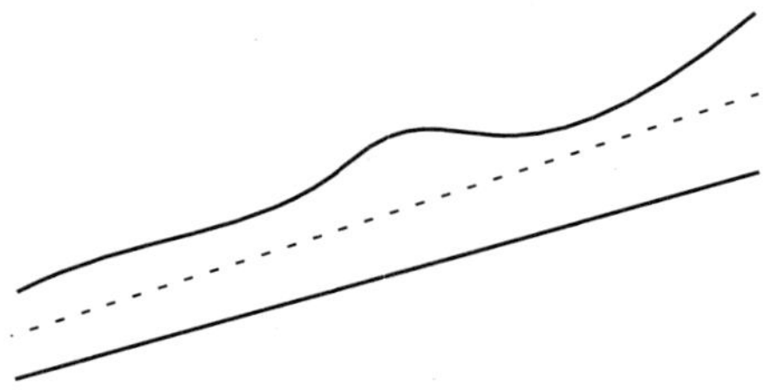

图 3－50　上山爬坡形

上山爬坡形，出现在上升趋势中，短中长期移动平均线呈多头排列形态，沿着一定的坡度向右上方移动，中长期均线走势坚挺，短期均线的波动幅度很小，反映市场上涨趋势比较稳定。如图 3－51 所示。

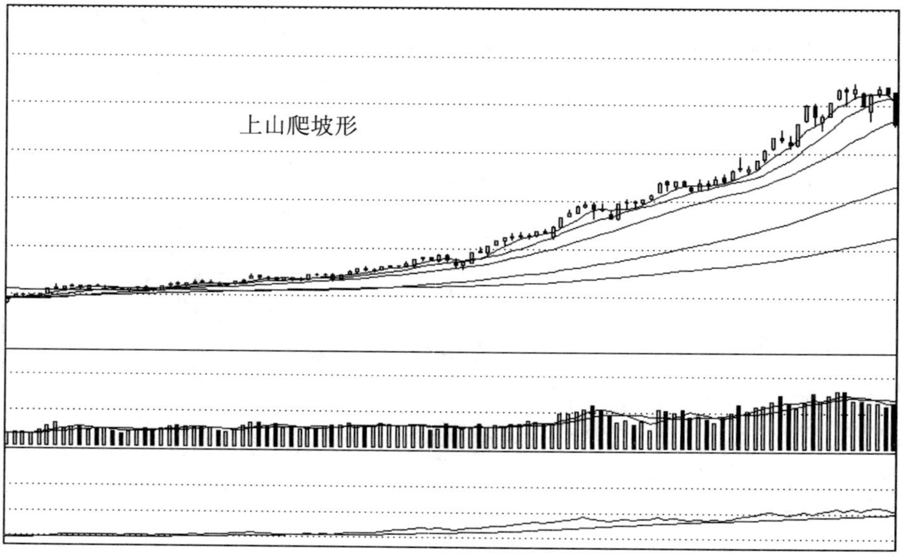

图 3－51　上山爬坡形

4. 逐浪上升形

逐浪上升形，出现在上涨趋势中，短中长期移动平均线呈多头排列形态，短期均线波浪式运行，有时波动幅度较大，但中长期移动平均线呈稳定的上升趋势，表明多头占据主导地位，继续看涨。如图 3－52 和图 3－53 所示。

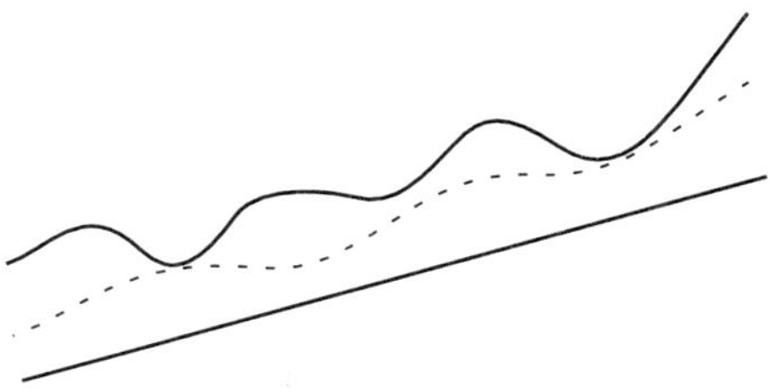

图3-52　逐浪上升形

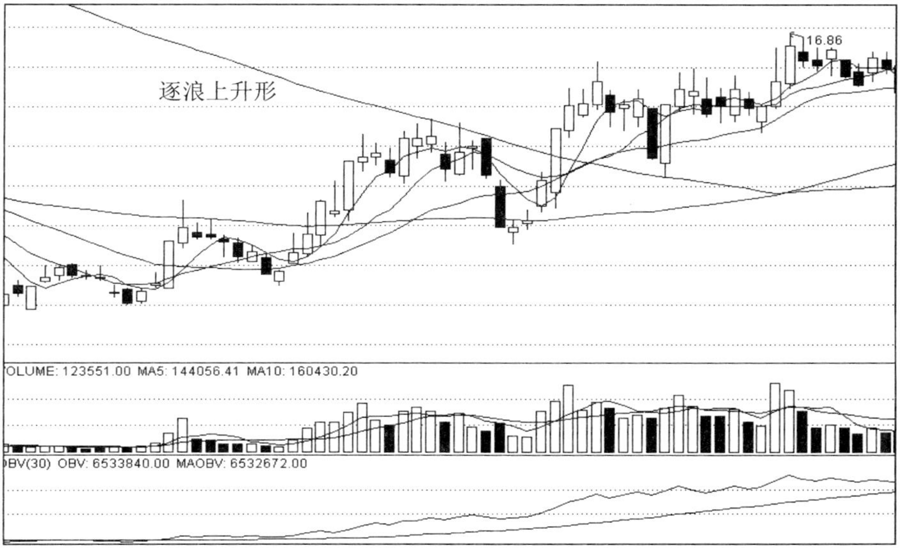

图3-53　逐浪上升形

5. 快速上涨形（图3-54）

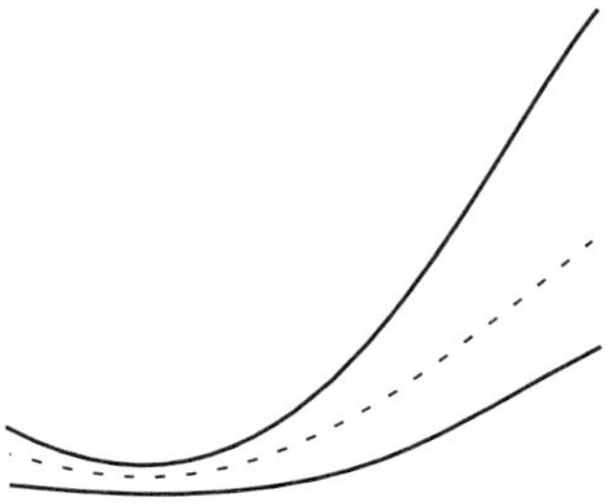

图3-54　快速上涨形

快速上涨形，是一种加速度形态。一般在涨升行情的初期移动平均线呈缓慢上升状态，之后上涨速度加快，短中长期移动平均线的间距拉大，短期均线上升角度变陡，在行情的冲高阶段，股价往往急速上攻，短期移动平均线快速拉升，与中长期移动平均线的距离越拉越大，这是转势前兆，应密切关注 K 线形态变化，适时卖出。如图 3－55 所示。

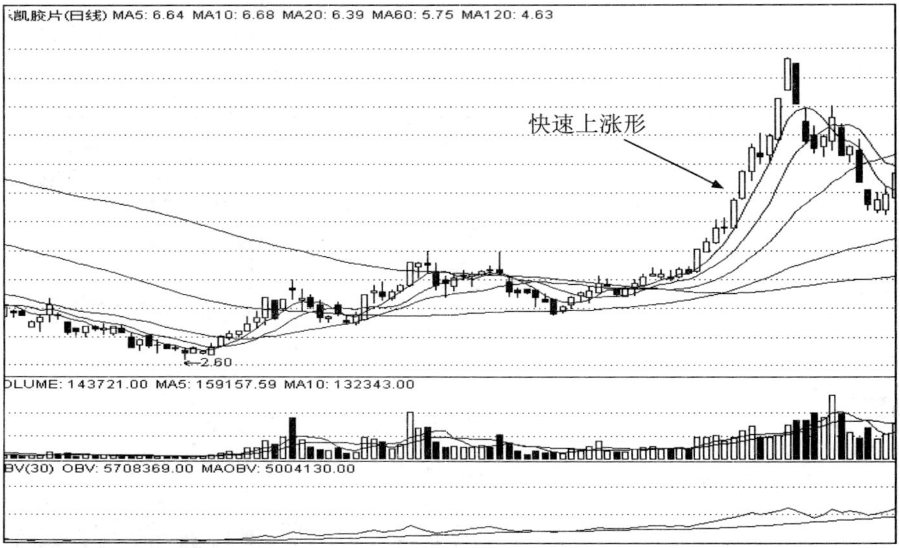

图 3－55 快速上涨形

（二）空头排列

空头排列，是指移动平均线向下发散的形态。在下跌行情中，短中长期移动平均线呈由下而上顺序排列，向右下方移动，称为空头排列。空头排列反映市场处于下跌趋势，是做空信号。如图 3－56 所示。

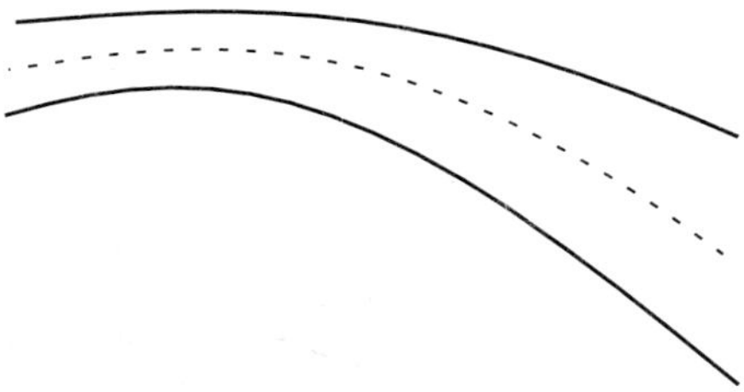

图 3－56 空头排列

空头排列，可以区分为以下几种形态：

1. 黏合向下发散形（图 3－57）

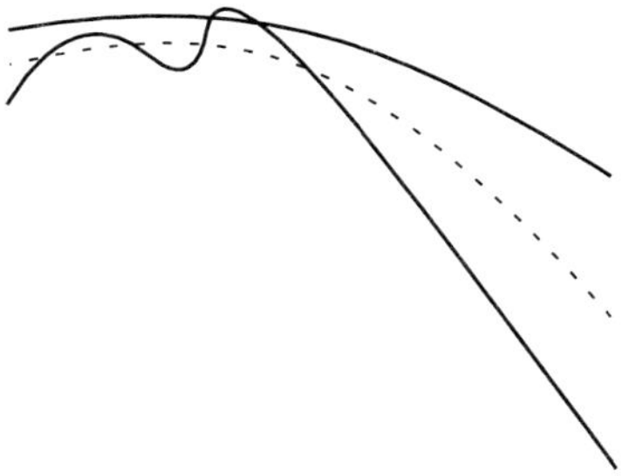

图 3－57　黏合向下发散形

黏合向下发散形，一般出现在高位横盘整理之后，黏合在一起的短中长期移动平均线形成向下发散形态，反映下跌趋势形成，是一种看空形态。移动平均线横盘黏合的时间越长，下跌力度越大；越是出现在上涨的高位，下跌的幅度越大。如图 3－58 所示。

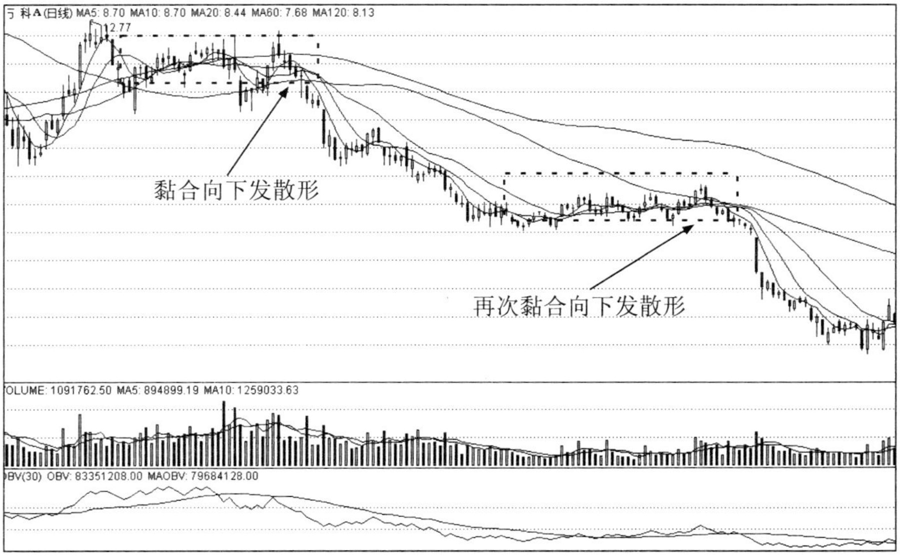

图 3－58　再次黏合向下发散形

2. 交叉向下发散形（图 3－59）

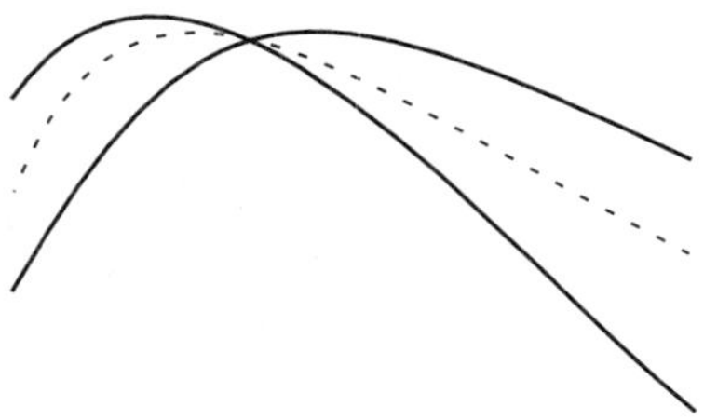

图 3－59　交叉向下发散形

交叉向下发散形，出现在由上涨转为下跌的行情中，其特点是，短中长期移动平均线从向上发散逐渐收敛后交叉向下发散，是卖出信号，特别是在高位出现时，要及时出局。如图 3－60 和图 3－61 所示。

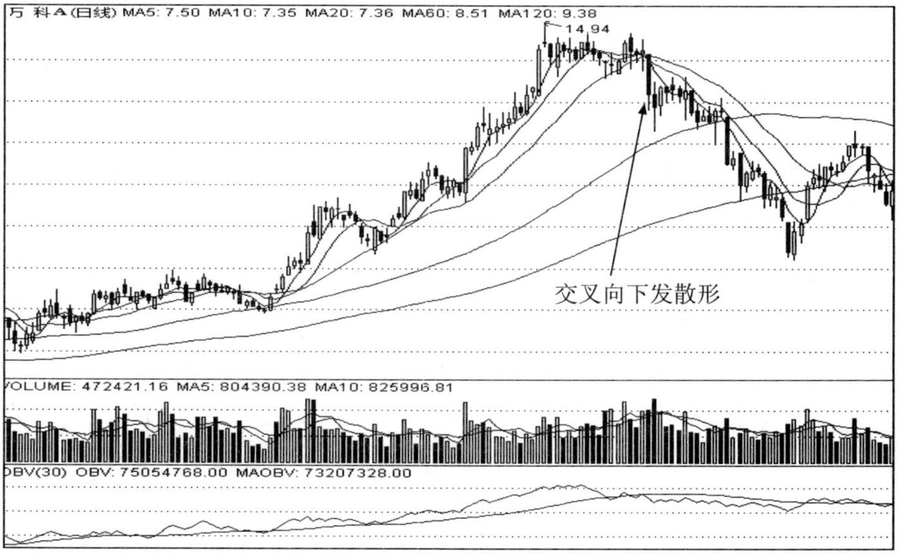

图 3－60　均线交叉向下发散形

图 3－61　三次交叉向下发散

3. 下山滑坡形（图 3－62）

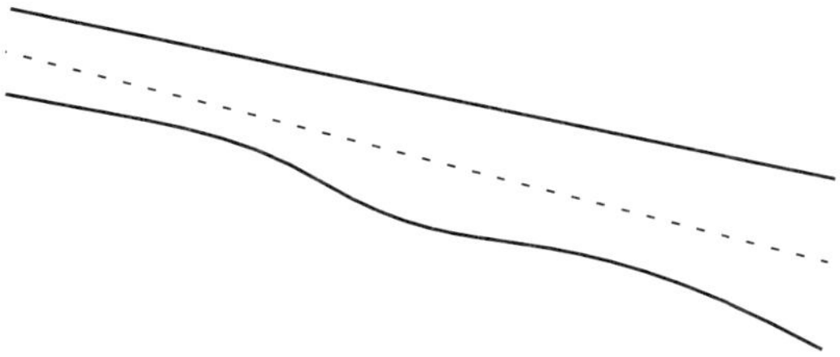

图 3－62　下山滑坡形

下山滑坡形，出现在下跌趋势中，其特点是短中长期移动平均线呈一路走低态势，表明股价将持续跌势，是一种看空形态。如图 3－63 所示。

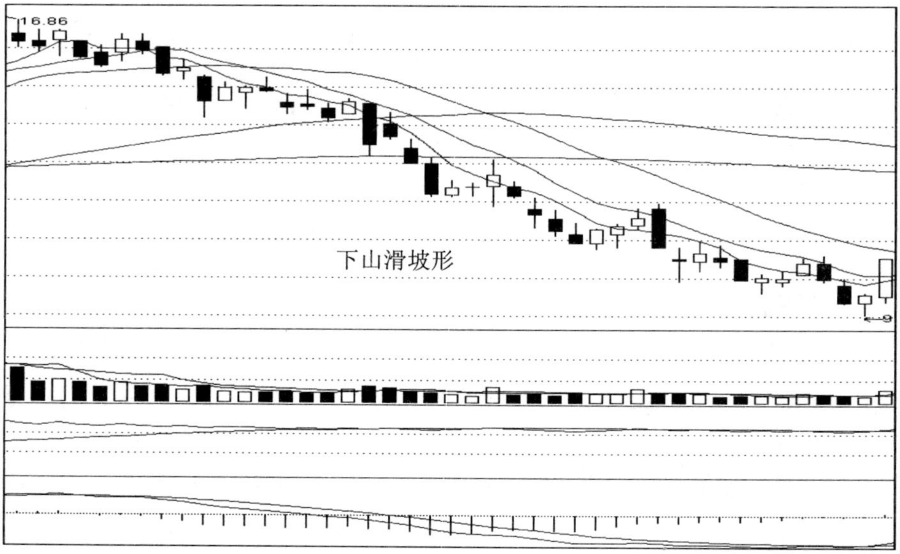

图 3－63　下山滑坡形

4. 逐浪下跌形（图 3－64）

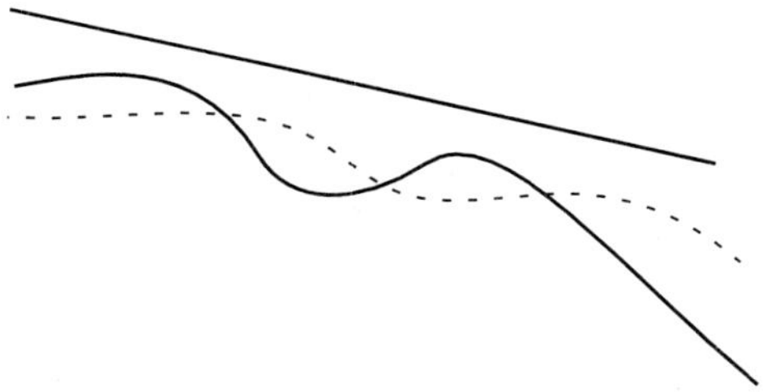

图 3－64　逐浪下跌形

逐浪下跌形，出现在下跌趋势中，其特点是中长期移动平均线沿着一定的坡度逐渐下滑，短期移动平均线呈波浪式下跌形态，表明多方虽然不断抵抗，但空方占据主导地位，股价仍将延续跌势。如图 3－65 所示。

图 3－65 逐浪下跌形

5. 快速下跌形（图 3－66）

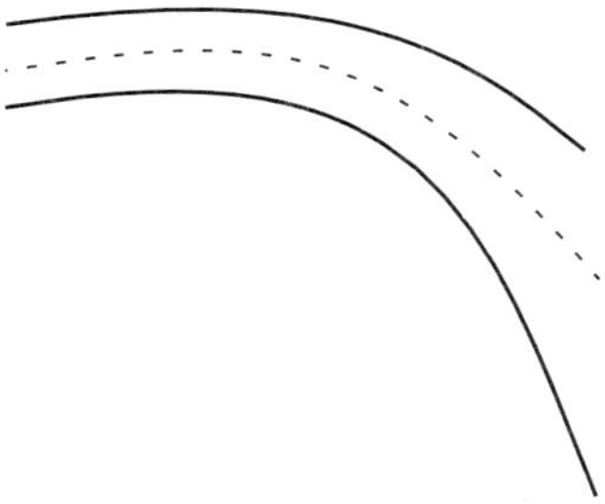

图 3－66 快速下跌形

快速下跌形态的特点是，移动平均线系统开始缓慢下跌，之后跌速不断加快，短期移动平均线快速下滑，且角度很陡峭，与中长期移动平均线的间距快速拉大。如图 3－67 所示。

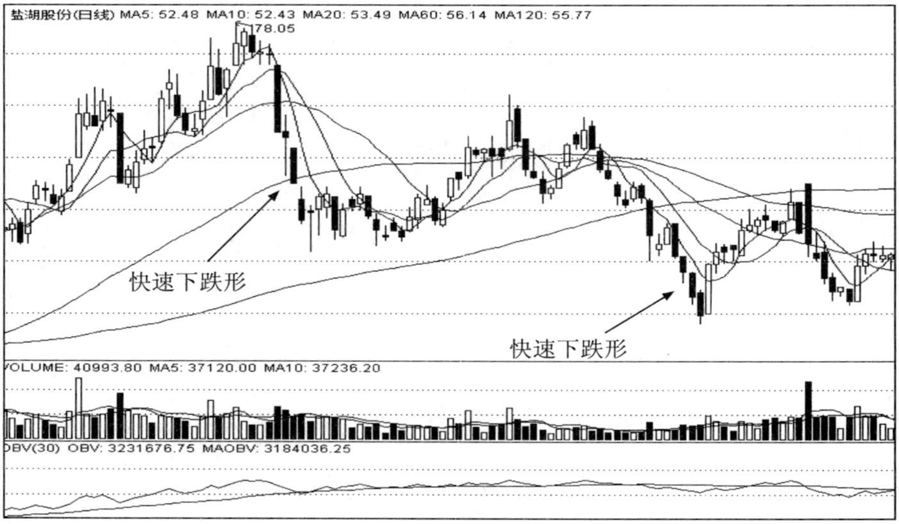

图 3－67　快速下跌形

七、收敛形态

移动平均线的收敛形态，也可以说是一种“均线回归”形态，是指两条以上的移动平均线由发散形态逐渐聚拢，均线间距越来越小，最后出现交叉或黏合的形态。收敛形态实际是短期移动平均线向中长期移动平均线的“回归”形态。如图 3－68 所示。

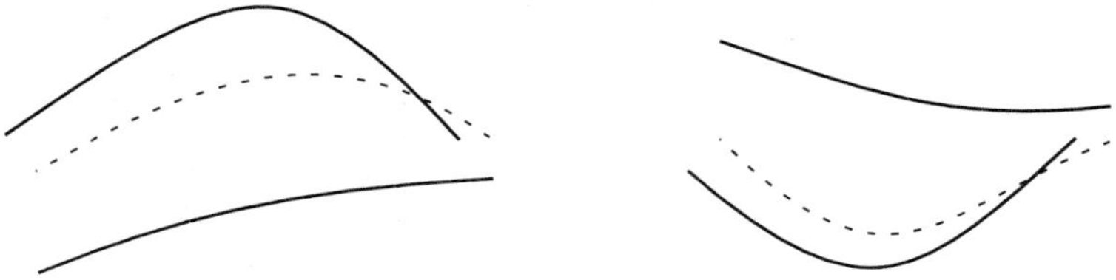

图 3－68　收敛形态

移动平均线的收敛形态有两种情况：

（一）下弦月

在上涨行情中，短中长期移动平均线向右上方运行，由于短期移动平均线正乖离过大，由上向下逐渐收敛，向中长期移动平均线靠拢，形成“下弦月”，反映行情由上升转为下跌，是向下调整的走势形态。如图 3－69 所示。

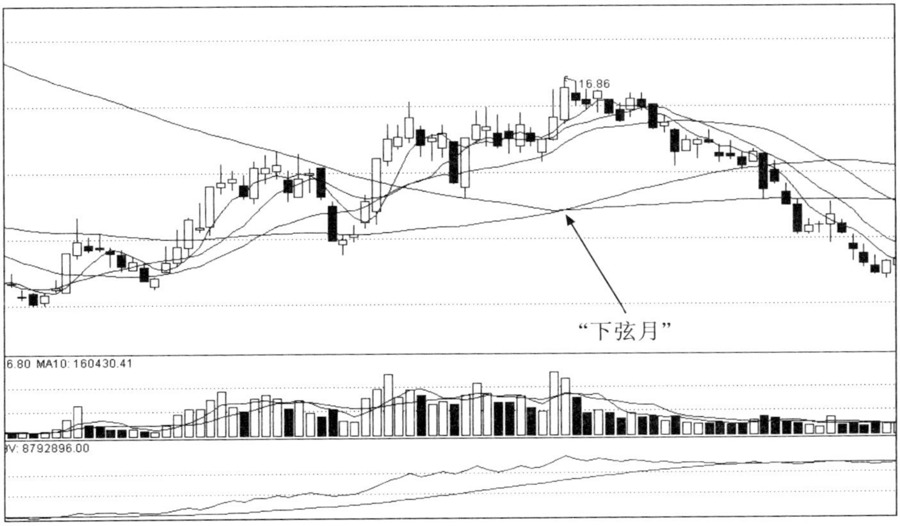

图 3－69　“下弦月”

（二）上弦月

在下跌行情中，短中长期移动平均线向右下方运行，由于短期移动平均线负乖离过大，由下向上逐渐收敛，向中长期移动平均线靠拢，形成“上弦月”，是行情由下跌转为上升的形态。如图 3－70 所示。

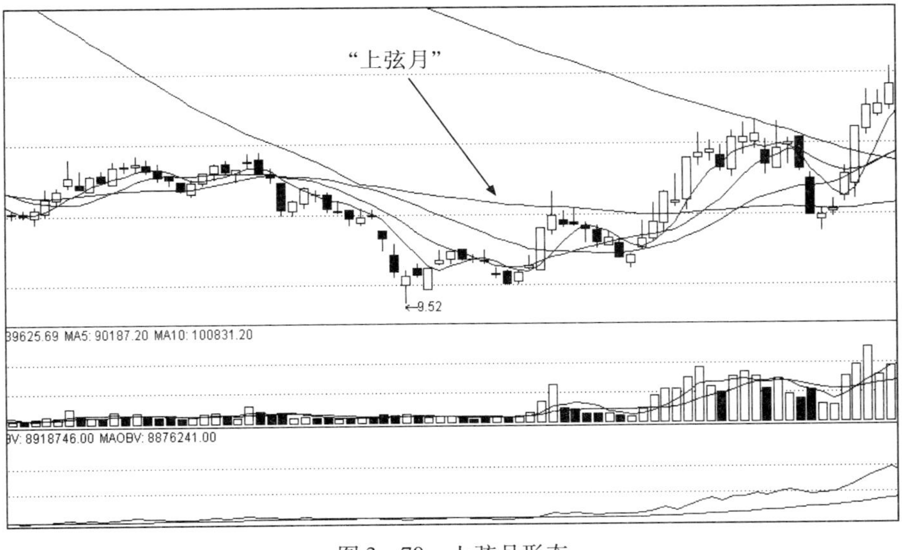

图 3－70　上弦月形态

八、背离形态

移动平均线的背离形态，是指两条移动平均线沿着相反的方向运行，出现走势相背离的形态。背离形态多发生在短期移动平均线和长期移动平均线之间，由于周期短的移动平均线紧跟股价的走势，敏感度很高，而周期长的移动平均线相对滞后，所以在行情急剧变化时会出现均线背离的现象。如图 3 - 71 所示。

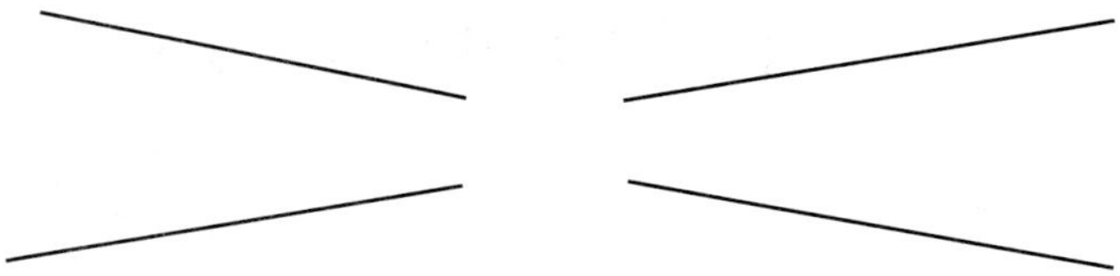

图 3 - 71　背离形态

均线背离有两种情况：

（一）底背离

底背离，或称低位背离，出现在底部或低位区。当行情下跌见底时，由于股价快速上涨，短期移动平均线快速调头向上，而此时长期移动平均线仍然向下或横向运行，这就出现了移动平均线的底背离形态。如图 3 - 72 所示。

（二）顶背离

顶背离也称高位背离，出现在顶部或高位区。当行情上涨见顶后，股价快速下跌，短期移动平均线随之掉头向下，而此时长期移动平均线的运行方向仍然惯性向上或走平，从而出现均线背离的现象。如图 3 - 73 所示。

均线背离是一种比较特殊的现象，反映市场短期走势与中长期趋势的矛盾，由于均线的服从属性，均线背离形态会很快得到修正。

所谓均线服从属性，是指在均线系统当中，通常短期移动平均线的运行服从中长期移动平均线的走势，当短期移动平均线偏离中长期移动平均线较远时，会向中长期移动平均线“回归”、靠拢，中长期移动平均线决定

图3－72　底背离形态

图3－73　顶背离形态

着市场的方向。在上行或下行趋势明显的市场里，短期移动平均线基本上围绕着中长期移动平均线波动，处于从属的位置。但是，在行情发展的末期，移动平均线系统处于横向运行状态时，短期移动平均线常常首先做出方向选择，从而引导中长期移动平均线改变运行方向。

"1260 均线"是波段操作最管用的工具。

第四章 "1260 均线"的应用

移动平均线的形态千变万化，分析的难点在于实战运用。均线基本图形虽可提供思考的方向，但运用之妙存乎一心。特别是在有多条移动平均线同时存在的盘面上，各条均线给出的信号往往并不一致，如何把握机杼，捉其要端，是临场取胜的关键。所以，在这一章里我们要介绍一下移动平均线的综合运用，重点介绍一下"1260 均线"的使用方法。

一、"1260 均线"的构成

移动平均线的应用，包括单根移动平均线和移动平均线组合形态分析，而单根移动平均线的运用，则是移动平均线组合分析的基础。

目前，多数炒股软件上设置的单根移动平均线有：5 日、10 日、20 日、30 日、60 日、120 日移动平均线等。如图 4－1 所示。

因为股票市场每周的交易时间是 5 天，所以，5 日移动平均线是软件上设置的时间周期最短的均线。

5 日移动平均线的特点是：贴近 K 线运行，对行情涨跌反应灵敏，提供的市场信号及时迅速。依据 5 日移动平均线买卖股票，往往能够使我们在行情涨跌中占领先机，赢得主动，但由于波动过于频繁，操作难度很大。

20 日移动平均线是月线，30 日移动平均线是一个半月均线，作用大体接近。

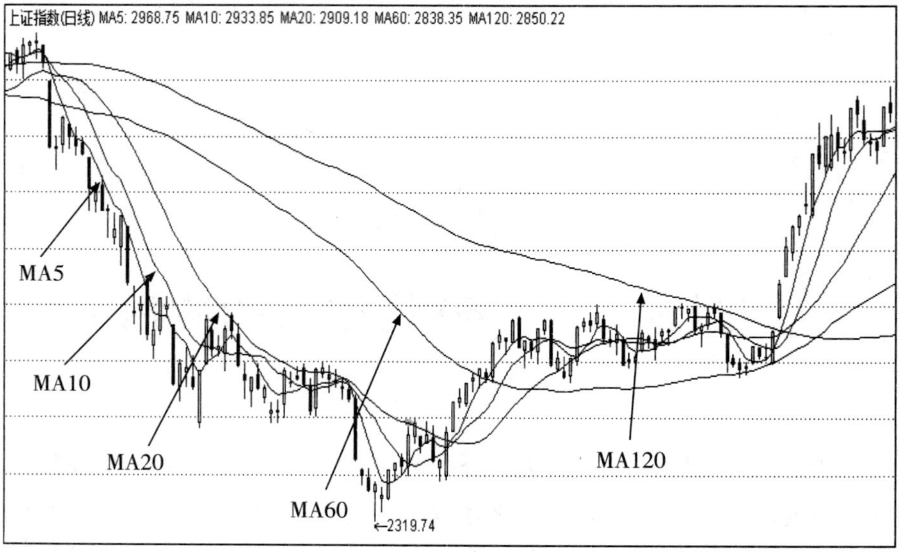

图 4－1　移动平均线示意图

120 日（半年线）和 240 日（年线）移动平均线是两条很重要的均线，但由于时间周期较长，如果进行波段操作，作为参考即可。

还有不少朋友根据自己的实战经验，设置使用不同时间周期的均线，据说效果超好。实际上，不论怎么设置，从移动平均线的使用原理上讲，道理都是相同的。目前，大多数股民朋友还是使用炒股软件上设置的移动平均线，效果也很好。

根据多年的实战经验，我认为，MA10、MA20 和 MA60 这三条移动平均线，即“1260 均线”（图 4－2），是三条最重要的移动平均线，所以做一下重点介绍。

先说一下这三条均线的单独使用。

（一）10 日移动平均线

10 日移动平均线也称半月线。其特点是：既能及时灵敏地反映股价的短期走势，又不像 5 日移动平均线那样飘忽不定，是短线操作的重要依据。

一般来说，如果股价站到 10 日移动平均线之上，且 10 日移动平均线向上走，说明短线看涨。相反，如果股价落到 10 日移动平均线之下，10 日移动平均线向下走，短线看跌。如图 4－3 所示。

图 4－2 “1260 均线”

图 4－3 10 日移动平均线

在上升趋势明显的行情中，股价一般处于10日移动平均线之上，股价跌破10日移动平均线，往往会出现短线买入机会。

相反，在下跌趋势明显的行情中，股价一般处于10日移动平均线之下，如果股价涨到10日移动平均线之上，通常会出现卖出时机。如图4－4所示。

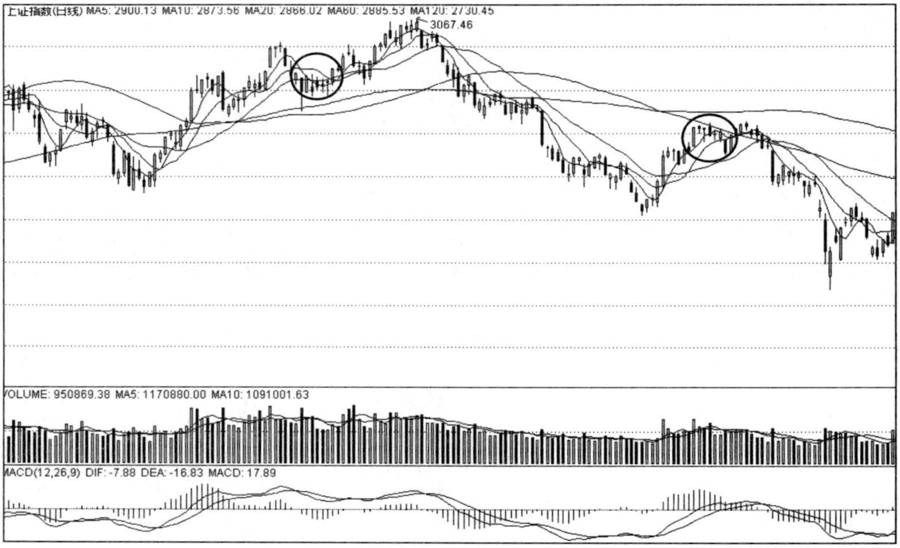

图4－4　短线买卖时机

在趋势性不明显的横盘阶段，股价往往围绕10移动平均线上下波动，5日、10日和20日均线搅在一起，买卖信号不明显，应该离场观望。如图4－5所示。

（二）20日移动平均线

20日移动平均线也称月线，实际上是一个月交易的平均成本线，是观察股价短中期走势，进行波段操作的主要依据，是一条十分重要的操盘线。

20日移动平均线的优点是：既不像10日移动平均线那样频繁波动，形态相对稳定，又不像60日移动平均线那样滞后，能够较好地跟踪市场走势，非常有利于中线操作。事实上，无论市场处于上升趋势还是下跌趋势，短中期走势都是沿着20日移动平均线运行的，所以，我们应该特别关注20日移动平均线的变化。如图4－6所示。

图 4－5　横盘缠绕

图 4－6　20 日均线看涨跌

20日移动平均线对10日移动平均线的走势具有支持和确认作用。10日和20日移动平均线呈平行运行状态时，说明市场近期走势稳定。

在上涨趋势明显的市场中，20日移动平均线是一条重要的支撑线，一般来说，只要股价处于20日移动平均线之上，20日移动平均线往上走，就可以持股。股价跌到20日移动平均线附近时，如果确认支撑有效，是买入的时机。如图4-7所示。

图4-7 20日均线上买入

在下跌趋势明显的行情中，20日移动平均线是一条重要的阻力线，只要20日移动平均线向下运行，说明下跌趋势没有改变，股价反弹至20日移动平均线附近时，如未有效突破，是卖出机会。如图4-8所示。

20日移动平均线走平，股价横盘整理方向未明时，应以观望为主。

对于波段操作来说，一定要用20日移动平均线来把握买卖的时机，要看住它是往上走还是往下走。在股价上穿20日移动平均线，20日移动平均线拐头向上时买进；在股价跌破20日移动平均线，20日移动平均线拐头向下时卖出。当然，要同时关注60日移动平均线的走向。

20日移动平均线也是市场多空转换的一个预警线，市场的大涨大跌行情常常是从20日移动平均线开始的。在底部区域，当20日移动平均线拐

图 4－8　20 日均线上卖出

头向上时，通常意味着一轮涨升行情的开始；在高位区，如果 20 日移动平均线拐头向下，可能是一轮下跌行情已经展开。如图 4－9 和图 4－10 所示。

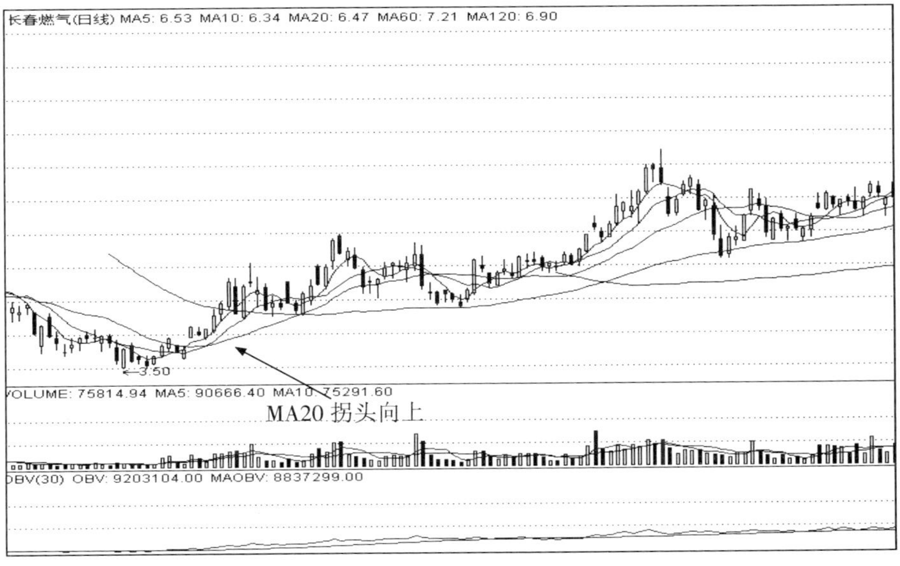

图 4－9　20 日均线拐头向上

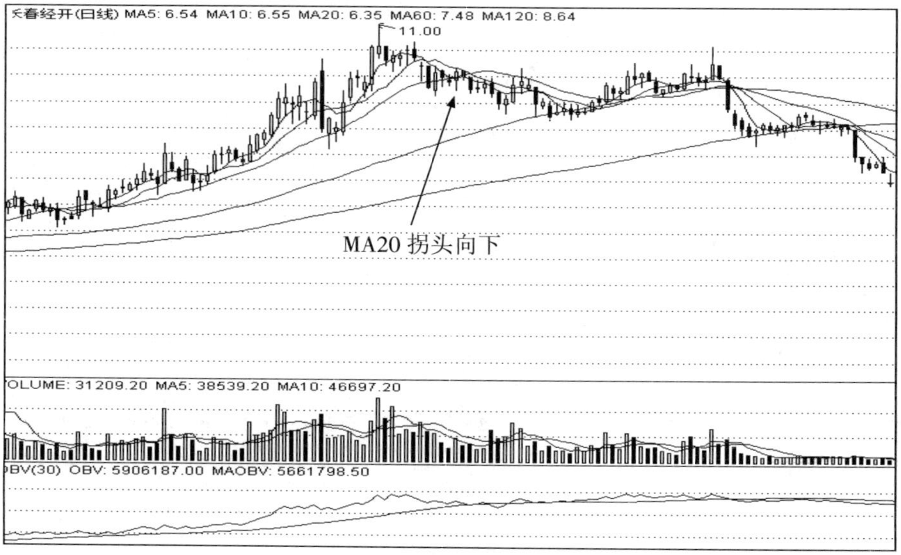

图 4－10　20 日均线拐头向下

（三）60 日移动平均线

60 日移动平均线，又称季线、法人线和决策线，是一条十分重要的趋势线。

60 日移动平均线的特点是：形态稳定，很少波动，其运行方向一旦形成就不会轻易改变，趋势性十分明显。所以，60 日均线是把握市场中长期趋势的一个最重要工具。

60 日移动平均线是市场的一条中轴线，可以说是市场的生命线，是十分重要的多空分水岭，往往成为大盘牛熊转换的分界线。

当 60 日移动平均线向上运行时，说明市场的中长期趋势向好，应该看多做多。当 60 日移动平均线向下运行时，表明市场中长期处于下跌趋势中，应该看空做空。当 60 日移动平均线基本处于横向运行状态时，说明市场处于震荡整理阶段，方向有待选择。如图 4－11 至图 4－13 所示。

图 4－11　60 日均线向上

图 4－12　60 日均线向下

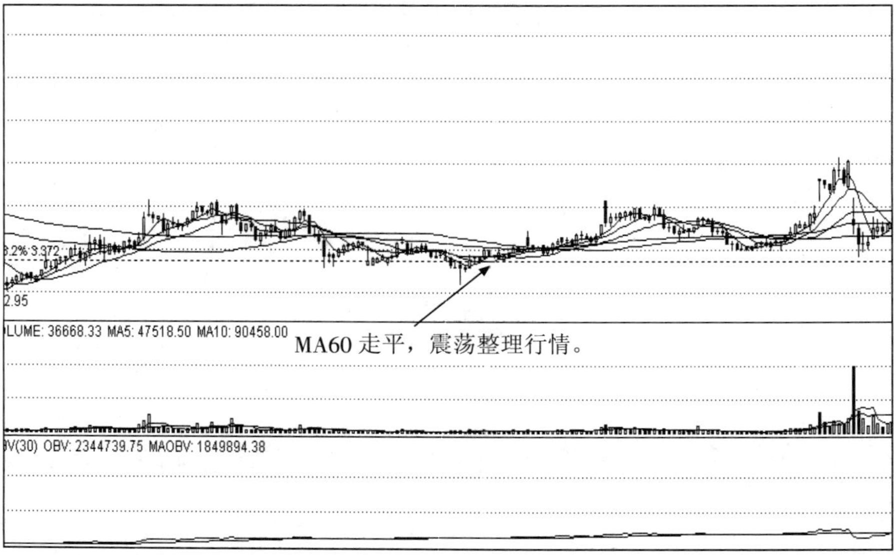

图 4－13　60 日均线走平

通常，60 日移动平均线转向意味着牛熊转换，而 120 日均线（半年线）和 240 日均线（年线），只是对这种趋势的进一步确认而已。120 日和

图 4－14　60 日均线领先上涨

240 日均线好像迟迟不能下发的上级文件，虽然对牛熊分界的确认具有权威性，但由于 120 日和 240 日均线过份滞后，当这两条均线确认牛市或熊市之时，市场早已经发生了重大变化。如图 4－14 和图 4－15 所示。

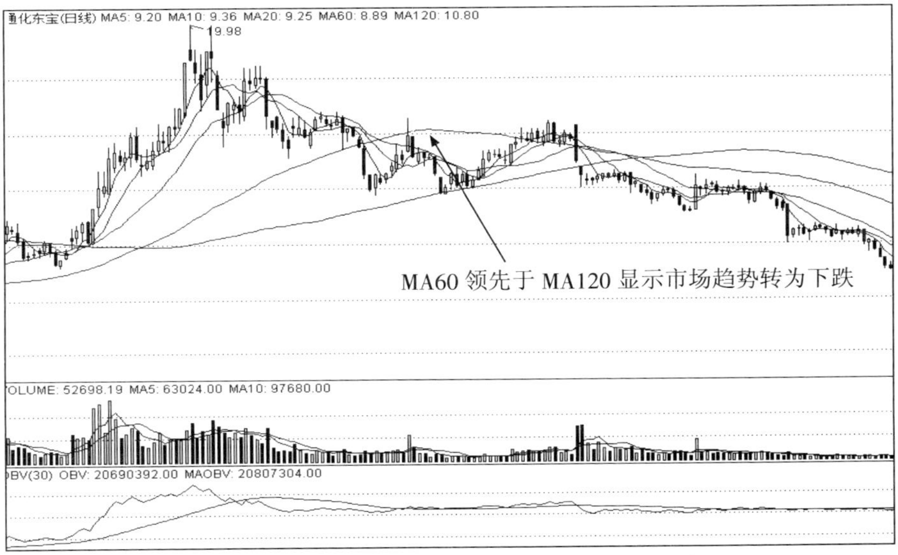

图 4－15 60 日均线领先下跌

二、组合均线与“1260 均线”分析

目前在各种炒股软件中，普遍设置有日均线、周均线、月均线、季均线、年均线和分时均线等等，而且这些移动平均线都是组合使用的。以日均线为例，人们比较常用的有 5 日、10 日、20 日、60 日、120 和 240 日移动平均线等。其中，5 日、10 日和 20 日移动平均线反映市场的短期走势，60 日移动平均线反映中期趋势，120 日和 240 日移动平均线主要是观察市场的长期趋势，等等。

移动平均线组合的优点是，能够使我们在同一画面上观察比较不同时间周期移动平均线的运行情况和形态特征，兼顾短期波动、中期走势和长期趋势，从而对市场行情做出全面的分析判断。

移动平均线组合分析虽然比较复杂，涉及多条移动平均线的形态变化，但只要抓住两个关键环节，就会收到以简驭繁的效果。哪两个关键环节呢？一是均线排列分析，二是均线交叉分析。

（一）均线排列分析

均线排列分析，可以说是大势分析。所谓看大势，从盘面上讲，就是看移动平均线的排列，看移动平均线是多头排列还是空头排列。实际上，移动平均线的排列有三种情况，反映三种市道。

一是短中长期移动平均线由上而下呈多头排列，各条移动平均线发散向上。这说明什么？说明所有投资者一致看好后市，不断以更高价买入股票，这是典型的牛市形态。如图 4－16 所示。

在上涨过程中，有时会出现 60 日、120 日移动平均线向上，呈多头排列，而5 日、10 日和20 日移动平均线向下交叉甚至呈空头排列的情况，这说明大盘总体趋势是向上的，短期有获利盘回吐，出现回调，是一种长多短空行情。5 日、10 日和 20 日均线组合是跟踪市场短期走势的，个股在牛市上涨时，股价往往贴着 5 日或 10 日移动平均线运行，洗盘的低点一般到 20 日或 30 日移动平均线，有时到 60 日均线附近，但只要 60 日和 120 日移动平均线保持明显上升趋势，一般情况下可以谨慎持股。如图 4－17 所示。

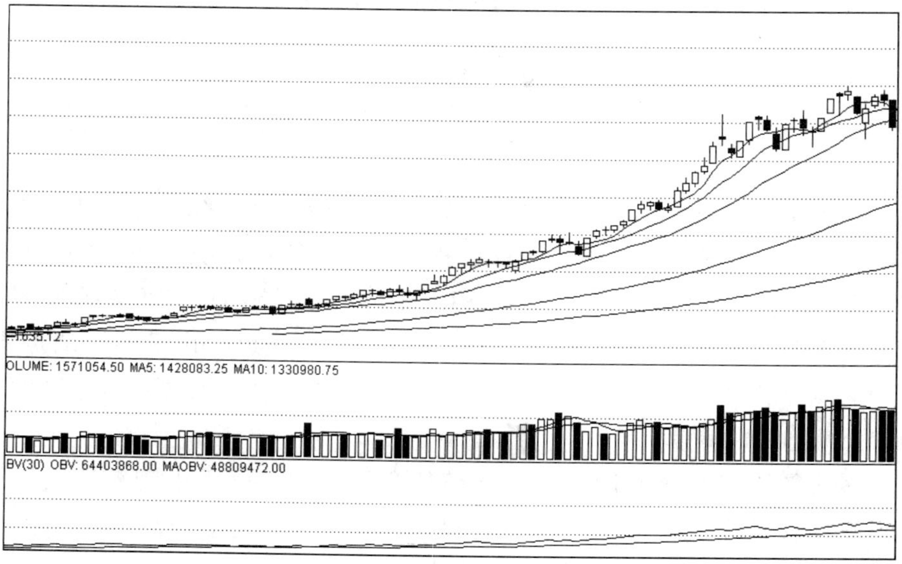

图 4－16　多头排列

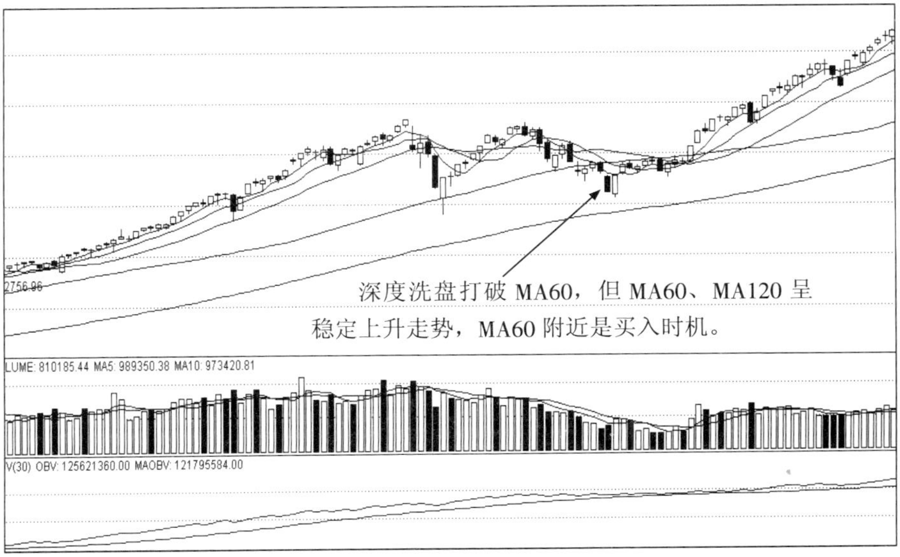

图 4－17　深度洗盘

二是短中长期移动平均线由下而上呈空头排列，各条均线向下发散运行，股价处于各条移动平均线之下。说明短中长线的投资者一致看淡后市，不断以更低价卖出股票，这是典型的熊市形态。如图 4－18 所示。

图 4－18　空头排列

同样，在熊市下跌过程中，有时会出现60日和120日移动平均线呈空头排列形态，而5日、10日和20日移动平均线向上交叉甚至呈现多头排列，说明市场总体下跌的趋势没有改变，短期有买盘介入出现反弹，是一种长空短多行情。股价涨至20日或60日均线附近时应该考虑做空。如图4－19所示。

三是短中长期移动平均线呈横盘走势，表现是中长期移动平均线大体走平，短期均线围绕中长期均线上下波动，市场面临方向选择。如图4－20所示。

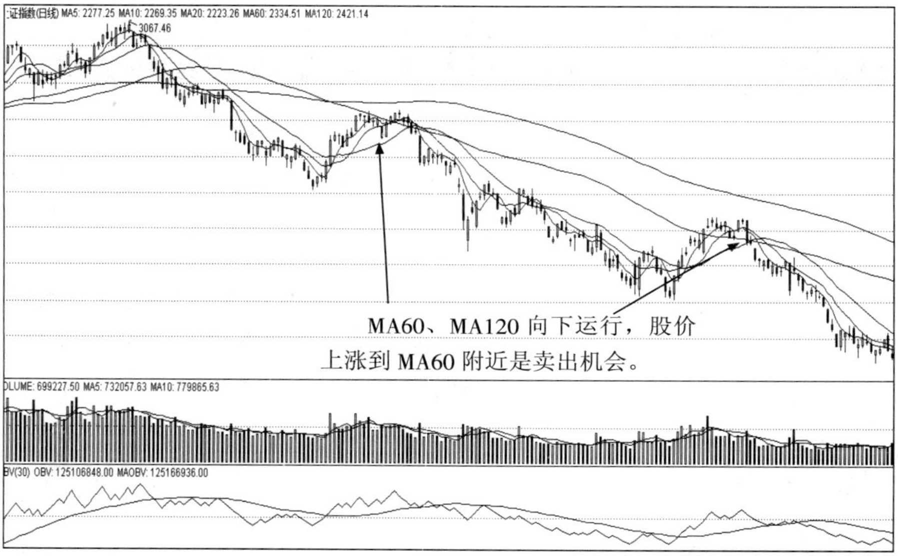

图4－19　反弹

（二）均线交叉分析

移动平均线的交叉分析、可以说是一种买卖时机分析、市场拐点分析。

关于均线交叉的具体形态在前一章已经讲过，这里需要特别强调的是，均线交叉分析要注意三点：

一是要根据移动平均线交叉的形态，区分开普通交叉、黄金交叉和死亡交叉。

二是要注意观察移动平均线交叉出现的位置。在底部区域经过长期盘整之后，如果形成黄金交叉，是比较可靠的买入信号。同样，在上涨行情

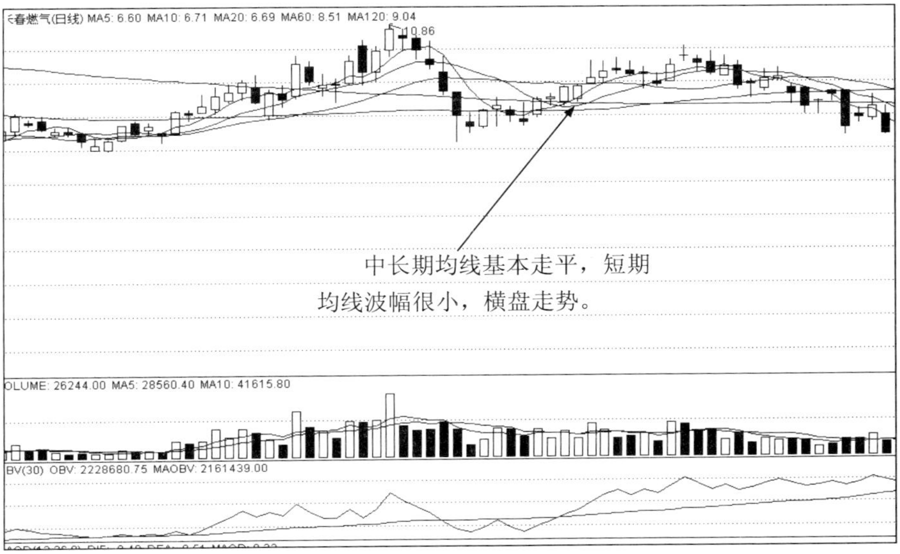

图 4-20 横盘走势

的高位区出现死亡交叉，是不可忽视的离场信号。

三是要区分短期移动平均线交叉还是中长期移动平均线交叉。

(三) 均线交叉与均线排列的关系

均线交叉和均线排列是一种什么关系呢?

一般来说，在趋势明显的市场当中，均线交叉是服从均线排列的，均线交叉多数发生在短期均线之间，反映一种短期调整走势，不会改变市场的方向；但在行情发展的末期，均线交叉往往预示着多空转变。所以，要注意观察均线交叉出现的位置，是在行情发展的顶部、底部还是中部，看看各条移动平均线的排列情况，是多头排列还是空头排列，特别要注意 60 日和 120 日移动平均线的走向。

我们看一下云海金属和张江高科的走势图：

如图 4-21 和图 4-22 所示，在中长期移动平均线呈空头排列，60 日和 120 日移动平均线向下运行时，短期均线出现黄金交叉只是下跌过程中的一种反弹行情；在中长期移动平均线呈多头排列，60 日和 120 日移动平均线向上运行时，短期均线出现死亡交叉只是上涨过程中的一种回调形态。

但是，在行情发展的末期，如果出现短期均线交叉往往是变盘的信号，常常成为行情转折的先导。

我们不妨再看一下云海金属和张江高科的后续走势。如图 4－23 和图 4－24 所示。

图 4－21　云海金属走势图

图 4－22　张江高科走势图

图 4－23　云海金属后续走势

图 4－24　张江高科后续走势

（四）如何用“1260均线”把握买卖时机

“1260均线”，可以说是一种短中期均线组合，是波段操作最管用的工具。“1260均线”的基本操作方法是：用60日均线把握趋势，用10日和20日均线寻找买卖时机。当10日和20日均线处于60日均线之上，60日均线坚挺向上运行时，持股做多，当股价回调到10日或20日均线以下时，寻机买入。反之，当10日和20日均线处于60日均线之下，60日均线向下运行时，应该看空，当股价反弹到10日或20日附近时，寻机卖出。在横盘整理阶段，有时10日、20日和60日均线缠绕在一起，谨慎观望。

60日移动平均线是市场的轴心线，当市场大的趋势发生转变时，必然伴随着60日移动平均线运行方向的改变。所以，运用“1260均线”捕捉买卖时机，一定要看住60日移动平均线的走向。一般情况下，可以用10日和20日移动平均线寻找买卖点，而用20日和60日移动平均线把握买卖时机，则是一种更为稳健的操作方法。

下面就以20日和60日移动平均线为例加以说明。请看图4－25中所绘制的示意图（实线代表60日移动平均线，虚线代表20日移动平均线）：

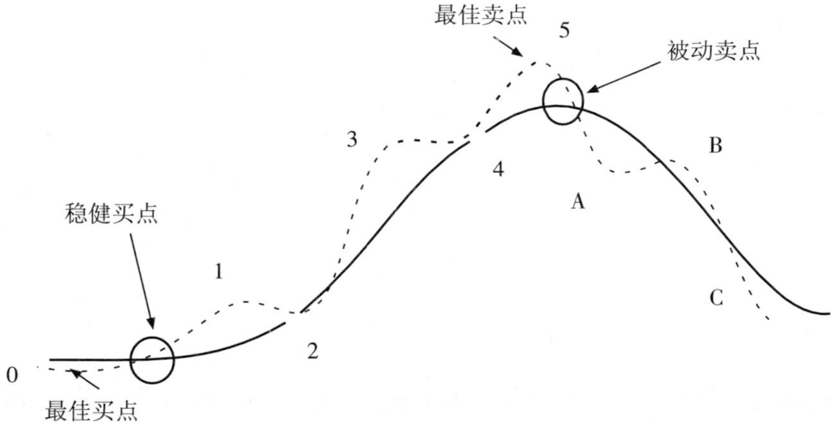

图4－25　“1260均线”运行中的买卖点

1. 大原则

60日均线之上不做空，60日均线之下不做多。在60日移动平均线向上运行时，应该看多做多；在60日移动平均线向下运行时，应该看空做空。

2. 买卖点

(1) 60日移动平均线向上运行时，最佳买点是一轮行情刚刚启动之际，即0点附近（此时10日和20日均线会出现黄金交叉，是最佳买点），但这时60日移动平均线还没有真正形成向上运行的趋势，此时买入带有一定的超前性；20日均线与60日均线出现黄金交叉是稳健买点。1是卖点，但由于一轮涨升行情刚刚启动，可以持股不动；2是一个较佳买点，如果底部踏空，此时可以建仓；3是较佳卖点；4虽然是买点，但价位已高，风险加大。5是最佳卖点。

请看图4-26启明信息（002232）的日线图：

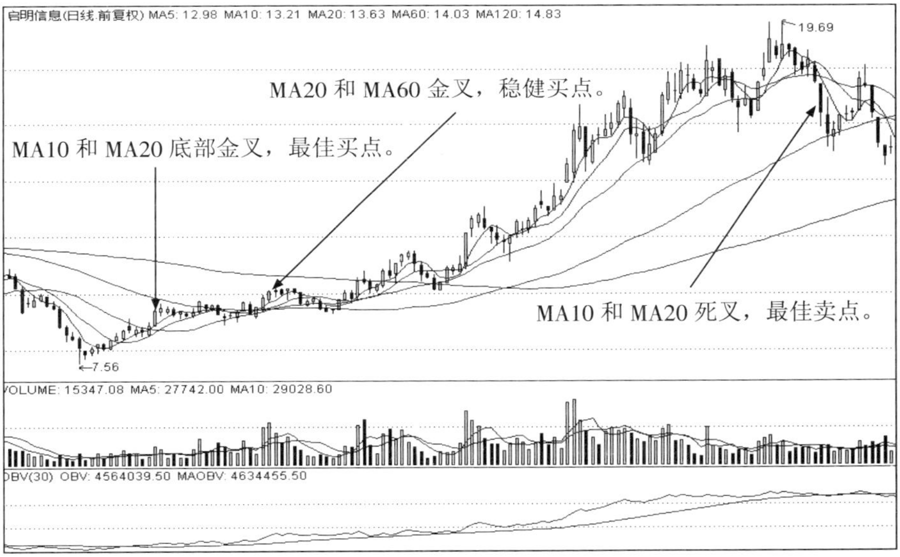

图4-26 启明信息日线图

股价的实际走势和买卖点要比示意图的标示复杂得多，但60日移动平均线是波段操作必须把握的一条主要趋势线。总体上看，如果在60日移动平均线刚刚抬头时买入股票，将获利丰厚。最佳买点比稳健买点要超前，但有一定风险性。

(2) 60日移动平均线向下运行时，最佳卖点在头部标5的地方（此时10日和20日均线会出现死亡交叉）；20日均线与60日均线出现死亡交叉是被动卖点，这时股价已经有较大跌幅。A 虽然是买点，但一轮下跌行情刚刚开始，风险较大，可以不买；B 是卖点，应该出货；C 处于下跌过程中，不支持做多，应以持币观望为主。

请看图 4－27 启明信息的后续走势。

图 4－27　启明信息后续走势

3. 背景线

在利用 20 日移动平均线寻找买卖点时，5 日和 10 日移动平均线应该作为重要参考；而在用 60 日移动平均线把握市场趋势时，要以 120 日移动平均线作为背景线。前面我们讲过，“1260 均线”是一种短中期均线组合，特别适合波段操作，但在观察市场的长期趋势方面略显不足，所以，要同时关注 120 日移动平均线的走势。120 日移动平均线比 60 日移动平均线更具稳定性，是一条重要的长期趋势线，也是市场最权威的牛熊分界线，将 60 日和 120 日移动平均线结合起来使用更为稳妥。如图 4－28 所示，在 60 日移动平均线走平弯腰时，120 均线继续上行，支撑出一波上升行情。

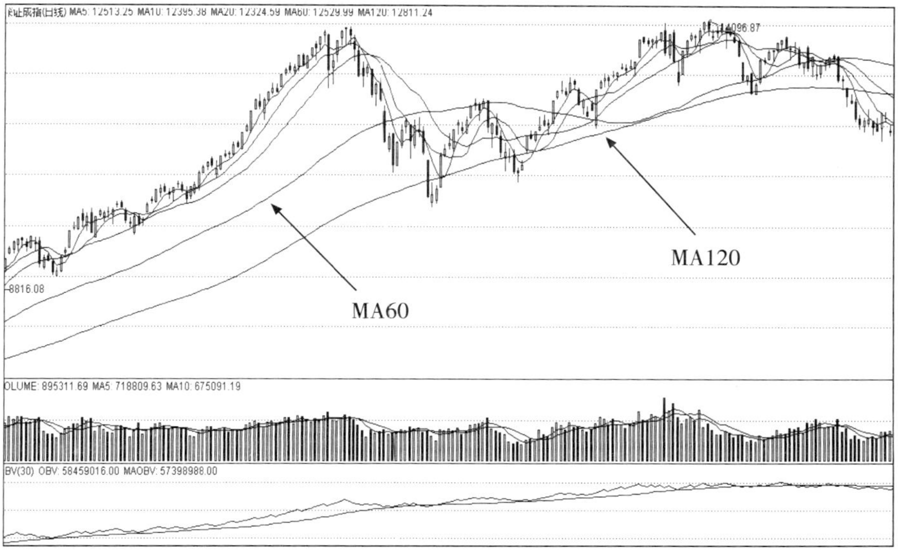

图 4－28　120 日背景线

三、均线链

移动平均线是波浪式运行的，但短中长期移动平均线具有不同的运行周期和波动形态。

长期移动平均线运行稳定，趋势性明显，在牛市和熊市中几乎呈直线式运行状态，指示着市场的趋势和方向，使我们不为市场短期的剧烈波动所迷惑，但具有很大的滞后性，特别是当股指运行到高位或低位，行情发生逆转的时候，长期移动平均线迟迟不能作出反应。

中期移动平均线反映市场的中期趋势，趋势性比较明显，又相对稳定，呈现比较平缓的波浪式运行状态。

短期移动平均线紧跟股价走势，波动性十分明显，特别是 MA5 和 MA10 起落频繁，而且波动幅度很大。

在均线系统的运行当中，由于短中长期移动平均线的运行周期和速度不同，波动频率和幅度不同，此伏彼起，有分有合，“分久必合，合久必分”，经常出现交叉、黏合的现象，这就形成了不同的均线结、均

线束和 均线链。了解这些均线结、均线束和均线链的市场含义，对于把握操作节奏和买卖时机至关重要。

（一）均线结

所谓均线结，是指几条移动平均线运行过程中出现的交叉点。这种均线结是很多的，从移动平均线交叉的数量来看，有两线交叉、三线交叉、四线交叉等。均线结的出现具有一定的规律性，往往是短中长期市场走势的转折点，是波段操作的买卖点，我们只有把握住这些均线结，才能在看似无序的行情波动中把握住市场波动的节奏。如图 4－29 所示。

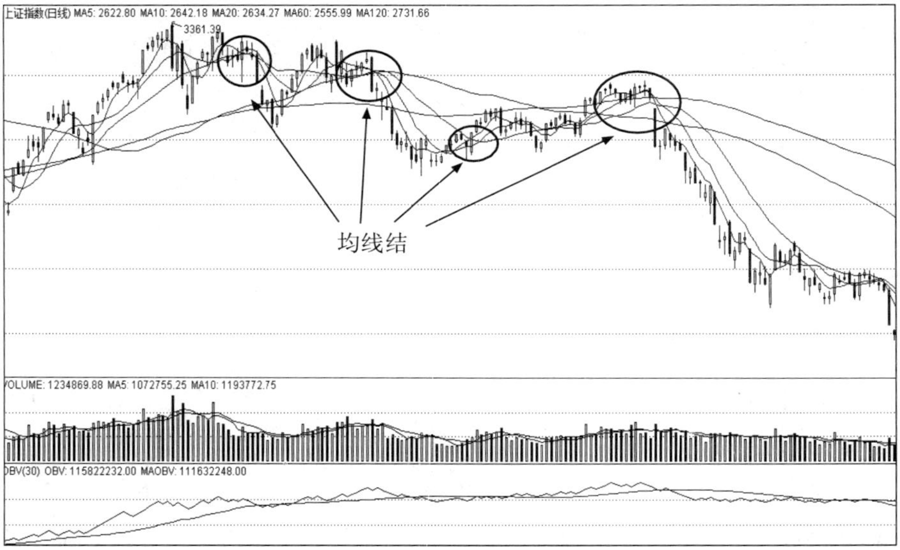

图 4－29　下跌行情中的均线结

从图 4－29 我们看到，沪市运行图 2009 年 12 月份出现均线结 1，股指开始下跌，2010 年 1 月份 K 线出现“断头铡刀”图形，四条移动平均线交叉向下，形成均线结 2，股指应声下落；随后又出现均线结 3，推动股指小幅上涨，但由于受 60 日移动平均线向下运行的压制，涨幅很小；随后一条跳空向下的长阴线切断五条移动平均线，形成均线结 4，各条移动平均线交叉向下，形成明显的空头排列，股指加速了下跌趋势。

再看一下上升行情中的均线结，如图 4－30 所示。

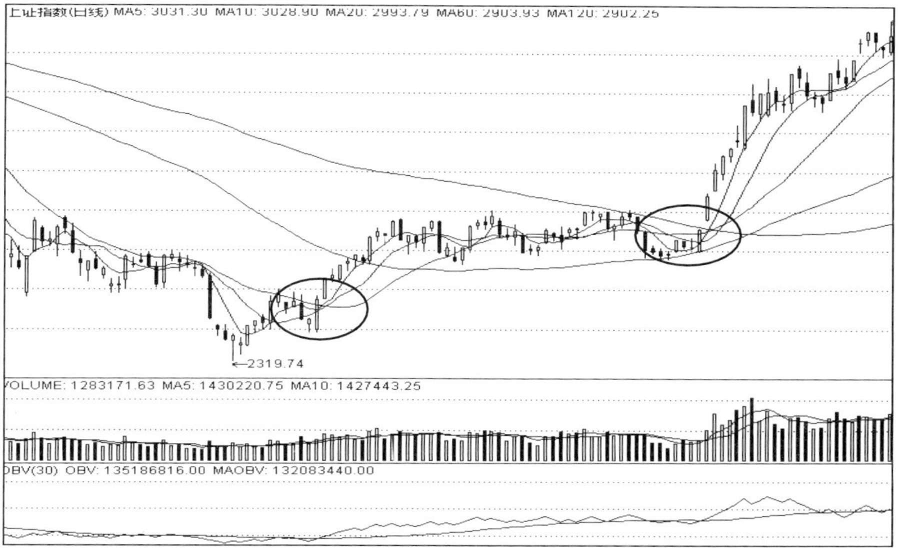

图4-30　上升行情中的均线结

从以上两图我们看到，均线组合中的均线结，通常是市场行情波动的节点或者说转折点。

（二）均线束

短中长期期移动平均线在运行过程中，不仅会出现交叉，而且会出现相互黏合、缠绕的现象，即几条移动平均线的间距越来越小，甚至黏合、缠绕在一起，形成束带状，我们把它叫作"均线束"。均线束一般出现在行情的盘整阶段，说明市场成本趋于一致，出现暂时的均衡。所以，在出现均线束的时候，说明行情正面临方向选择。如图4-31所示。

（三）均线链

短中长期移动平均线相互交叉、黏合，形成不同的均线结和均线束，从而使得组合均线的运行构成一个起伏灵动的均线链条，即均线链。如图4-32所示。

图4-32是云海金属（002182）的日线图，这是一个非常漂亮的均线链——尽管是跌得很惨的一个均线链。实际情况是，云海金属从2008年1月份至11月份，从42元跌倒5.7元，跌幅高达86.4%！如果你是在1月份42元时买入1万股，当时投入的是42万元，那么11月份只剩下5.7万

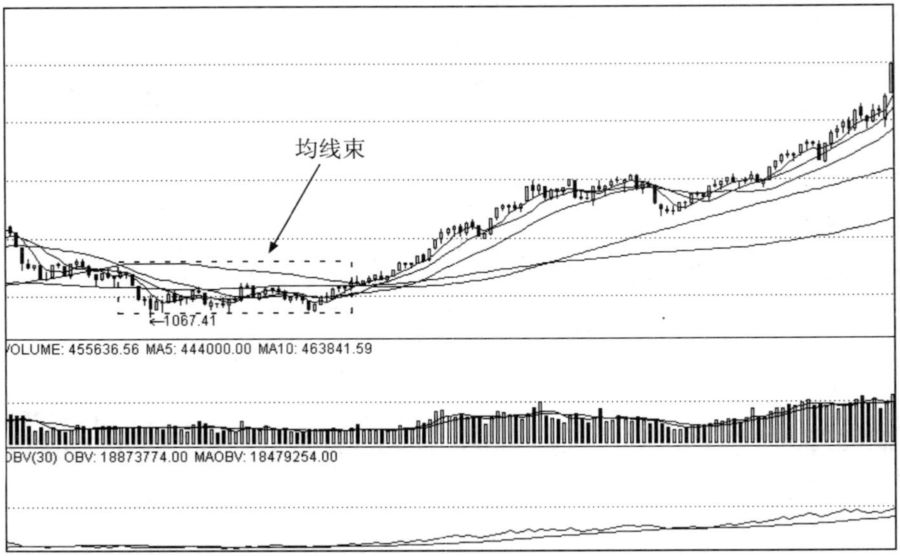

图 4－31　均线束

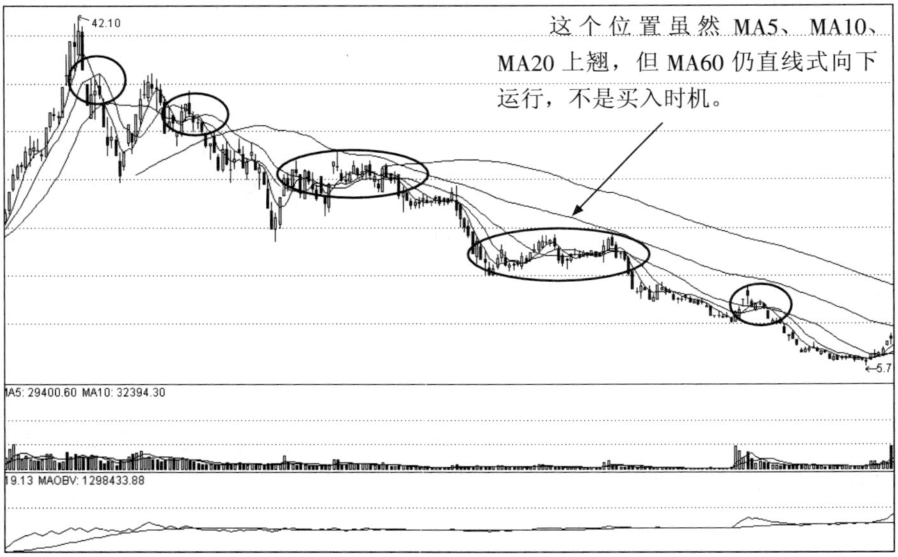

图 4－32　云海金属的均线链

元了，深度套牢，它成了一条名副其实的铁锁链！

从图 4－32 中我们看到：

1. 这条很长的像抖开的项链一样漂亮的均线链，是由若干均线结及均线束组成的。

2. 这些均线结和均线束是均线运行的节点，也是行情短期波动的拐点。

3. 均线结和均线束主要是由短期移动平均线（如MA5、MA10和MA20）构成的。

4. 60日移动平均线清楚地指示着股价的长期趋势。从图4－32中我们看到，60日均线像铁板一样压在短期移动平均线的上面，几乎呈直线形态向右下方移动。每次反弹行情走到20日均线附近时就再次下滑，几乎没有触及到60日移动平均线。

从图4－32中还可以看到，我们在第一章所举的例子——买入云海金属所选择的时机为什么是不对的——60日移动平均线呈直线形态向下运行，虽然下跌幅度已经很深了，但仍处于熊市之中，下跌的趋势并没有改变。

5. 熊市行情中的均线链很长——熊市下跌的过程是很漫长的。云海金属从42元跌到5.7元，历时九个半月。期间大体经历五波下跌，出现三个明显的均线结、两个均线束。股价和短期均线在60日移动平均线的压迫下运行，历经“五离五靠”才结束下跌行情。

6. 熊市中的赚钱机会很少。在熊市下跌的过程中，虽然出现过多次反弹行情，但上涨的幅度都很小，盈利的空间有限——当然，2008年是很少见的暴跌行情，但这也能说明在熊市中炒股不是好玩的，你要想到熊市中去打鱼摸虾，可千万要小心，弄不好，从“股票山”上下来的“牤牛水”会冲你个稀里哗啦。不信，你就试试看！

牛市上涨的道理相同，情况相反。如图4－33所示。

如图4－33所示，从2006年6月至2007年9月，张江高科（600895）的股价从5元涨至26元。期间虽有多次深幅回档，短期移动平均线多次交叉向下，但由于60日移动平均线稳定上行，在牛市中股价总体趋势是上涨的，你如果是在2006年6月买入，即使持股不动—不赚取波段差价，也能获取500%的盈利，这条均线链是一条金项链！

从以上的分析我们看到，所谓均线链，可以说既是一条金项链，也是一条铁锁链。60日移动平均线运行的方向是判别金项链还是铁锁链的主要依据。当60日移动平均线向上运行时买入股票，那很可能是戴上了金项

图 4－33　张江高科的均线链

链，会使你容光焕发，神采飞扬；在 60 日移动平均线向下运行时买入股票，就很可能套上铁锁链，使你容颜憔悴，愁眉紧锁！

四、均线的滞后性与分时均线

移动平均线是跟踪行情的曲线，从本性上说就具有滞后性（其他的技术指标也是如此），也就是说，移动平均线对市场行情的反应总是落后的，移动平均线的时间周期越长，反应越滞后。如图 4－34 所示。

从图 4－34 中我们看到，沪市在 2007 年 10 月 16 日达到最高点 6124 点，当天收出纺锤线，第二天出现一个低收的十字星，第三天一条中阴线跌破 5 日、10 日两条均线，接着又连收了两个小阴线，这时 K 线发出下跌信号已经连续 5 天，而 5 日和 10 日移动平均线才出现死亡交叉；10 日和 20 日移动平均线出现死亡交叉，又晚 6 天；20 日和 60 日移动平均线出现死亡交叉时，又晚了 16 天。也就是说，当 20 日和 60 日移动平均线出现死亡交叉时，股指已经下跌了 27 天，从 6124 点跌落到 4969 点，下跌了 1155 点！

如图 4－34 所示，股指的最高点是在出现死亡交叉点之前，死亡交叉给出的卖出信号是一个滞后的信号。事实上，移动平均线于高位向下弯曲就

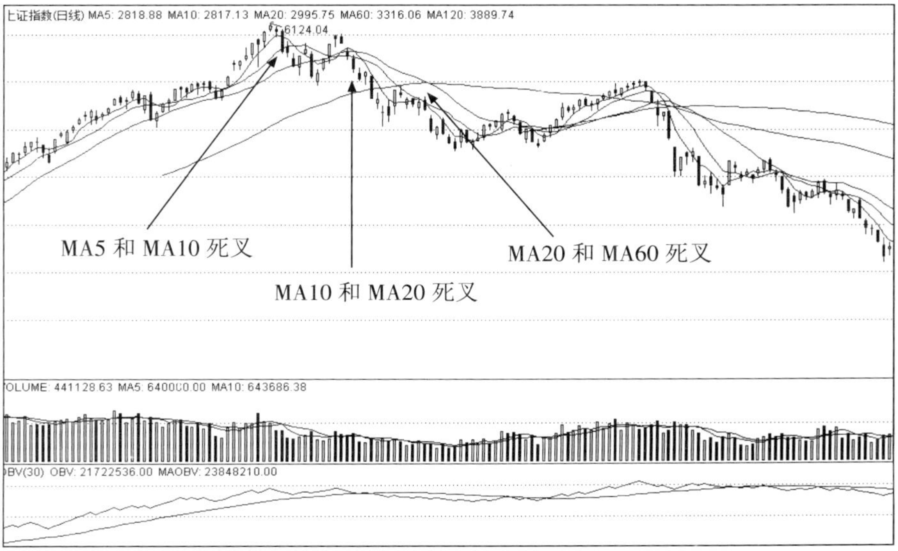

图 4-34 滞后的交叉

是卖出的提示信号，交叉点的作用仅仅是对这种卖出信号的确认，按照移动平均线给出的交叉信号买进或卖出，往往会失去最佳的买卖点甚至会做出错误的投资决策。

移动平均线的这种滞后性源于简约性。正因为其简约，过滤掉了日常的随机波动，才使趋势稳定平滑，简明可辨，但也因为简约，掩盖了许多重要信息，特别是周期长的移动平均线虽能指示出明确的趋势方向，但要根据它选择最佳的买卖时机，就太滞后了。

怎样才能解决这个问题呢？

一是在使用移动平均线指标时，必须同时观察其他短线技术指标的变化，进行综合研判（见本书第十章）。

二是在选择买卖时机时，要注意同时观察分时均线的走势，特别是要关注 15 分钟、30 分钟、60 分钟移动平均线的走势。

请看图 4-35 方正证券（601901）的日线图。

如图 4-35 所示，方正证券在 2012 年 3 月 14 日，一条长阴线贯下，股价出现下跌，这一天方正证券开盘价 5.12 元，收盘价 4.86 元，股价于 MA20 处止跌，行情下一步发展尚有待观察。那么，分时均线的形态如何呢？下面，我们看一下图 4-36 方正证券的 30 分钟均线图。

图 4－35 方正证券日线图

图 4－36 方正证券 30 分钟走势图

从 30 分钟走势图上我们看到，方正证券一条长阴线已经跌破 5 条均线，各条均线形成明显的空头排列，发出强烈的卖出信号。如果我们能在这个点位及时卖出，可以大大减少损失。

再请看一下图 4－37 中金黄金（600489）的走势。

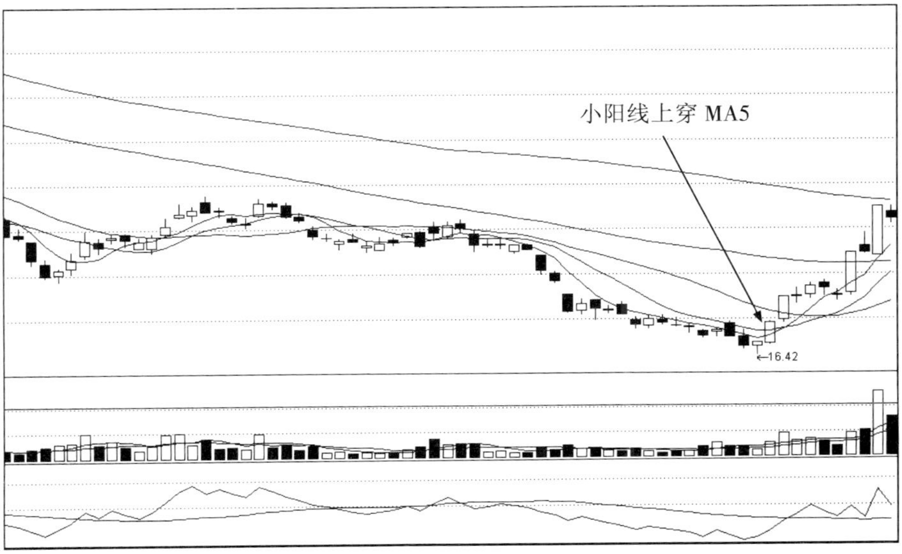

图 4－37　中金黄金日线图

如图 4－37 所示，2012 年 1 月 9 日中金黄金的日 K 线是一条小阳线上穿 5 日、10 日移动平均线，出现上涨苗头。分时均线的形态怎样呢？如图 4－38 所示。

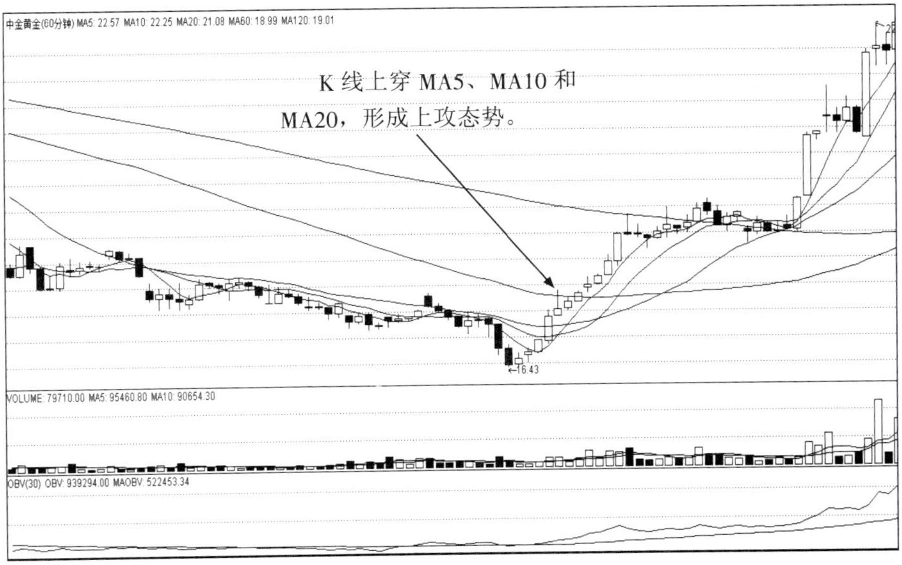

图 4－38　中金黄金 60 分钟走势图

从图 4－38 中我们看到，在 60 分钟走势图上，K 线已上穿 MA5、MA10 和 MA20，形成短期上攻态势，如果做短线，可以买入。

从以上分析可见，如果能够运用好分时均线，我们可以在一定程度上弥补均线滞后性的不足；但须指出的是，分时均线走势异常活跃，经常出现骗线。所以，在观察分时均线走势时一定要把握住日线和周线，以免轻率行动做出过激反应。

五、长周期均线的运用

移动平均线指标主要是用来把握市场趋势的。以上我们在讲移动平均线的时候，主要是以日均线为主，同时对分时均线进行了简单举例。但在实战中，长周期均线对于把握市场的趋势，具有更为直观明显的效果。所以，在分析市场的长期趋势时，一定要把日均线和周均线、月均线、季均线、年均线结合起来使用，进行综合分析，只有这样，才能对市场运行的大趋势了然于胸。我们下面把沪市的几幅日均线、周均线、月均线图一并列出，请大家对照一下，相信不仅有利于研判大势，在有些时候也可以帮助我们消除无端的恐惧和盲目的自信。如图 4－39 所示。

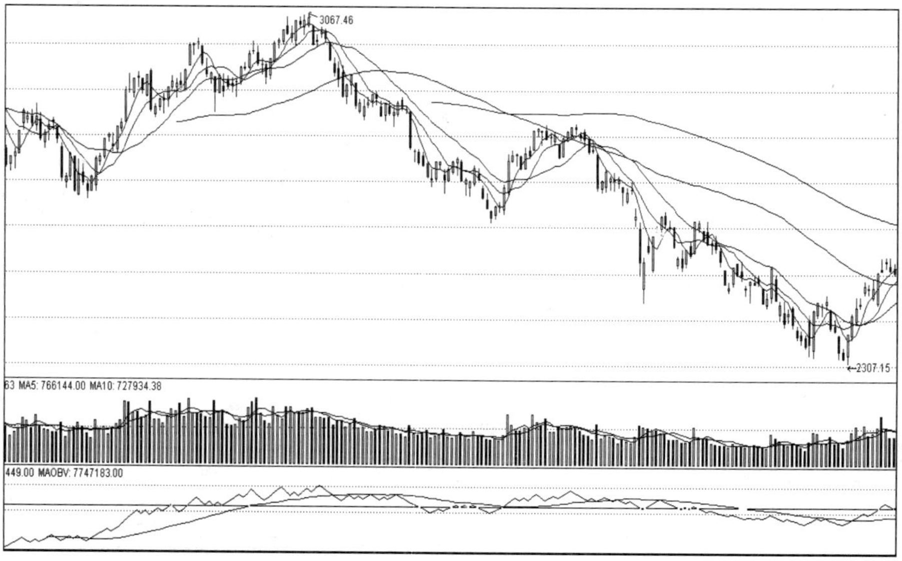

图 4－39　沪市 2011 年 1 月以来的日线图截图

图 4－39 中的日线显示，2011 年 1 月之后，沪市经历了一个先涨后跌的过程，而且仍处于下跌过程之中，60 日移动平均线明显向下运行。再请看周线图图 4－40。

图 4－40　沪市 2009 年 4 月以来的周线图

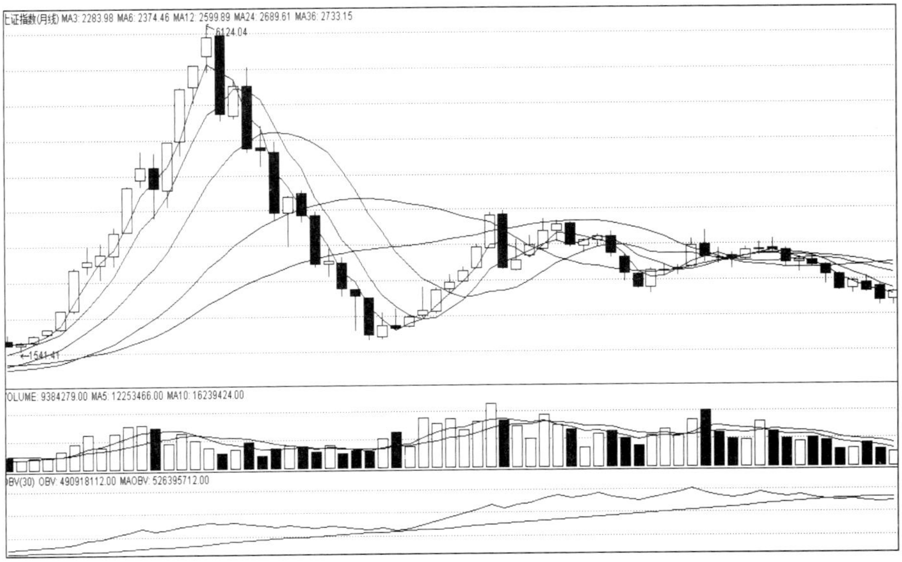

图 4－41　沪市的月线图

图 4－40 中的周线图显示，这种弱势下跌是 2009 年 8 月以来弱势调整的继续。再请看一下月线图图 4－41。图 4－41 的月线图显示，2008 年以来，沪市总体处于下跌过程中，目前已进入低位区域，而且是调整走势的后期，投资风险减小。虽然 K 线处于均线之下，仍处于弱势，但已进入一个需要密切关注的区域。

不识股市五线谱，看盘没有主心骨。

第五章 股市五线谱

在股价的走势图上，移动平均线与K线构成盘面的主体，而K线是挂在移动平均线上的，就像叶片挂在藤条上一样。所以，股市技术分析，必须把K线和移动平均线放到一起来研究。那么，移动平均线与K线到底是一种什么关系，如何进行综合分析呢？为了讲清这个问题，我们有必要建立股市五线谱的概念。

一、什么是股市五线谱？

什么是股市五线谱呢？

我们这里所说的股市五线谱，就是指移动平均线与K线的组合形态，是把K线和移动平均线作为一个动态的、有机的整体来研究的方式和方法。如图5-1所示。

图5-1就是一个股市五线谱。我们看到，所谓股市五线谱，实际上就是一个完整的股价走势图——K线与移动平均线的组合形态

股价的整体走势形态是由K线与移动平均线构成的，K线好比音符，移动平均线就像那五条线，K线与移动平均线的组合形态很像乐曲中的五线谱，不过更为轻盈飘逸、灵动飞扬而已。所以，我们形象地把这种股价的完整走势图叫作股市五线谱。

你可能会说，这也没有什么新鲜东西呀，不就是那个股价走势图吗？是的，“山还是那个山，水还是那个水”，K线还是那个K线，均线还是

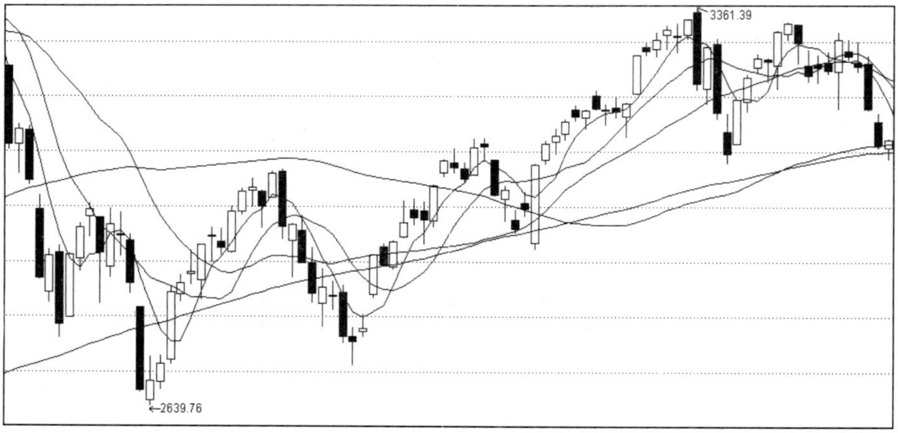

图 5－1　股市五线谱

那个均线。但是你会发现，当 K 线与均线结合在一起的时候，就如同男人和女人结合在一起一样，不仅会改变自身，而且还会产生新的生命。股市五线谱研究的对象，既不是 K 线，也不是均线，而是 K 线与均线的统一体。在研究方法上，股市五线谱以 K 线分析与均线分析为基础，但既不是单纯的 K 线分析，也不是单纯的均线分析，而是把 K 线与平均线作为一个动态的、有机的整体来分析，通过 K 线与均线的位置关系和形态特征，揭示股价的形态变化和运行趋势。

二、为什么要研究股市五线谱？

在这里，我们很像成人之美的"红娘"。原来 K 线和均线就像崔莺莺和张生，是两个苦恋着的单身情人。现在，我们促成了他们的幸福结合，使他们合为一家 ——组成一个股市五线谱。

那么，为什么要做这个"红娘"呢？建立股市五线谱的概念有什么意义呢？概括起来说，就是通过研究股市五线谱，我们可以进一步了解股票价格的完整形态、市场趋势的存在形式和买卖时机的研判标准。

（一）股票价格的完整形态

我们知道，K 线与移动平均线都是价格线，是股票价格的两种不同表现形式。二者形态虽然不同，但相互依存，不可分割。

单根的K线，反映市场的交易价格。比如，日K线能够清晰显示当天股票价格变化的四个价位：开盘价、收盘价、最高价和最低价，从纵向上显示股票价格的高低变化和涨跌幅度。

移动平均线，反映市场的平均价格，是一条均价线。移动平均线的走势比较平滑稳定，从横向上展示出价格的连续走势与波动变化。

K线与移动平均线这两种价格形式是有机统一的，既从纵向上显示出市场价格的实时涨跌，又从横向上展示出市场价格的连续波动，缺一不可。在盘面上，K线与移动平均线的组合，好比经线与纬线结合才能形成一个有具体方位的点。所以，只有研究股市五线谱——K线与移动平均线的组合形态，才能科学界定股价的时空位置，使我们不仅能够观察当期股价的高低，同时也能了解一个长时期内市场价格的变化过程及当前所处的位置，对股价走势形成完整而清晰的认识。

（二）市场趋势的存在形式

技术分析的核心是研究市场趋势，而趋势是通过走势实现的。K线记录了市场的每一个脚步，移动平均线则指示着市场的前进方向，二者的结合才是市场趋势的现实存在形式。

K线分析是市场的细节分析、局部分析。K线分析很重要，因为往往细节决定成败。但是，正因为K线分析是细节分析，它只是股价短期波动的记录与信号，并不能全面展示市场的多空形势与整体走势，而移动平均线运行方向的形成，则是K线与K线组合形态连续互动的结果，反映一个时期内多空力量的对比和运行方向，是把握市场趋势的主要工具。

K线与移动平均线的关系，实际上是点与线的关系，局部与全局的关系，市场短期波动与长期趋势的关系。离开移动平均线分析，K线分析就会迷失方向；脱离K线分析，移动平均线分析就会空洞无物。套用一句话说，趋势很骨感，走势很丰满。趋势不仅是有方向的，也是有实现路径和运行节点的，只有进行股市五线谱分析，把K线与移动平均线分析有机结合起来，才能真正把握市场的趋势变化。

（三）买卖时机的研判依据

从现实的市场交易考虑问题，实际的股票价格不是纸上的绿（黑）色或红（白）色K线，而是体现为不断变化的交易价格。

从一定意义上说，K线是一根显示市场现实交易的价格线，而移动平均线则是反映一定时期内市场平均交易成本的价值线，市场价格经常乖离股票的内在价值而又向价值回归，K线始终围绕着移动平均线上下波动，移动平均线的形成过程就是价值的认知过程，只有K线与移动平均线两相对照，才能衡量出股票市场价格的合理性。也就是说，移动平均线是市场交易的一种价值尺度，当股价高于移动平均线很多，正乖离很大时，说明股票价格已经超其所值，应该卖出；当股价低于移动平均线很多，负乖离很大时，说明股票价格已经低于所值，应该买入。只有把K线与移动平均线结合起来分析，才能判断股票的市场价位是否合理，目标股票是否具有投资价值，并做出正确的投资决策。如图5－2所示。

图5－2是名流置业（000667）的日线图，从这个图中K线与60日移动平均线的乖离程度，我们基本上可以判断出买卖股票的时机，甚至不需要其他的技术分析工具。

图5－2　二线乖离与买卖时机

三、K线与均线组合形态分析

股市五线谱是K线与移动平均线的组合形态，但是这种组合，不是同类形态的简单结合，而是两种价格形态的互动，形成相互关联的耦合结构。也就是说，不仅K线与移动平均线属性和形态不同，而且K线与移动平均线的组合结构是不断变化着的。

K线与均线组合结构的变化，主要反映在K线与移动平均线相互位置的变化。由于移动平均线具有助涨助跌作用，既是支撑线，又是阻力线，所以，在进行 K 线与均线组合形态分析时，既要观察 K 线与移动平均线相互位置的变化，又要关注移动平均线的运行方向。

K 线与均线的组合形态，包括 K 线与单根均线的组合形态、K 线与多条均线的组合形态以及 K 线穿越形态。下面，我们分别做一下分析。[①]

（一）K 线与单根均线的组合形态

K 线与单根移动平均线的组合，是一种相对简单的组合形态，能够很直观地显示出 K 线与移动平均线的位置关系及移动平均线的运行方向，从而反映出不同的市场含义。

1. K 线看跌形态与均线的组合

K 线看跌形态与移动平均线的组合主要有以下六种形态：

（1）K 线看跌形态处于下行均线的下方，如图 5－3 所示。

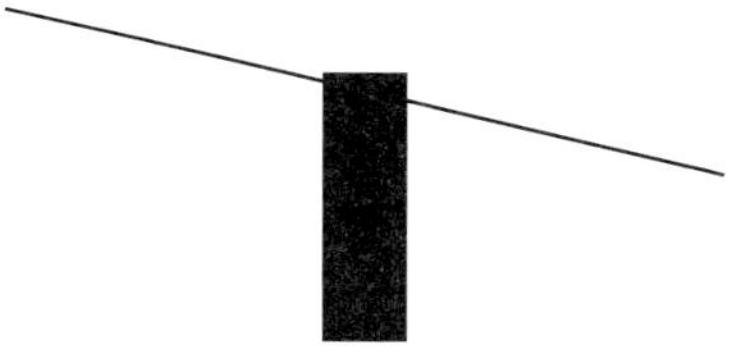

图 5－3　强烈看空形态

属于强烈看空形态。K 线是一种看跌形态，移动平均线向下运行对股价形成压制，弱市明显。

（2）K 线看跌形态处于下行均线上方，如图 5－4 所示。

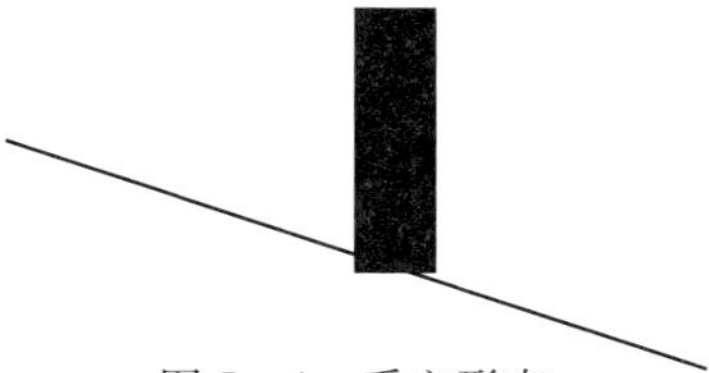

图 5－4　看空形态

属于看空形态。K 线是一种看跌形态，移动平均线对股价形成向下拉动。

① 在这一部分，我们对 K 线与均线组合形态做一下教条式的讲解，目的是说明股市五线谱分析的基本方法。在实盘操作中，须结合 K 线与短、中、长期均线的不同组合形态来进行具体研判。

（3）K 线看跌形态处于横行均线下方，如图 5－5 所示。

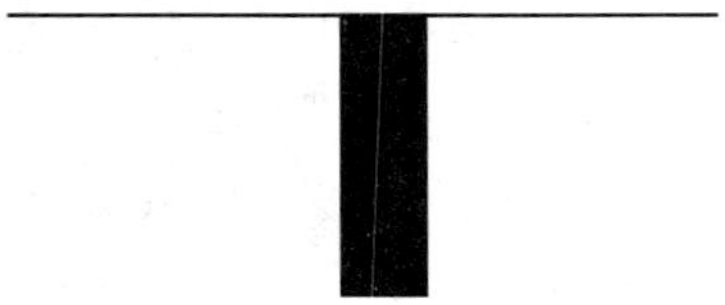

图 5－5　中性形态（一）

属于中性形态。K 线是看跌形态，横向运行的移动平均线对股价有压力，但市场方向不明显。

（4）K 线看跌形态处于横行均线上方，如图 5－6 所示。

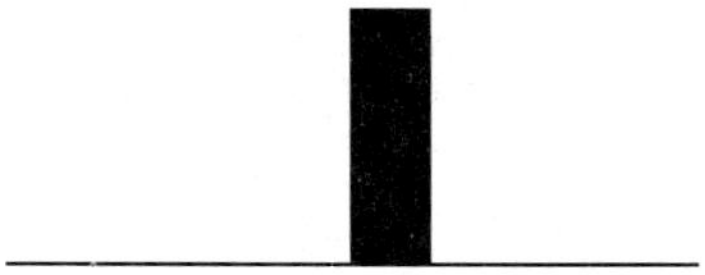

图 5－6　中性形态（二）

属于中性形态。K 线是看跌形态，横向运行的移动平均线对股价形成弱支撑，市场方向不明显。

（5）K 线看跌形态处于上行均线下方，如图 5－7 所示。

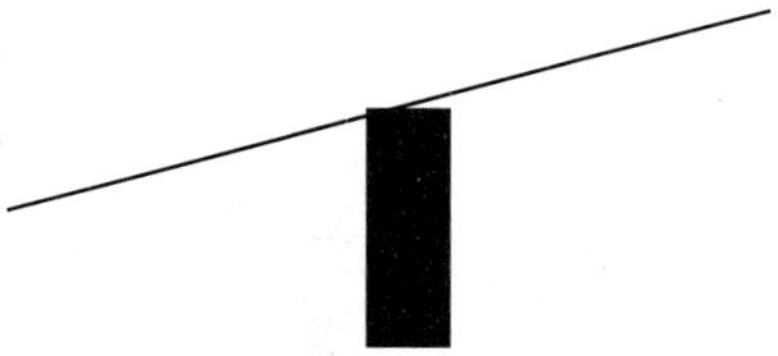

图 5－7　偏多形态

属于偏多形态。K 线是看跌形态，但向上运行的移动平均线对股价形成拉动。

（6）K 线看跌形态处于上行均线上方，如图 5－8 所示。

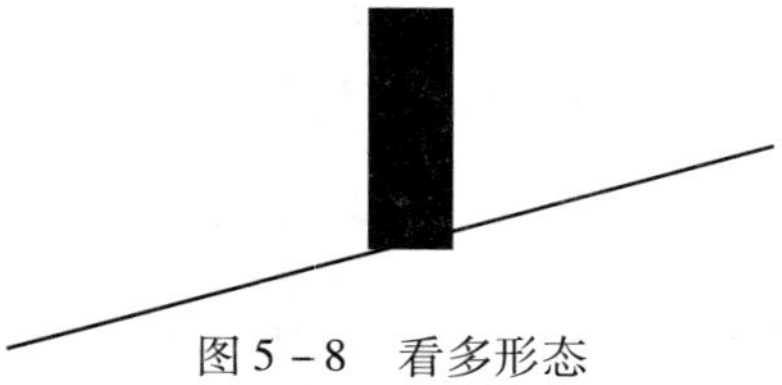

图 5－8　看多形态

属于看多形态。K 线是看跌形态，向上运行的移动平均线对股价形成较强支撑。

以上六种组合形态，综合如图 5－9 所示。

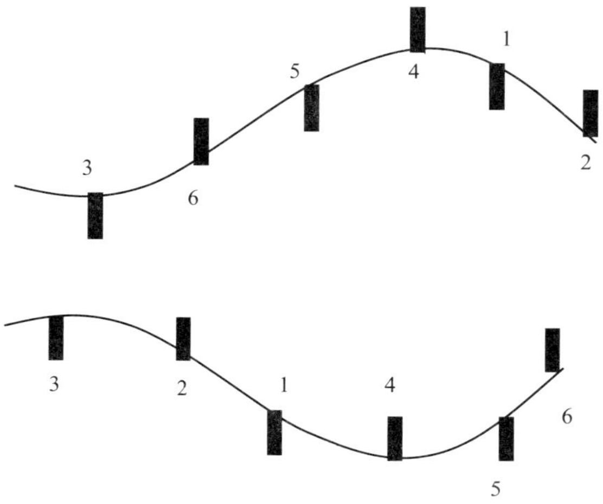

图 5－9　阴 K 线与均线组合形态

2. K 线看涨形态与均线的组合

K 线看涨形态与移动平均线组合也有六种形态：

（1）K 线看涨形态处于上行均线上方，如图 5－10 所示。

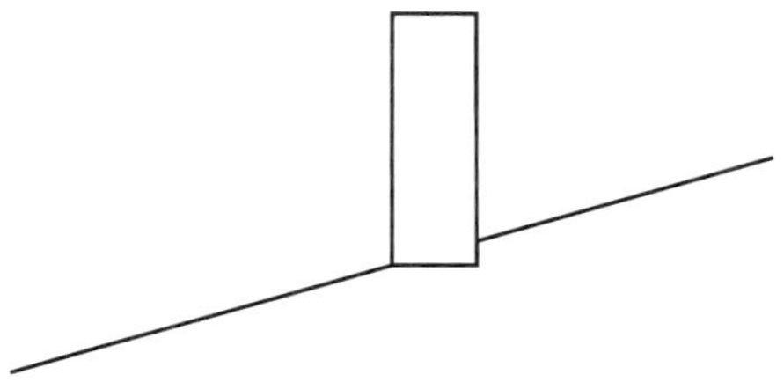

图 5－10　坚定看多形态

属于坚定看多形态。K 线是看涨形态，向上运行的移动平均线对股价形成支撑。

（2）K 线看涨形态处于上行均线下方，如图 5－11 所示。

属于看多形态。K 线是看涨形态，向上运行的移动平均线对股价形成拉动。

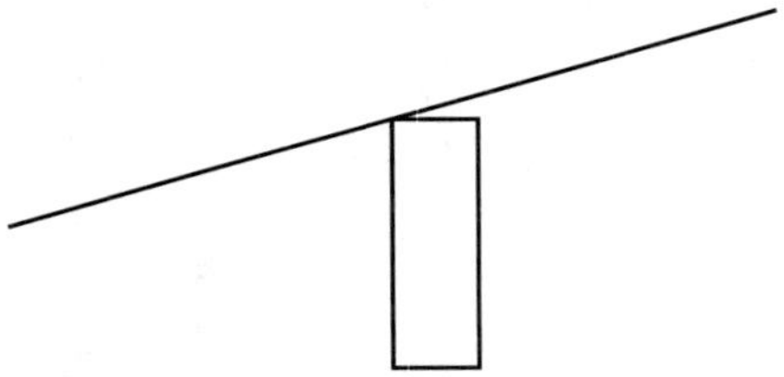

图 5－11　看多形态

（3）K 线看涨形态处于横行均线上方，如图 5－12 所示。

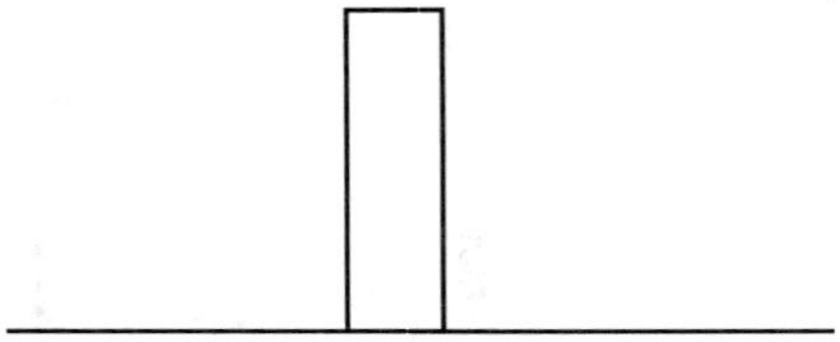

图 5－12　中性形态（一）

属于中性形态。K 线是看涨形态，横向运行的移动平均线对股价形成弱支撑，但方向不明显。

（4）K 线看涨形态处于横行均线下方，如图 5－13 所示。

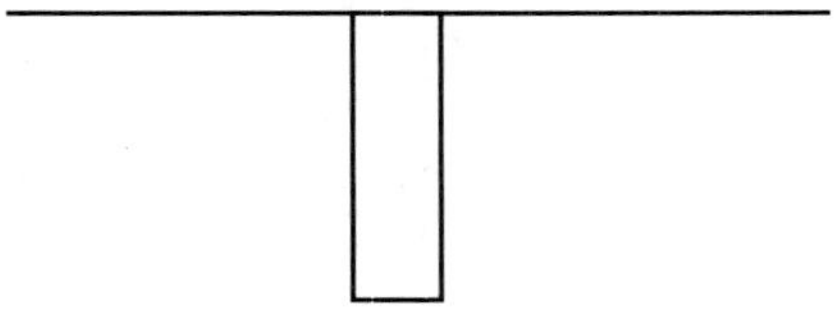

图 5－13　中性形态（二）

属于中性形态。K 线是看涨形态，横向运行的移动平均线对股价有压力，但方向不明显。

（5）K 线看涨形态处于下行均线上方，如图 5－14 所示。

属于偏空形态。K 线是看涨形态，向下运行的移动平均线对股价形成拉动。

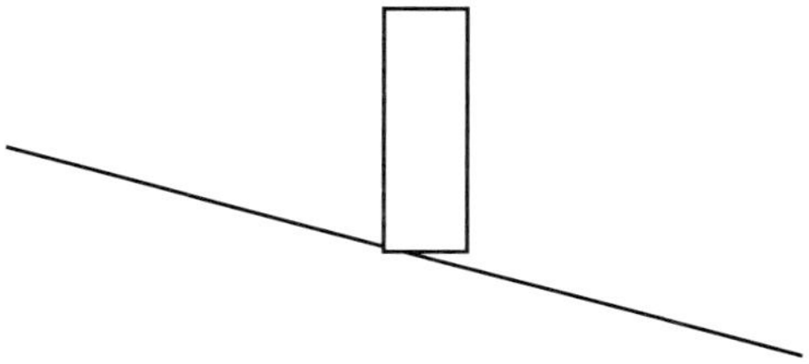

图 5－14　偏空形态

（6）K 线看涨形态处于下行均线下方，如图 5－15 所示。

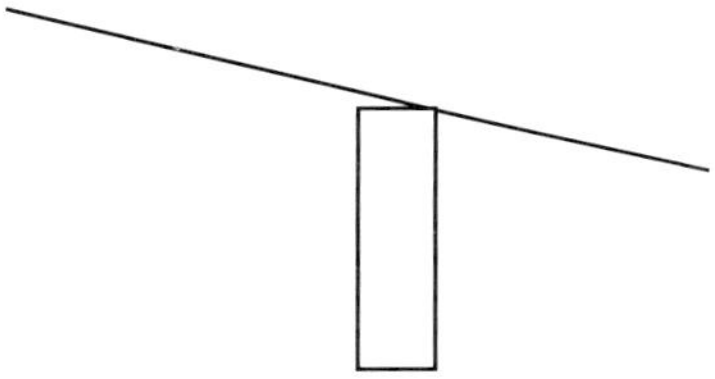

图 5－15　看空形态

属于看空形态。K 线是看涨形态，向下运行的移动平均线对股价形成反压。

以上六种组合形态，综合如图 5－16 所示。

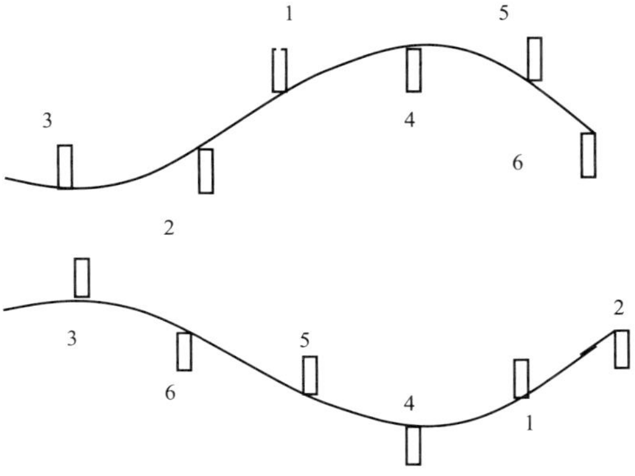

图 5－16　阳 K 线与均线组合形态

综合以上分析，我们可以绘制出下表，如表 5－1 和表 5－2 所示。

表 5-1　K 线看跌形态与均线组合

K 线看跌形态	下行均线下方	强烈看空形态
K 线看跌形态	下行均线上方	看空形态
K 线看跌形态	横行均线下方	中性形态
K 线看跌形态	横行均线上方	中性形态
K 线看跌形态	上行均线下方	偏多形态
K 线看跌形态	上行均线上方	看多形态

表 5-2　K 线看涨形态与均线组合

K 线看涨形态	上行均线上方	坚定看多形态
K 线看涨形态	上行均线下方	看多形态
K 线看涨形态	横行均线上方	中性形态
K 线看涨形态	横行均线下方	中性形态
K 线看涨形态	下行均线上方	偏空形态
K 线看涨形态	下行均线下方	看空形态

通过以上的大致分析，可以得出如下结论：

第一，K 线与均线组合形态，具有独特的市场含义，既不同与单纯的 K 线形态，也有别于单纯的均线形态。

第二，在 K 线与均线组合形态中，移动平均线是一种矢量载体，对 K 线具有支撑或阻力作用。相同的 K 线形态，出现在均线的不同位置，市场含义不同。

第三，根据 K 线形态与移动平均线的位置关系变化，K 线与均线组合形态可以区分为由弱到强的不同信号等级。

（二）K 线与多条均线的组合形态

K 线与多条均线的组合形态，存在着比较复杂的情况。下面仅列举几种主要形态，说明 K 线与多条均线组合形态的含义及基本分析方法（虚线代表短期均线，实线代表中长期均线）。

1. K 线与均线排列组合

K 线与均线排列组合形态，主要分为三种情况：

（1）均线多头排列，K 线处于均线之上，如图 5-17 所示。

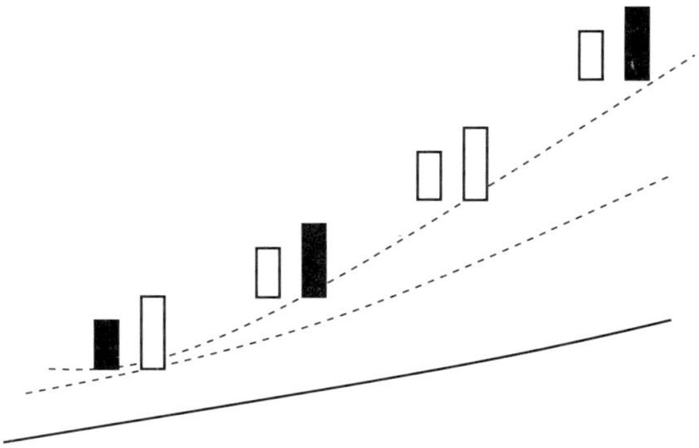

图 5－17 看多形态

属于看多形态，反映市场处于上涨趋势中。

（2）均线空头排列，K 线处于均线之下，如图 5－18 所示。

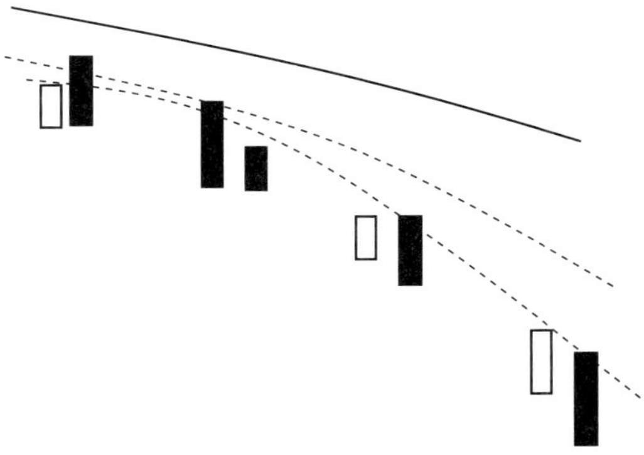

图 5－18 看空形态

属于看空形态，说明市场处于下跌过程中。

（3）均线横向运行，K 线围绕均线上下跳动，如图 5－19 所示。

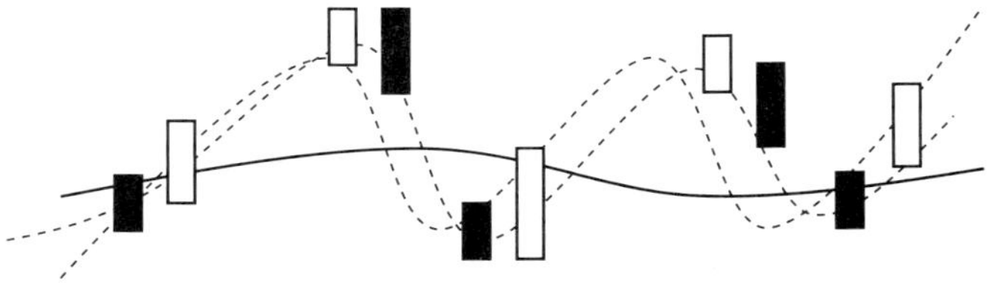

图 5－19 中性形态

属于中性形态，市场处于震荡整理状态。

2. K线与均线交叉组合

K线与均线交叉组合形态比较复杂，存在多种组合形式，但只要掌握看盘要领就很好理解，关键是要分清“线上交叉”还是“线下交叉”（这里的“线”指中长期均线）、“上行交叉”还是“下行交叉”（指中长期均线上行或下行）。

（1）上行中长期均线上的交叉。

K线形态与短期均线和向上运行的中长期均线组合，大体可以区分为四种情况：

①中长期均线之上，K线看跌形态与短期均线死叉，如图5－20所示。

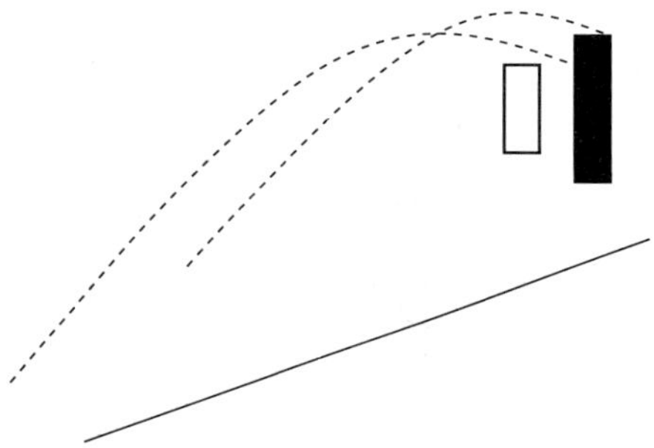

图5－20　谨慎看多形态

属于谨慎看多形态。在上涨过程中，出现K线看跌形态和短期均线死亡交叉，通常属于短期调整行情，由于中长期移动平均线向上运行对股价形成支撑，一般调整后会继续升势。但此种形态如果出现在上涨行情末期，应提防变盘发生。

②中长期均线之下，K线看跌形态和短期均线死叉，如图5－21所示。

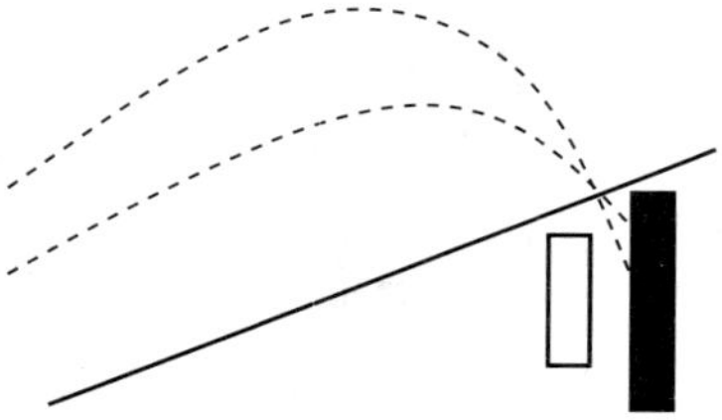

图5－21　偏空形态

属于偏空形态。在上涨过程中，K 线看跌形态和短期均线死亡交叉出现在中长期均线之下，说明市场已经出现深幅下跌，由于向上运行的中长期移动平均线对股价形成支撑，调整后有可能继续升势。但此种形态短期均线已经下穿中长期移动平均线，风险性极大，如果出现在上涨趋势末期，说明行情出现反转。

③中长期均线之上，K 线看涨形态和短期均线金叉，如图 5－22 所示。

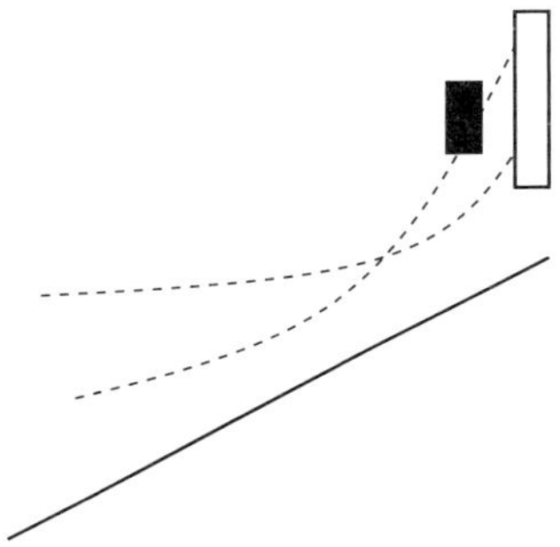

图 5－22　坚定看多形态

属于坚定看多形态。K 线看涨形态和短期均线形成黄金交叉，是上涨组合形态，向上运行的中长期移动平均线对股价形成支撑，后市看好。

④中长期均线之下，K 线看涨形态和短期均线金叉，如图 5－23 所示。

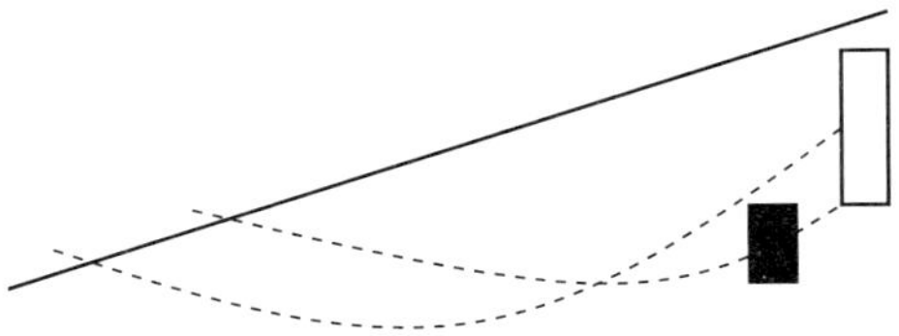

图 5－23　看多形态

属于看多形态。K 线看涨形态和短期均线形成黄金交叉，短线看涨，同时向上运行的中长期移动平均线对股价具有拉动作用。

（2）横行中长期均线上的交叉。

K 线与短期均线和横行中长期均线的组合形态，也有以下四种情况：

①中长期均线之上，K 线看跌形态和短期均线死叉，如图 5－24 所示。

属于中性偏空形态。K 线看跌形态和短期均线死叉，短期看空，横向

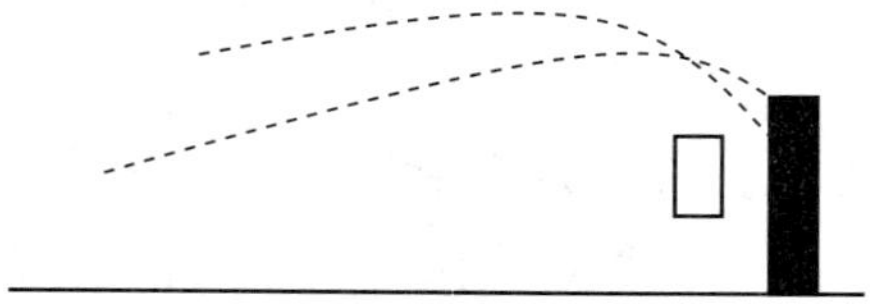

图 5－24　中性偏空形态

运行的中长期移动平均线对股价形成弱支撑，市场方向有待确认。

②中长期均线之下，K 线看跌形态和短期均线死叉，如图 5－25 所示。

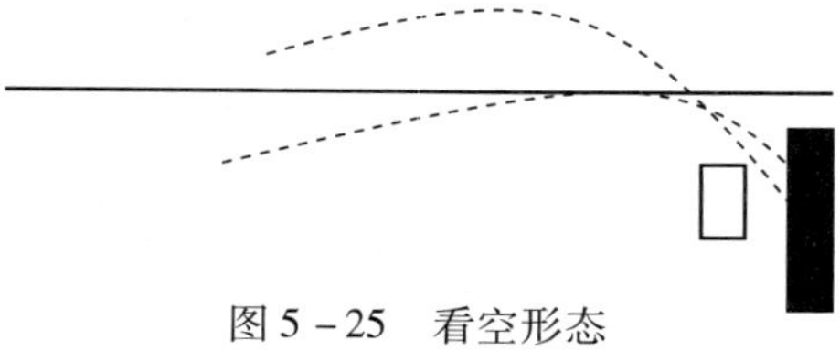

图 5－25　看空形态

属于看空形态。K 线看跌形态和短期均线死叉，且已跌破横向运行的中长期移动平均线，后市看淡。

③中长期均线之上，K 线看涨形态和短期均线金叉，如图 5－26 所示。

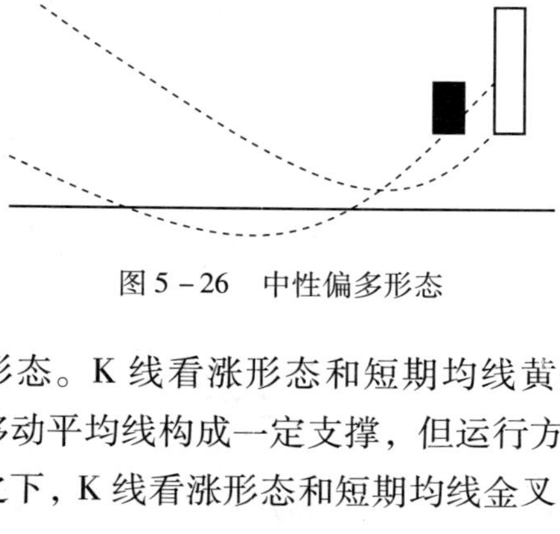

图 5－26　中性偏多形态

属于中性偏多形态。K 线看涨形态和短期均线黄金交叉，短期看涨，横向运行的中长期移动平均线构成一定支撑，但运行方向有待确认。

④中长期均线之下，K 线看涨形态和短期均线金叉，如图 5－27 所示。

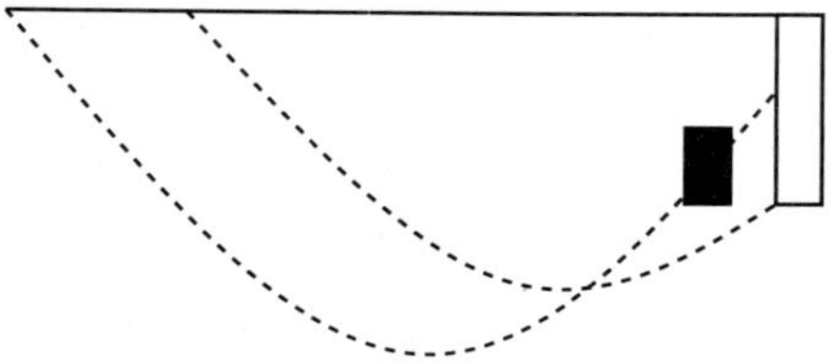

图 5－27　中性形态

属于中性形态。K 线看涨形态和短期均线黄金交叉，短期看涨，横向运行的中长期移动平均线对股价形成压力，其运行方向面临选择。

（3）下行中长期均线上的交叉。

K 线形态与短期均线和向下运行的中长期均线组合，也有四种情况：

①中长期均线之上，K 线看跌形态和短期均线死叉，如图 5－28 所示。

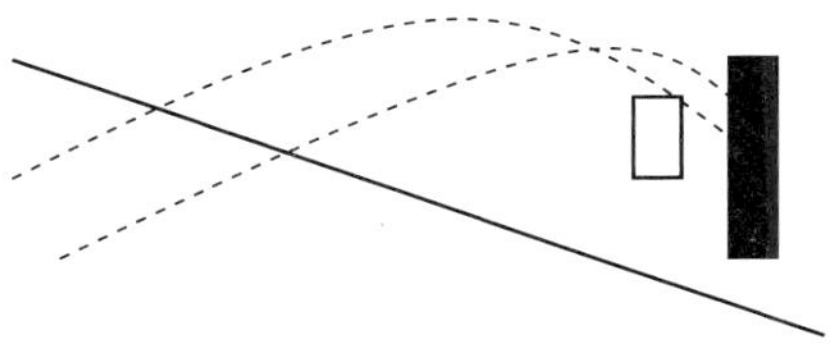

图 5－28　看空形态

属于看空形态。K 线看跌形态和短期均线死叉，是短期看跌形态，而向下运行的中长期移动平均线对股价形成拉动。

②中长期均线之下，K 线看跌形态和短期均线死叉，如图 5－29 所示。

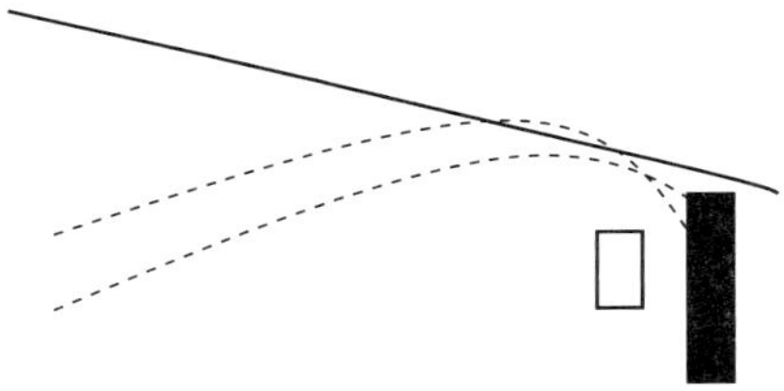

图 5－29　强烈看空形态

属于强烈看空形态。K 线看跌形态和短期均线形成死叉，短期看跌，而向下运行的中长期移动平均线对股价形成压制。

③中长期均线之上，K 线看涨形态和短期均线金叉，如图 5－30 所示。

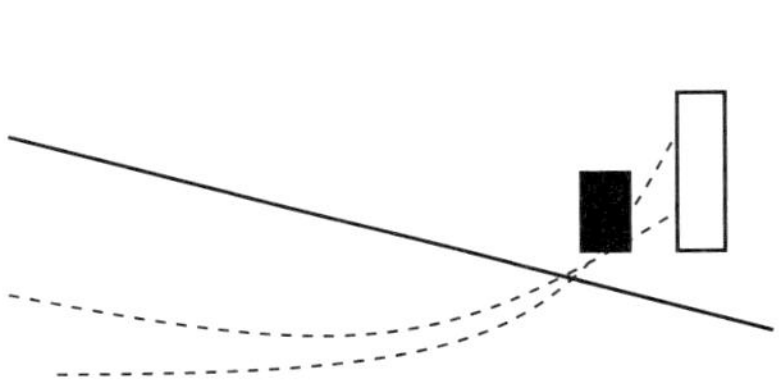

图 5－30　偏空形态

属于偏空形态。K 线看涨形态和短期均线黄金交叉，是短期看涨形态，但向下运行的中长期移动平均线对股价形成拉动。此种形态如果出现在下跌过程中，属于超跌反弹行情，如出现在下跌末期，不排除行情反转。

④中长期均线之下，K 线看涨形态和短期均线金叉，如图 5－31 所示。

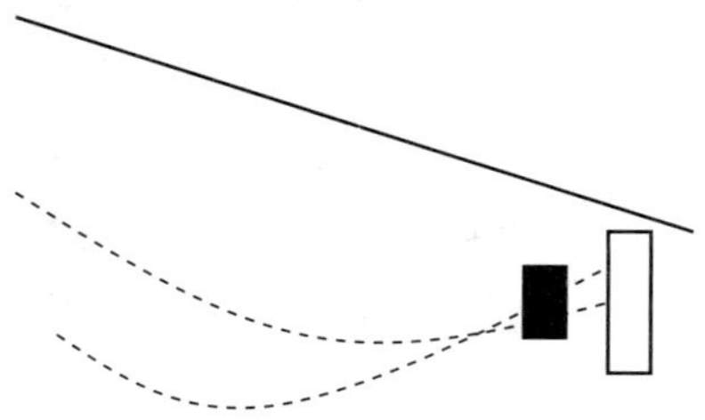

图 5－31　看空形态

属于看空形态。K 线看涨形态和短期均线形成黄金交叉，短期看涨，但向下运行的中长期移动平均线对股价形成反压。[①]

（三）K 线穿越形态

K 线穿越形态，是指 K 线向上穿越或向下跌破移动平均线，从而改变 K 线与移动平均线的原有位置关系，形成新的组合形态。具体可以分为 K 线由下而上穿越均线和由上而下穿越均线，K 线穿越一条均线和 K 线穿越多条均线，等等。

1. K 线穿越单根均线

（1）K 线由下而上穿越均线。

K 线由下而上穿越移动平均线，反映股价突破了市场平均成本线，买方力量明显增强。具体可分为 K 线穿越上行均线、下行均线和横行均线。

①K 线穿越上行均线，如图 5－32 所示。在上涨过程中，股价经过短期调整之后又重新站到移动平均线之上，多方发起新的攻势。K 线上穿移动平均线之后，存在两种可能性，但上涨概率较大（图 5－33）。

---

① 这里需要说明的是，K 线与均线组合形态十分复杂，需要具体情况具体分析，以上仅做一般性举例，旨在说明 K 线与移动平均线组合形态分析的基本方法。

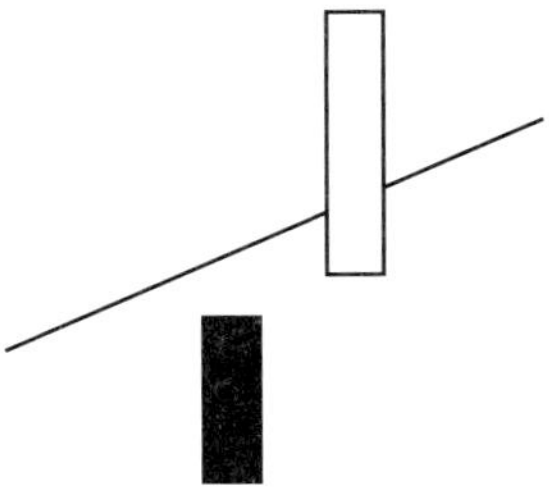

图 5－32　偏多形态

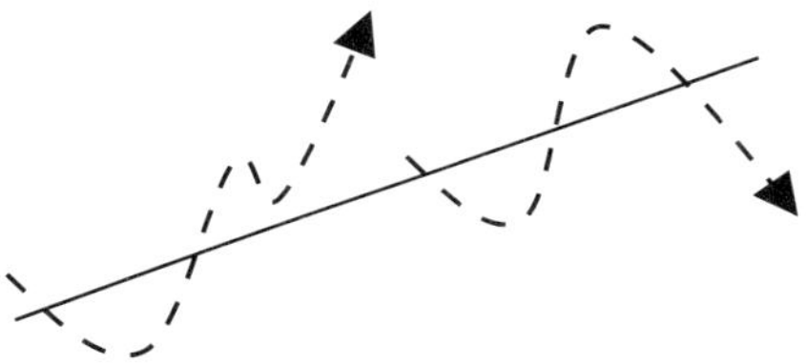

图 5－33　两种可能但偏多形态

②K 线穿越下行均线，如图 5－34 所示。股价在下跌过程中出现反弹，向上穿越移动平均线，K 线上穿移动平均线之后，在走势上也有两种可能性，但下跌概率较大（图 3－35）。

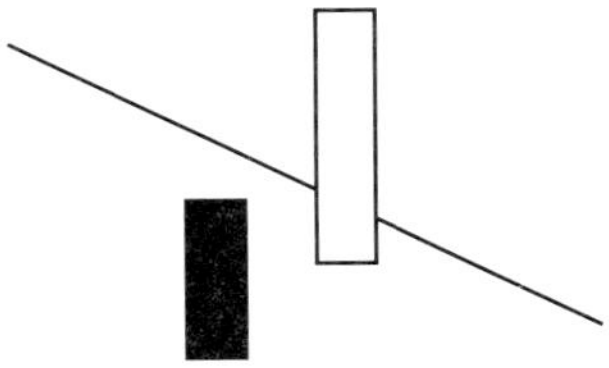

图 5－34　偏空形态

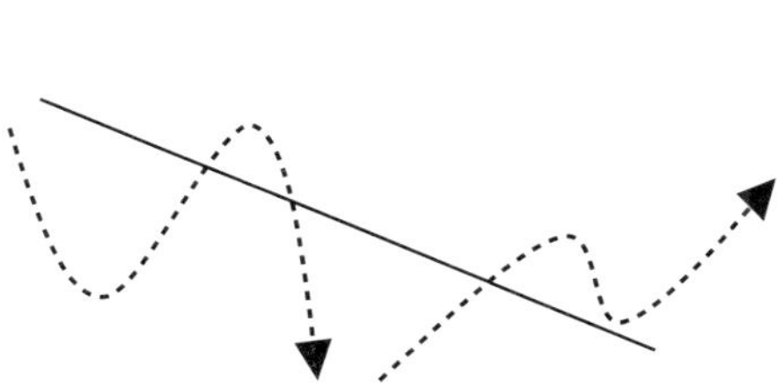

图 5－35　两种可能但偏空形态

③K 线穿越横行均线，如图 5－36 所示，股价在经过横盘整理之后选择向上突破。突破之后可能出现如下两种走势，如图 5－37 所示。

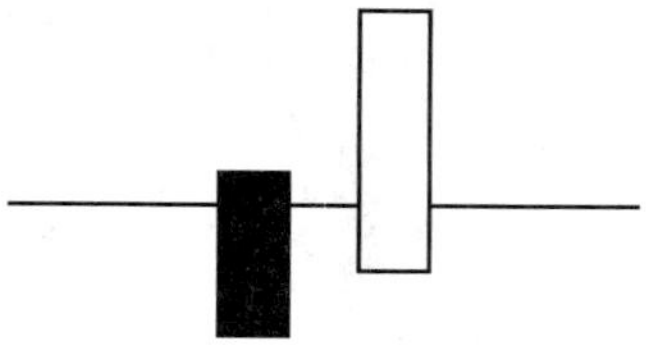

图 5－36　横盘整理形态

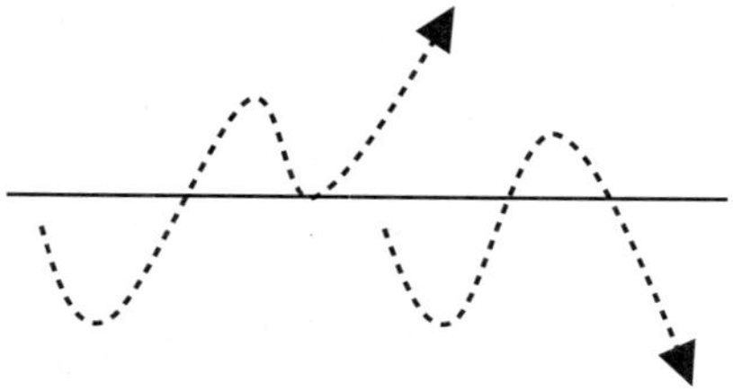

图 5－37　多空均可形态

（2）K 线由上而下穿越均线。

K 线由上而下跌破移动平均线，说明股价跌到了市场平均成本线以下，反映卖方力量明显增强。具体可以分为 K 线跌破上行均线、下行均线和横行均线。

①K 线跌破上行均线。如图 5－38 所示，在上涨过程中，股价出现下跌走势，并且跌破了移动平均线，后续走势可能有两种情况，方向有待观察（图 5－39）。

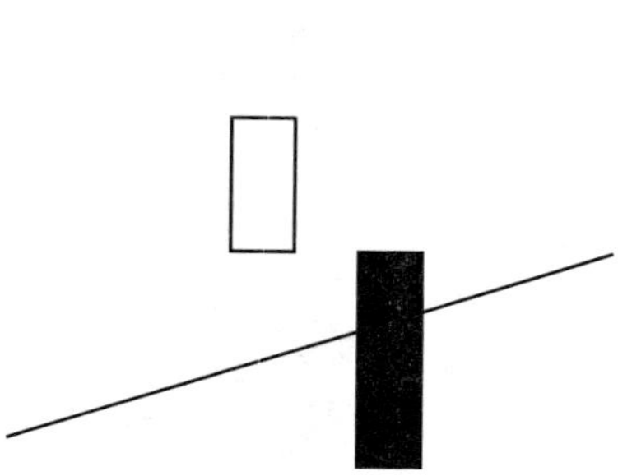

图 5－38　偏多形态

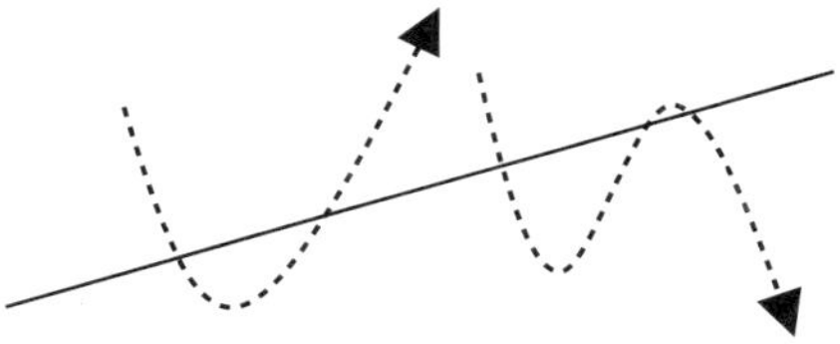

图 5－39　中性形态

②K 线跌破下行均线。如图 5－40 所示，在下跌过程中出现的反弹已经结束，股价再次跌破移动平均线。后续走势有两种可能，下跌概率较大（图 5－41）。

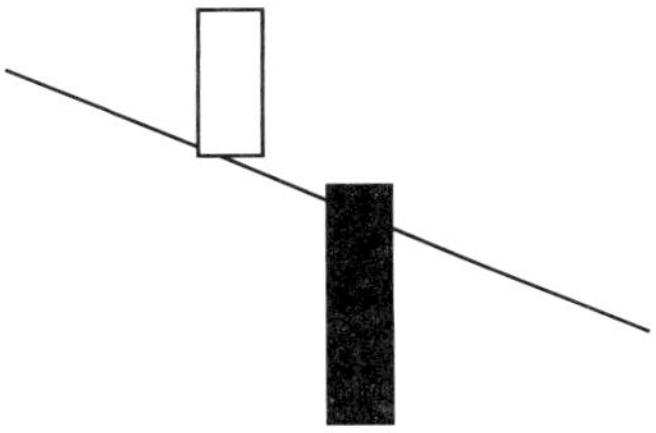

图 5－40　看空形态（一）

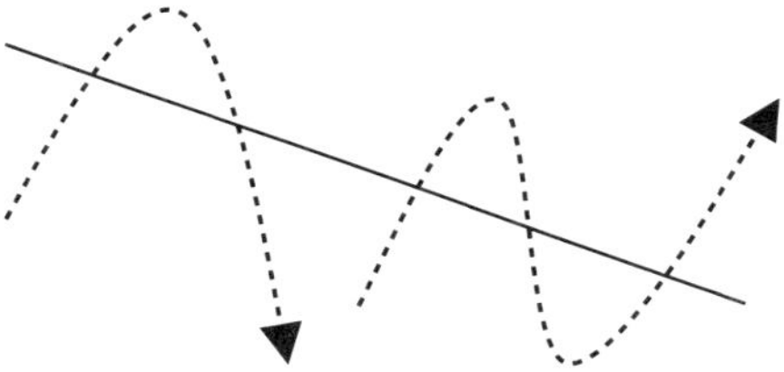

图 5－41　看空形态（二）

③K 线跌穿横行均线。如图 5－42 所示，股价在经过横盘整理之后选择向下突破。突破之后可能出现两种走势，但下跌概率大。如图 5－43 所示。

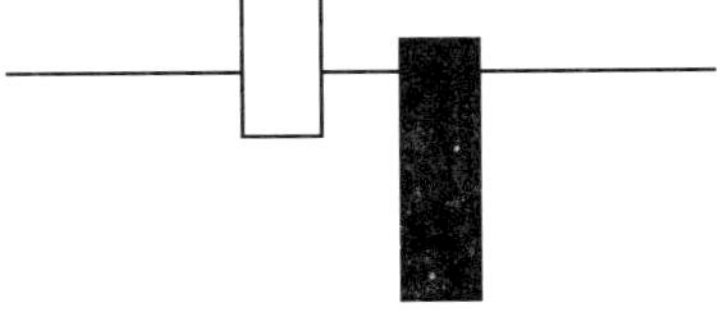

图 5－42　偏空形态

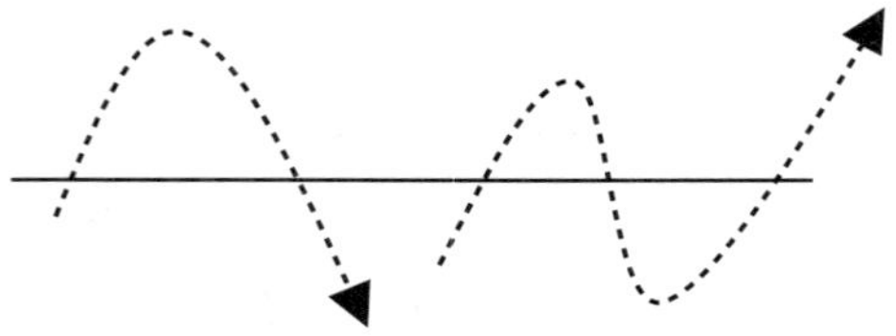

图5－43　偏空形态

2. K线穿越多条均线

K线穿越多条均线，包括K线穿越2条、3条或4条均线等。这种K线对多条移动平均线的穿越形态，对行情的影响比较强烈。在多数情况下，K线穿越多条移动平均线后会明显影响行情走势，K线穿越的移动平均线数量越多，对行情的影响力越大。

K线穿越多条移动平均线，可以区分为上涨过程中的穿越、下跌过程中的穿越和横盘过程中的穿越，下面我们来具体分析一下（虚线代表短期均线，实线代表中长期均线）。

（1）上涨过程中的穿越。

在上涨过程中，K线对多条均线的穿越存在两种情况：

①K线由上而下跌破多条均线。在上涨过程中，中长期移动平均线向上运行，如果K线由上而下跌破1～2条移动平均线，通常属于深幅调整；如果跌破3条以上移动平均线，应提防变盘发生，这种形态如果出现在行情发展末期，是一种岌岌可危的征兆。如图5－44所示。

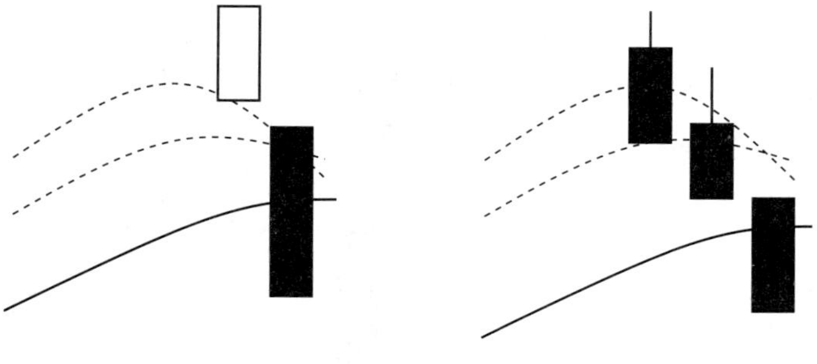

图5－44　看空形态

②K 线由下而上穿越多条均线。在上涨过程中，中长期移动平均线向上运行，K 线由下而上穿越多条移动平均线，是调整结束后重启升势的形态。如图 5－45 所示。

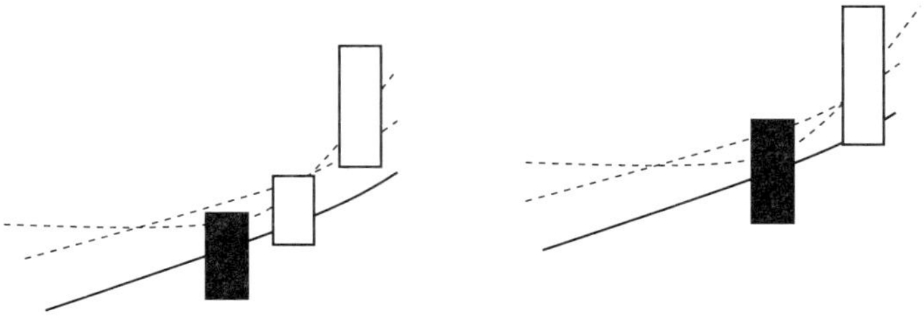

图 5－45　看多形态

（2）下跌过程中的穿越。

在下跌过程中，K 线对多条移动平均线的穿越也存在两种情况：

①K 线由上而下跌破多条均线。在下跌过程中，移动平均线总体向下运行，如果出现 K 线由上而下跌破多条均线的形态，后市继续看空。如图 5－46 所示。

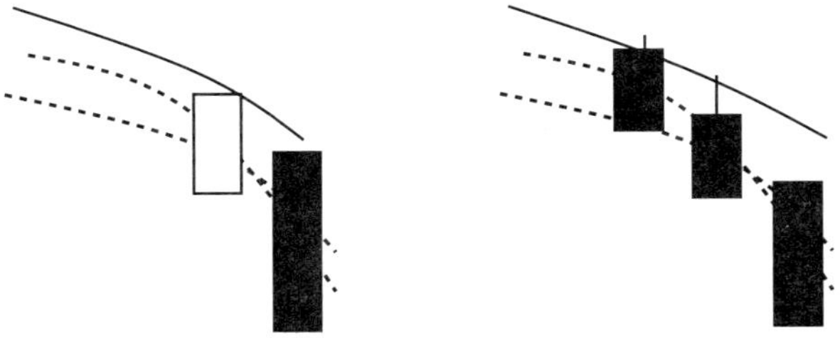

图 5－46　继续看空形态

②K 线由下而上穿越多条均线。在下跌过程中，中长期移动平均线向下运行，K 线由下而上穿越多条移动平均线，一般属于超跌反弹行情；如果出现在跌势末期，可能是行情反转信号。如图 5－47 所示。

（3）横盘过程中的穿越。

在横盘整理过程中，移动平均线呈横向运行状态，K 线对多条移动平均线的穿越可能向上突破，也可能向下突破，往往标志横盘整理行情的结束。

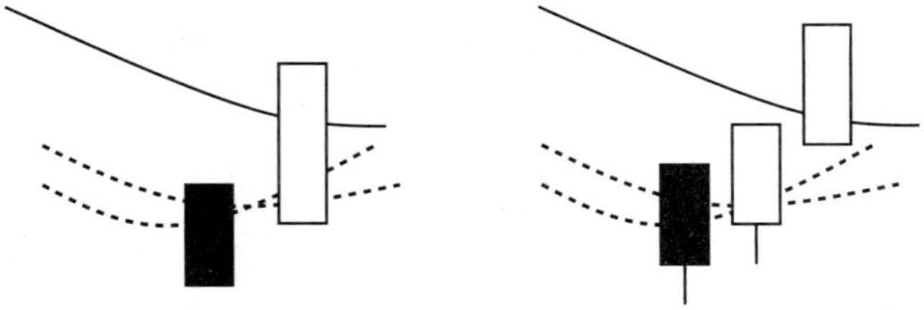

图 5－47　看多形态

①K 线由下而上穿越多条均线。在横盘整理的末期，如果 K 线由下而上穿越多条移动平均线，后市应该看好。如图 5－48 所示。

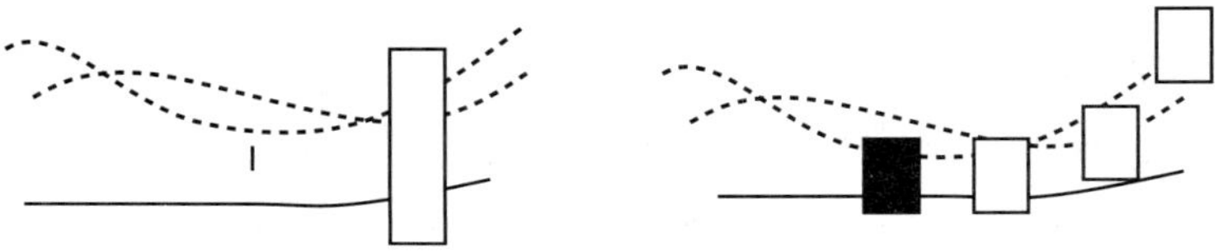

图 5－48　看多形态

②K 线由上而下穿越多条均线。在横盘整理的末期，如果出现 K 线由上而下穿越多条移动平均线，后市看淡。如图 5－49 所示。

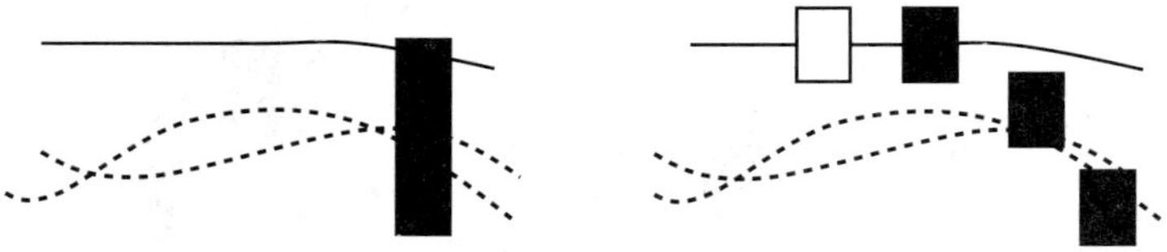

图 5－49　看空形态

从以上分析可以看出，K 线穿越形态，是 K 线与移动平均线的重要组合形态，同时也是一种“攻击形态”、“变盘形态”。当 K 线由下向上穿越移动平均线、特别是穿越多条移动平均线时，说明买盘强劲，做多情绪高涨；当 K 线由上向下跌破移动平均线、特别是跌破多条移动平均线时，说明后市看淡。在趋势性明显的市场中，出现逆潮流而动的 K 线穿越形态，一般会形成回调或反弹走势；在趋势发展的末期或横盘走势中，如果出现 K 线穿越形态，常常是变盘的信号。

四、K线集合、K线排列与K线跳空

股市五线谱分析，以K线和均线分析为基础。关于K线形态，各种书籍均有详细介绍，不再重复。这里侧重强调一下经常被忽视的三种K线形态：K线集合、K线排列和K线跳空。

（一）K线集合

什么是K线集合呢?

所谓集合，是指具有某种特定性质的事物的总体。股价的走势是一个连续不断的过程，K线不是孤立存在的，也不是几根K线的简单组合，而是一个相互联系的整体，是一种K线集合。所以，K线分析不应该局限于单根K线或几根K线的简单对比，而应该关注K线的连续变化，研究K线集合。

从总体上衡量多空双方的力量对比，首先应该关注阳线集合与阴线集合，即阳线和阴线的集中情况。考察阳线或阴线的集中度，可以采取最简单的“查人头”办法，根据阳线数量和阴线数量的多寡，比较买卖双方力量的强弱。如果阳线明显多于阴线，说明买方力量较强；如果阴线明显多于阳线，说明卖方力量占优。同时，要注意阳线和阴线的长短变化，关注长阳线和长阴线出现的位置和数量对比情况。如图5-50所示。

图5-50显示，下跌段的阴线较多，阳线较少，阴线与阳线之比是14:10，说明做空力量较强；上涨段的阳线多而长，阴线少而短，阳线与阴线之比是13:6，反映做多力量成为主导。

如图5-51所示，在标示的地方，大阴线集中，“黑云压城城欲摧”。

阳线集合与阴线集合对比，是一种比较简单可行的看盘方法，在很多情况下，我们即使不看其他指标，单从阳线与阴线数量的对比，就基本可以把握多空的形势。

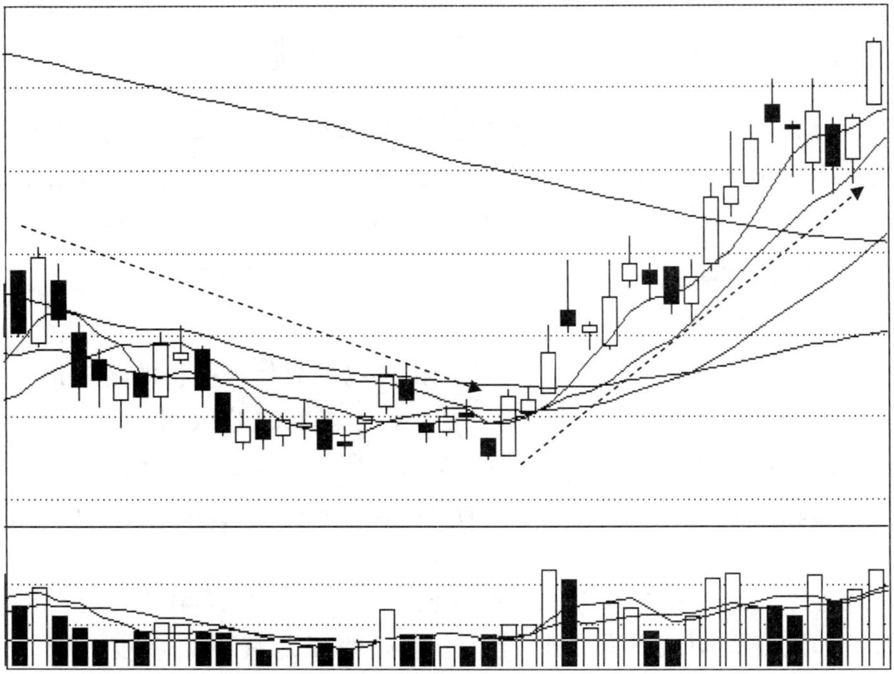

图 5－50　阴线与阳线比例反映强弱

图 5－51　大阴线多的集合

（二）K 线排列

K 线排列与 K 线组合，既有联系又有区别。K 线排列是有顺序、有方向的，不仅能反映多空力量的强弱变化，也能展示行情发展的方向。

1. 升势排列与降势排列

升势排列是 K 线顺序向上的排列，是一种显示股价步步走高的排列形态；降势排列是 K 线顺序向下的排列，是反映股价节节下落的走势形态。如图 5－52 所示。

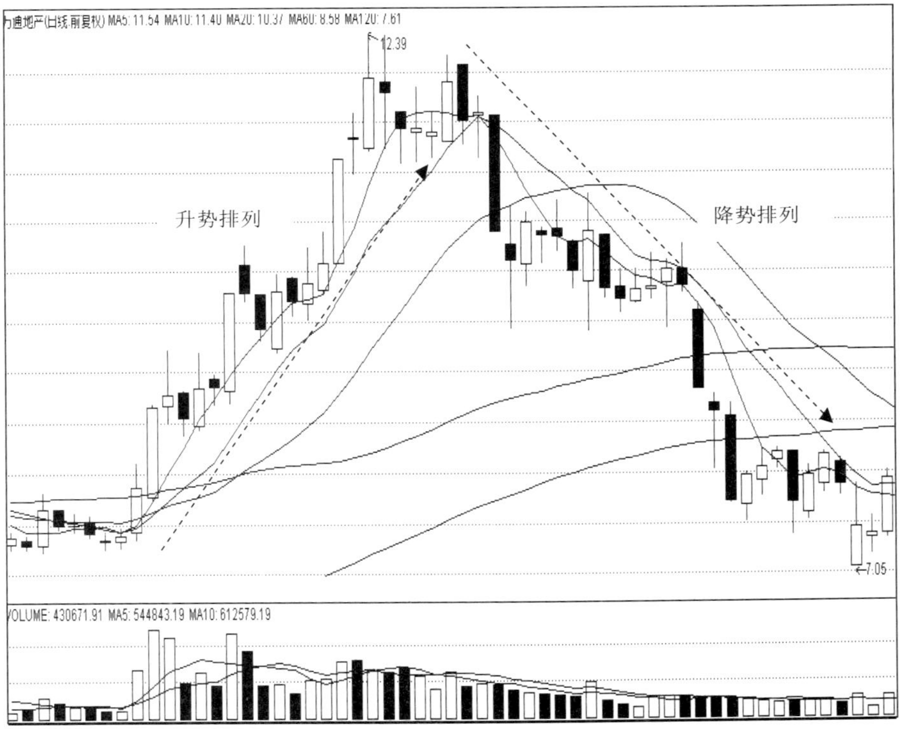

图 5－52　升势排列与降势排列

如图 5－52 所示，升势排列显示的 K 线排列方向是逐渐走高的，而且 K 线总体处于移动平均线之上，阳线居多。在降势排列中，K 线基本排列方向是逐渐下沉的，K 线总体处于移动平均线之下，阴线多而长。

2. 横向排列与 V 形排列

所谓横向排列，是指 K 线基本呈横向排列状态，往往是小 K 线密集，涨跌空间较小，反映市场方向未明时多空双方都很谨慎。如图 5－53 所示。

K 线 V 形排列形态，包括 V 字形和倒 V 字形排列，可以说是升势排列和降势排列的组合形态，也是一种常见的 K 线排列形态。如图 5－54 所示。

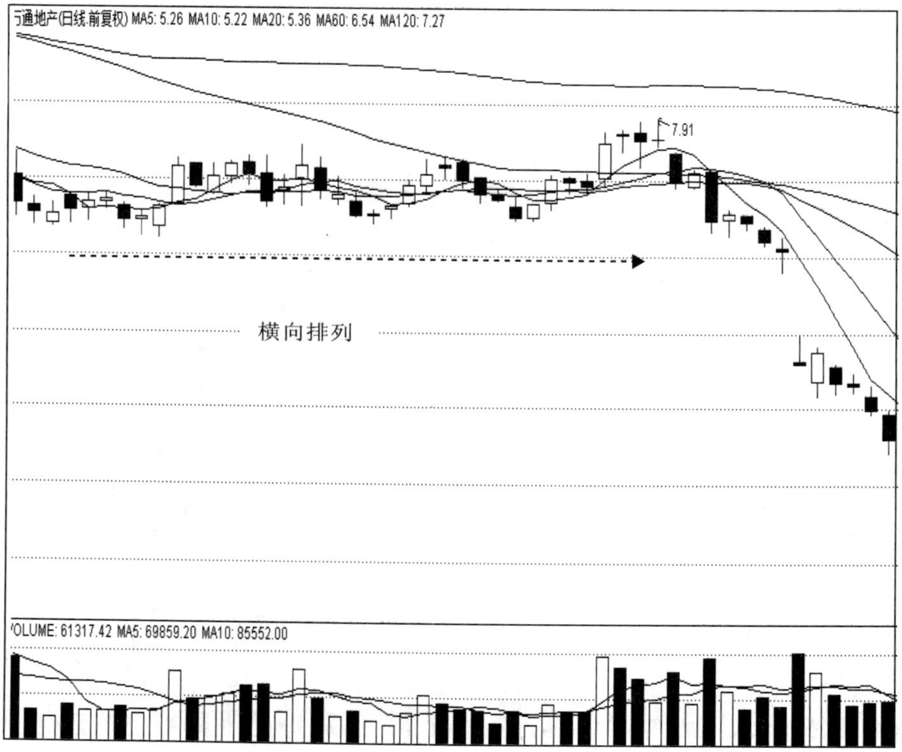

图 5－53　横向整理形态

在图 5－54 中，V 字形和倒 V 字形走势，反映出股价的波动节奏。有时这种波动是连续不断的，V 字形和倒 V 字形反复出现，形成 W 形和 M 形走势，等等。

图 5 - 54　V 字形态

（三）K 线跳空

在 K 线走势形态中，K 线跳空是一种十分重要的盘面现象。跳空出现的缺口，也叫窗口，是指没有发生交易的空白区域。如，在上升过程中，第二天的最低价高于前一天的最高价，从而在 K 线图上留下一段没有交易的空白区，叫向上跳空缺口。在下跌过程中，如果第二天的最高价低于前一天的最低价，留下一个缺口，叫向下跳空缺口。如图 5 - 55 所示。

图 5 - 55　向上跳空缺口和向下跳空缺口

跳空缺口可以分为四类：

1. 普通缺口

在股价走势图中，出现跳空缺口的情况很多，但多数缺口在短时间内被回补，对行情的影响不大，我们把这类缺口叫普通缺口。如图 5 – 56 所示。

图 5 – 56　普通缺口

2. 突破缺口

突破缺口，一般是指股价突破盘局时出现的长时间没有回补的缺口。突破缺口既可能发生在底部区域或顶部区域，也可能发生在行情发展的中段，既可能是向上突破，也可能是向下突破，一般是出现在突破重要支撑位或阻力位的时候。突破缺口可以说是多方或空方发动一轮重要行情的突破口，这种重要的突破缺口一旦形成，就确定了市场行情的发展方向，通常会产生一波中级以上行情。同时，突破缺口会成为行情后期发展的重要支撑位或阻力位。在上升行情中，如果出现向上跳空，意味行情会继续上升，今后回调时这个缺口是一个重要支撑位；如果这个向上跳空缺口被填补后股价仍继续下跌不止，说明原有的上升趋势可能逆转。同样的道理，在下跌行情中，如果出现向下跳空缺口，一般意味行情会继续下跌，今后反弹时这个向下跳空缺口是一个重要阻力位；如果这个下跌缺口被填补后股价仍继续上涨，并有成交量的配合，说明原有的下跌趋势发生逆转，行情由跌转升。如图 5－57 和图 5－58 所示。

图 5－57　向上跳空缺口

3. 中继缺口

中继缺口，又称持续缺口、逃逸缺口。突破缺口之后，往往会产生一边倒式的行情，中继缺口一般发生在趋势的中间阶段，有时会是趋势的中点，所以又叫测量缺口。

但需要指出的是，缺口的出现没有固定模式，在一波强势行情中可能会出现几个中继缺口，在一波较短行情中可能不出现中继缺口，在超强市中可能会出现连续跳空。如图 5－59 至图 5－61 所示。

图 5－58　向下跳空缺口

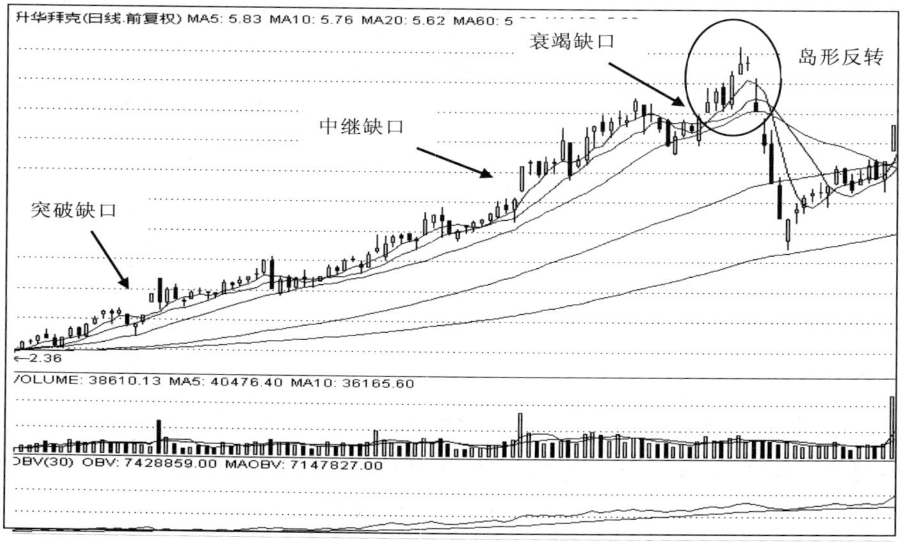

图 5－59　中继缺口

图 5－60　不规则缺口

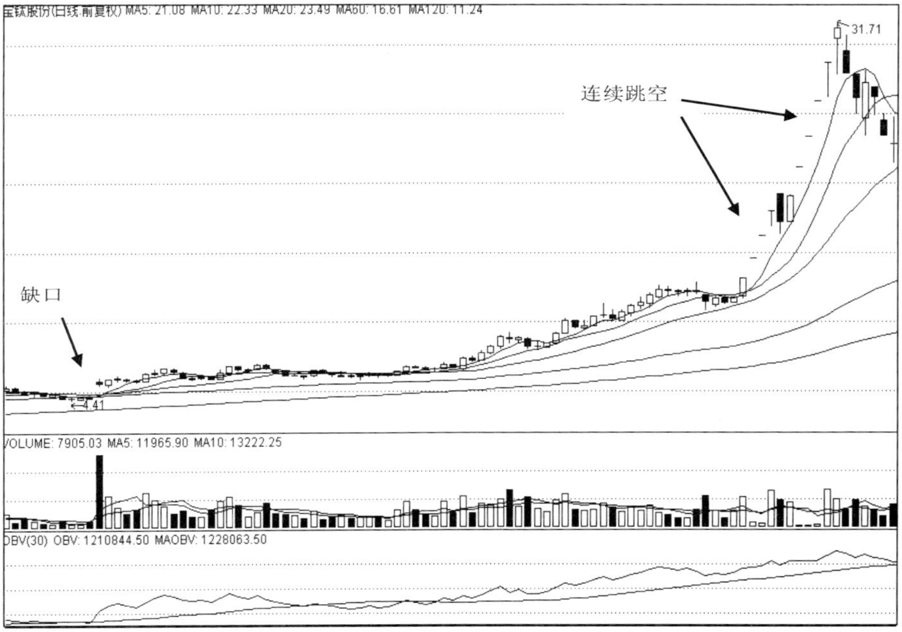

图 5－61　连续跳空

（四）衰竭缺口

衰竭缺口，出现在行情发展的末期，最后一跳，回光返照。上升趋势末期出现衰竭缺口的同时通常伴有较大成交量，下跌趋势末期出现衰竭缺口成交量往往变化不大。当衰竭缺口被填补时意味着行情出现逆转。如图5－62所示。

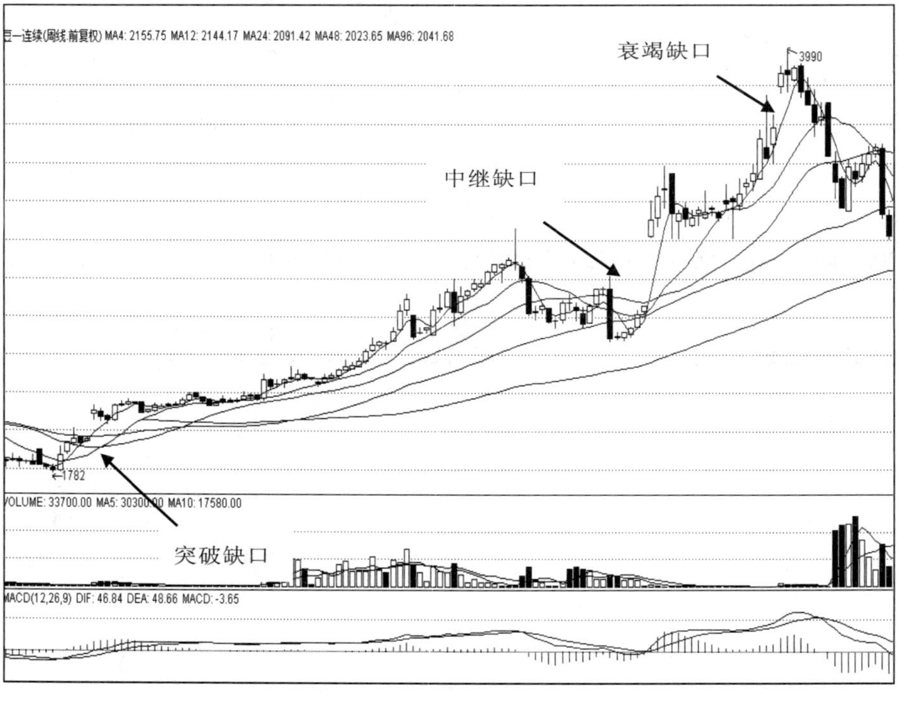

图5－62　衰竭缺口

从以上分析可以看出，跳空缺口具有助涨助跌的作用。缺口的形成是多空争战的结果，是获胜方的一种突破性进攻形态。如果出现向上突破缺口，说明多方强势占优，已经控制局面，并展开攻击。因此，出现向上跳空缺口，且有成交量的配合，是多头行情启动的重要标志，应该跟进做多；出现中继缺口，表明行情仍将继续；当确认出现衰竭缺口时，说明多空形势发生逆转，应该果断离场。出现向下突破缺口的情况相反，道理相同，应该采取相应的操作策略。

另外，如果在高位区股价连续出现三个以上向上跳空缺口，一般来说意味着多方在做最后的挣扎，可能盛极而衰。在低价区如果连续出现三个向下跳空缺口，表明空方气数已尽，强矢之末。

（五）顺势跳空与逆势跳空

在分析跳空缺口时，不仅要注意观察缺口的位置，同时要观察移动平均线的排列和走势情况。如图 5－63 所示。

图 5－63 顺势跳空和逆势跳空

图 5－63 显示，在下跌过程中，缺口 1 和缺口 2 跳空的方向和 60 日、120 日移动平均线的运行方向是一致的，即，跳空方向和中长期移动平均线的运行方向一致，这是一种顺势跳空缺口，在下跌行情中这种缺口具有很强的杀跌作用。缺口 3 的跳空方向和 60 日、120 日移动平均线的运行方向是相反的，即中长期移动平均线向下运行，而这个缺口却逆向跳空，这是一种逆势跳空缺口。这个逆势跳空缺口出现后，股价出现短暂反弹行情，之后继续下跌。在上涨的行情中，也是这样。我们再看一下图 5－64。

图 5－64　逆势跳空

如图 5－64 所示，出现一个向下跳空的缺口，而 60 日和 120 日移动平均线的运行方向是向上的，这也是一种逆势跳空缺口，这个逆势跳空缺口出现后，股价出现一个较长时间的调整行情，之后仍继续升势。

但是，在行情发展的末期，如果出现逆势跳空，应该警惕行情出现反转。

五、均线“五度”

在本章第三节，我们对 K 线与均线的组合形态做了教条式分析。事实上，移动平均线不仅具有一般性的形态特征，而且本身固有一些特殊属性，了解移动平均线的这些属性，对于深入进行股市五线谱分析至关重要。下面，我们就分析一下 均线“五度”，即均线的强度、曲度、角度、宽度和幅度。

（一）均线强度

一般意义上讲的移动平均线，就是一条价格平均线，似乎移动平均线都是一样的，人们到处拿它说事儿。事实上，移动平均线因时间周期不同，在市场含义上有很大的区别。这一点我们是必须注意到的。

不同时间周期的移动平均线抗压强度不同。短期移动平均线，比如5日移动平均线，强度很小，就像一根细铁丝，其支撑力或阻力很小，一根长阳线拉上来会使它向上弯曲，一根长阴线打下去就能使它掉头向下。10日和20日移动平均线的强度要大一些，既具有较强的支撑力和反压力，又具有一定的弹性，好比“8号线”。中长期移动平均线的强度就更大了，就像一条钢筋，不易弯曲变形，也不容易穿越。短期移动平均线反应灵敏，是短线波动的晴雨表，中长期移动平均线易守难攻，往往成为多空双方的重要防线。如图5－65和图5－66所示。

图5－65 多条上升均线

图 5 - 66　多条下行均线

如图 5 - 65 和图 5 - 66 所示，无论在上涨还是下跌过程中，由于短期移动平均线强度较弱，受到来自 K 线的作用力，经常会出现弯曲变形，而中长期移动平均线硬度很大，表现一直比较坚挺。

移动平均线作为平均成本线，体现不同的筹码集中度。短期移动平均线，比如 5 日移动平均线，仅仅体现近 5 天的平均价格，筹码集中度很低；10 日移动平均线，代表半个月的成交均价，筹码集中度稍高些；20 日移动平均线，反映一个月的平均交易价格，筹码集中度就比较高了。60 日移动平均线，反映一个季度的平均交易成本，是很难被轻易消化掉的。移动平均线上筹码堆积越多，消化这些筹码的难度越大时间越长，这些移动平均线所具有的支撑力和阻力就越大。所以，短中长期移动平均线的强度是递增的，时间周期越长的移动平均线强度越大。

移动平均线也是一条信心指数线。在上涨过程中，如果说股价跌破 5 日移动平均线只是反映少数人看淡后市，那么，股价跌破 20 日移动平均线，就说明一个月来投资者不断在低价抛售，有相当一部分投资者对市场的信心发生动摇；如果股价跌破 60 日、120 日移动平均线，就说明绝大多数投资者看淡后市，而且处于套牢状态。在下跌过程中，如果说股价站到5日移动平均线之上，只是极少数人看好后市，那么，股价突破20日移动平均线，就说明近一个月来多数投资者看好后市，在追高买入；如果股价上穿60日、120日移动平均线，说明绝大多数投资者看好后市，并已处于盈利状态。

由于不同时间周期的移动平均线具有不同的强度，在分析K线与均线组合形态时，必须具体情况具体分析。例如，我们讲K线看跌形态出现在上行均线下方属于偏多形态（图5－7），这只是讲的一般性，实际上，K线看跌形态出现在5日移动平均线之下与出现在60日移动平均线之下的市场含义是完全不同的，一根大阴线落到5日移动平均线之下，会改变其运行方向，但如果出现在60日移动平均线之下，并不会马上产生趋势性影响。

（二）均线曲度

曲线形态是一种常见的均线形态，曲线形态的形成，是由市场多空双方进退攻守形势的变化引起的。移动平均线向上弯曲或向下弯曲，反映股价运行方向的改变，事实上，只有出现曲线的地方才会产生均线交叉，均线交叉与K线穿越常常联袂而至，反映出行情的转变过程，显示出买卖的机会。有关曲线形态在第三章已经做过介绍，这里不再重复。

（三）均线角度

移动平均线的运行方向不可能是垂直的，也很少出现真正水平的走势，无论向上运行还是向下运行均有一定的角度，我们把它叫作均线斜率。均线斜率是衡量市场行情强弱的一个尺度。移动平均线运行角度过于平缓说明市场涨跌力度不够，过于陡峭则不能持久。

这里需要指出的是，不同时间周期的移动平均线运行角度往往是不同的。图5－67和图5－68是两张示意图，我们从中可以看到不同时间周期移动平均线运行角度的差异。

如图5－67和图5－68所示，不同时间周期移动平均线的运行角度不同。短期移动平均线走势陡峭，波动角度很大；中期移动平均线运行平稳，均线角度较小；长期移动平均线走势低缓，运行角度最小。

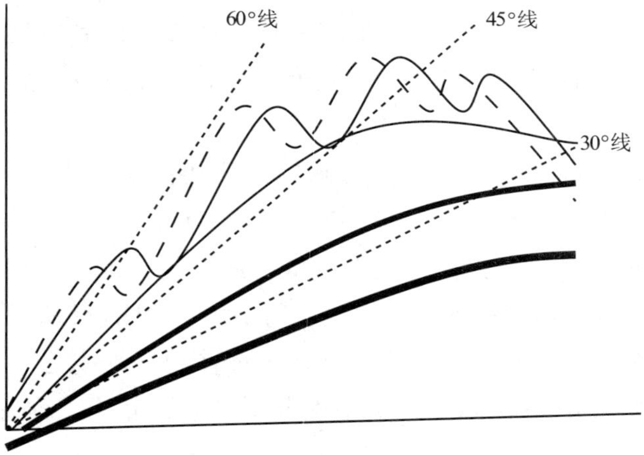

图 5－67　MA5、10、20、60 和 MA120 上升运行示意图

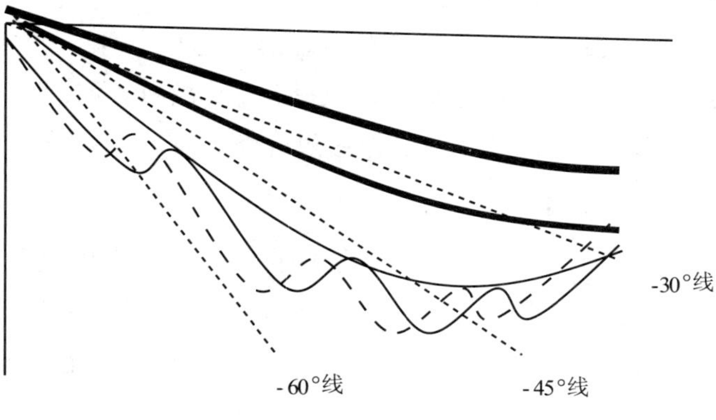

图 5－68　MA5、10、20、60 和 MA120 下降运行示意图

在图 5－67 和图 5－68 中，我们按几何角度将上涨空间和下跌空间分为三个区域，即 0～30、30～60、60～90 三个区。从中发现无论在上涨趋势还是下跌趋势中，各条移动平均线基本在 30～60℃（－30～－60℃）区域运行，45℃（－45℃）线是一条重要的分界线。在上涨过程中，短中期均线低于 45℃线往往是行情走弱的标志；在下跌过程中，高于－45℃线说明跌势趋缓。如图 5－69 和图 5－70 所示。

图 5－69　上升均线角度

图 5－70　下跌均线角度

（四）均线宽度

移动平均线在波动中运行，各条移动平均线或发散或收敛，一张一弛，有分有合，移动平均线系统形成间距或宽或窄的均线带。通过这条均线带上时间周期最短的均线与时间周期最长的均线做一条垂直连线，可以测量出均线带的宽度，即均线宽度。如图 5－71 所示。

图 5－71　均线宽度

均线带的宽度反映行情走势的强弱状态。在上涨行情中，买盘旺盛，股价不断上涨，拉动移动平均线系统发散向上，均线带逐渐上扩加宽，当均线带过宽时，盛极而衰，股价会出现回调。在下跌行情中，卖盘不断涌出，股价持续走低，拖动移动平均线系统发散向下，均线带向下拓宽，当均线带过宽时，否极泰来，股价会出现反弹。在横盘整理阶段，由于市场成本逐渐接近，均线带收束变窄。

均线带宽度反映市场超买超买的程度。移动平均线是市场的平均成本线，而不同时间周期市场平均成本的差异，则反映在移动平均线运行间距的变化。所以，在牛市中，均线带逐渐加宽，说明人们不断追高买入，市场价格持续上升，当均线带过宽，正乖离过大时，会有获利盘回吐，股价会出现回调。在熊市中，均线带逐渐加宽，说明人们不断降价抛售，当均线带过宽，负乖离过大时，会有买盘逢低进入，股价会出现反弹。

均线带宽度反映行情的支撑或反压力度。均线带是筹码分布的地带，反映筹码的分布状况，均线带的宽度越大对股价的支撑力或阻力就越大，均线带的宽度越小对股价的支撑力或阻力就越小。当移动平均线从扩张转为收敛，或者长期横盘后，移动平均线间距越收越窄，最后呈交叉黏合状态形成均线束时，说明短中长期投资者的持仓成本接近一致，这种暂时的平衡一旦被打破，就预示着变盘的发生。如图 5－72 和图 5－73 所示。

图 5－72　均线带向下突破

（五）均线幅度

幅度，是指研究对象在时空尺度上的持续范围，一般是指事物发展所达到的最高点与最低点之间的差距，即事物变动的大小。我们这里所说的均线幅度，是指移动平均线在一定时空尺度上所体现的最高价与最低价之间的距离。如果说均线宽度是对个别点位均线间距的测量，而均线幅度则是对一个时间段内涨跌幅度的测量，即起始位置和当期位置的价位变化。如图 5－74 所示。

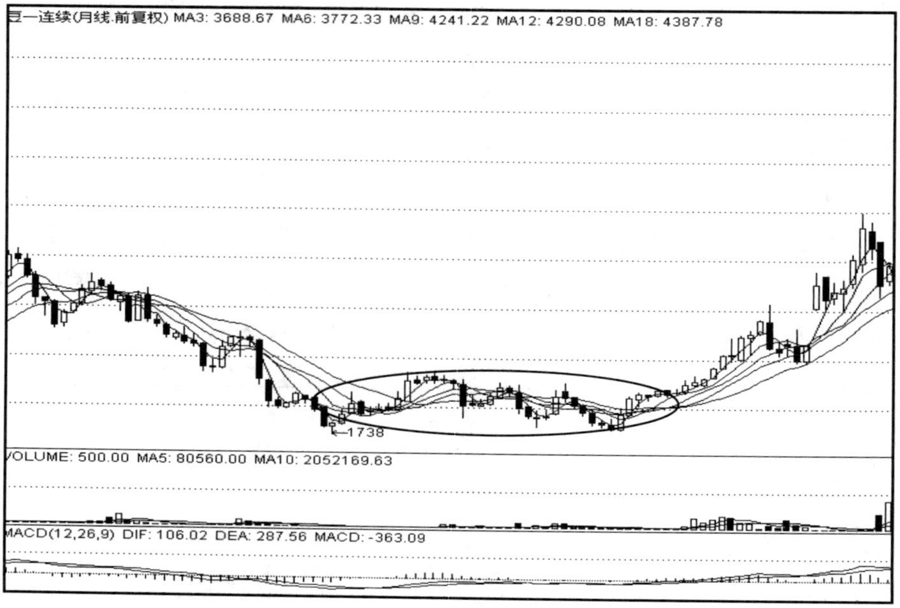

图 5－73　均线带向上突破

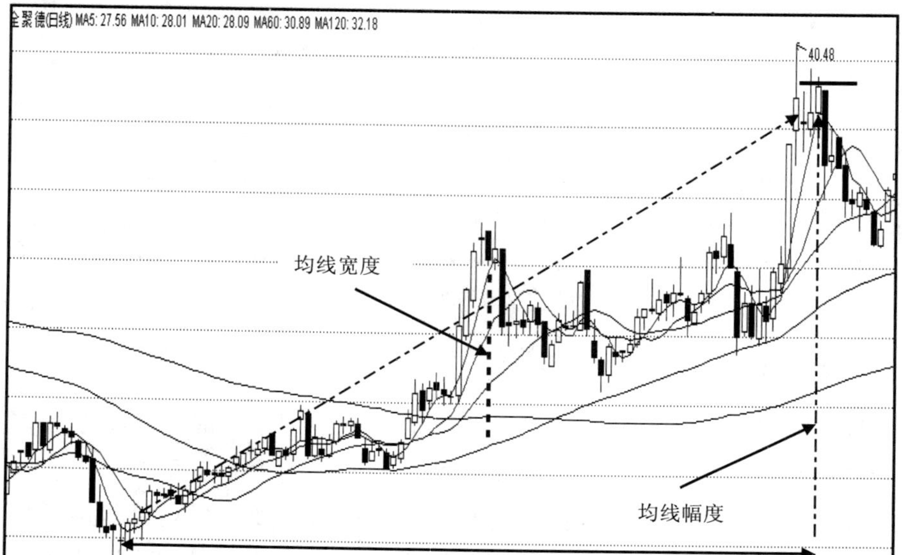

图 5－74　均线幅度（一）

图 5－74 是全聚德（002186）的日线图，从该图可以看到，均线宽度显示的是 2010 年 9 月 14 日这一天短期均线与长期均线的垂直距离；均线幅度反映的是 2010 年 7 月 6 日至 11 月 30 日近 5 个月内的上涨幅度。均线幅度与均线宽度的区别是其包含了时间因素，正因如此，通过均线幅度的测量，能够从总体上衡量股价的周期性变化，为我们把握市场趋势提供重要依据。如图 5－75 所示。

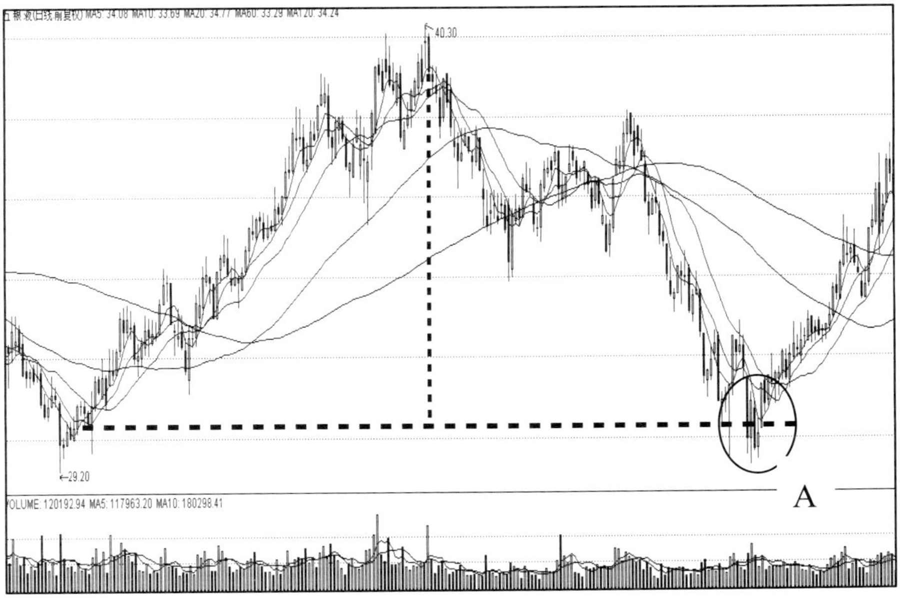

图 5－75 均线幅度（二）

图 5－75 是五粮液（000858）的走势图，从这张图分析五粮液的走势，无论从涨跌幅度看，从时间周期看，从均线带宽度看，还是从技术形态看，A 点都是买入点。

通过以上分析，我们不难看出，股市五线谱是 K 线与均线的组合形态，但这种组合不是两种形态的简单相加，而是两种要素的协调互动，在市场运行过程中，不仅 K 线形态千变万化，移动平均线千姿百态，K 线与均线的组合形态也异彩纷呈，股价走势形态瞬息万变，股市五线谱分析，就是对这种股价走势的动态分析。

稳健操盘三原则是股市致胜的法宝。

第六章　主旋律与操盘原则

股市五线谱是 K 线与移动平均线的组合形态，股市五线谱的看盘方法，就是根据 K 线与均线组合形态的变化分析股价的走势。

一、股市五线谱解盘

我们所熟悉的股票走势图，实际上是一个平面直角坐标系，所有电脑炒股软件的主界面都是这个直角坐标。其中，横坐标是时间，纵坐标是价格（空间），股价走势图上的任何一个点都是时间和价格（空间）的统一，任何证券的价格走势都是在这个时空框架中展现的。如图 6－1 所示。

股市五线谱的看盘方法，强调 K 线与均线组合形态是价格的完整表现形式，主张将 K 线与均线作为统一的整体来研究。在进行市场行情分析时，强调以股价走势图分析为重点，同时观察成交量图和技术指标图的变化，将价格、成交量与其他技术指标分析统一起来。概括起来说，就是“一谱两线，三图比照”。

（一）一谱两线

K 线与均线是市场价格的完整形态，相互依存，生生不息。移动平均线好比常青藤，K 线就像藤上的绿叶，藤因叶而生，叶赖藤以长，共生共荣，共同展示股价的演进变化。离开藤的叶片是枯叶，没有叶的藤条是干

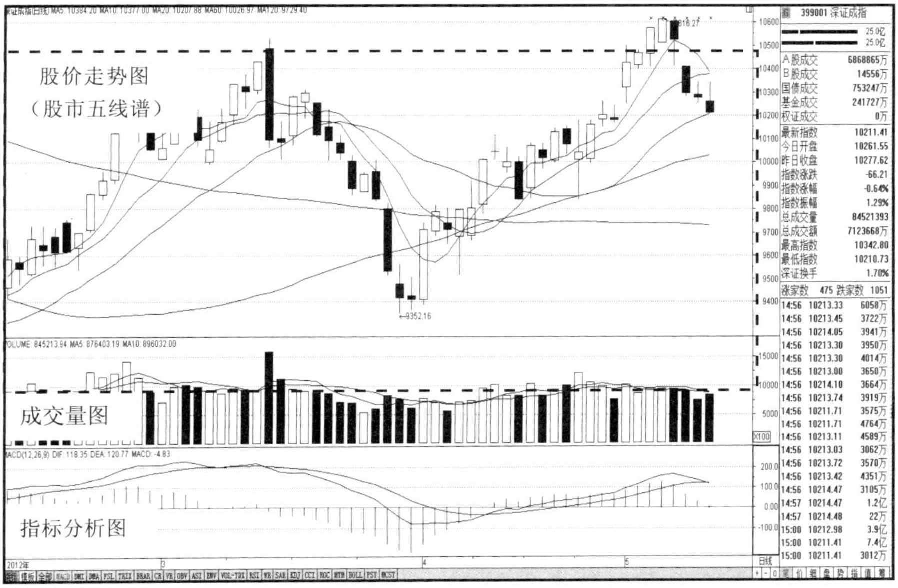

图 6－1 一谱两线

枝，枯叶干枝是没有生命的，只能做教学用的标本。当前一些介绍 K 线图的书籍，最大的问题是就 K 线说 K 线，就像反反复复讲解一个个叶片，而没有展示出一棵完整的树一样，实际上是在介绍一片片飘落在地面的黄叶，而没有讲清那枝头上生机盎然的绿荫。事实上，单纯的 K 线分析或移动平均线分析，对股价的分析都是不完整的，不具有实战的意义，只有把 K 线与移动平均线结合起来，分析股市五线谱，才能克服技术分析的概念化、教条化和偏面化倾向，真正提高我们的看盘水平和实战能力。如图 6－2 所示。

图 6－2 大阳线

图 6－2 是一个人人都熟悉的大阳线，这种大阳线是股价走势图上常见的一种 K 线形态，反映市场买盘强劲，是一个看多信号。这是 K 线形态告诉我们的信息。

但是，如果把这个大阳线放到股市五线谱中，结合移动平均线进行分析，情况就完全不同了，这个大阳线就会像千手千眼的观音一样仪态万方，展示出更丰富的内涵。如图 6－3 所示。

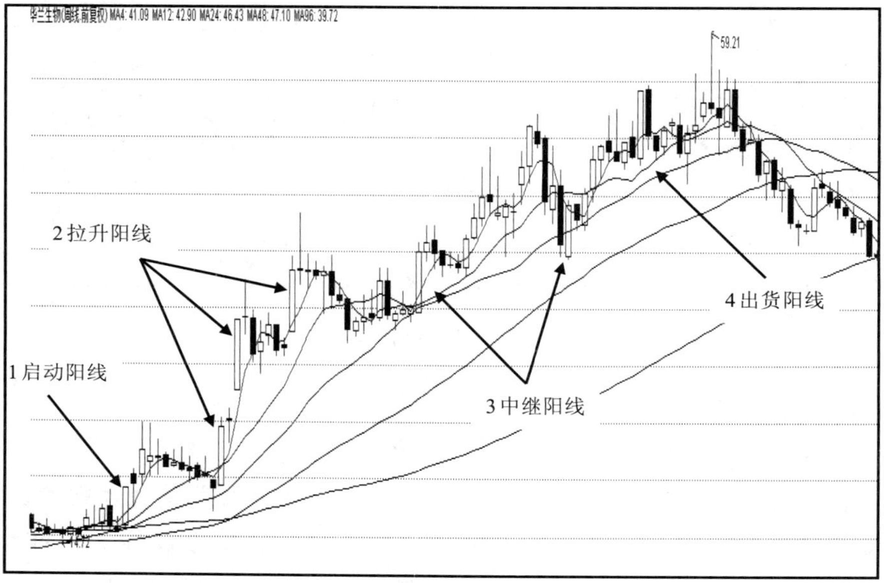

图 6－3　股市五线谱上的大阳线

图 6－3 是华兰生物（002007）走势的截图。从这张图我们看到，同样是模样差不多的 7 根大阳线，出现在移动平均线运行的不同位置，具有了不同的市场含义：底部盘整后出现的中阳线 1，表明一轮行情开始发动，是一个启动阳线；随后出现的三根大阳线 2，是连续拉升动作，是拉升阳线；股价上涨过程中回调后出现的两个大阳线 3，可以叫作中继阳线；最后出现在高位的大阳线 4 是一个佯攻形态，是一个出货阳线。显然，在这个股市五线谱上，大阳线展示出更复杂的形态变化和更丰富的市场含义，远不是单纯的 K 线分析所能得到的。

（二）三图比照

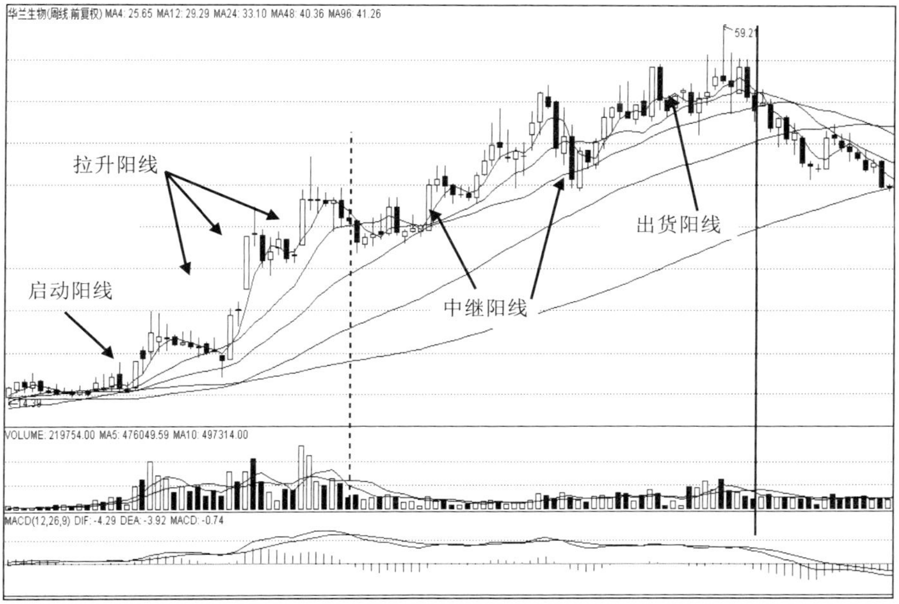

图 6－4 K 线、均线、成交量的比照

如图 6－4 所示，处于上涨过程中的华兰生物，移动平均线系统呈多头排列，K 线总体处于各条移动平均线之上。在股价出现启动阳线和拉升阳线时，成交量同步放大，价涨量增，并且呈现量能不断增加的态势；在出现中继阳线和出货阳线阶段，成交量明显减少了，是一种无量上升形态，价涨量缩，就是说，成交量不支持股价继续走高，但股价并没有立刻跌下来。通常情况下，一波行情经过放量拉升之后，都会有一段较长的上涨过程。但从成交量图上看，在画虚线的位置往右，成交量已明显萎缩，这是一种出货过程，应该有所警觉。再从技术指标图来看，MACD 指标从画虚线的位置出现死亡交叉，一波比一波低，呈现明显的背离走势。在这种情况下，应该怎样操作呢？我们仍可根据股市五线谱的形态继续持股做多。但是，成交量图和 MACD 等技术指标图已经给出了预警信号，应该十分谨慎，密切关注股价的变化。在画实线的位置，K 线形态开始变坏，在高位出现射击之星、螺旋桨和看跌吞没形态之后，连阴 K 线同时切断三条移动平均线，短期均线形成死亡交叉和死亡角，与此同时，均量线和 MACD 出现死亡交叉。三图比照，形态看空，此时无疑应该卖出。

股市五线谱的看盘方法，强调市场行情分析的三要素是K线+均线+成交量，以K线与移动平均线分析为核心，以成交量为补充，以其他技术指标分析为参考。在技术指标的配伍使用上，应该“君臣佐使”合理搭配，也就是说，应该以均线为君，以K线为臣，以成交量为佐，以其他技术指标为使，分清主次。

股市五线谱分析，是综合运用各项技术指标的实战分析。为了清晰起见，再以实盘截图来介绍一下如何运用股市五线谱和其他各项技术指标综合解盘。如图6-5所示。

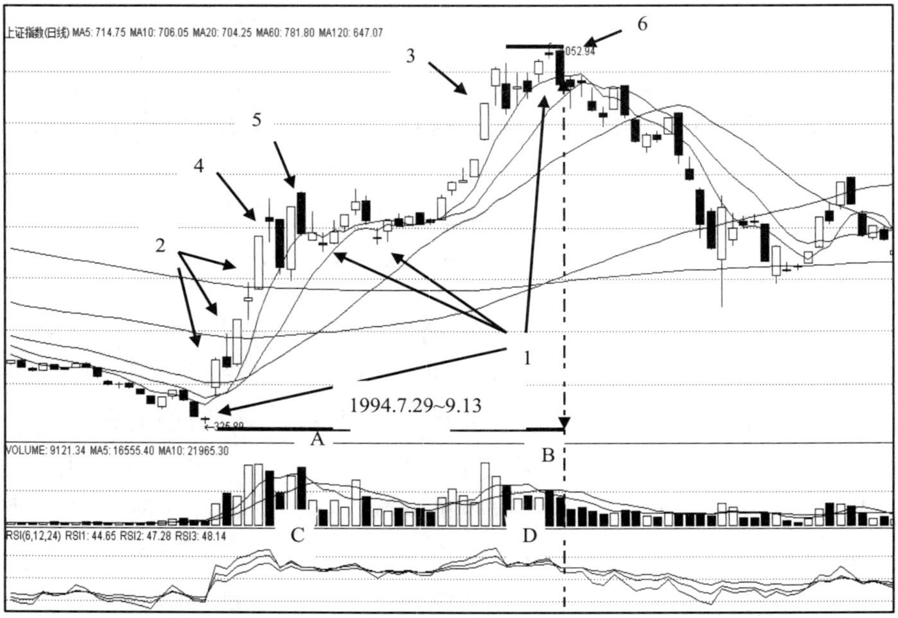

图6-5 上证指数解盘

股市五线谱是有时空框架（时间长度和上涨幅度）的。如图6-5所示，这个上证指数的截图，时间跨度是从1994年7月29日至9月13日，历时一个半月的时间；上涨幅度是从325点上涨至1052点，上涨了223.7%，涨幅巨大。这个时空框架是进行整个盘面分析的基础。

（1）十字星线。如1所标示：底部一个十字星、顶部一个十字星，中间两颗十字星，模样基本相同，但因所处位置不同，市场作用不同。底部十字星叫作十字启明星，启动了一轮升势行情；中间两颗十字星因处于盘整走势，是一种中继形态，对行情发展影响并不很明显；顶部十字星称作十字黄昏星。在股市连续上涨了一个半月，涨幅高达 223.7% 的情况下，出现这个不祥星线，无疑应该引起警惕——事实上它引发了一轮下跌行情。

（2）阳线。阳线 2 和阳线 3 都是带量阳线，长度差不多，但因位置不同应该有不同的解读，阳线 2 是低位拉升阳线，放出的量是吃货量，阳线 3 是高位卖出阳线，放出的量是出货量。

（3）移动平均线。在这波强势上涨行情中，K 线始终处于 10 日移动平均线之上，20 日移动平均线几乎呈直线形态向上运行。在快速上涨过程中，出现一条中阴线 4 向下打压，但移动平均线多头排列的形态并没有被破坏，随后一条长阳线反吞阴线 4 将股价拉起；阴线 5 虽是乌云盖顶，但尚未触及 5 日移动平均线，随后进行的调整基本未破 10 日移动平均线。

（4）顶部形态。阴线 6 只不过是一条中阴线，但由于股价飚升之后已经达到高位，均线宽度很大，这条出现在十字星后面的中阴线确认了黄昏之星，杀伤力很大，随后接连出现吊颈线、十字星、射击之星、下跌吞没形态，股价连续下落，跌破三条移动平均线，5 日、10 日和 20 日移动平均线于高位形成死亡交叉，顶部形态明显，最终使行情出现逆转。

（5）价量关系。均量线曾在 A 点形成死亡交叉，随后出现价涨量缩的背离走势，但由于移动平均线形态良好，20 日移动平均线径直上行，行情上涨趋势并没有改变，一直到 B 点均量线再次出现死亡交叉时，股价才开始回落。这应了“量在价先”的股谚。

（6）其他技术指标。从技术指标 RSI 的走势来看，在 C 点 RSI 指标即进入超买区，但此时涨势初启，移动平均线呈多头排列，不应看跌，所以不应看到 RSI 指标进入 80 以上就匆忙出货。D 点之后，RSI 指标形成双顶与股价走势背离，5 日和 10 日均线、均量线先后出现死亡交叉，应该适时卖出。

从以上分析可以看出，股市五线谱解盘虽以 K 线和均线形态分析为主，同时也是各项技术指标的综合应用。

二、股市五线谱的主旋律

股市五线谱分析，强调K线与均线的统一性，认为二者是市场价格的完整形态，不可分割。那么，在股市五线谱中，K线与移动平均线到底是一种什么关系呢？

总体上说，K线与移动平均线相互依存，相辅相成；K线是行情发展的动力，而移动平均线则指示着行情发展的方向。

（一）价格信号的传导

股市五线谱是由K线与均线共同构成的，行情的演变体现在K线与移动平均线的不断变化。在K线与移动平均线的组合形态中，无论上涨还是下跌，K线都是“第一线的战士”，K线形态引领着市场行情产生渐进式或突变式的运动。

从股价走势图的运行特点来看，K线是最活跃、最积极的因素，是推动行情发展的直接动力。K线形态是股价涨跌的直接信号，是对股价走势最快速的反映系统，是生成一切其他技术指标的基础，所以说，K线系统是市场的第一信号系统。

现实的市场交易生成数字化的K线形态，K线形态将买卖信息直接传递给投资者，同时将买卖的力道传递给短期移动平均线，并引导着短期移动平均线的走向。短期移动平均线受到K线系统的推动，在受到来自K线系统的作用力改变自身形态的同时，也将这种受力间接传递给中长期移动平均线。所以，K线与短期移动平均线对行情变化反应灵敏，而中长期移动平均线则明显滞后，其释放的买卖信号总是落后于行情的变化。

K线形态对中长期移动平均线的作用是间接的，其影响力比较微弱。K线形态的丰富信息经过短期移动平均线的过滤，传递给中期移动平均线，好不容易再传递到长期移动平均线，而长期移动平均线却像傲慢的君主，不太在意短期局部的多空变化，坚持自己的路线，径直走自己的路，K线很难改变它既定的方向。

K线造就了均线，没有K线就没有均线；均线代表K线，没有均线K

线就像一片散沙。但是，K 线像普通公民，均线好比人民代表，代表是人民选出来的，却不一定全面反映每个公民的意见。K 线形态虽然真实地提供了买卖的信息，但经常受到移动平均线的漠视。

（二）谁服从谁？

证券价格的完整形态是 K 线与均线的统一，但在市场运行当中，K 线与均线经常出现矛盾，不是 K 线高于移动平均线，就是 K 线低于移动平均线，二者可以说是聚少离多，K 线与移动平均线到底孰轻孰重，谁服从谁呢？

从 K 线形态的市场含义与均线的运行方向分析，K 线形态与移动平均线的关系存在着两种情况：

1. 取向吻合

在有些情况下，K 线形态的市场含义与移动平均线的走势方向是吻合的，K 线形态所显示的方向就是市场的发展方向。我们看到，这时 K 线与移动平均线形成合力，K 线形态会引导和推动市场趋势的形成和发展，对行情的发展起到助涨助跌作用。如图 6－6 所示。

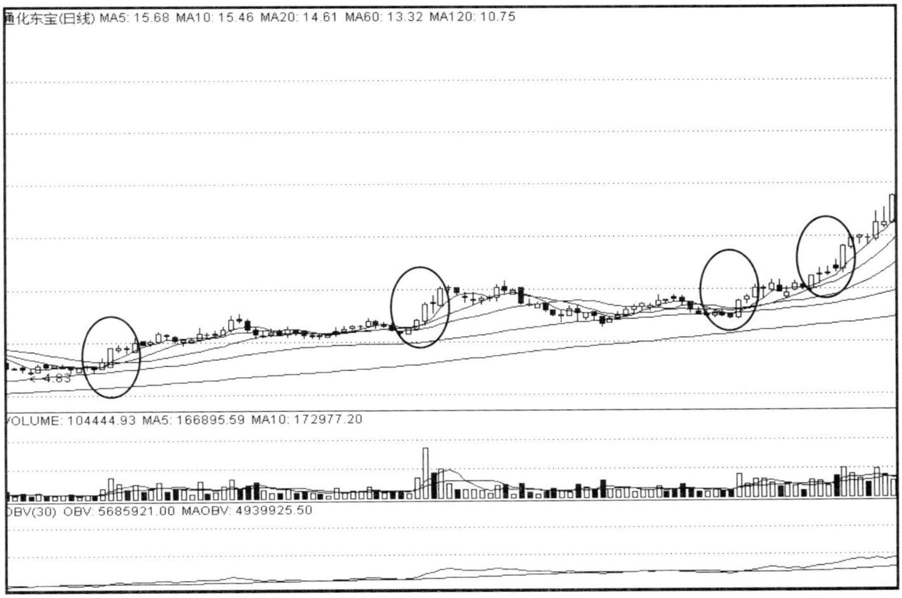

图 6－6　上涨趋势中的看涨 K 线形态

从图6－6中我们看到，在上涨行情中，移动平均线向上发散，形成多头排列，这时的看涨K线形态顺势推动着股价上涨，几乎每一个看涨K线形态都推动一波上扬行情，从而使股价逐级向上运行。

图6－7　下跌趋势中的看跌K线形态

如图6－7所示，在下跌过程中出现的看跌K线形态，不断打击股价逐级下跌，几乎每一个看跌K线形态都压迫股价走下一个台阶，迫使移动平均线不断向下倾斜，形成空头排列，从而使股价逐级下降。

如图6－8所示，五粮液在阶段顶部先后出现乌云盖顶、三外降和十字星等K线形态时，股价刚好受到120移动平均线下行的沉重压力。乌云盖顶、三外降形态和十字星形态的出现犹如重锤击顶，使弱势行情雪上加霜，压迫5日和10日移动平均线形成死亡交叉，随后10日和20日移动平均线出现死亡交叉，从而使各条移动平均线发散向下，形成绵绵阴跌的走势。

如图6－9所示，五粮液在阶段性底部先后出现红三兵、三外升等看涨K线形态，推动移动平均线由发散向下转为发散向上，从而走出一波可观的上升行情。

图 6－8　五粮液顶部看跌 K 线形态

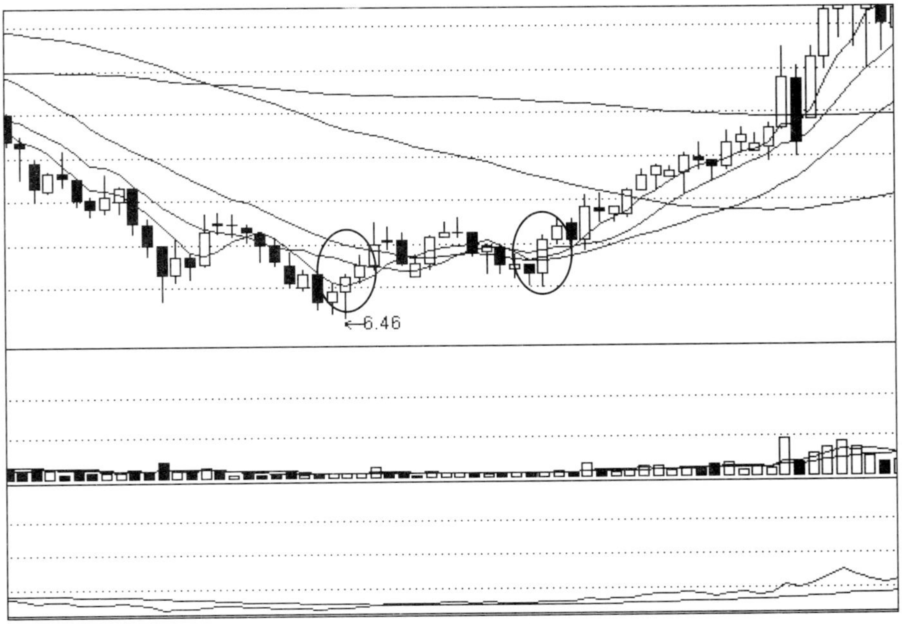

图 6－9　五粮液底部看涨 K 线形态

从以上分析我们看到，当K线形态的市场含义与移动平均线的运行方向相一致的时候，K线形态与移动平均线是相辅相成、相互促进的。

2. 含义相悖

在有些情况下，K线形态的市场含义与移动平均线的走势是相悖的，趋势可能会出现暂时的停顿，但通常市场会按照移动平均线指示的方向发展。如图6－10所示。

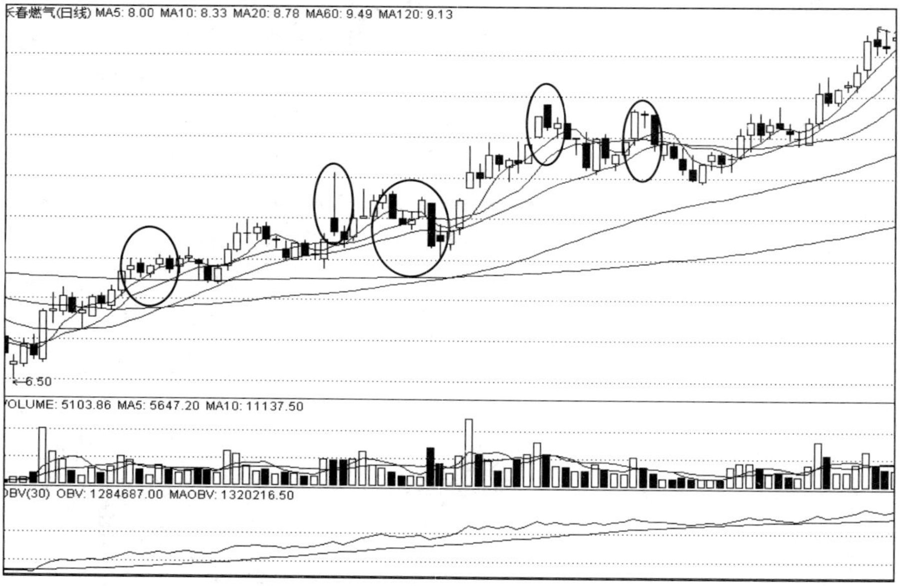

图6－10　上涨行情中的K线看跌形态

图6－10显示，在移动平均线呈现明显的多头排列状态时，虽然多次出现看跌的K线形态，但这些看跌的K线形态只是引发短暂的回调行情，回调之后市场仍沿着中长期移动平均线运行的方向发展。这就好比两军交锋，多方已占据绝对优势，乘胜前进，个别战役的失败无碍战局的发展，也许正是诱敌深入之计。

如图6－11所示，沪市在下跌过程中，移动平均线形成明显的空头排列，虽然多次出现看涨的K线形态，但出现的反弹行情很短暂，因为移动平均线是向下运行的，压迫着股价不断走低。

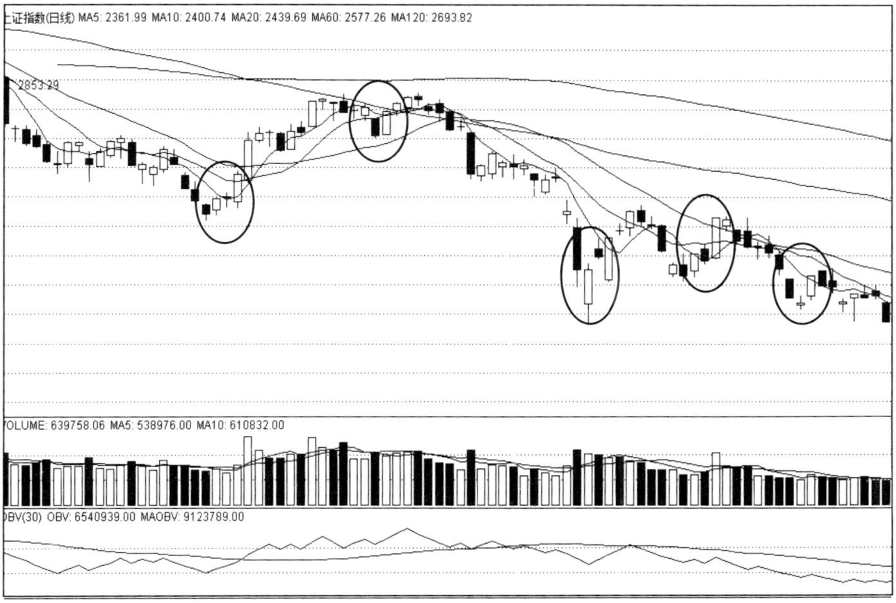

图 6－11　下跌行情中的 K 线看涨形态

（三）主旋律

通过以上分析可以看出，K 线的市场含义与移动平均线的运行方向既可能相同，也可能相悖。

在趋势明显的行情中，当 K 线形态的市场含义与中长期移动平均线的运行方向相同时，K 线形态会对行情发展产生助力，推动趋势的形成，加快行情的发展。当 K 线形态的市场含义与中长期移动平均线运行方向相悖时，K 线形态对行情发展产生阻力，阻碍行情的发展，但是，K 线形态最终会服从中长期移动平均线的运行方向，中长期移动平均线是市场行情的主旋律，在趋势明显的行情中，K 线形态是服从中长期移动平均线运行趋势的，是围绕着中长期移动平均线波动的。

所以，我们在分析市场趋势的时候，必须首先弄清楚中长期移动平均线的运行方向，在明确多空形势的前提下，分析 K 线形态的市场含义。要做到 K 线分析不离谱，把 K 线放到移动平均线上来研究，因为 K 线形态只反映股价的短期波动，这种短期波动的性质，只有放到移动平均线上才看得清楚。

当然，K 线形态对移动平均线的服从不是被动的、绝对的，特别是在行情的转折时期，K 线形态往往首先做出方向选择，引领移动平均线运行方向的改变。

图 6－12 和图 6－13 为界龙实业（600836）的上升三步曲与下降三步曲。

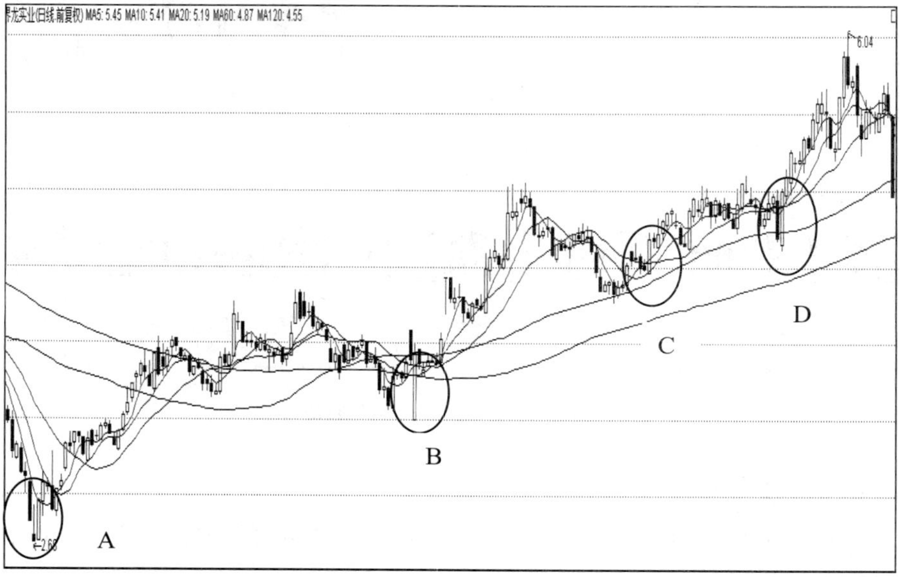

图 6－12　上升趋势及节点

如图 6－12 所示，在界龙实业下跌趋势的末期，出现一根大阳线 A 扭转了跌势，走出一波上升行情，60 日移动平均线随后上翘，显示后市向好。但在调整走势中，股价一度打到 60 日和 120 日移动平均线之下，此时一根大阳线 B 强势拉起，股价开始飙升，短中长期移动平均线形成多头排列，多头行情已经确立。当股价再次回落到 60 日移动平均线附近时，又先后出现两根中阳线 C 和 D 向上拉升，推动了新一轮上升行情。从盘面上可以看出，在市场趋势由跌转升的拐点上是一根大阳线力挽狂澜，随后连续出现几根长阳线拉升才使市场由空翻多，持续上涨，在整个上涨过程中，几乎每到关键点位都有一根长阳线表态做多，成为趋势延续的标志。

如图 6－13 所示，在界龙实业高位下跌的过程中，首先出现一根大阴

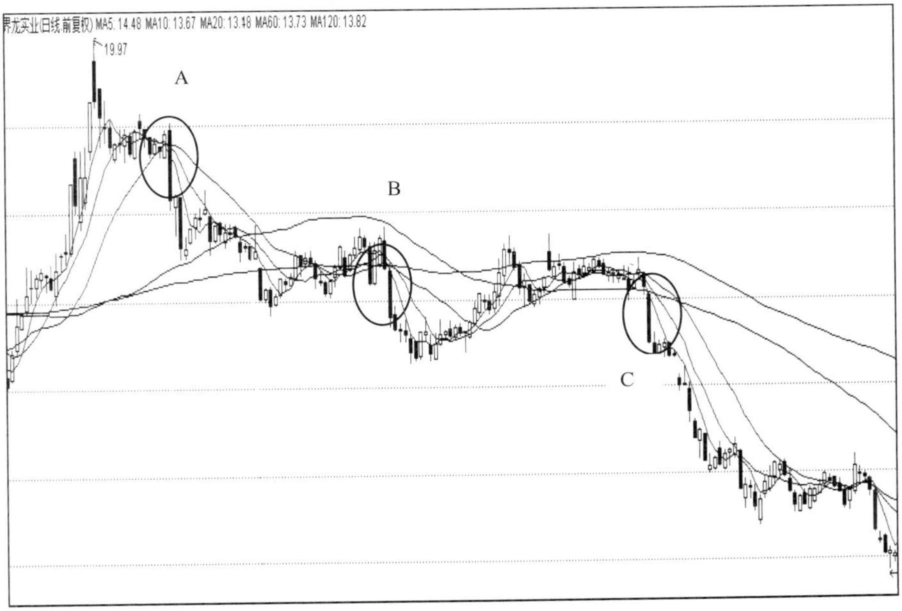

图 6－13 下降趋势及节点

线 A 同时跌穿 3 条短期移动平均线，打开下跌走势。接着阴线 B 同时切断 4 条移动平均线，导致 60 日和 120 日移动平均线出现死亡交叉，股价震荡走低。最后，一根大阴线 C 跳空向下，一举跌穿了 5 条移动平均线，下跌趋势已经确定无疑。从盘面看到，几乎每到关键点位都有大阴线重磅打压，迫使移动平均线弯转向下。

三、稳健操盘三原则

K 线是围绕着移动平均线上下波动的，K 线与移动平均线的位置关系在不断变化。但是从总体上说，K 线与移动平均线的基本位置关系有三种情况，我们应该相应地采取三种不同的操盘原则和操作策略。

（一）“凤在上，龙在下”

如图 6－14 所示。当市场处于上升趋势时，各条移动平均线发散向上，形成多头排列。K 线像彩凤一样飞翔于各条移动平均线之上，移动平均线像长龙一样托着 K 线稳定向上运行，这是一种龙飞凤舞的走势，是典型的

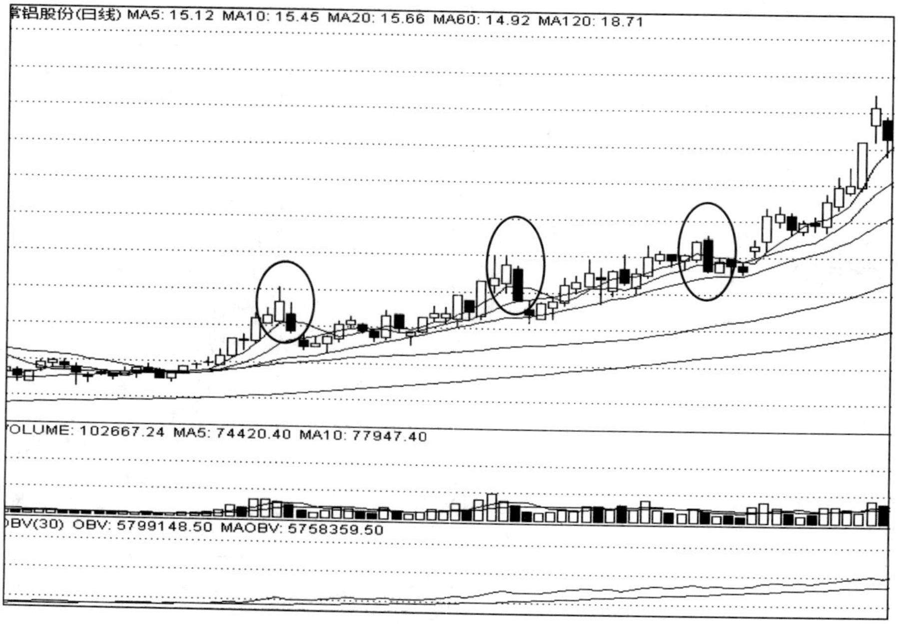

图 6－14　“凤在上，龙在下”

牛市形态，在操作策略上应该坚定持股做多。因为市场的上涨趋势一旦形成，就不会轻易改变，做中长线的投资者可以耐心持股待涨，不必过分在意个别 K 线形态变坏，频繁进出。市场行情的发展变化是一波三折的，上涨过程中会有回调，有时可能跌幅很深，甚至会出现短期移动平均线向下交叉的情况，但是，只要中长期移动平均线稳定向上运行，如果不做波段，一般可以坚定持股。

如图 6－15 所示，广安爱众（600979）在上涨过程中出现多次回调，跌幅深时一度跌破 60 日移动平均线，但由于 60 日和 120 日移动平均线呈现明显的上升趋势，做中长线投资可以持股不动。

如果进行波段操作，根据移动平均线与 K 线的乖离位置变化，可以适当调整仓位：

（1）当股价在移动平均线之上远离均线，正乖离过大时，可能会出现回调，可以根据 K 线形态适当减仓。如图 6－16 和图 6－17 所示。

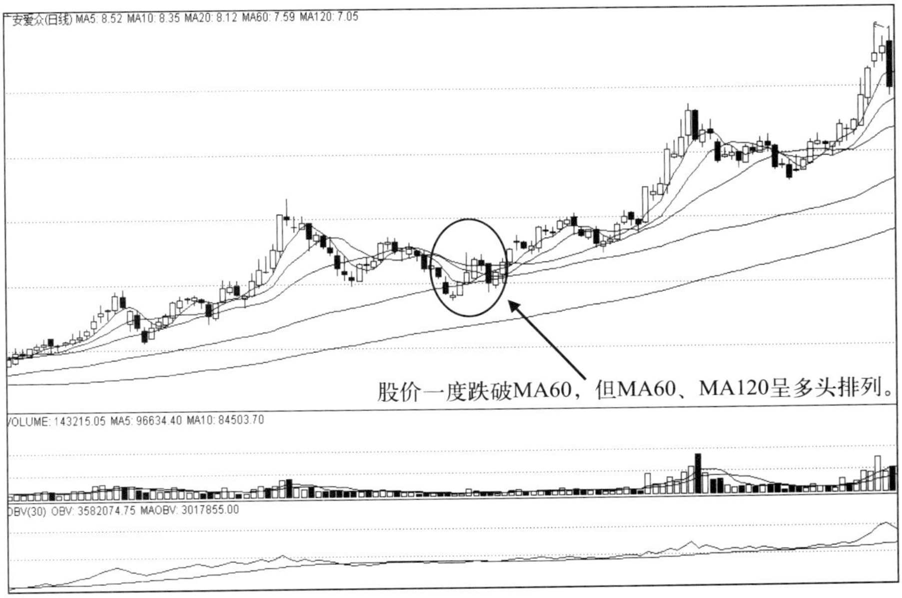

图 6－15 广安爱众的走势图

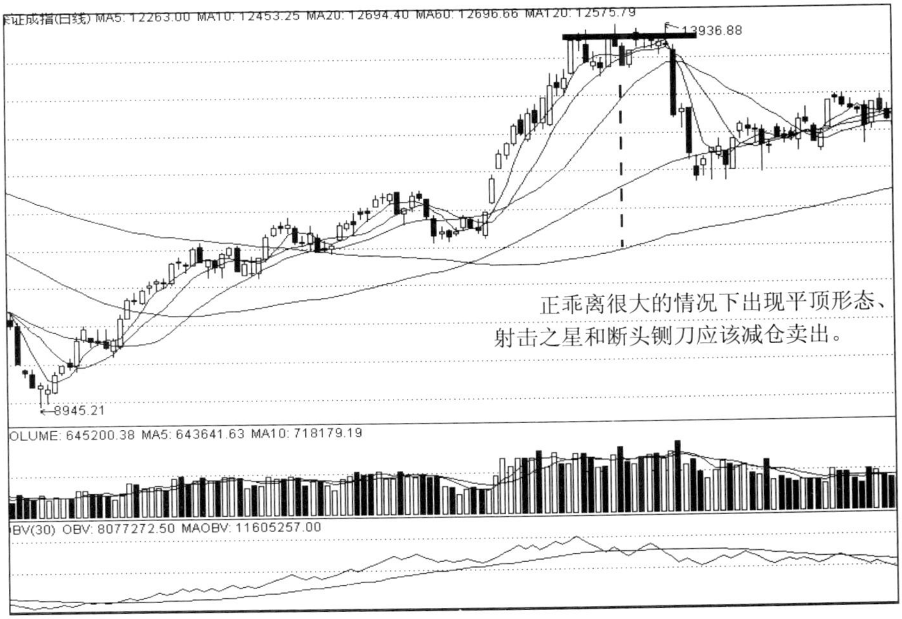

图 6－16 上升途中的减仓

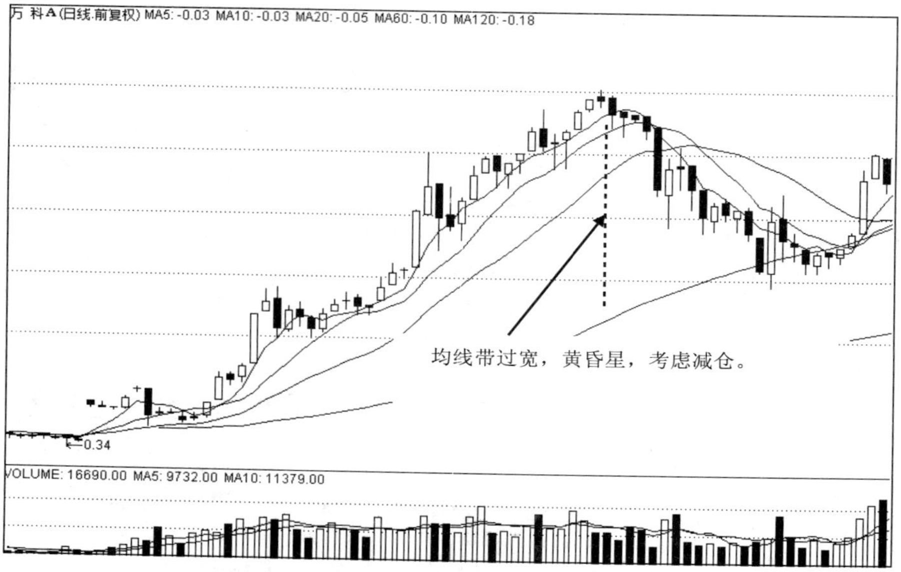

图6－17　均线带过宽可减仓

（2）当股价从高点向下跌至移动平均线附近时，受到移动平均线的支撑，可能止跌回升，此时如果出现有力的长阳线、锤头线或吞没形态等看涨K线形态，同时有量放出，可以适当补仓。如图6－18所示。

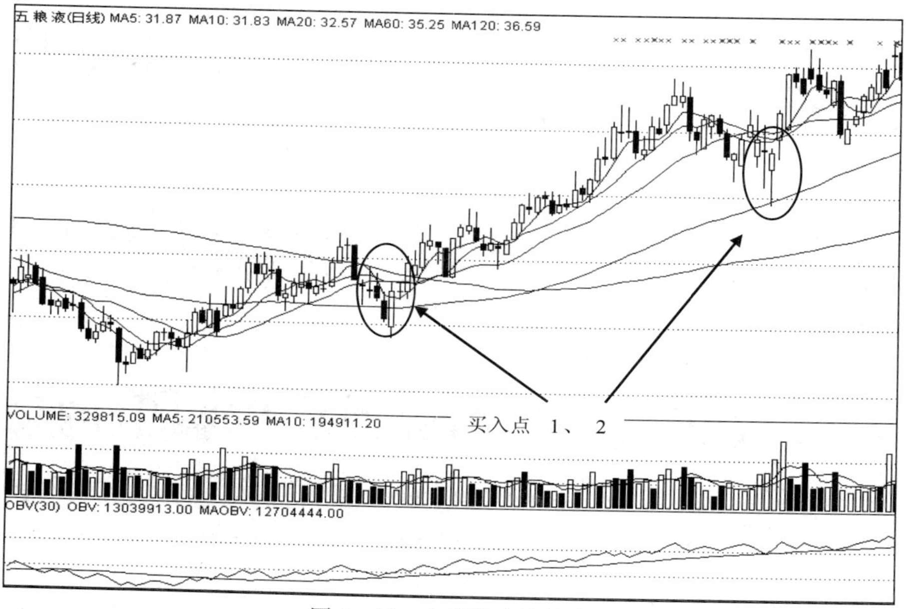

图6－18　上升途中的补仓

上涨行情中的震仓打压，一般到20日移动平均线附近，个别时候砸到60日移动平均线以下。如图6－19所示，股价深度洗盘一度跌破60日移动平均线，但由于60日和120日移动平均线呈明显上升趋势，深幅回调后出现看涨K线形态，同时放量突破前期高点时，应该买入。

图6－19　60日均线上的洗盘

（二）“龙在上，凤在下”

如图6－20所示。当市场处于下跌趋势时，各条移动平均线发散向下，形成空头排列，K线处于各条移动平均线之下。移动平均线像长龙一样压着K线往下走，K线像彩凤低飞，形势低迷，这是典型的熊市行情，在操作策略上应该持币观望。在下跌过程中会有反弹，出现看涨的K线形态，但只要是中长期移动平均线空头排列的形态没有改变，就应该坚持看空思维，不要轻易入市。如果进行波段操作，也应该坚持轻仓介入，快进快出，不可恋战。

（1）在股价连续暴跌，K线远离移动平均线，负乖离很大时，可能会有反弹，可根据K线形态适当买入，但仓位不要太重。如图6－21和图6－22所示。

图 6－20　“龙在上，凤在下”

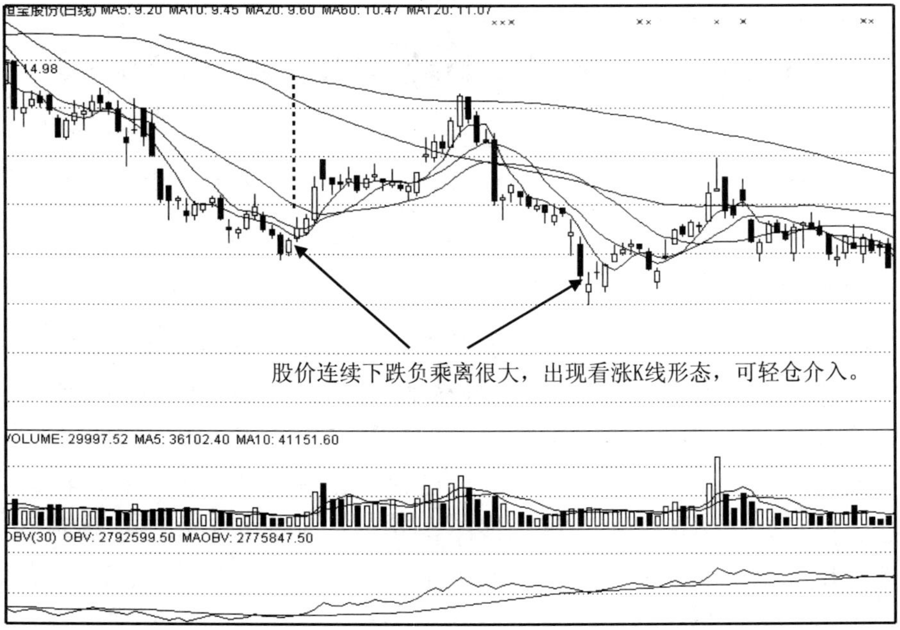

图 6－21　反弹介入点（一）

（2）当 K 线远离移动平均线后出现反弹，上涨至 20 日或 60 日移动平均线附近时，应该根据 K 线形态寻找卖出机会。如图 6－23 所示。

图 6－22　反弹介入点（二）

图 6－23　下跌趋势卖出点

下跌过程中的反弹，一般上涨到 20 日移动平均线附近，个别时候上涨到 60 日移动平均线以上。如图 6－21 所示，股价一度上涨到 60 日移动平均线以上，但由于 60 日和 120 日移动平均线明显向下运行，股价在 60 日移动平均线上只做短暂停留后即返身下跌。

(三)"游龙戏凤"

K 线缠绕着均线呈横盘震荡走势，基本的操作原则是多看少动，观望为主。如图 6－24 和图 6－25 所示。

图 6－24 整理区间多看少动

图 6－25 箱体整理

图 6－24 和图 6－25 显示，股价处在横盘整理阶段，K 线围绕着移动平均线上下波动，60 日移动平均线基本走平，市场的趋势不够明显，在这种情况下，最好耐心等待方向明朗时再入场。

四、证券市场三定律

任何事物都处于一定的时空之中，股市五线谱也存在于时空窗口之内。这是一个魔幻窗口，行情走势图在虚拟的时空坐标中生成，使得亦真亦幻的价格走势变得真真切切，成了可以感知甚至可以触摸的东西。信息化手段浓缩和锁定了广袤无垠的时空，使我们得以“观古今于须臾，抚四海于一瞬”，既可以通观证券市场有史以来的价格走势，又能细察分时行情的瞬间变化。那么，纵观各种证券市场的行情走势，我们不禁要问，证券市场运行有什么基本规律吗？

当然，任何事物都有其运行的客观规律，证券市场也不例外。我认为，证券市场运行有三大基本定律：周期循环定律、钟摆定律和主体稳定律。

（一）周期循环定律

螺旋式上升，波浪式前进，是一切事物发展的客观规律。涨跌交替，周期循环，是证券市场运行的一般规律。正是这种循环运动，使市场行情变化反映出一定的周期性，使每个循环周期反映出一定的阶段性，使看似无序的行情波动反映出一定的节奏和韵律。

周期循环定律告诉我们，证券市场是周期性波动的，很像一年四季那样有规律的循环，我们应该根据“投资四季”采取不同的投资策略。

同时，周期循环定律还告诉我们，证券投资是间歇式行为。买入证券的目的是赚钱，只有在行情循环的谷底阶段，出现合适的买入时机，具有较大的盈利空间时才能入场。所以，投资者大多数时间都只能持币观望和等待，往往倍受煎熬，因为大的机会有时几年才有一次，小的交易机会一年才有几次。而多数投资者却不懂得这一点，整天泡在市场里，频繁买卖，这是造成亏损的一个重要原因。

周期循环定律还告诉我们，证券投资的收入是很不稳定的。因为证券市场的行情是周期循环，涨跌互现的，今天赚的钱明天可能会输掉，所以只是纸上富贵，只要你不算账走人，就不能说是最后的赢家。在证券市场上，投资者始终面临着风险变数和买卖时机的选择。即使你已经盈利可观，明天可能出现暴跌，把你的财富卷走；你决定全部卖出吧，明天却可能疯涨，使你踏空，所以，为了生活的安定和心灵的宁静，理智的投资者不应该把全部家当押到证券市场上，因为那样的话，很可能会使你倾家荡产。证券市场消灭过无数踌躇满志的投资者。

（二）钟摆定律

据说，著名科学家伽利略在18岁那年，一次到比萨教堂去做礼拜，他注意到教堂里悬挂的灯被风吹得有规律地摆动，由此发现了钟摆原理。这种钟摆原理反映物质运动的特性，无疑也适用于证券市场的价格运动。我们知道，股票等证券价格的波动，既不是无限地上涨，也不是无限地下跌，而是像钟摆一样有上有下反复摆动，每当价格乖离过大时，就会出现反向运行，偏离程度越大，反向调整的幅度也越大，虽不像钟表摆动那样精确有致，但涨跌交替颇具韵律。如图6－26所示。

图6－26　涨跌交替的韵律

证券市场运动的钟摆定律，如果不是从物质运动上理解，而是从经济原理上解释，是价值规律的一种表现形式。在商品交换中，由于受供求关系的影响，商品价格始终围绕着商品价值上下波动，股票价格同样受到供求关系的影响，围绕移动平均线上下波动，价格涨高了就要下跌，跌低了就会上涨，循环往复。

钟摆定律告诉我们，证券市场是“两条腿走路”的，迈出一只左腿，就必然再迈出一只右腿，有涨必有跌。我们看到，股市很像一位“从心所欲，不逾矩”的高人，价格的波动从来不是没有边际的，而是有一定波动幅度，正乖离过大时就会由升转跌，负乖离过大时就会由跌转升。

（三）主体稳定律

为什么证券行情围绕着一条主线上下摆动？为什么客观事物发展是螺旋式上升、波浪式前进呢？我认为，这是主体稳定律在起作用。

任何事物的主体部分都是最稳定的。一棵树的枝叶很容易被摇晃或折损，而树干是很难撼动的；一座楼房的局部容易破坏，其主体建筑最后才会倒塌。行进的羊群最容易逃逸的是靠边上的几只，一片庄稼最易受到踩踏的是边缘地带。一支军队的主力最难攻打，一个组织的中坚成分最不易动摇，一个国家主流文化的方向很难改变，社会上大多数人的价值观和行为习惯是相对稳定的，激进和落后群体永远都是少数。主体稳定是客观事物得以存续的根据，也是事物性质必经量变而后质变、事物发展必经曲折而后前进的根源。

主体稳定基于主体强大，主体强大倾向于维持事物既有的性质、状态和发展方向。这种特性甚至表现在生物的遗传与变异上，遗传是相对稳定的，变异使物种进化，但进化的过程十分缓慢。飓风袭来，海浪冲天，但大海的深处是平静的，海的主体是稳定的，海浪还是要落下来，沧海桑田的变化乃是一个漫长的过程。证券市场的价格波动有时会很剧烈，大起大落，短期市场情绪与持仓成本变化很大，但中长期移动平均线仍然平稳运行，说明市场多数投资者的情绪和持仓成本并没有发生多大变化，市场投资者主体是相对稳定的。所以，当证券价格乖离过大时就要被“拉回”，向中长期移动平均线“回归”，似乎市场行情也遵循“少数服从多数”的原则，多数人的意志决定行情的发展方向。正如八大行星围绕着太阳转一样，证券市场的价格围绕中长期移动平均线上下波动。如果没有主体稳定，市场价格就失去了旋转的中心，也就没有了市场。

主体稳定律告诉我们，市场的基本趋势是相对稳定的，次要趋势围绕着主要趋势波动，虽然有时行情变化莫测，但只要把握住市场的主要趋势，就不会迷失大的方向。同时也说明，市场行情的演变是一个渐进的曲折的过程，是一个从量变到质变的过程。上涨可能转为下跌，但一般来说，不会哗啦一下子就变过去。雷峰塔被拆掉一些砖，但雷峰塔并不会立刻倒掉，从塔基上的砖块最初被人偷拆，一直到它轰然倒塌，中间要经过很长时间，要有很多砖被偷走。所以，搞证券投资的人要敏感，要见微知著，但同时要有定力，心态要稳定。不要买几只股票总是惴惴不安，行情一有变化就惊慌失措。

证券市场的三大定律是相互联系的。其中，主体稳定律起主导和支配作用，是维持行情（事物）稳定发展的内在力量，周期循环定律和钟摆定律是行情（事物）演变的表现形式。

技术图形是中长期均线上的“挂图”，
要把技术图形与均线结合起来分析。

第七章　五线趋势与三线数浪

炒股就是炒趋势。认清趋势，顺势而为，是炒股盈利的基本方法，也是整个技术分析的核心。但是长期以来，在市场趋势的研判上，除了画一条趋势线似乎并没有别的方法。波浪理论提供一些指导，然而，五浪上升、三浪下跌作为一种先验的模式往市场上套，效果并不怎么理想。那么，怎样才能真正认清趋势，顺势而为呢？下面，我们就这个问题做一些探讨。

一、复合趋势线

所谓趋势，是指市场运行相对稳定且方向性明显的形态。趋势的方向有三种：上升方向、下降方向和水平方向。如果股价持续上涨，低点逐渐抬高，就是上升趋势。反过来，如果股价持续下跌，高点逐渐降低，就是下降趋势。股价基本呈横向运行状态，就是盘整走势。

我们知道，人们一直采取画趋势线的方法来把握趋势。这个方法并不错，而且是一个很聪明的办法，在曲曲折折的股价走势图上画出一些连接低点或高点的直线，使市场走向显得清晰可辨。但是，这种方法事实上存在一定的缺陷。

为什么说存在缺陷呢？因为趋势是存在于市场本身之中的，而不应该到市场之外去寻找，所谓的趋势线，是人为加到行情走势图上去的一条线，其实是一种外在的东西。另外，趋势是主流，不应该边缘化，而高点和低点是价格的极端表现，所以，高点或低点的连线并不能准确体现趋势，实际上，这种连线只是对市场走势的一种被动跟踪，有时离股价的实际价格相去甚远。如图7－1所示，通化东宝（600867）在趋势向上的走势中，但股价的实际波动很大。

图7－1　趋势线

那么，市场“本身的、非边缘化”的趋势线是什么呢？其实就是移动平均线。移动平均线是“市场行为本身”展现出的趋势形态，可以说是天然的趋势线。

移动平均线本质是一条平均成本线，也可以说是一条价格中值线，所以，无论移动平均线生成的时间周期长短，相应的K线总是围绕着移动平均线上下波动，就像线圈围绕着磁芯旋转一样。如，在日线界面上，20日移动平均线就是近20日的平均成本线，也是近20日的价格中值线，日K线始终围绕着20日移动平均线上下波动。在分时走势界面上，30分钟移动平均线是近30分钟的平均成本线，也是近30分钟的价格中值线，分时K线始终围绕30分钟移动平均线上下波动，等等。移动平均线的这个特性，使其能够及时准确地反映行情的发展趋势，成为市场本身的天然趋势线。

均线就是趋势线。抽象化的趋势是一条直线，人们喜欢在股价走势图上画一条直线（趋势线）跟踪行情走势，实际情况恰恰相反，绝对的直线是没有的，市场趋势实际是以曲线形态存在的。作为趋势线的移动平均线是一条曲线，在形成近似直线的形态时就将趋势清晰地展现在我们的面前。

在实际应用方面，由于趋势通常是指市场相对稳定的上升或下降走势，在日线的走势图上，因5日和10日移动平均线时间周期较短，波动过于频繁，一般只用来跟踪短期波动，往往不作为趋势线来使用，而20日、60日和120日移动平均线则是我们经常使用的三条趋势线。其中，20日移动平均线是一条短期趋势线，60日移动平均线为中期趋势线，120日移动平均线是长期趋势线。这三条移动平均线，是我们经常用来研判行情走势的重要趋势线。如图7－2所示。

图7－2　三条趋势线

这里需要特别强调的是，移动平均线不是一般的趋势线，而是一种复合趋势线。我们知道，市场以趋势方式演变，而趋势分为三种：长期趋势、中期趋势和短期趋势。移动平均线作为趋势线的最大优势，就是能够同时展现出市场的这三种趋势。如图 7－3 所示。

从图 7－3 中我们看到，在趋势明显的市场中，移动平均线同时显示出三种趋势，虽然短期趋势、中期趋势和长期趋势基本是同向的，但是趋势线的斜率明显不同，20 日、60 日与 120 日移动平均线的斜率由上而下逐级变缓，20 日移动平均线（短期均线）的运行角度陡峭，60 日移动平均线（中期均线）角度适中，120 日移动平均线（长期均线）走势平缓。

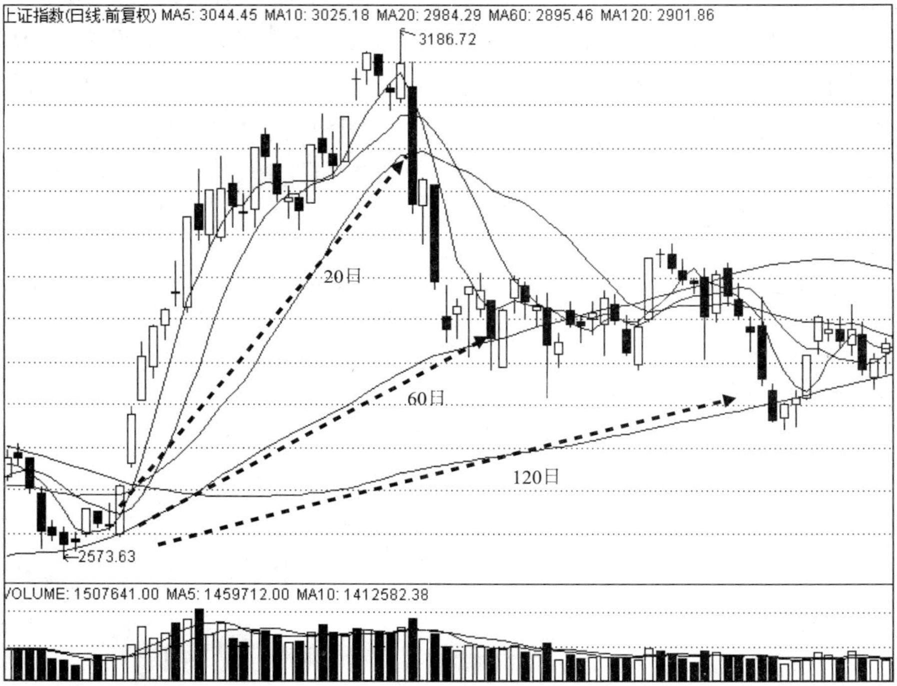

图 7－3　三条均线指示的趋势

在图 7－4 中，市场所显示的短中长期趋势有些不同。在我们用虚线标注的时间段内，120 日移动平均线是以直线形态向上运行的，长期趋势看涨；60 日移动平均线显示中期趋势出现向下调整；而 20 日移动平均线所代表的短期趋势，却走出了一个“U”字形，反映短期趋势由下跌转为上升；如果再做细致的划分，K 线和 5 日、10 日移动平均线构成的超短期走势，比 20 日移动平均线波动更为频繁，经历了两波下跌和两波上涨，走出了一个小“W”底。

从图7-3和图7-4中我们可以看出，移动平均线系统是一个复合趋势线系统，它不仅能够指示出市场的趋势，而且能够反映出趋势的层次性与多维性，显示出各种趋势之间的相互联系。在三种主要的趋势线中，20日移动平均线作为短期趋势线，能够及时跟踪行情变化，是短线操作的重要依据。60日移动平均线是一条中期趋势线，其特点是走势比较平稳，方向性强，又不过于滞后行情发展，兼有长期均线与短期均线的优点。120日移动平均线反映市场半年以上的运行趋势，是一条长期趋势线，走势很平稳。移动平均线作为天然的复合趋势线，能够使我们通观市场的短中长期趋势，这种优势是我们通常所画的单一趋势线无法比拟的。

图7-4 复合趋势线

二、五线趋势

一般情况下，我们可以在盘面上设置五条移动平均线：MA5、MA10、MA20、MA60和MA120。为什么这样设置呢？

因为这样设置符合证券交易的时间周期。5 日是一周的交易时间，10 日是半月交易时间，20 日是一个月交易，60 日是一个季度交易，120 日是半年交易。通常，这五条移动平均线完全可以满足观察行情波动的需要。更长时间周期的价格运动，可以通过周线、月线、季线和年线去观察。

下面，我们就用这五条移动平均线对市场趋势做一下深入分析。

图 7 –5 是深成指走势的一个截图，从中我们可以清晰看到股指走势的多空转换。在 A 点左侧，K 线与短期均线（我们习惯于把 K 线与 5 日、10 日、20 日均线共同看作宽带趋势线）、中期均线、长期均线由上而下排列，形成明显的三线上升结构；B 点右侧，长期均线、中期均线、K 线与短期均线由上而下排列，呈三线下降结构。整个股市五线谱，以 MA 120（3）为轴形成五线空间结构。

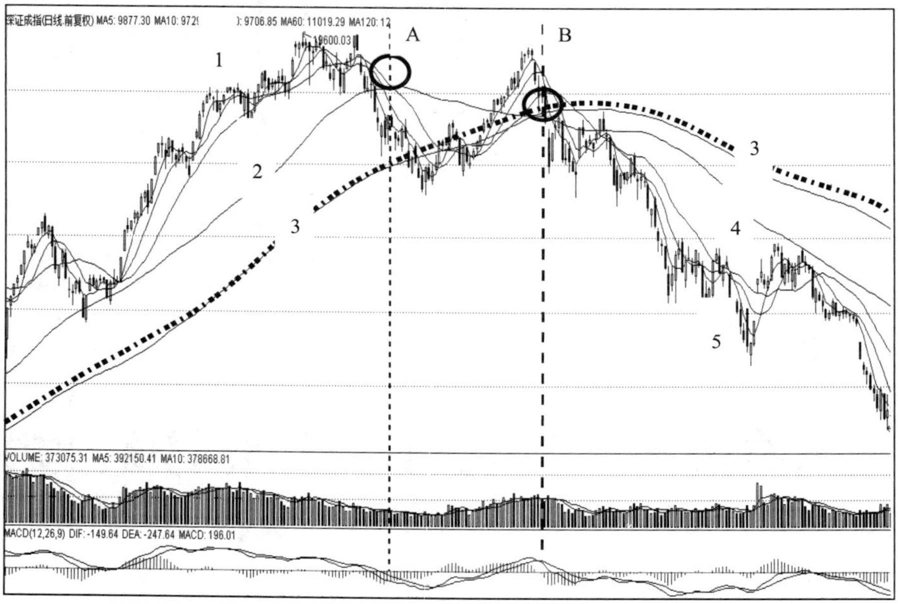

图 7 –5　深成指与五线结构

图 7 –6 是深成指底部走势的一个截图，从中可以看到，股指走势方向与图 7 –5 不同，但五线空间结构完全相同。

在图 7 –6 中，A 点的左侧，长期均线、中期均线、短期均线与 K 线由

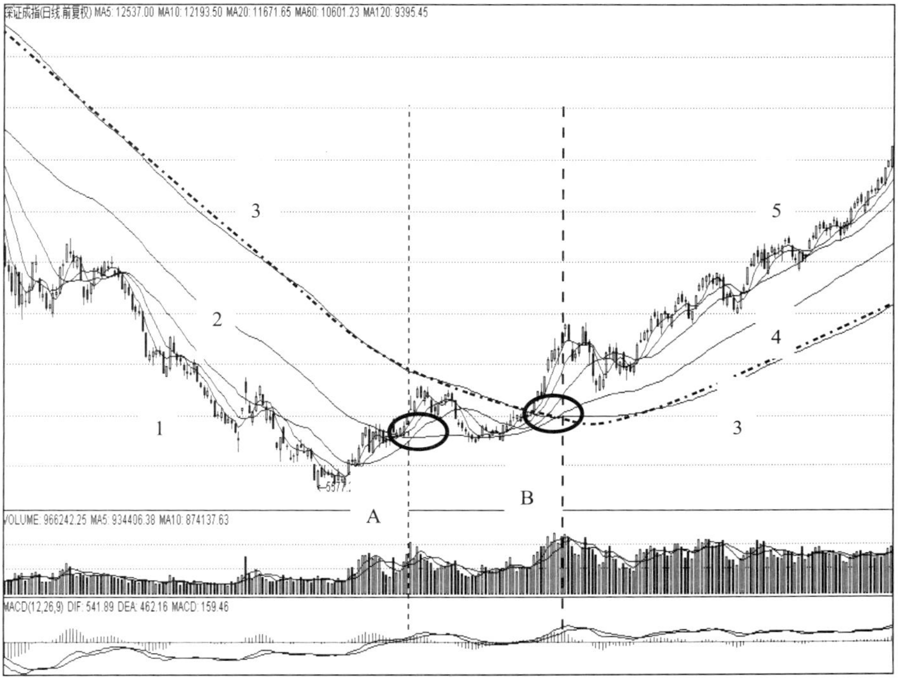

图7-6　趋势拐点与五线结构

上而下排列，呈三线下降结构；B点的右侧，K线与短期均线、中期均线、长期均线由上而下排列，呈三线上升结构。整体上，也是以MA 120（3）为轴形成五线空间结构。

图7-5和图7-6的A点到B点，可以看作是牛熊转换的过渡阶段。

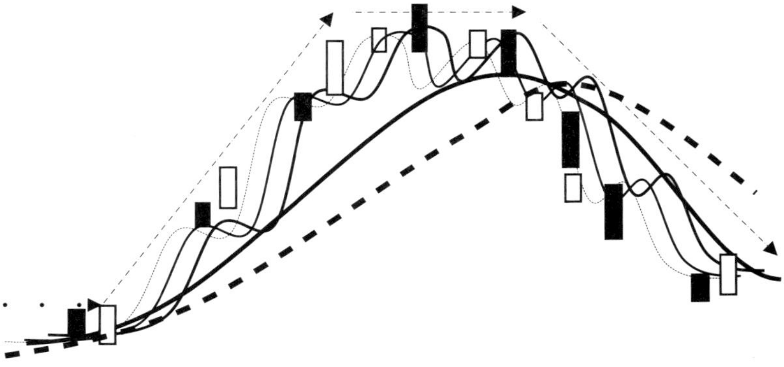

图7-7　牛熊转换示意图

根据以上图例，我们绘制出股市五线谱整体结构的示意图，如图7－7所示，股市的一个完整循环周期大体可以区分为三种趋势：上涨趋势、下跌趋势与横盘走势（包括底部横盘和顶部震荡）。总体上，以MA120为轴心线形成五线空间。上涨趋势三线顺上，是多头排列；下跌趋势三线顺下，是空头排列；MA120是牛熊转换的分水岭。

（一）三线趋势

在以上的分析中，我们已经将K线与5日、10日、20日均线共同看作一条宽带趋势线，我们这里所说的三线趋势，就是指由K线与5日、10日、20日三条短期均线共同构成的趋势形态。由于K线与这三条短期均线形成一种比较稳定的组合，走势相对独立，所以我们把它叫作三线趋势。三线趋势的特点是：K线与5日、10日、20日这三条短期移动平均线共同构成一个宽带结构，而以20日移动平均线为主要趋势线，形成三线顺上、三线顺下或三线横行的走势。如图7－8至图7－11所示。

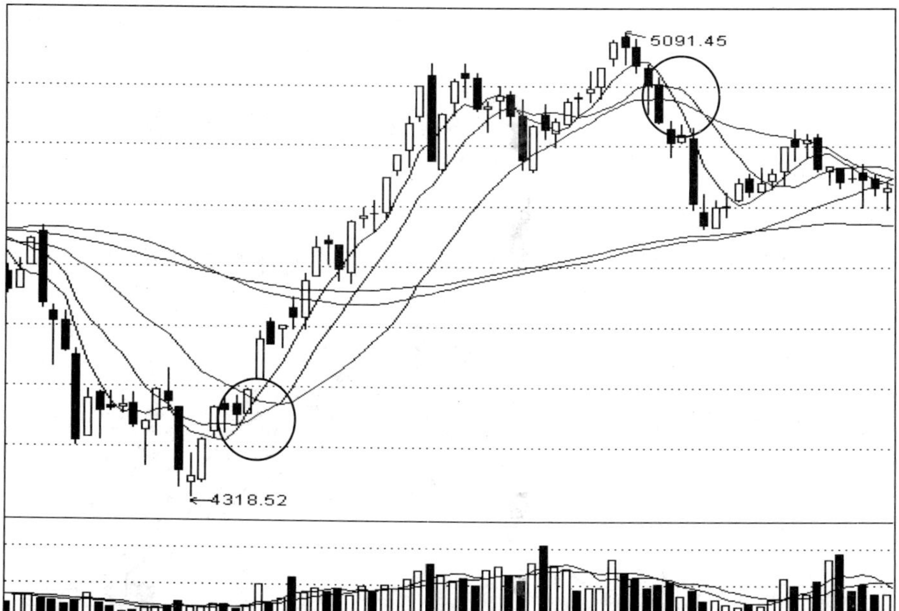

图7－8　三线顺上

图7－9　三线顺下

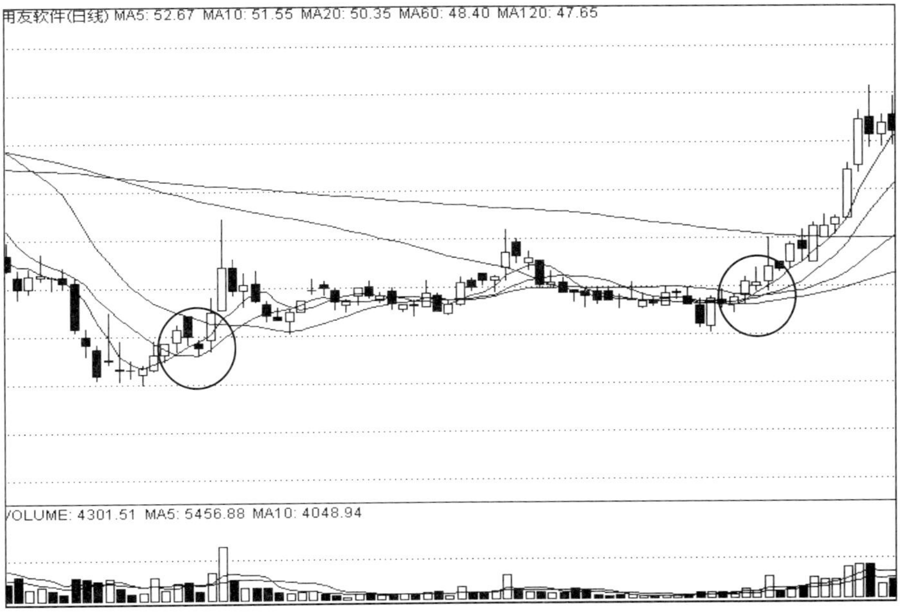

图7－10　三线横行（一）

图 7－11　三线横行（二）

从以上四图可以看出，三线趋势是一种相对独立的短期趋势，结构比较简单，持续时间一般在一个月以上。在三线顺上趋势中，5 日、10 日与 20 日移动平均线呈多头排列，K 线处于移动平均线之上（图 7－8）。在三线顺下趋势中，5 日、10 日与 20 日移动平均线呈空头排列，K 线处于移动平均线之下（图 7－9）。在三线横行走势中，5 日、10 日与 20 日移动平均线基本呈横向运行状态，K 线围绕移动平均线上下跳动（图 7－10 和图7－11）。三线趋势的起始和截止时间大体应以二线或三线交叉来确认。

（二）四线趋势

四线趋势，属于中期趋势行情。其特点是以 60 日移动平均线为主要趋势线，5 日、10 日与 20 日移动平均线处于从属地位，形成四线上升、四线下降与四线横行走势。如图 7－12 至图 7－15 所示。

从以上四图可以看出，四线趋势是三线趋势的延续与发展。在四线上升趋势中，先是 5 日、10 日与 20 日移动平均线形成多头排列，之后 60 日移动平均线逐渐向上形成四线上升走势；四线上升趋势中包含着三线上升趋势和三线下降走势。在四线下降趋势中，先是 5 日、10 日与 20 日移动平

图 7－12　四线上升

图 7－13　四线下降

图 7－14　四线横行（一）

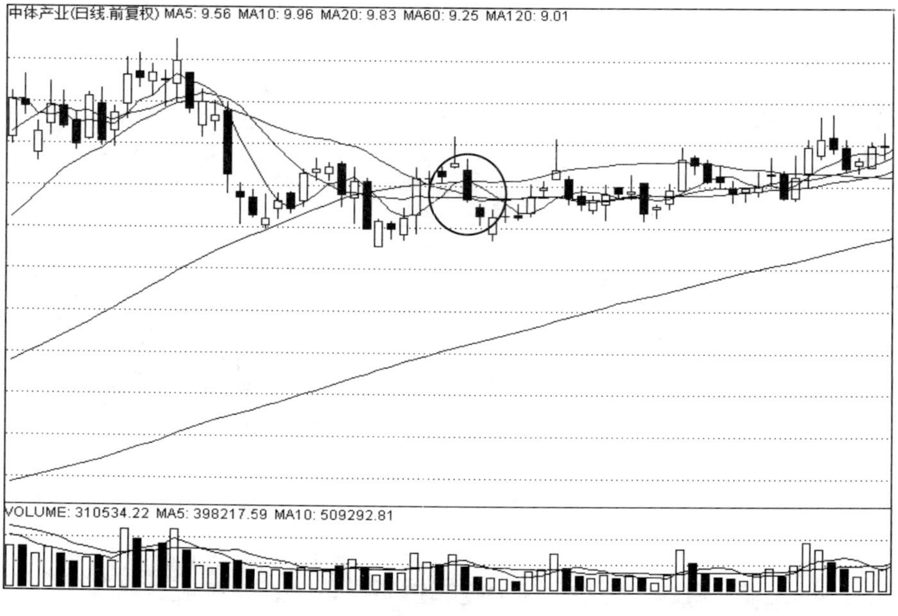

图 7－15　四线横行（二）

均线形成空头排列，之后60日移动平均线弯转向下形成四线下降走势；四线下降趋势中包含三线下降与三线上升走势。在四线横行趋势中，三条短期移动平均线缠绕黏合，股价窄幅波动，并最终导致市场趋势发生改变。四线趋势行情的起始和截止时间，一般应以20日与60日移动平均线的交叉来确认。

应该指出的是，四线趋势是一种过渡性的趋势，通常会发展为五线趋势，所以，典型的四线趋势，一般只出现在急涨急跌的行情中。

（三）五线趋势

五线趋势，属于长期趋势，120日移动平均线为主要趋势线。五线趋势是三线趋势、四线趋势的延续和发展，其重要特点是，短中长期移动平均线总体呈同向运行状态，虽然有时短期移动平均线波动幅度很大，但60日和120日移动平均线基本同向运行。在五线趋势中，通常60日与120日移动平均线处于平行状态，个别时候60日移动平均线会改变方向，出现一波中级行情，但120日移动平均线的运行方向并不发生明显变化。五线趋势行情的起止点，一般应以60日与120日移动平均线的交叉来确认。如图7－16和图7－17所示。

图7－16　五线上升（一）

图 7－17 五线上升（二）

图 7－18 五线下降（一）

如图 7－18 所示，五线下降的趋势是相当明显的，期间，出现一次强劲的三线上升行情，但 60 日与 120 日移动平均线双双向下运行。如图 7－19 所示，用友软件在下跌过程中，曾出现多次强劲反弹，60 日移动平均线两度上穿 120 日移动平均线，但 120 日移动平均线几乎呈直线形态向下运行。

图 7－19　五线下降（二）

下面，我们再看一下五线横行走势，如图 7－20 和图 7－21 所示。

图 7－20　五线横行（一）

图 7－21　五线横行（二）

从图 7－20 和图 7－21 中我们看到，在五线横行走势中，60 日与 120 日移动平均线基本呈横向运行状态，K 线与短期移动平均线围绕 60 日与 120 日移动平均线上下波动。

三、趋势的强弱及演变

从以上分析我们知道，移动平均线是一种复合趋势线，而由于 K 线与 5 日、10 日、20 日均线共同构成一条宽带趋势线，使市场的三种趋势显得层次分明。下面我们再分析一下趋势的强弱变化。

（一）趋势的强弱

从图 7－22 中我们看到，移动平均线作为趋势线，不仅是有方向的，而且是有曲度、有宽度的，移动平均线的曲度与宽度反映出趋势的强弱。在图 7－22 中，均线带由窄变宽说明趋势逐渐走强，均线带由宽变窄反映趋势不断走弱，短期宽带趋势线由上升逐渐震荡走平，说明市场短期趋势已经走弱，这是我们观察移动平均线上升斜率很容易得出来的结论。

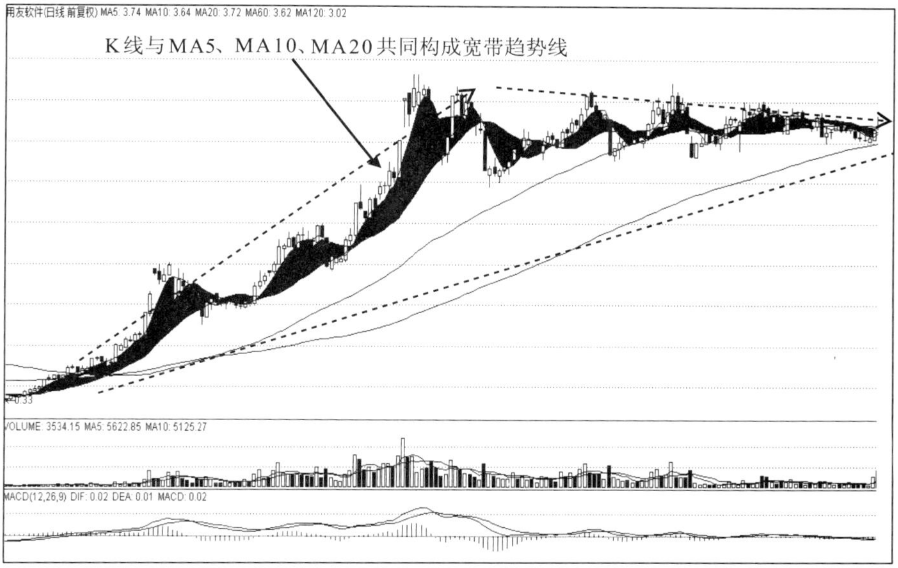

图 7 – 22　宽带趋势线

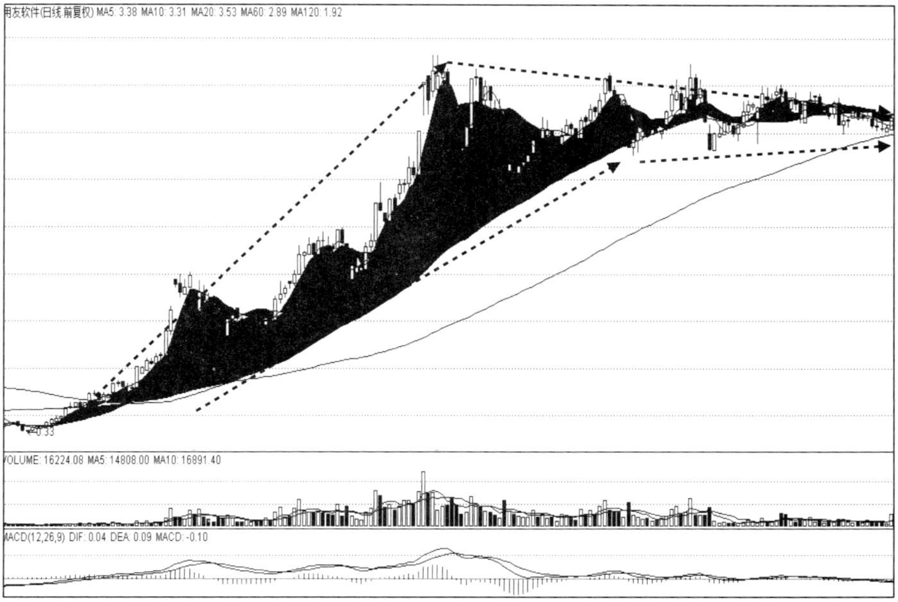

图 7 – 23　均线带宽度（一）

60 日移动平均线是一条中期趋势线，如图 7 – 23 所示，60 日移动平均线并不是单独反映市场趋势的，而是和 5 日、10 日、20 日移动平均线共同构成均线带反映市场趋势，所以我们叫作四线趋势。从这个很像半片菜叶的填冲图我们看到，60 日移动平均线像一根主叶脉，5 日、10 日与 20 日移动平均线构成叶片，整个均线带是有宽有窄的，开始很窄，逐渐扩张，达到最宽后又逐渐收窄，而且逐渐向下弯曲走平。均线带向上张开很宽的地方说明趋势很强，均线带变窄下弯的地方反映趋势走弱，总体上反映出中期趋势由弱变强、又由强转弱的过程。但是，120 日移动平均线始终是笔直向上的，说明长期趋势仍看好，因为它是滞后的。

市场下跌过程中的四线趋势情况相反，道理相同。如图 7 – 24 所示。

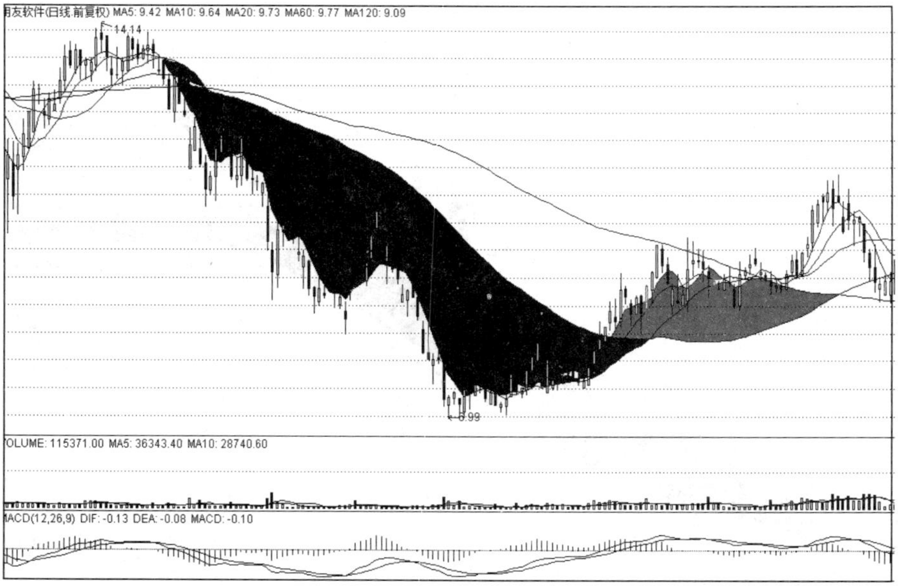

图 7 – 24　均线带宽度（二）

（二）趋势的演变

三线趋势、四线趋势与五线趋势是市场上同时存在的三种基本趋势。这三种趋势既相对独立，又相互联系，中长期趋势中包含着短期趋势，五线趋势往往表现为三线趋势与四线趋势的延续或叠加。由于五线趋势是由三线趋势、四线趋势演化而来的，所以，当5日、10日与20日三条短期均线上穿60日均线，60日移动平均线同时上翘，出现四线顺上形态时，说明市场行情已经由短期趋势转变为中期趋势，是重要的买入时机。当5日、10日、20日与60日均线上穿120日均线，120日移动平均线出现平缓向上走势，出现五线顺上形态时，说明中期趋势发展为长期趋势，牛市行情已经确立，应该看多做多。如图7－25和图7－26所示。

同样的道理，在下跌过程中，如果5日、10日与20日三条短期均线跌破60日均线，60日移动平均线拐头向下，形成四线顺下形态时，说明短期下跌趋势已经演变为中期下跌趋势。当5日、10日、20日与60日四条均线跌破120日均线，形成五线顺下形态时，说明市场中期下跌趋势已经演变为长期下跌趋势。如图7－27和图7－28所示。

图7－25　四线顺上

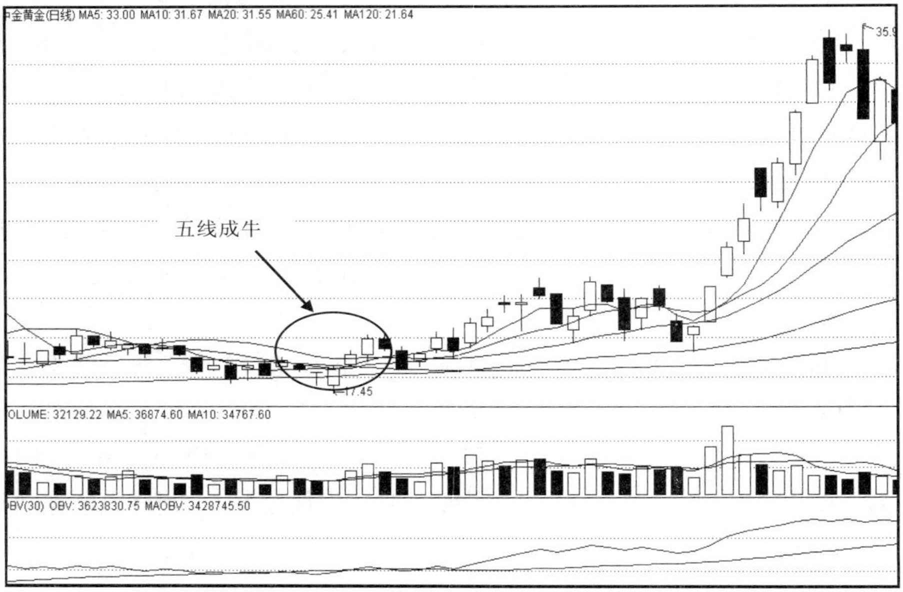

图 7－26　五线顺上

图 7－27　五线顺下（一）

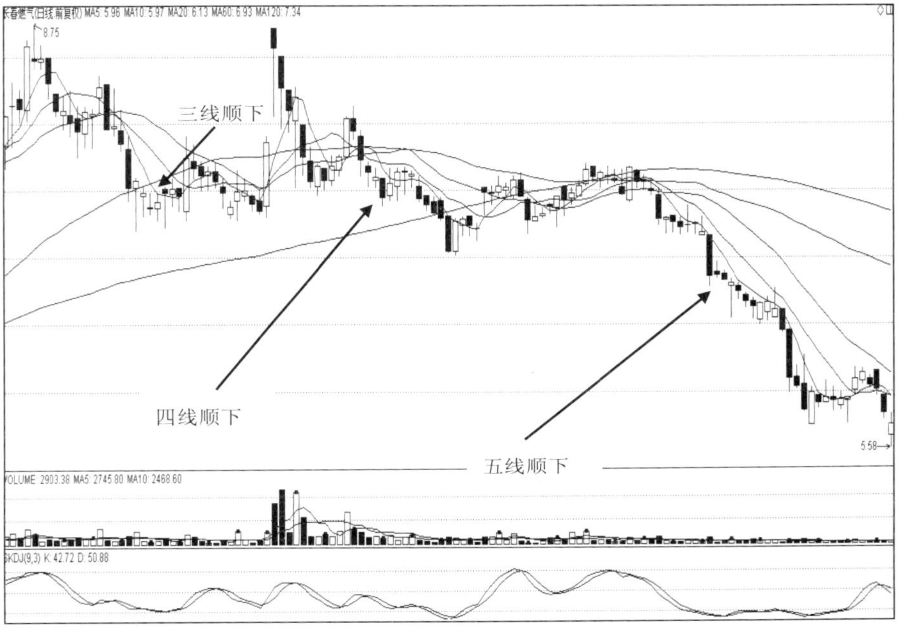

图 7－28 五线顺下（二）

四、三线数浪法

市场的中长期趋势是由短期趋势发展来的，四线趋势与五线趋势表现为三浪趋势的不断更跌。所以，在市场涨跌过程中，我们可以用三线数浪的方法来把握市场的脉动，掌握操作的节奏。

（一）波段操作的节奏

三线数浪法，一般是通过 5 日、10 日与 20 日移动平均线的交叉来把握行情的波动节奏，根据其波浪形态与时间周期判断行情的走势。如图 7－29 和图 7－30 所示。

从图 7－29 和图 7－30 中我们看到，股票价格的波动看似无序，但涨跌交替运行。股价的短期波动是围绕 10 日与 20 日移动平均线展开的，而 20 日移动平均线是主要的短期趋势线，5 日与 10 日、10 日与 20 日均线交叉是两个短期买卖点，而且 10 日与 20 日移动平均线交叉，是应该重视的波段行情拐点。用三条短期移动平均线数浪，既可以把握住主要的波段行情，

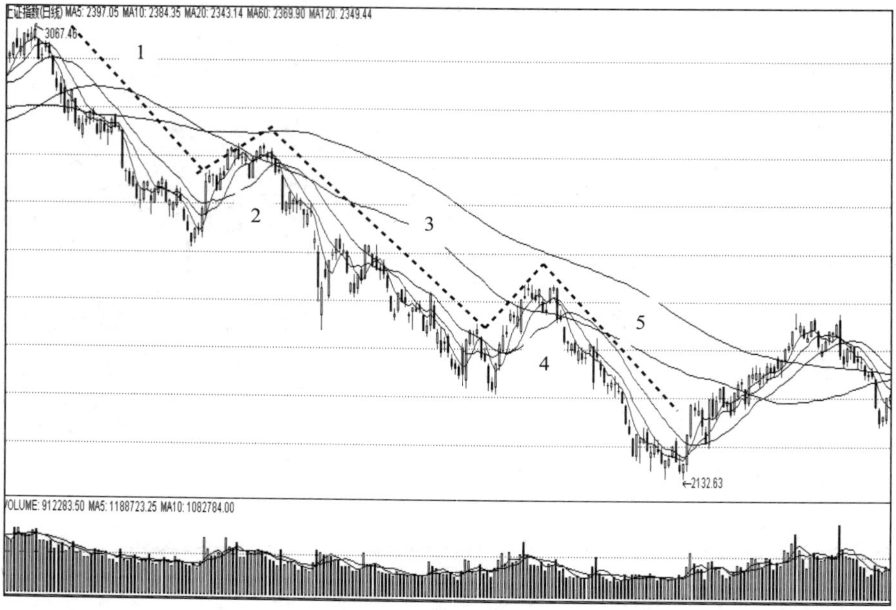

图 7-29　下跌趋势中三线数浪

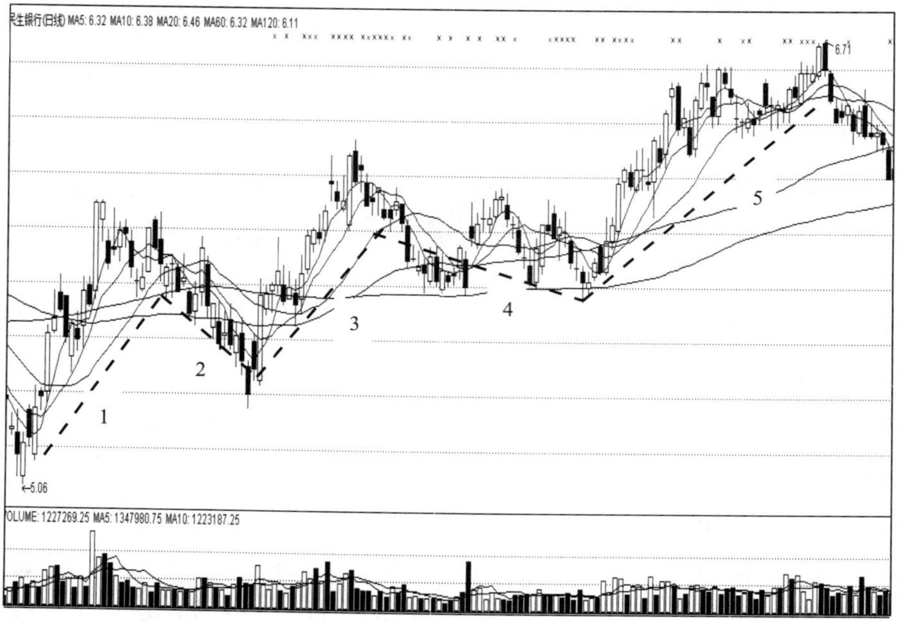

图 7-30　上涨趋势中三线数浪

又能够使我们的买卖行为富有节奏感。

（二）行情发展的进程

大趋势中包含着小趋势，一个中长期趋势包含着若干个短期趋势。从波浪理论来说，趋势以波浪形态展开，大级别的上涨或是下跌途中，总是伴随着价格的次级折返，五浪上升、三浪下跌是价格波动的自然韵律。但是怎样数浪呢？却难坏了无数聪明的头脑。运用三线数浪法，不仅能够轻松追踪行情的波浪形态，而且可以大体把握行情的发展进程。如图 7－31 所示。

图 7－31　三线数浪看顶

图 7－31 是一波中级行情，运用三线数浪法，我们很容易把握行情的发展进程，同时看到第三浪冲得很高，但第五浪是失败的，没有冲上去，随后形成双顶形态，并出现双阴破三线的看跌形态。根据这个波浪形态，基本可以断定这波中级行情已经结束，后市看跌，应该卖出。

如图 7－32 所示，一个五浪下跌的走势，虽然波动比较频繁，但用三线数浪法（MA20 为短期趋势线），可以大体把握行情的发展脉络。

其实，即使是在横盘震荡整理行情中，运用三线数浪法，也能把握买卖的节奏。如图 7－33 所示。

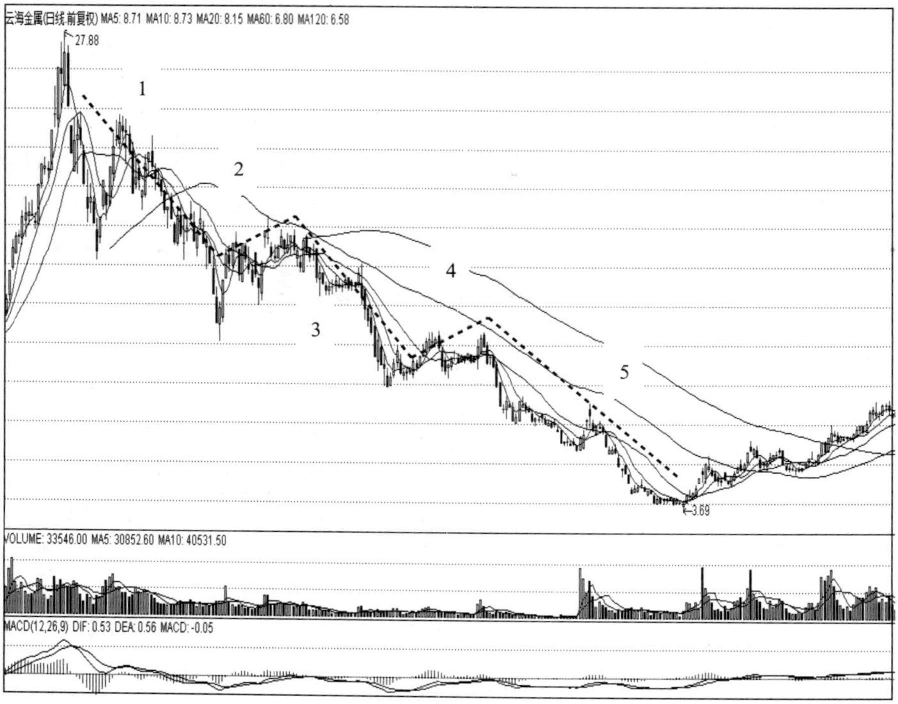

图 7－32　三线数浪看底

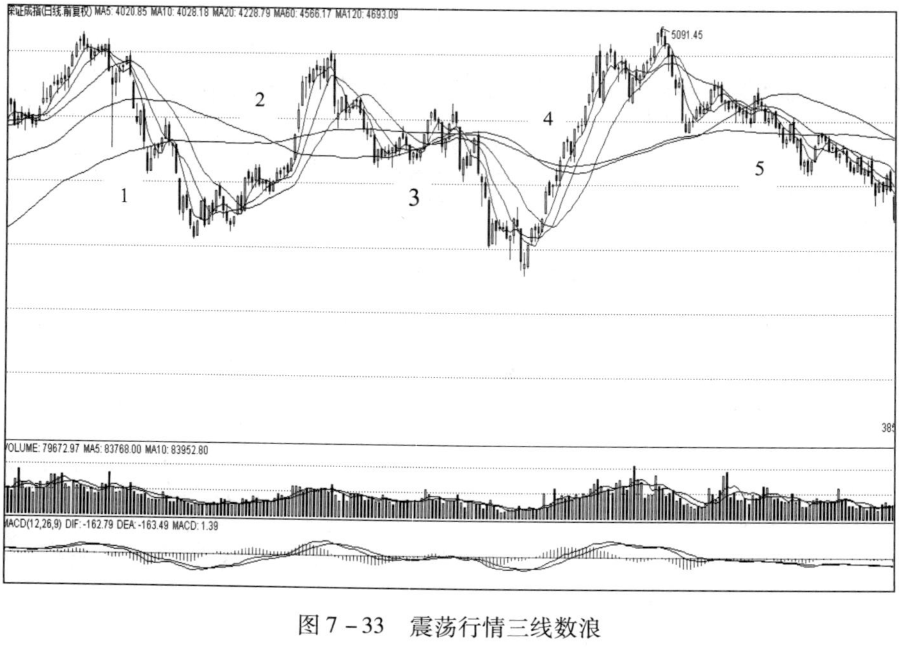

图 7－33　震荡行情三线数浪

从以上分析可以看出，三线数浪法，是一种按市场波动节奏操盘的方法，也是大多数投资者应该采用的方法。运用三线数浪法，可以使我们轻松跟踪行情的波动，把握大部分波段行情，而不必机械套用五浪上升、三浪下跌的模式去数浪。同时，运用三线数浪法，可以大体掌握行情的发展进程，及时发现行情拐点，不致因误判趋势变化而出现重大失误。

（三）操作策略的差异

从以上分析可以看出，市场短期趋势是中长期趋势进行中的波动，这种波动在上升趋势和下降趋势中的形态有所不同。在上升趋势中，短期波动总体是向上走的，向上的推动浪较长，向下的调整浪较短；在下降趋势中，短期波动总体是向下走的，向下的推动浪较长，向上的调整浪较短。这种特点决定了操作策略上的差异：在上涨趋势中，应该以持股做多为主；在下跌趋势中，应以持币观望为宜。

五、均线上的“挂图”

每一个趋势都是由推动浪与调整浪构成的，所以，趋势中必有调整。所谓调整，是指趋势演进过程中的整理形态，通常也称中继形态或盘整形态，调整之后市场仍将继续原有趋势。

趋势中的调整通常称为回调或反弹。所谓回调，是指在上涨趋势中，由于价格上涨速度过快而暂时出现的回落。所谓反弹，是指在下跌趋势中，因股价下跌幅度过大而出现的短暂上涨。回调与反弹都是与原有趋势相反的价格运动，是原有趋势的停顿和休整，在走势形态上表现为一定的技术图形，所以，图形分析成为调整形态分析的一个重要内容。

长期以来，人们在技术图形分析方面作了许多有益探索，但存在的最大问题是：就图形说图形，按图索骥，没有把技术图形与市场趋势分析结合起来，这就使技术图形分析失去了遵循，迷失了方向。其实，技术图形只不过是一种僵硬的“蛇蜕”，是股价运行的一种轨迹，只有将它同现实的市场趋势结合起来，才能窥见有生命的东西。常见的技术图形就那么几种，市场趋势却是不断变化的，同样的技术图形既可能出现在上涨趋势中，也可能出现在下跌趋势中，所处趋势不同，技术图形的市场含义也不同。如图 7－34 所示。

图 7－34 显示，相似的技术图形，出现在上涨趋势中选择向上突破，出现在下降趋势中选择向下突破，技术图形本身并不决定行情的突破方向。决定技术图形突破方向的是什么呢？是市场的中长期趋势——中长期移动平均线的运行方向，技术图形不过是中长期移动平均线上的 K 线“挂图”。所以，在分析调整形态时，一定要把技术图形与中长期移动平均线分析结合起来，要分清这种调整是中长期移动平均线向上运行时的调整形态——“线上图形”，还是中长期移动平均线向下运行时的调整形态——“线下图形”，因为中长期移动平均线的运行方向最终决定技术图形的突破方向。抓住市场趋势的主线，技术图形分析自然也就轻松了。

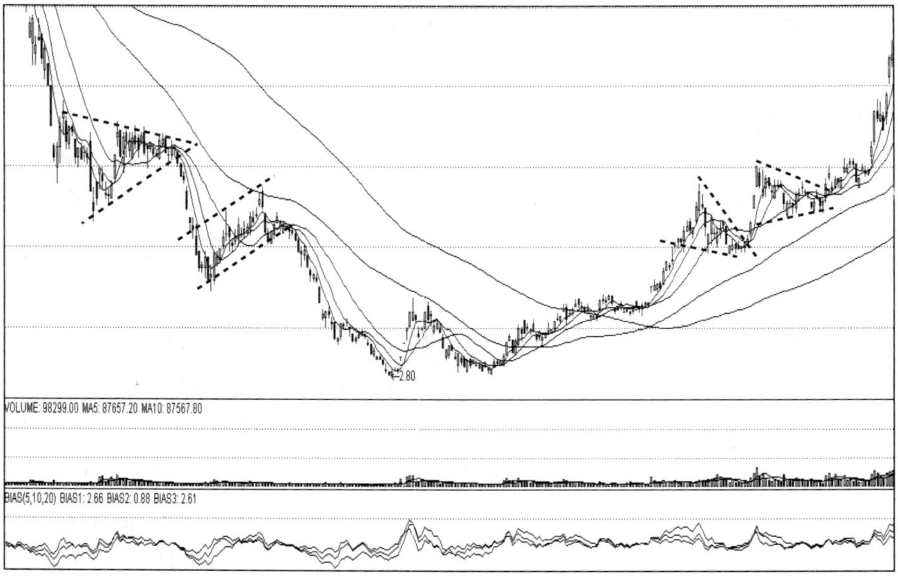

图 7－34　“挂图”与趋势

趋势调整的技术图形，包括 V 字形与倒 V 字形、三角形（上升三角形、下降三角形、扩散三角形与收敛三角形）、楔形（也是一种三角形）、矩形与旗形，等等。以前，人们进行技术图形分析时，往往单纯绘制出这些技术图形，说明它的含义，其实很难理解，因为调整是趋势进行中的调整，完整的技术图形应该体现调整形态与趋势形态的统一，只有将技术图形与移动平均线统一起来，才能对调整形态做出科学全面的解读。现在，我们就来尝试一下——把60日（或120日）移动平均线加到几种技术图形上做一下调整形态分析。

（一）V字形与倒V字形

如图7-35所示，细线代表技术图形，粗线为60日移动平均线（代表中长期均线）。这种V字形与倒V字形调整，是一种常见的调整形态。

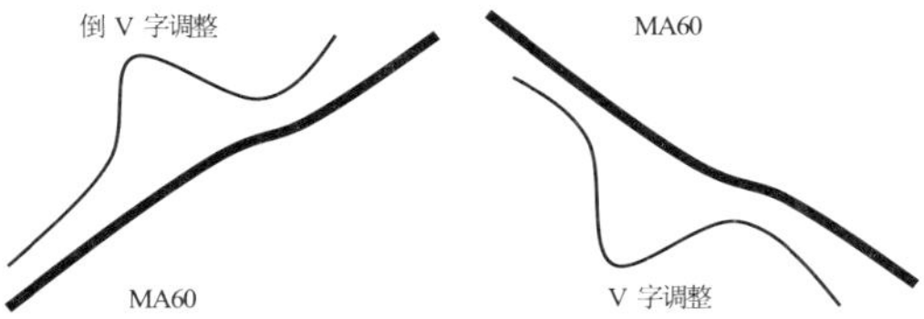

图7-35　V字形与倒V字形

如图7-36和图7-37所示，60日与120日移动平均线是两条重要的趋势线，V字形与倒V字形挂在这两条移动平均线之上，调整后的突破方

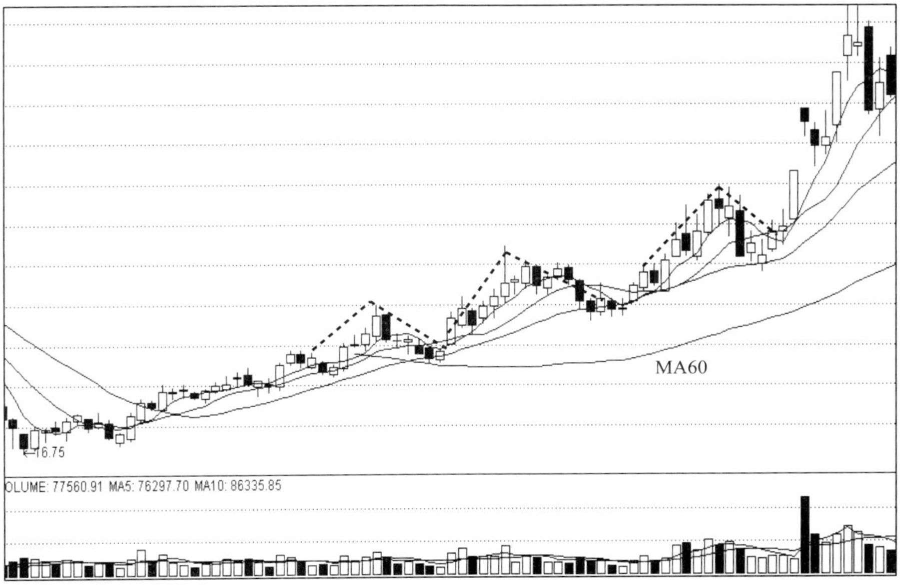

图7-36　倒V字形调整

向取决于移动平均线的走势。同时也可以看到，V 字形与倒 V 字形调整的行情比较短暂，在上涨趋势中表现为连续上涨后的连续下跌，形成倒 V 字形走势；在下跌趋势中表现为连续下跌后的连续上涨，形成 V 字形走势。这种调整的连续形成 M 形和 W 形。

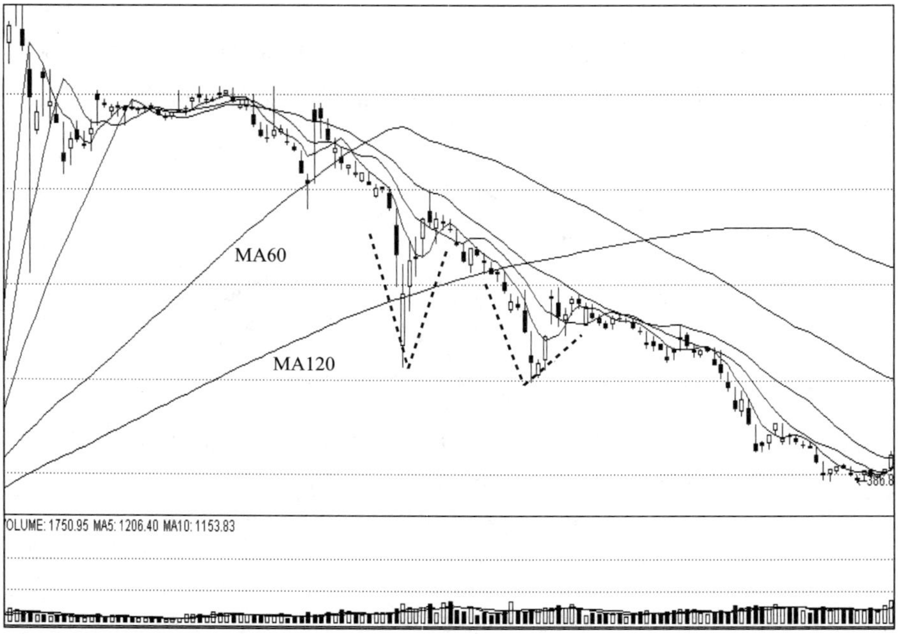

图 7－37　V 字形调整

（二）三角形

三角形是一种最常见的调整形态，包括上升三角形、下降三角形，扩张三角形与收敛三角形等。

1. 上升三角形

如图 7－38 所示，上升三角形的特点是上边线水平，下边线上倾，就是说，上涨的高点基本处于同一水平位置，回落的低点不断上移，属于强势调整形态。这种三角形出现在 60 日移动平均线之上时，一般选择向上突破，出现在 60 日移动平均线之下时选择向下突破。

如图 7－39 所示，用友软件（600588）在形成上升三角形的过程中，短期移动平均线形成死亡交叉，5 日、10 日与 20 日移动平均线互相缠

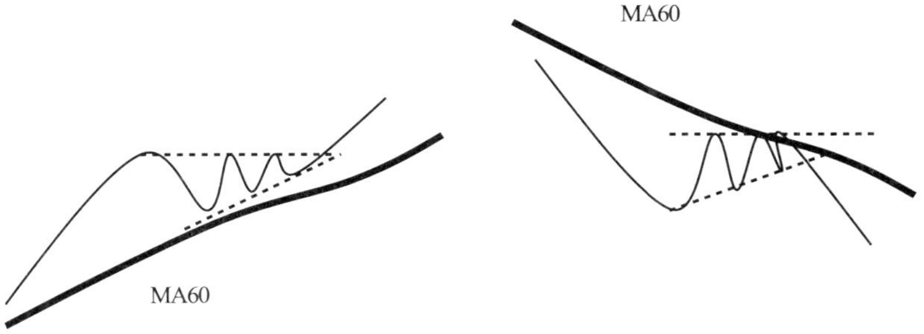

图 7－38　上升三角形

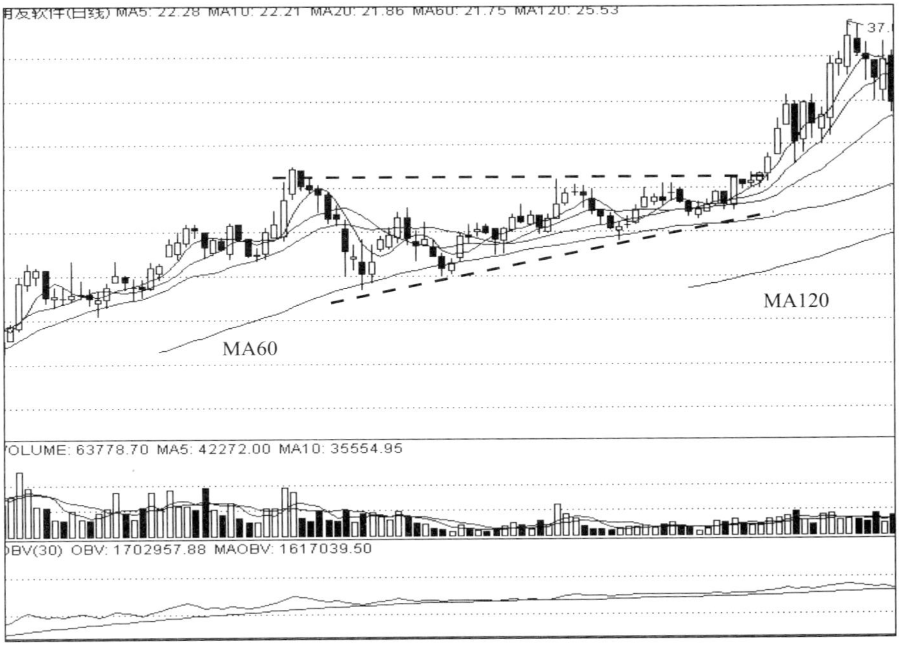

图 7－39　MA60 上的上升三角形

绕，但 60 日和 120 日移动平均线一直向上运行，最后选择向上突破。在图 7－40 中，桂冠电力处于下跌过程，60 日与 120 日移动平均线向下运行，形成上升三角形调整后，股价破位下行。

图 7－40　MA60 下的上升三角形

2. 下降三角形

下降三角形的特点是下边线水平，上边线下倾，就是说，下跌的低点基本处于同一水平位置，反弹的高点不断下移，属于弱势整理形态。但调整后的突破方向主要取决于 60 日与 120 日移动平均线的运行方向。如图 7－41 至图 7－43 所示。

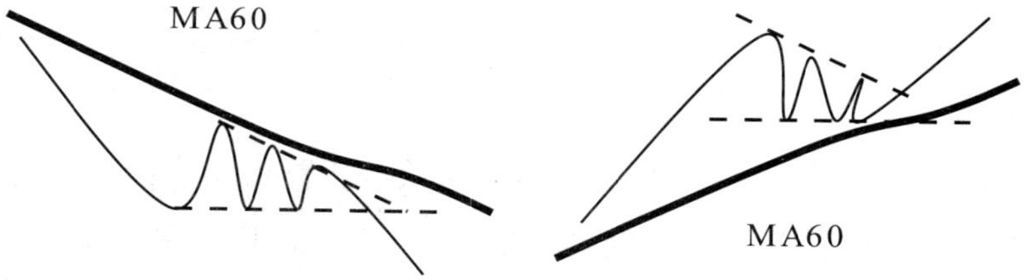

图 7－41　下降三角形

图 7－42　下降三角形处均线反压

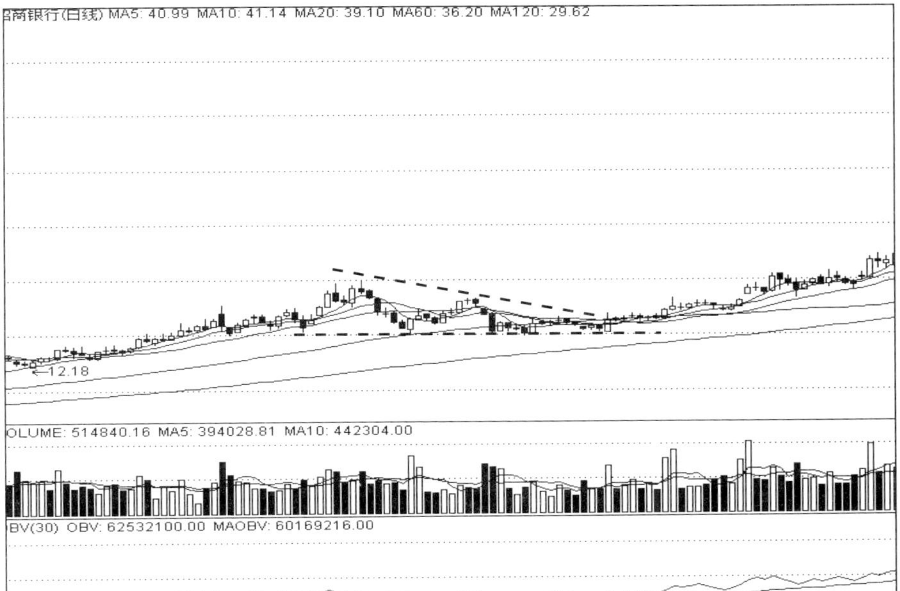

图 7－43　下降三角形处均线支撑

3. 扩散三角形

扩散三角形（喇叭形），是比较少见的形态，高点的连线与低点的连线呈喇叭形状。如图 7－44 所示。

如图 7－45 和图 7－46 所示，扩散三角形调整后的运行方向，取决于 60 日与 120 日移动平均线的走势。

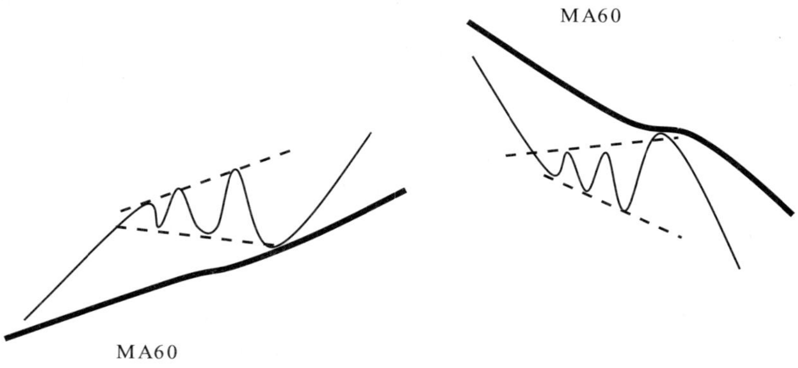

图 7－44　扩散三角形

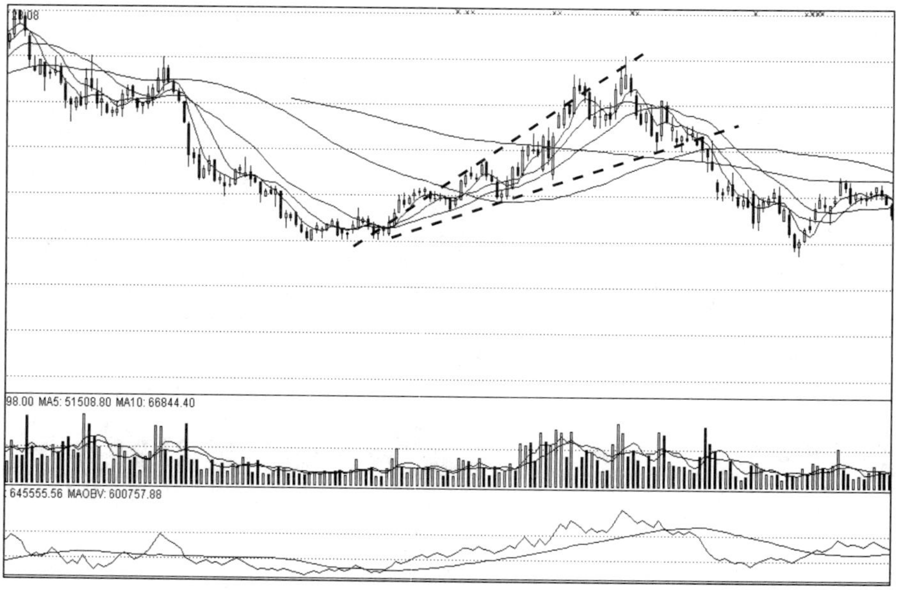

图 7－45　扩散三角形受长期均线反压

图 7－46　扩散三角形受长期均线支撑

4. 收敛三角形

收敛三角形，也称对称三角形，其特点是上边线下倾，下边线上倾，属于一种中性形态，如图 7－47 所示。调整后的突破方向如图 7－48 和图 7－49 所示。

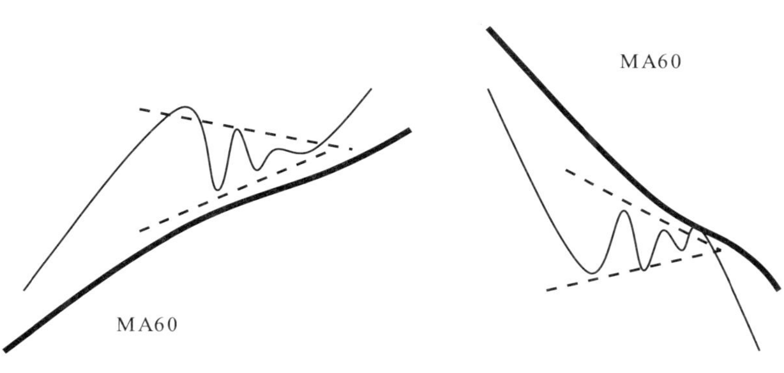

图 7－47　收敛三角形

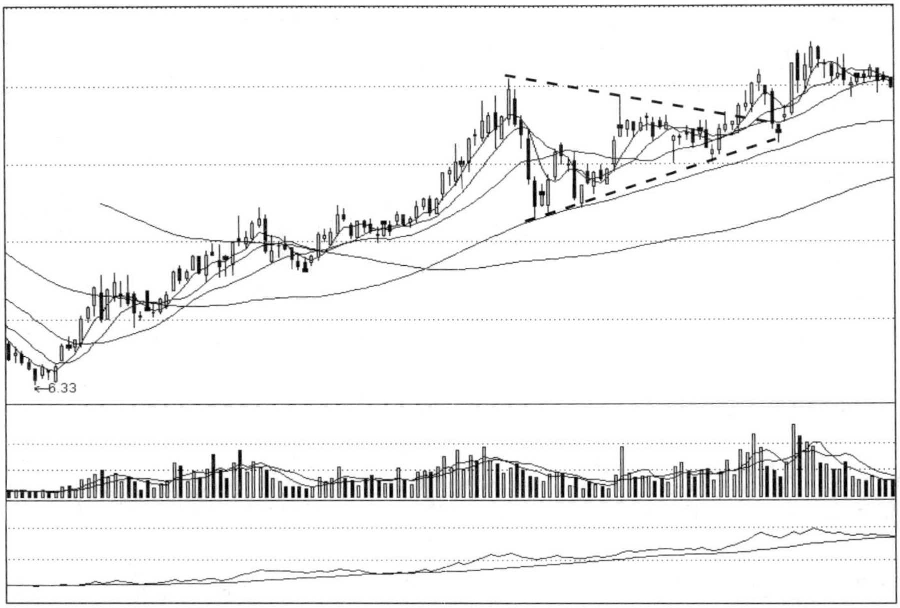

图 7－48　收敛三角形受均线支撑

图 7－49　收敛三角形受均线反压

（三）矩形

矩形整理，也叫箱体整理，是指股价在两条水平线之间反复波动，把高点与低点分别用直线连接起来，大致可以形成一个长方形。如图 7－50 所示，矩形整理是一种常见的横盘整理形态。后续走势如图 7－51 和图 7－52 所示。

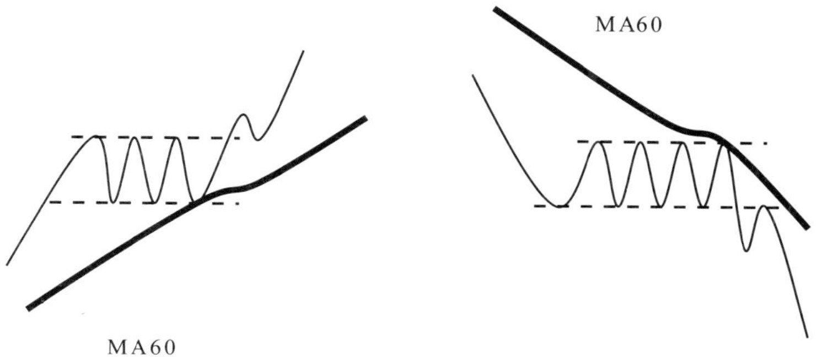

图 7－50　矩形

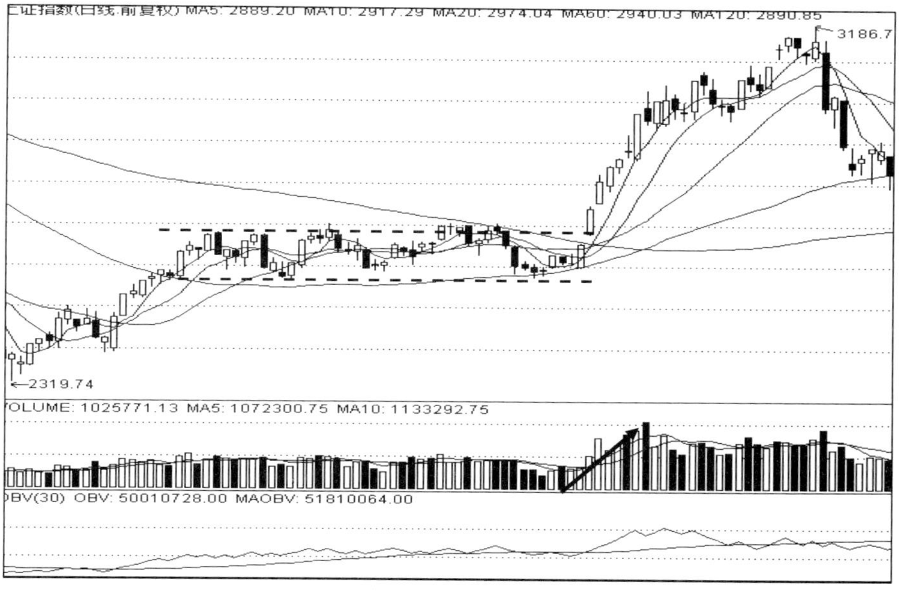

图 7－51　矩形整理受长期均线支撑

图 7-52　矩形整理受长期均线反压

图 7-51 显示，在矩形整理过程中，短期移动平均线窄幅波动，60 日移动平均线基本走平。在股价向上突破时，成交量有所放大，而 60 日移动平均线的走向指示出矩形整理的突破方向。从图 7-52 中可以看到，在矩形整理过程中，短期均线基本横向波动，但 60 日与 120 日移动平均线向下运行，处于 60 日与 120 日均线之下的矩形整理，最终选择向下突破。

（四）旗形

旗形整理的形态，就象一面挂在旗杆上的旗帜，股价经过一个与原趋势呈相反方向倾斜的平行四边形整理之后继续原有的走势。如图 7-53 所示。

旗形整理的形态，可以区分为上升旗形与下降旗形。

上升旗形，出现在上涨趋势中，股价经过一段飙升之后受阻回落，小幅回调后反弹，反弹没有达到前期高点又再次回落，而且回落到前次低点以下，如此往复下移，将这略微下倾整理的高点和低点分别连接起来，是一个下倾的平行四边形，看上去像一面下倾的旗子，给人股价逐渐走低的感觉，但是，上升旗形通常选择向上突破。如图 7-54 所示。

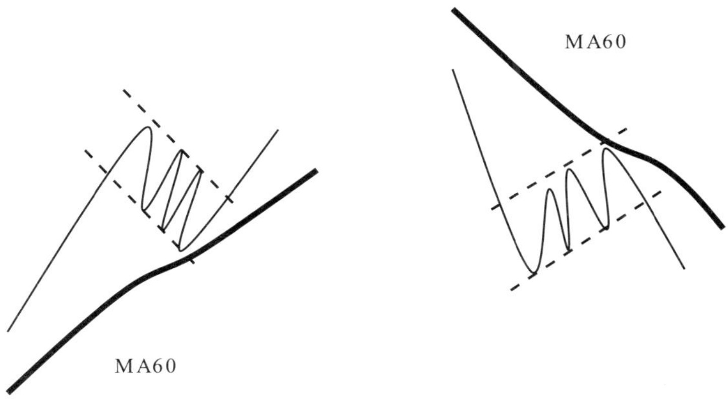

图 7－53　旗形

图 7－54　下降旗形受长期均线支撑

图 7－54 显示，上升旗形是向下倾斜的。上升旗形整理出现在股价强势上涨之后，在旗形整理的过程中，短期移动平均线曾一度形成死亡交叉向下拐头，但 60 日移动平均线是向上运行的，所以最终选择向上突破。

下降旗形，出现在下跌趋势中，股价经过一段急跌之后出现反弹，回落后再次反弹并创出新高，如此往复上移，将这略微上倾整理的高点和低点分别连接起来，形态像一个上倾的平行四边形，看上去像一面倒置的旗子，给人股价逐渐走高的感觉，但下降旗形多数选择向下突破。如图 7－55 所示。

图 7－55 显示，长春燃气（600333）的下降旗形整理出现在股价急跌之后，在旗形整理的过程当中，短期移动平均线曾形成黄金交叉，但由于中长期移动平均线向下运行，股价最后又跌了下来。长阴破位后 60 日移动平均线开始向下拐头，加速了下跌趋势。再请看图 7－56 所示。

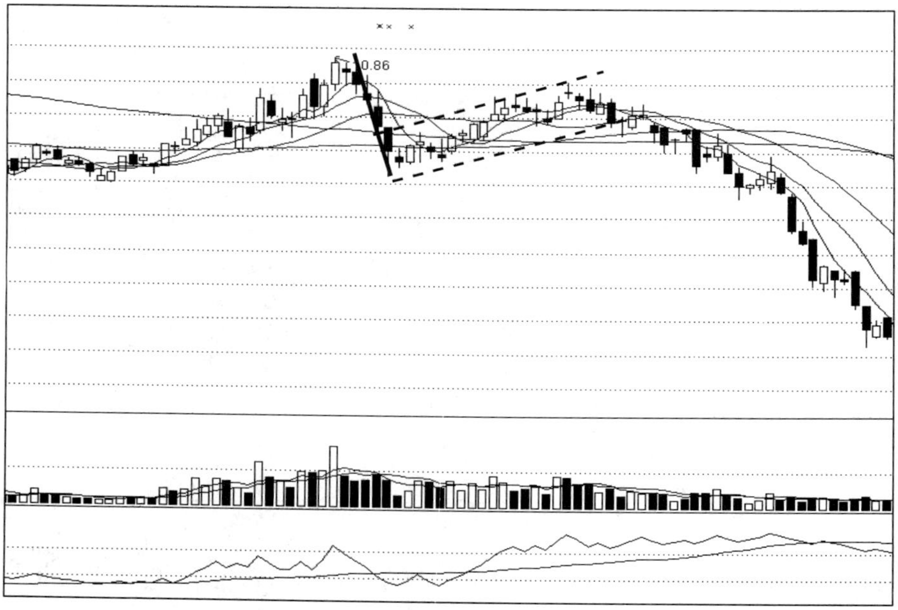

图 7－55　旗形整理后续跌

从以上分析可以看出，技术图形分析的前提是把握住市场的中长期趋势，60 日与 120 日移动平均线的运行方向是判断技术图形后续变化的主要依据。

趋势决定一切，趋势调整中形成的技术图形，好比河流中出现的一个旋涡，一股逆流，打一个转，就会顺流而去，“青山遮不住，毕竟东流去。”但是，调整会影响趋势的进程，是需要引起注意的。

图 7－56　旗形整理后的不同走势

六、成败攸关的三组图形

关于调整形态的技术图形很多，以上只是简单做了几例分析。根据调整形态在趋势中所处的位置，我认为，有三组图形的识别，关系到投资决策的成败，因为这三组图形的识别，直接涉及到对大势的判断和关键点位的操作。

（一）牛抬头与熊出没

1. 牛抬头

所谓“牛抬头”，顾名思义，是牛市行情刚刚抬头的地方，我们这里特指 60 日与 120 日移动平均线黄金交叉之后出现的回调拉升形态。如图 7－57 和图 7－58 所示。

从图 7－57 和图 7－58 中可以看出，“牛抬头”形态的重要特点是：

（1）60 日与 120 日移动平均线刚形成黄金交叉不久，显示牛市行情已经确立。

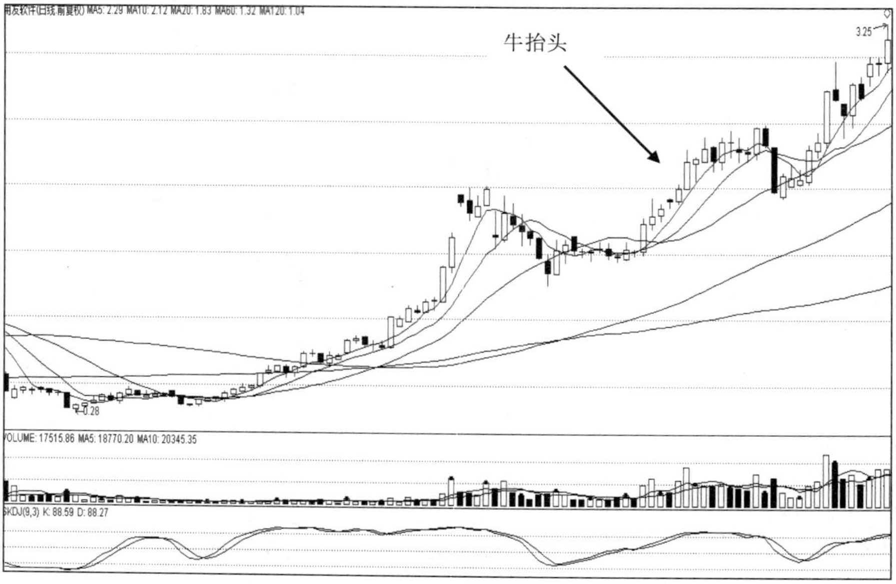

图 7－57　牛抬头（一）

图 7－58　牛抬头（二）

（2）由于前期涨幅较大，股价出现深幅回调，5 日、10 日与 20 日移动平均线等短期均线一度出现死亡交叉。

（3）股价经过回调整理后形态逐渐走好，出现长阳线或连阳线拉升，5 日、10 日与 20 日移动平均线形成黄金交叉，在形成五线顺上的同时，成交量放大。

此种形态说明涨升初期的回调已经结束（一般属于二浪调整），新一轮牛市上涨行情已经展开，应该果断入场做多。

牛抬头，是牛市初期的最佳买入点，买入后应该坚定持股做多。但是，正如任何事情都有例外一样，如果出现以下形态，应该注意及时调整策略，择机离场。

第一，由于前期拉升过急，涨幅过大，回调后上涨力道不强，量能未能继续放大，上涨高点没有超过前期高点，出现单顶或双顶形态，应该提防行情走软。如图 7－59 所示。

图 7－59　单顶形态

图 7－59 的走势形态，虽然是 60 日与 120 日移动平均线黄金交叉之后出现的回调，但股价震荡下行，拉出两个长阳并没有放量，形成单顶，

最后形态完全走坏。什么原因呢？主要原因是前期涨幅过大，从 2521 点一直涨到 4896 点，上涨了 2375 点，庄家已经赚的盆满钵满，肯定是算账走人了。

图 7 – 60　二顶低于前顶

图 7 – 60 为一个二峰低图形。同样是股价前期涨幅巨大，60 日与 120 日移动平均线出现黄金交叉之后，股价出现深幅回调，一直打到 120 日移动平均线附近，再度拉起后上涨乏力，没有达到前期高点即返身向下，当长阴破五线后，长期下跌趋势已经确定无疑。

第二，由于在下跌过程中拉升过快，均线系统没有完全修复，120 日移动平均线向下运行的方向没有改变，如果形成单顶或双顶形态，有继续走弱的可能。如图 7 – 61 所示。

在图 7 – 61 中，长春燃气（600333）在下跌趋势中出现急涨，股价从 2. 21 元拉升到 4. 39 元，涨幅巨大。但由于拉升过急，移动平均线系统并没有完全修复，120 移动平均线仍呈直线形态向下运行。所以，在出现一个射击之星后，股价直线下泄，60 日与 120 日移动平均线出现向上交叉后又扭头向下，继续跌势。

图 7－61 120 日均线向下运行

2. 熊出没

汽车屁股上贴个“熊出没注意”，提示你危险，要注意安全。我们这里所说的“熊出没”也是这个意思，特别提醒你注意：如果 60 日与 120 日移动平均线形成死亡交叉后出现反弹行情，你最好冷静观察，不要轻举妄动。否则，你有可能被大黑熊抓破脸。如图 7－62 和图 7－63 所示。

从图 7－62 和图 7－63 中可以看出，“熊出没”形态的重要特点是：

（1）60 日与 120 日移动平均线已经形成死亡交叉，说明市场熊市行情已经确立；

（2）由于前期跌幅巨大，股价出现强势反弹，5 日、10 日与 20 日均线形成黄金交叉。这是下跌趋势中的反弹形态，应该逢高出货。

（3）股价经过反弹后形态逐渐走坏，如果出现长阴线或连阴线下跌，连破三条或四条均线，5 日、10 日与 20 日移动平均线形成死亡交叉，应该果断清仓离场。

“熊出没”形态，是熊市初期的一种反弹形态。60 日与 120 日移动平均线形成死亡交叉，后市不能看好，所以，应该果断做空。但是，个别时候也会出现例外。如图 7－64 和图 7－65 所示。

图 7－62　熊出没（一）

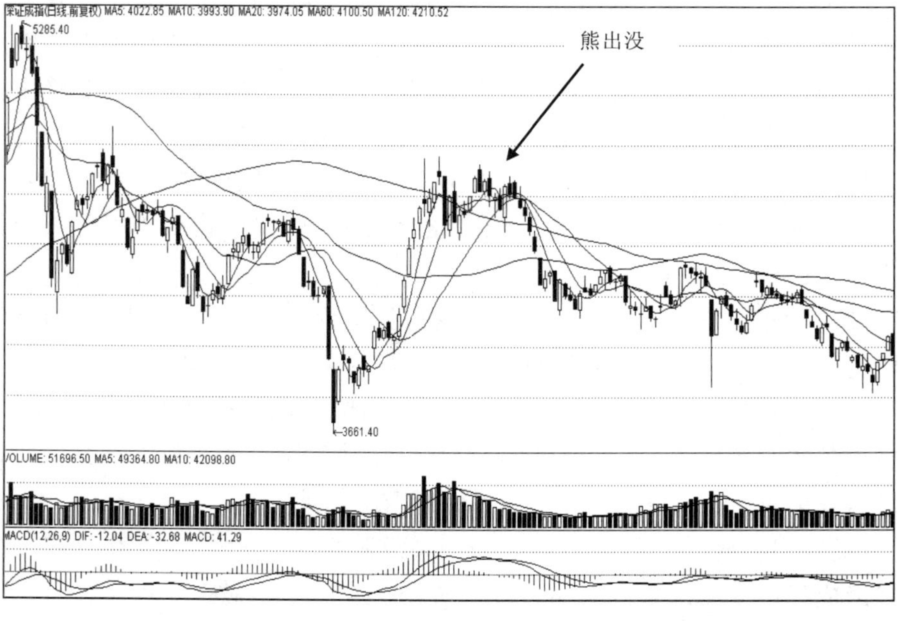

图 7－63　熊出没（二）

图 7-64 中长期均线死叉但基本走平

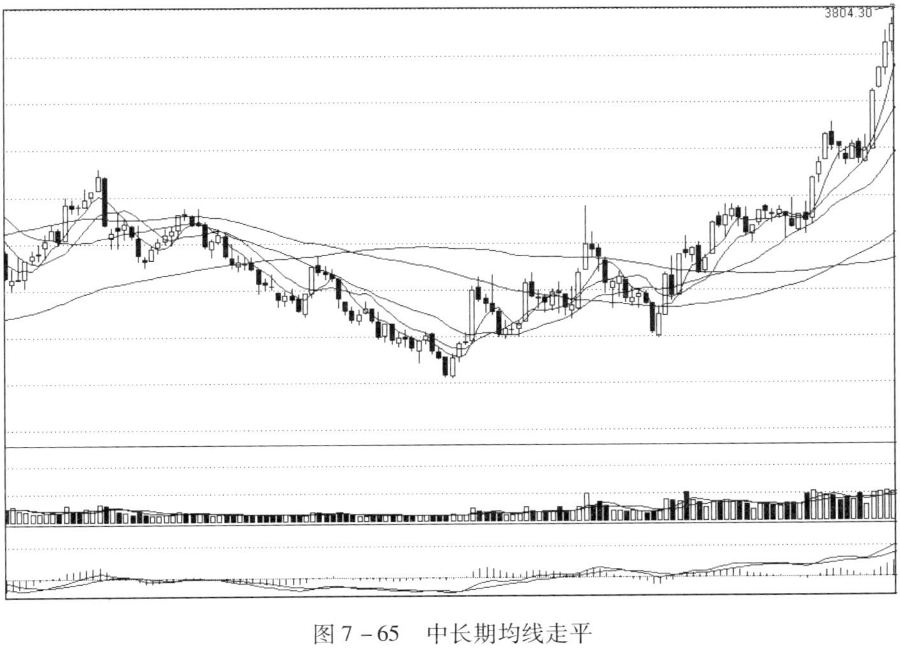

图 7-65 中长期均线走平

在图 7－64 中，虽然 60 日与 120 日移动平均线形成死亡交叉，但下行角度不大，跌幅不深，随后量能成倍放大，推动股价强势上涨。在图 7－65 中，120 日移动平均线基本走平，盘整后不断走强。

（二）牛盘露角与熊盘破底

牛盘露角是指牛市盘整后向上突破，熊盘破底是指熊市盘整后向下破位，这是两种常见的技术形态。在操作策略上，牛盘露角应该买进做多，熊盘破底应该卖出做空。

1. 牛盘露角

在牛市行情中，60 日与 120 日移动平均线向上运行，调整时往往会形成一个平台，如果出现长阳线或连阳线向上拉升，成交量同步放大，突破前期高点，像露出一个牛角尖，同时移动平均线形成向上发散形态，应该果断跟进做多。如图 7－66 和图 7－67 所示。

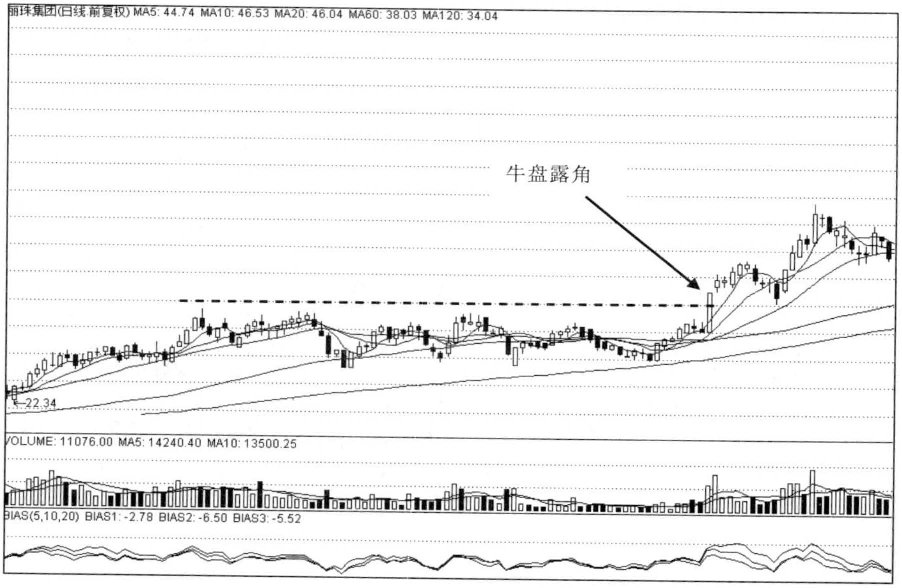

图 7－66　牛盘露角（一）

2. 熊盘破底

熊盘破底是熊市中的向下突破形态。在下跌行情中，60 日与 120 日移动平均线向下运行，调整时往往会形成一个中继平底形态，此时，如果出现长阴线或连阴线向下跌穿平底，突破前期低点，移动平均线同时向下发散，应该果断卖出。如图7-68和图7-69所示。

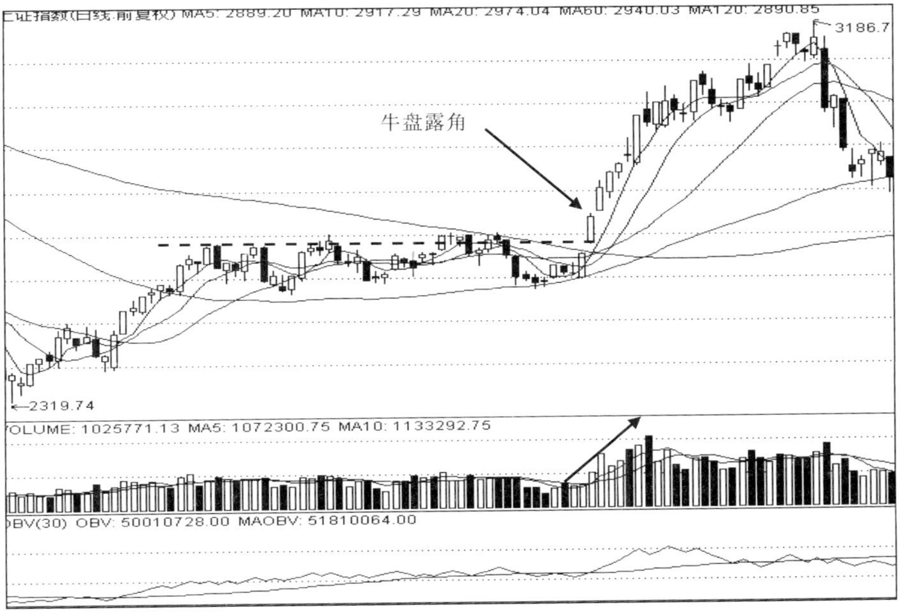

图7-67　牛盘露角（二）

图7-68　熊盘破底（一）

图 7－69 熊盘破底（二）

（三）双线托金与挂线下跌

双线托金是上涨趋势中调整的完成形态，挂线下跌是下跌趋势中反弹的触顶形态，这也是两种常见的形态。

1. 双线托金

所谓双线托金，是指在上涨趋势中，60 日与 120 日移动平均线基本呈平行状态向上运行，K 线与短期均线出现调整形态后，在 60 日或 120 日移动平均线之上形成黄金交叉，K 线形态看涨，成交量同步放大。如图 7－70 和图 7－71 所示。

2. 挂线下跌

所谓挂线下跌，是指在下跌趋势中，60 日与 120 日移动平均线向下运行，股价出现反弹行情后，在 60 日或 120 日移动平均线上遇阻回落。如图 7－72 至图 7－74 所示。

图7－70　双线托金（一）

图7－71　双线托金（二）

图 7－72　挂线下跌（一）

图 7－73　挂线下跌（二）

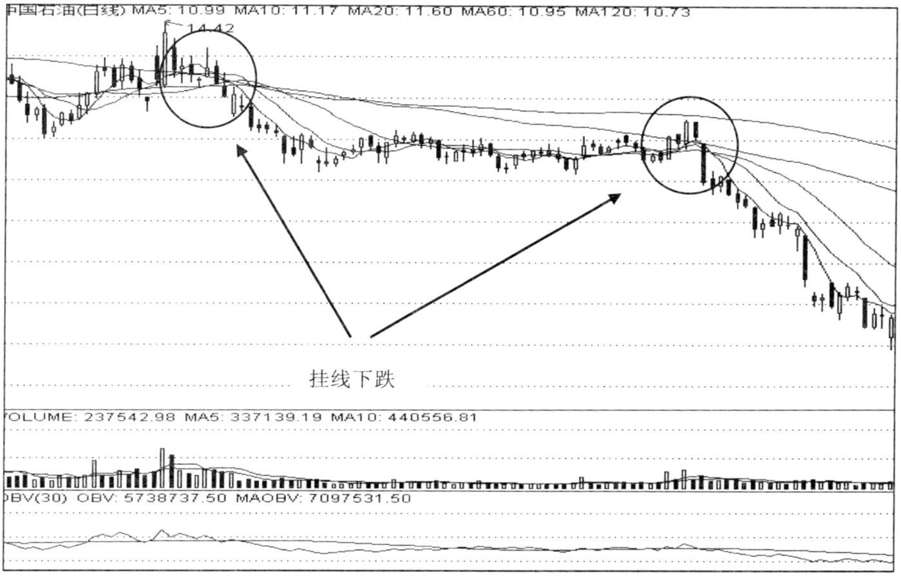

图 7－74　挂线下跌（三）

以上三图的共同特点是，在下跌过程中，60 日与 120 日移动平均线向下运行，股价出现反弹行情后，在 60 日与 120 日移动平均线附近只作短暂停留，随后即出现长阴线或连阴线杀跌，形成“挂线下跌”形态。

七、调整空间及操作价值

调整形态，是行情走势中经常出现的形态，也是常常让炒股者后悔得直拍大腿的形态。在上涨趋势中，眼见着股价已经跌幅很深，你想啊？再跌一下就买进，可它偏偏不跌，直接涨上去了，你因为踏空直拍大腿；在下跌趋势中，眼见股价已经涨得很高，但好像还能窜一窜，你想等再拉一竿就卖出，可它却直接跌下来了，你后悔没有果断卖出，直拍大腿。

为什么拍大腿呢？因为你觉得受到了损失。到底损失多少呢？这个问题却值得研究。

股票市场永远是进行时，炒股过程表现为连续不断的买进与卖出。这就好像参加一场篮球赛，要有一个一个的投篮动作，最后收场时才能决定输赢。我们看到，成熟的篮球运动员，只有在进入一定的射程之内，并且确有把握时才会稳稳地投篮，命中率很高；而球场上的新手却不管这一套，抓着球不管什么位置总愿意往篮上撇，造成的失误很多。炒股的买卖动作与打球的投篮动作有相似之处，事实上，并不是所有的调整形态都能提供买卖机会，只有在具备盈利空间时才可以买进或卖出。

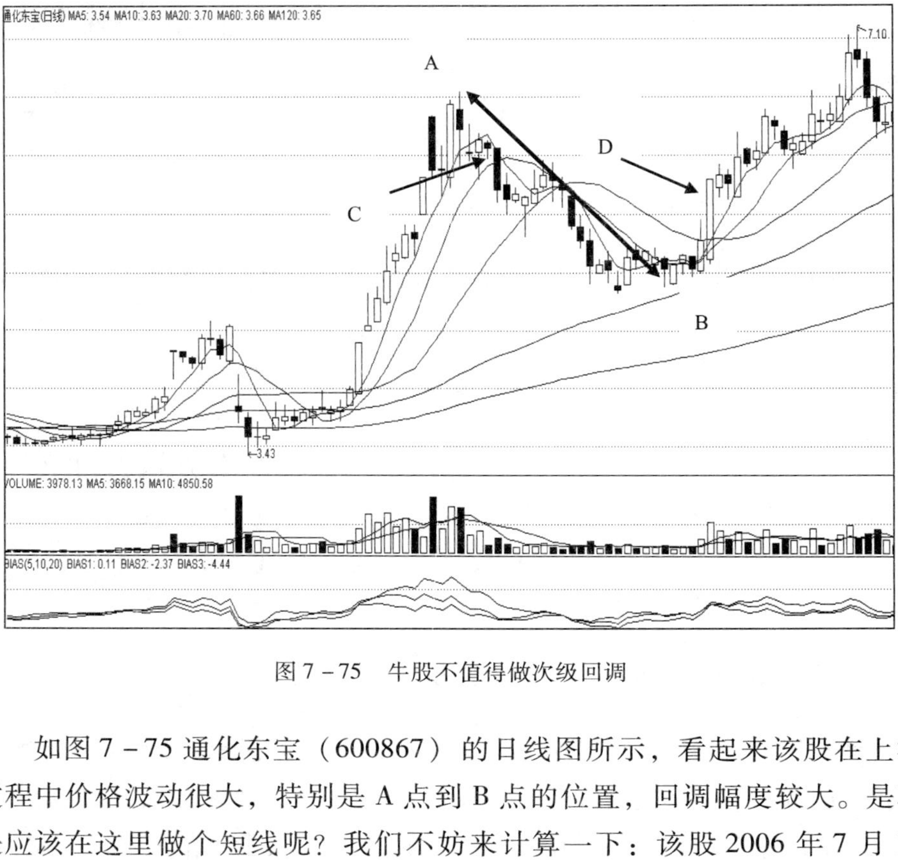

图 7－75　牛股不值得做次级回调

如图 7－75 通化东宝（600867）的日线图所示，看起来该股在上涨过程中价格波动很大，特别是 A 点到 B 点的位置，回调幅度较大。是不是应该在这里做个短线呢？我们不妨来计算一下：该股 2006 年 7 月 13 日在 A 点的最高价是 6.55 元，B 点的最低价是 4.90 元，最大跌幅是：6.55－4.90＝1.65 元，下跌幅度是 20%。但是，你不可能卖在最高价，买在最低价，你也不可能在没有确认下跌前卖出，在没有确认上涨时买入，那么，合理的买卖点在哪里呢？在 C 点和 D 点，C 点显示回调，收盘价为 5.71 元，D 点确认上涨，收盘价为 5.80 元，二者的价差是多少呢？5.71－5.80＝－0.09 元。就是说，这只股票虽然下跌了 25%，如果你不是庄家，只是按技术指标做短线，不算交易费也是亏损的。也就是说，调整空间如果低于 20%，对于一般散户而言，基本不具有盈利空间。所以，如果你持有通化东宝这只股票，不要为跌下去 1.65 元拍大腿，这个调整空间做短线，赚钱的概率很小。股票的中长期均线是向上的，你可以继续持股。

图 7－76 是通化东宝的后续走势图，从图中可以看出，进 2 退 1、波浪式推升是股价上涨的一种正常形态，上涨过程中的大多数调整空间并不具有操作价值。

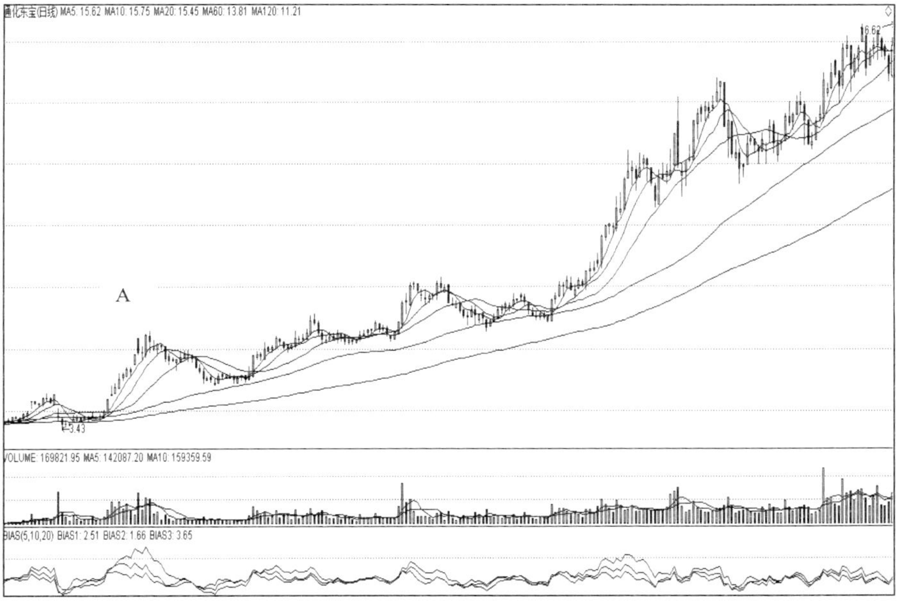

图 7－76　中长期均线把握大牛股

下跌过程的情况相反，道理相同。

所以，就中长线投资来说，要通观全局，不急不燥，不要频繁买卖。“眼中形势胸中策，缓步徐行静不哗。”由于证券市场的无常变化，我们不可能抓住每一次赚钱机会，你也许会出错，但只要把握住大势，就能握有胜券。

反转形态"两张弓"。

第八章　反转形态

在股票炒作中，除了跟踪趋势以外，恐怕最重要的事情就是寻找底和顶了，能够在底部买入，在顶部卖出，这是最理想的状态。所以，反转形态的识别判断，是决定股票投资成败的一个关键，也是技术分析的一个难点。这一章，我们就这个问题做一下分析。

一、趋势反转的标志

底部和顶部的出现意味着趋势反转，而趋势反转是指市场原有趋势发生逆转的形态。反转形态的重要特点是，在反转形态出现之前，已经存在一个明显的中长期趋势行情，如，原来的上升趋势变成下降趋势，或原来的下降趋势转为上升趋势，即称为反转。

那么，判断趋势反转的主要依据是什么呢？不是别的，是移动平均线的形态。我们知道，移动平均线是可以弯曲的趋势线，市场的中长期趋势发生逆转，必然伴随有中长期移动平均线运行方向的改变。

综观各种证券市场的走势，我们可以看到，每当市场的中长期趋势出现反转时，短期和中期移动平均线会先后发生弯曲，形成顺序叠放着的"两张弓"：首先是短期移动平均线（MA5、MA10 与 MA20）弯曲，与中期移动平均线（MA60）相交形成一张弓；然后是中期移动平均线（MA60）发生弯曲，与长期移动平均线（MA120）相交形成一张弓。顶部反转形态叠放着的"两张弓"弓弦在下，形状如"下弦月"，底部反转形态叠放着的"两张弓"弓弦在上，形状像"上弦月"。如图 8－1 和图 8－2 所示。

图 8－1　顶部反转"两张弓"

图 8－2　底部反转"两张弓"

趋势反转的标志就是均线出现“两张弓”。从图8－1和图8－2中我们看到，反转形态“两张弓”形成的时间和位置是不同的，有的前后相差1个月以上，股票价格相差十分悬殊。但一般情况下，无论在顶部还是在底部，只有当移动平均线出现“两张弓”形态时才能确认反转形态成立。如果只出现“一张弓”（短期均线与中期均线交叉），还只能看作回调行情或反弹行情。为什么呢？主要是为了防止对行情造成误判。如图8－3所示。虽然5日、10日和20日线跌穿了60日均线，形成了“一张弓”，但由于60日均线没能有效跌穿120日均线，还只能看作是上涨过程中的一种深幅回调。

图8－3　深幅回调

同样，如图8－4所示，在下跌过程中，虽然5日、10日与20日均线向上穿越了60日均线，出现了“一张弓”形态，但由于60日均线没有向上有效突破120日均线，只能看作是下跌过程中的强势反弹。

所以，一般情况下，应该将短期移动平均线与60日移动平均线交叉作为牛市与熊市转变的领先指标，将60日移动平均线与120日移动平均线交叉作为确认指标，只有形成“两张弓”时，才能确认牛市和熊市的转变。

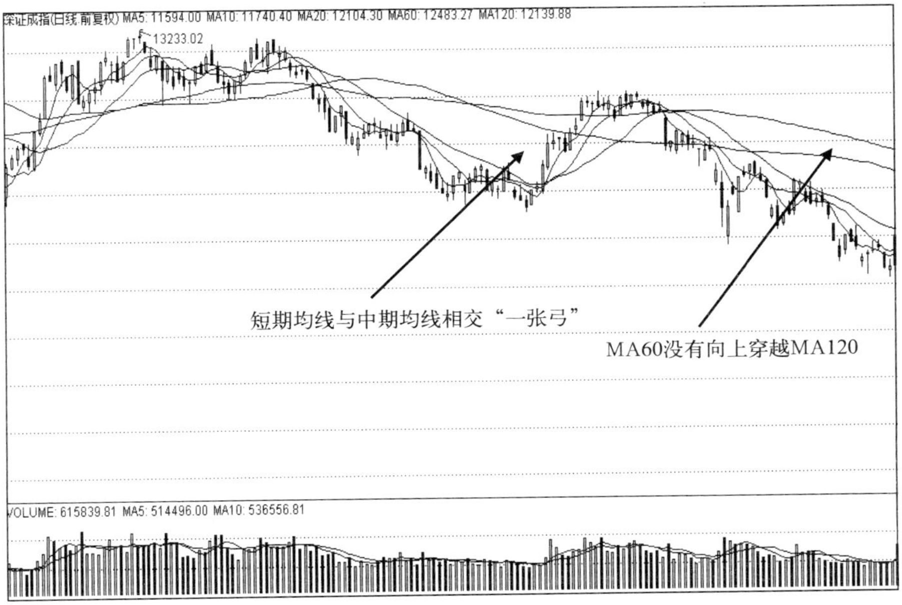

图 8－4 强势反弹

二、趋势反转的信号

那么，怎样才能在趋势反转的早期抓住苗头，顺势操作，赢得主动呢？

我们知道，市场趋势的反转是需要时间的，有一个反复折腾的过程，特别是主要趋势的反转需要有一个较长的过程，不是一蹴而就的。但是，就均线看盘来说，不论趋势反转的过程多么曲折复杂，移动平均线必经三次交叉：短期均线交叉、短期均线与中期均线交叉、中期均线与长期均线交叉。这三次均线交叉是趋势反转过程中的三个节点，好比植物生长过程中发出的三个芽或三片叶，是趋势反转过程中发出的三个重要信号。

（一）第一信号

短期移动平均线交叉是趋势反转的第一个信号。短期移动平均线交叉，例如 5 日、10 日与与 20 日均线交叉，可以说是经常出现的一种均线交叉。但是，在上涨或下跌趋势的末期，如果出现 5 日、10 日与 20 日均线交叉，是需要特别注意的，因为这很可能是趋势反转发出的第一个信号。

在上涨行情的末期，股价涨幅已高，如果出现十字星、螺旋桨、长阴吞没、K线跳空等看跌K线形态，随后5日均线与10日均线出现死亡交叉，应该提防继续下跌。10日均线与20日均线出现死亡交叉则是重要的预警信号。因为无论在什么位置，10日与20日均线交叉通常都会引发一波行情，在上涨的高位如果出现10日均线与20日均线死亡交叉，同时伴有大阴线、连阴线或向下跳空缺口，绝不是好兆头，很可能是趋势反转的第一个信号。如图8-5所示。

图8-5　第一信号（一）

在图8-5中，浦发银行（600000）经过连续上涨，股价涨幅已经很大，在高位出现吊颈线后连阴下跌，5日、10日与20日均线出现死亡交叉、死亡角，这是明显的看空形态，无疑应该出货。

同样，在下跌行情的末期，如果5日均线与10日均线出现黄金交叉，说明短期内的买盘大于卖盘。如果10日均线与20日均线出现黄金交叉，同时伴有中阳线、大阳线或向上跳空缺口，成交量同步放大，说明趋势向好，应当适时建仓。如图8-6所示。

在图8-6中，金地集团（600383）在下跌行情的末期，已经是地板

图 8－6　第一信号（二）

价，此时出现连阳线拉升，成交量极度萎缩之后连续放大，5 日、10 日与 20 日移动平均线出现黄金交叉，反映趋势向好，应适当建仓。

（二）第二信号

短期均线与中期均线交叉是趋势反转的第二个信号。如果说 5 日、10 日与 20 日移动平均线交叉是趋势反转的预警，那么，20 日与 60 日均线交叉就是趋势反转的明确信号。

在上涨行情末期，如果 20 日均线与 60 日均线出现死亡交叉，同时伴有大阴线或连阴线砸盘，说明中长期上涨趋势已经转为下跌，应该果断离场。

如图 8－7 所示，西山煤电（000983）在上涨到高位以后，首先短期均线出现死亡交叉，一条长阴 K 线切断三条短期移动平均线，随后 20 日均线与 60 日均线出现死亡交叉，并出现连阴破位的走势。这是一种大趋势走坏的危险信号，应该果断离场。

同样，在下跌行情的末期，如果 20 日均线与 60 日均线形成黄金交叉，同时出现大阳线或连阳线拉升，成交量同步放大，一般反映中期上涨趋势已经形成，应当择机入场。如图 8－8 所示。

图 8-7 第二信号（一）

图 8-8 第二信号（二）

在图 8－8 中，西山煤电在低价区跌势趋缓，成交量放大，首先短期均线出现黄金交叉，随后 20 日均线向上穿越 60 日移动平均线。在这种情况下，应该择机入场。

（三）第三信号

中期均线与长期均线交叉是趋势反转的第三个信号。如果说，20 日均线与 60 日均线交叉是趋势反转的明确信号，那么，60 日均线与 120 日均线交叉，就是对趋势反转的进一步确认。在上涨行情末期，如果 60 日均线与 120 日均线出现死亡交叉，说明市场已经进入熊市，应该丢掉幻想，坚决离场。在下跌行情末期，如果 60 日均线与 120 日均线出现黄金交叉，同时成交量放大，说明市场已经进入牛市，应该择机建仓，并坚持做多。如图 8－9 和图 8－10 所示。

在趋势反转的三个信号中，第一个信号——短期均线交叉——具有超前性，第三个信号——中长期均线交叉——具有滞后性，第二个信号——短中期均线交叉——是重要转折点。

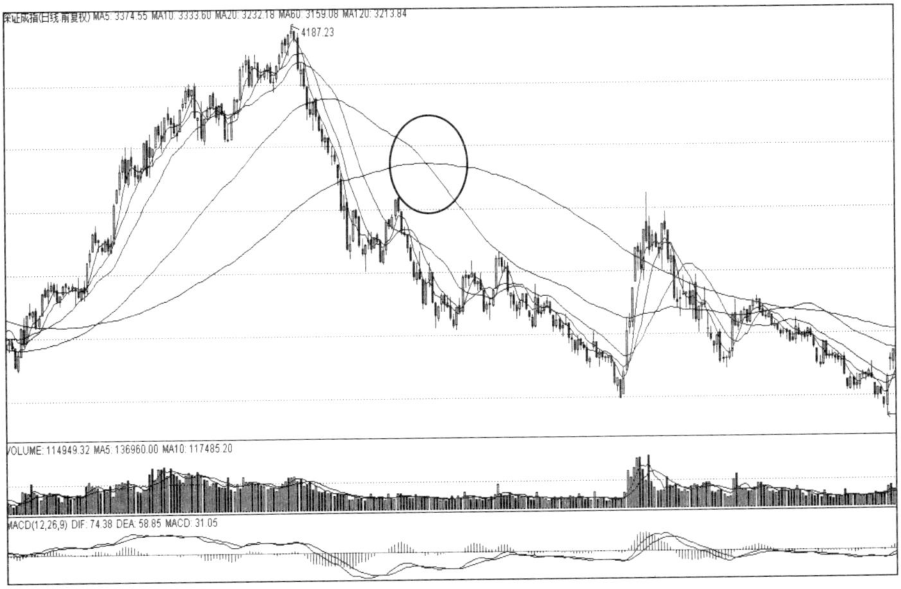

图 8－9　第三信号（一）

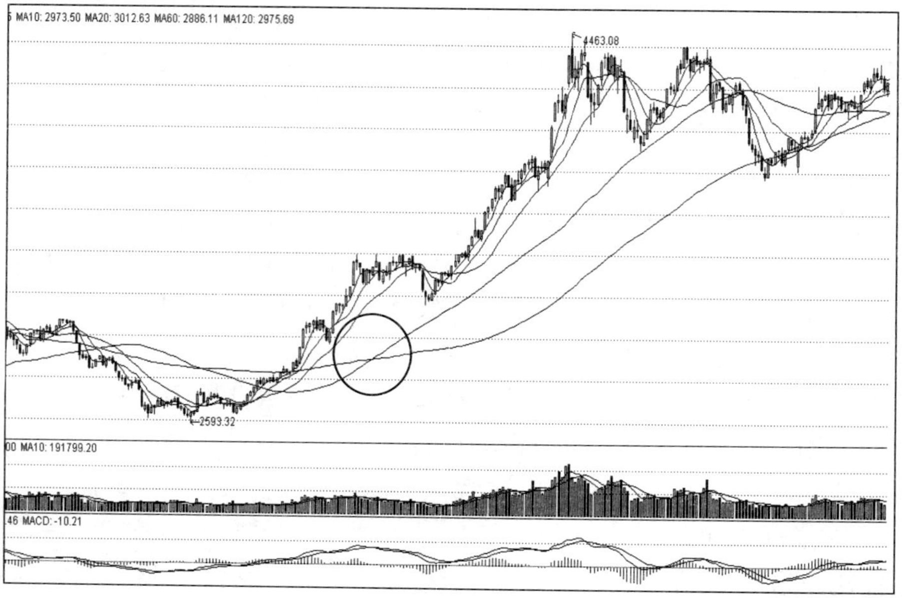

图 8－10　第三信号（二）

三、趋势反转的技术图形

反转标志“两张弓”，反转信号“三个芽”。但是，市场不同时期的趋势反转具有不同的形态特征。由于具体的市场环境与股价走势差异，前期股价涨跌幅度不同，加之短中长期移动平均线的乖离程度不同，市场的趋势反转往往会走出不同的技术图形。

（一）单边式反转

单边式反转的特点是拐点陡峭，急涨急跌。典型的技术图形是岛形反转与 V 字形反转。

1. *岛形反转*

岛形反转，顾名思义，反转的 K 线形态呈岛形。如图 8－11 所示，K 线图形明显地分成上下两部分，中间被左右两个缺口隔开，使得图表中被甩掉的那部分 K 线像离开海岸的孤岛一样。

岛形反转分为顶部岛形反转与底部岛形反转。

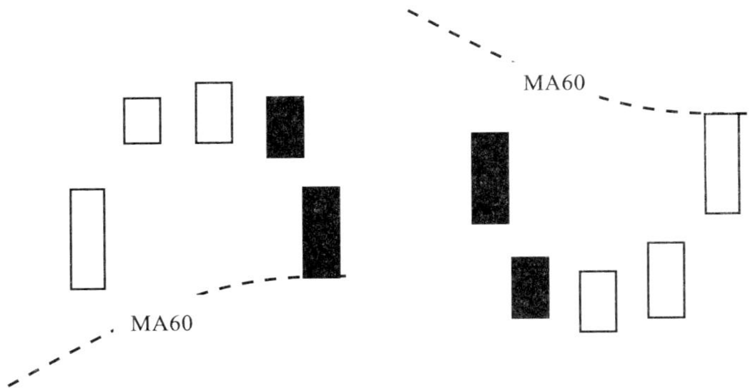

图 8－11 岛形反转

顶部岛形反转，出现在上涨趋势的末期，股价在急涨之后突然向上跳空，留下一个向上跳空的缺口，在高位做短暂停留之后（通常只有几天）又跳空向下，留下一个向下跳空的缺口。顶部岛形反转是一种强烈看跌的形态。如图 8－12 所示的海隆软件（002195）走势。

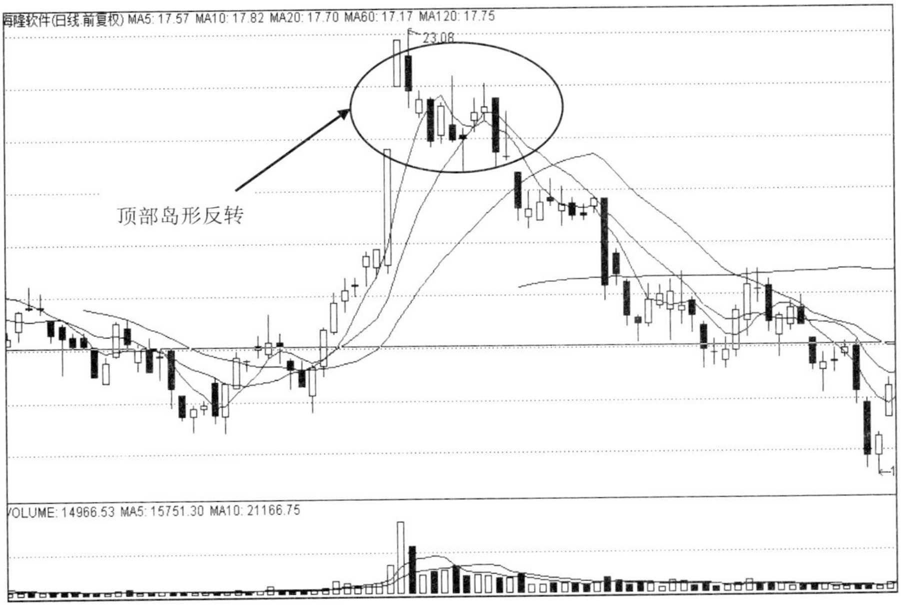

图 8－12 顶部岛形反转

底部岛形反转，出现在下跌趋势的末期，股价在连续下跌之后突然跳空向下，留下了一个向下跳空的缺口，并继续掼压探底，在底部作短暂停留之后又跳空向上，留下一个向上跳空的缺口，形成底部岛形反转。底部岛形反转形态一旦确认，应及时跟进做多。如图 8 – 13 所示。

图 8 – 13　底部岛形反转

2. V 形反转

V 形反转是一种常见的反转形态，也是一种比较难把握的反转形态，如图 8 – 14 所示。

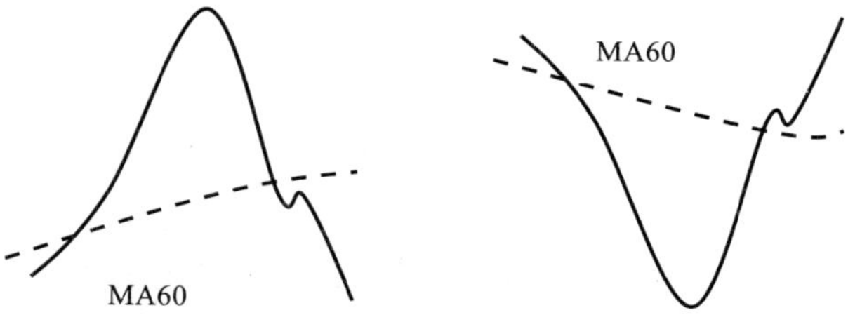

图 8 – 14　V 形反转

顶部V形反转，也称单顶形态，很像一个倒置的V字，往往出现在急速上涨之后，由于连续快速上涨，股价被推至高位呈岌岌可危之势，此时突发利空，获利盘与恐慌盘一齐涌出，股价急转直下，连续下跌，形成倒V字形走势。由于拐点急峻，前期追高的投资者往往被高位套牢，没有出逃的机会。如图8－15所示。

图8－15 顶部V形反转

底部V形反转，常常出现在大跌之后，由于连续恐慌性杀跌，空方能量宣泄殆尽，多方逢低大举买入，在大成交量的配合下，将股价一路推高，形成V字形上升趋势。由于这种V形反转启动速度快，在底部停留的时间短，回调幅度小，缺少买入机会，投资者很容易踏空。如图8－16所示的沪铜走势。

从图8－12、图8－13、图8－15和图8－16可以看出，单边式反转的特点是：股价走势急涨急跌，反转角度陡峭，往往出现在连续上涨或连续下跌之后，是一种容易高位套牢或低位踏空的形态。

图 8－16　底部 V 形反转

（二）平台式反转

平台式反转的特点是，在反转过程中股价呈横盘震荡走势，高点或低点几乎在同一水平上，一般会形成 M 顶或 W 底、三重顶或三重底、潜伏顶或潜伏底等形态。

1. M 顶和 W 底（图 8－17）

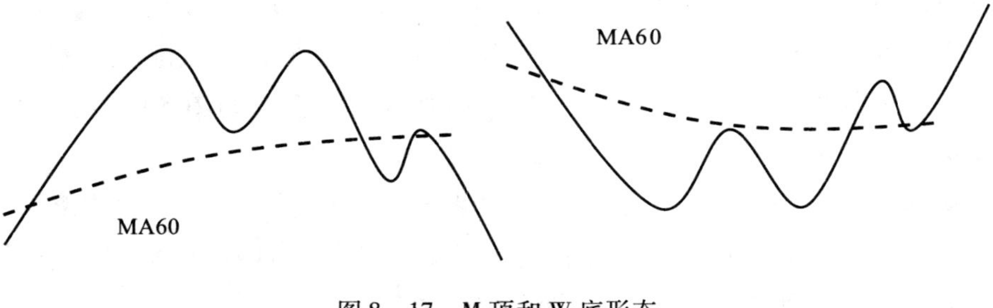

图 8－17　M 顶和 W 底形态

M顶，也称双顶形态，出现在上涨趋势末期，股价上涨到一个高点后受阻回落，之后继续上涨，再度上涨到与前高接近的位置时掉头向下，形成M形的两个顶。股价跌破颈线后通常会有一个反弹，在颈线处遇阻回落，从而确认反转趋势。如图8－18所示的塔牌集团（002233）走势。

图8－18中显示，塔牌集团在形成M顶的同时，5日均线与10日均线出现两次死亡交叉，在第二次出现死亡交叉时，5日、10日与20日均线同时交叉向下，形成空头排列，60日均线走平并向下弯曲，说明中长期趋势发生逆转。从大的轮廓看，移动平均线系统从向上发散逐渐转变为向下发散。

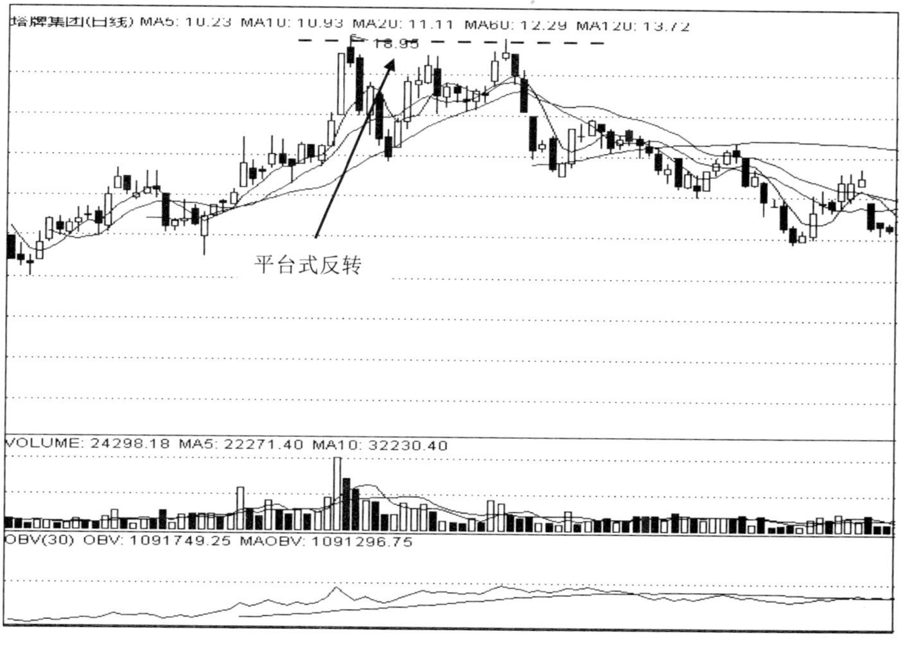

图8－18 M顶形态

W底，也称为双底，与M顶相反，出现在下跌趋势末期，股价下跌到某一低点后出现反弹，但反弹幅度不大再次下跌，跌至上次低点附近时再一次回升，同时成交量放大，突破颈线位后会有一个回踩，从而确认向上突破有效。如图8－19所示的徐工机械（000425）走势。

图 8－19 中显示，徐工机械在形成 W 底的同时，5 日、10 日与 20 日均线出现两次黄金交叉，并形成银三角和金三角，在第二次出现黄金交叉时，5 日、10 日与 20 日移动平均线同时交叉向上，并上穿横向运行的 60 日与 120 移动平均线。从大的轮廓看，移动平均线系统由向下发散转变为向上发散，逐渐向上形成多头排列。

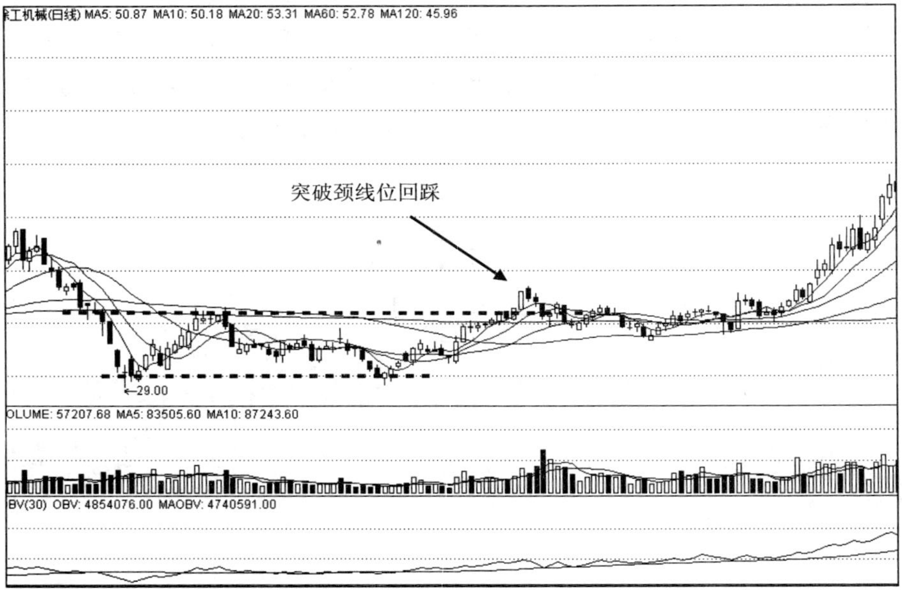

图 8－19　W 底形态

2. 三重顶与三重底

三重顶形态，出现在上涨趋势末期，当股价出现双顶形态后，回落至颈线位受到支撑再次上涨，上涨到前面的顶部位置再次遇阻回落，三次冲顶不过，市场信心丧失，股价开始下跌，一直跌破颈线位。跌破颈线位后有一个回抽，然后继续下跌，三重顶形态确立。如图 8－20 所示。

从图 8－21 民生银行（600016）的走势可以看到，在股价出现三重顶的同时，短期移动平均线出现三次死亡交叉，均线的间距逐渐收窄，第三次出现死亡交叉时三条短期均线弯转向下，与 60 日移动平均线形成死亡交叉。

三重底形态，出现在下跌趋势末期，当股价出现双底形态后，上涨至

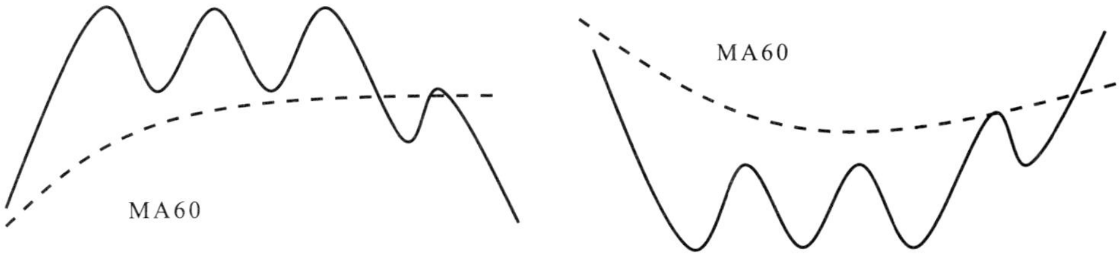

图 8－20 三重顶和三重底

图 8－21 三重顶形态

颈线位遇阻回落，回落到前期低点又返身向上，三次下跌不创新低，市场信心增强，股价开始强势上涨，在成交量的配合下一直冲破颈线位。冲破颈线位后通常有一个回踩，然后继续上涨，三重底形态确立（图 8－20）。

图 8－22 显示，伟星股份（002003）在形成三重底的同时，短期移动平均线出现三次黄金交叉，第三次出现黄金交叉时三条短期均线发散向上，60 日均线随之向上弯曲，各条移动平均线由向下发散逐渐转变为向上发散。

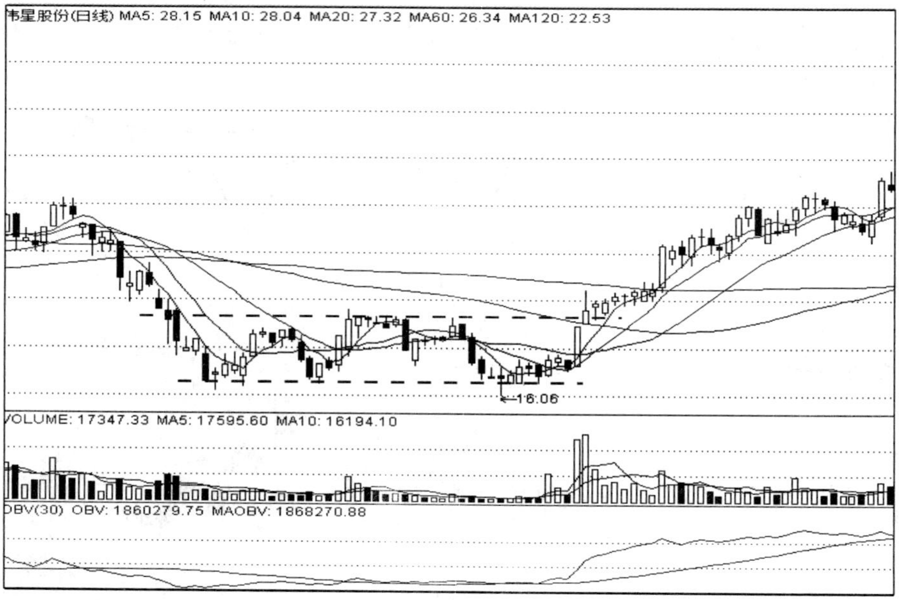

图 8－22　三重底形态

3. 潜伏顶和潜伏底

潜伏顶和潜伏底形态，又称“一条线”，顾名思义，就是股价长时间横盘，每日的波动幅度极小，图形很像一条横线的形状。如图 8－23 所示。

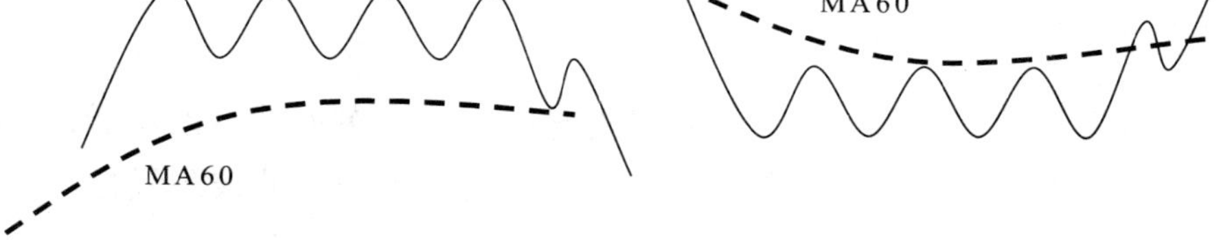

图 8－23　潜伏顶和潜伏底

潜伏顶的形态很少见，潜伏底是一种常见的形态。

潜伏底通常出现在熊市的末期或冷门股上，股价经过长期下跌之后，在低位一个狭窄的区间内上下波动，经过长时间横盘后被突然拉起，爆发式上涨。所谓“横有多长，竖有多高”，潜伏底在底部盘整时间越长，涨幅越大。当这种潜伏底明显向上突破时，应该马上跟进做多。如图 8－24 所示。

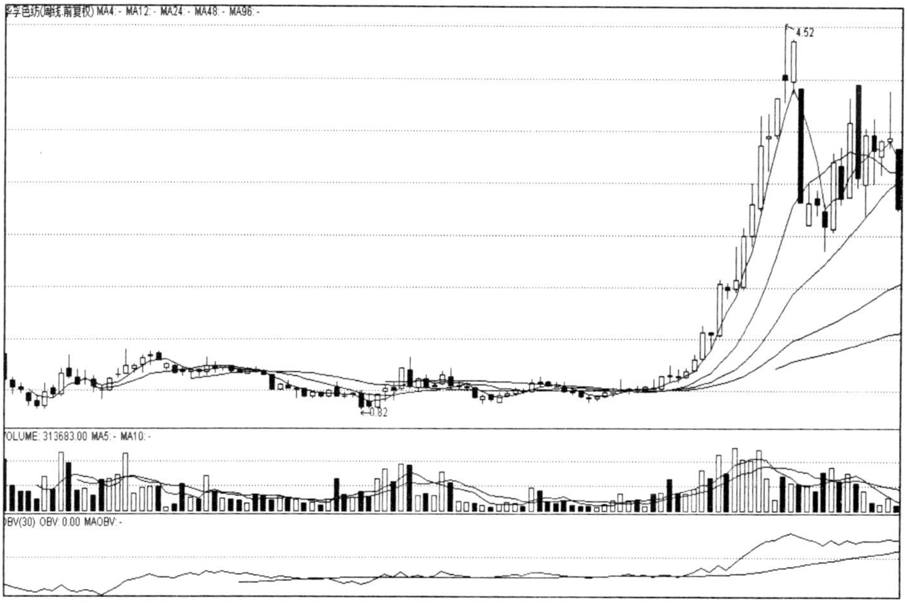

图 8－24　潜伏底

（三）阶梯式反转

阶梯式反转的重要特点是，在反转过程中表现为明显的阶梯式下跌或阶梯式上升，一般形成头肩顶形态或头肩底形态。如图 8－25 所示。

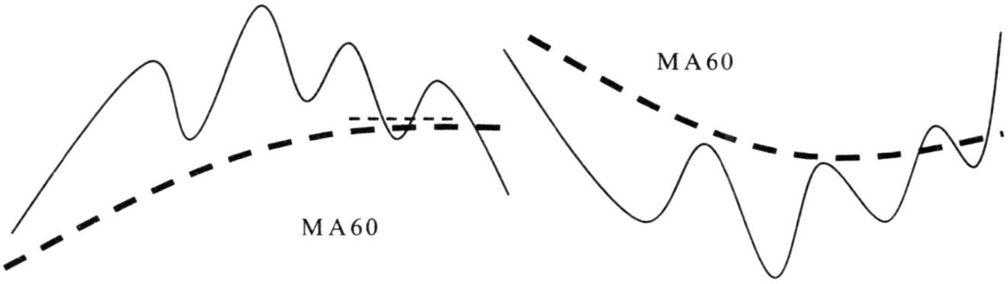

图 8－25　头肩顶和头肩底

头肩顶形态，出现在上涨趋势末期，先形成左肩，小幅回调后强势上行做头，再深幅回调后上行形成右肩，中间的高点明显高于左右两个高点，当向下跌破颈线位时通常有一个回抽，确认头肩顶形态成立。如图 8 – 26 所示张江高科（600895）的走势。

从图 8 – 26 中可以看到，张江高科股价的上涨和下跌均呈明显的阶梯式形态。在头肩顶形成的过程中，5 日、10 日与 20 均线出现三次死亡交叉，当 K 线跌破颈线位时 60 均线已向下弯曲，四条移动平均线同时交叉向下，形成空头排列，说明中长期下跌趋势已经形成。从大的轮廓上看，移动平均线系统从向上发散转变为向下发散，市场趋势已经明显发生逆转。

图 8 – 26　头肩顶形态

头肩底形态，与头肩顶形态相反，出现在下跌趋势末期。股价经过长期下跌后，跌势趋缓并出现反弹，形成左肩，接着继续下跌探底，形成头部，回升到前高后再次下跌上涨，形成右肩，同时成交量明显放大（右肩成交量放大是确认该形态成立的重要参考），推动股价向上突破颈线位。突破颈线位后一般有一个回踩。如图 8 – 27 所示。

图 8 - 27　头肩底形态

图 8 - 27 显示，头肩底形态出现在股价已经有较大跌幅之后，在头肩底形成的同时 5 日、10 日与 20 日均线出现三次黄金交叉，在第三次出现黄金交叉时，5 日、10 日、20 日与 60 日均线同时向上，成交量同步放大。从大的轮廓上看，各条移动平均线从向下发散转变为向上发散，形成了多头排列。

（四）圆弧式反转

圆弧式反转的特点是，反转过程呈平缓式上升或下降形态，形成圆弧底或圆弧顶形态，如图 8 - 28 所示。

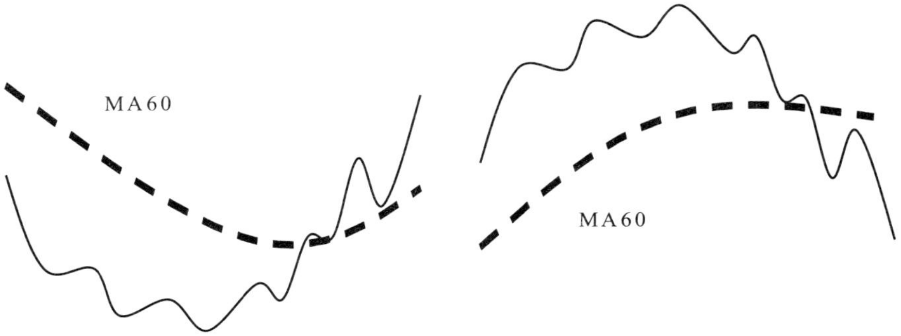

图 8 - 28　圆弧底和圆弧顶

圆弧顶是一种比较少见的形态，出现在上涨趋势的末期，其特点是股价上涨到高点之后升势逐渐变缓，并不马上下跌，而是由震荡走高逐渐变为震荡走低，形成一个圆弧式的 K 线图形。

如图 8－29 所示，在圆弧顶形成的过程中，5 日、10 日与 20 日均线纠缠在一起，60 日均线逐渐走平弯腰，短期移动平均线跌破 60 日移动平均线形成空头排列的同时，股价出现急跌。

圆弧底出现在下跌趋势末期，股价跌到低位后下跌速度越来越慢，成交量逐渐萎缩，进入谷底后开始缓慢上涨，成交量温和放大，形成锅底式图形。如图 8－30 所示的上汽集团（600104）走势。

图 8－30 显示，上汽集团在形成圆弧底形态的同时，5 日、10 日与 20 日均线由发散向下—交叉—发散向上，呈大鹏展翅形态，60 日移动平均线由下降—走平—上翘。

图 8－29 圆弧顶形态

图 8－30　圆弧底形态

四、均线收敛与 K 线穿越

市场趋势的反转，不仅需要具备必要的条件，也需要一定的时间。在趋势反转的过程中，均线系统与 K 线系统都会给出或隐或显的信号。所以，在分析市场趋势反转形态时，要同时注意观察移动平均线与 K 线形态的变化，尤其要关注移动平均线的收敛过程与 K 线穿越过程。

（一）均线收敛

移动平均线运行方向的改变是市场反转的一个重要前提，或者说，市场趋势的反转必然表现为移动平均线运行方向的改变。

移动平均线运行方向的改变是从短期移动平均线开始的，当股价走势发生变化时，首先是短期移动平均线做出反映，改变运行方向，然后才引起中长期移动平均线运行方向的改变。从移动平均线系统观察，在多数情况下，只有经过移动平均线的收敛过程，均线带逐渐收窄，出现移动平均线交叉或黏合形态，市场的持仓成本趋于一致时，市场才会重新选择方向，出现所谓的变盘。

所以，无论是顶部反转，还是底部反转，都需要有一个移动平均线的收敛过程，即移动平均线的“并线过程”。

均线收敛，是指两条以上的移动平均线由发散形态逐渐聚拢，移动平均线的间距越来越小，最后出现交叉或黏合的形态，这个过程，实际上是短期移动平均线向中长期移动平均线的靠拢、“回归”。如图 8－31 所示。

图 8－31　均线的底部收敛

从图 8－31 中可以看到，在底部反转过程，呈现一个明显的“并线过程”，即移动平均线收敛的过程。首先是 5 日、10 日与 20 日均线间距收窄，出现交叉黏合，同时与 60 日均线贴近并出现交叉，随后 60 日与 120 均线间距逐渐变窄，出现黄金交叉，形成一个向上弯曲的“大象牙”，最后 K 线跳到所有移动平均线之上，一轮牛市行情正式展开。再请看图 8－32。

如图 8－32 所示，在顶部反转过程中，5 日、10 日与 20 日均线首先弯转收敛成弓形，与 60 日均线形成死亡交叉，随后与 120 均线形成死亡交

图 8－32　均线的顶部收敛

叉，最后 60 均线弯弓向下与 120 均线死亡交叉，形成向下弯转的“大象牙”，象牙是应该向上翘的，这显然是一颗死象牙。

（二）K 线穿越

市场趋势的反转，要经过移动平均线从发散到收敛、再到 K 线穿越的过程。这个过程往往会出现反复震荡，其结果是均线带收窄，各条移动平均线出现缠绕或黏合，形成“均线束”，最后出现 K 线穿越，即长阴 K 线或长阳 K 线（或连阴连阳 K 线）一举突破关键节点，出现趋势反转形态的明显突破。

K 线穿越分为 K 线顶部穿越与 K 线底部穿越。

1. 顶部穿越

顶部反转，K 线由上向下穿越移动平均线，常常会出现以下两种 K 线穿越形态：

（1）断头铡刀。

在顶部震荡盘整的后期，各条移动平均线收敛成“均线束”形态，如果此时出现一根长阴 K 线同时切断几条移动平均线，形成断头铡刀图形，说明股价出现破位向下走势，一轮跌势已经开始，这是典型的做空信号，应该果断止损离场。如图 8－33 所示。

从图 8－33 中可以看到，长春经开（600215）在高位震荡走低，移动平均线系统不断收敛，最后形成“均线束”，此时，一条长阴线同时切断 4 条移动平均线，并跌破前期低点，移动平均线向下发散，形成空头排列，市场熊态毕现，必须壮士断腕，果断离场。

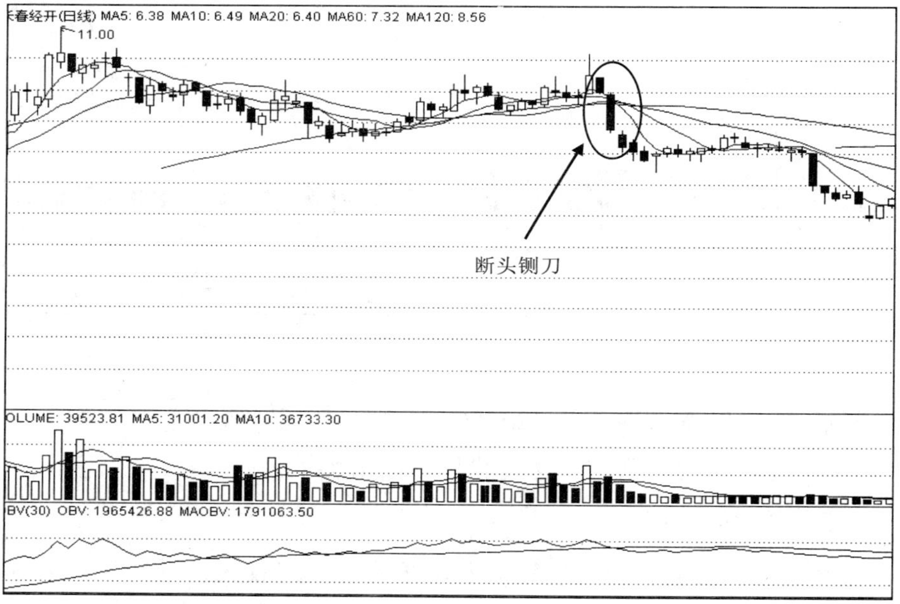

图 8－33　断头铡刀

（2）连阴割线。

断头铡刀是一种典型的横盘破位图形，比较容易识别。实际上，有些连续出现的阴线跌破几条移动平均线，即“连阴割线”，好比钝刀子割肉，虽然跌势好像缓和，其实际作用和断头铡刀并无本质区别，同样是重要的做空信号。如图 8－34 所示。

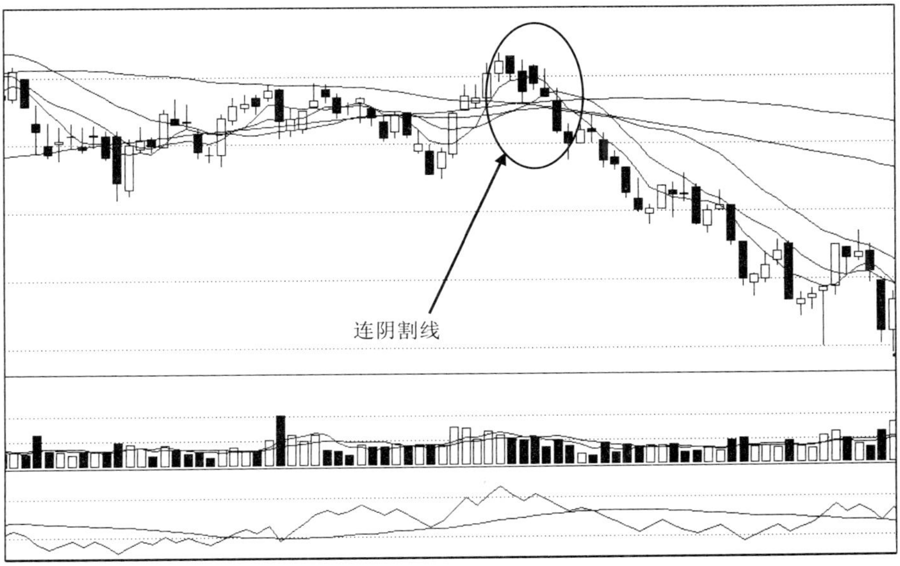

图 8－34　连阴割线

2. 底部穿越

底部反转，K线由下向上穿越移动平均线，也常见两种典型K线穿越形态：

（1）蛟龙出海。

蛟龙出海形态，一般出现在下跌盘整的后期，经过横盘整理主力完成了洗盘建仓之后，往往快速拉升脱离成本区，一条大阳线拔地而起，股价一举站到几条移动平均线之上，属于强势反转信号，预示着一轮涨升行情的开始，应该及时跟进做多。如图 8－35 所示。

（2）连阳穿线。

其实，所谓的蛟龙出海形态很少见，更多的情况是在底部或低位区域出现连续多条阳线上穿几条移动平均线，即“连阳穿线”形态，其作用和蛟龙出海形态相同，如果连阳K线同时上穿短中期移动平均线，且60日移动平均线已走平或向上，应该择机跟进做多。

如图 8－36 所示，中国石油（601857）在底部横盘后期，五条阳线接力，连续向上穿越 5 条移动平均线，站到 120 日移动平均线之上，成交量同步放大，这是一种强势反转形态，应该跟进做多。

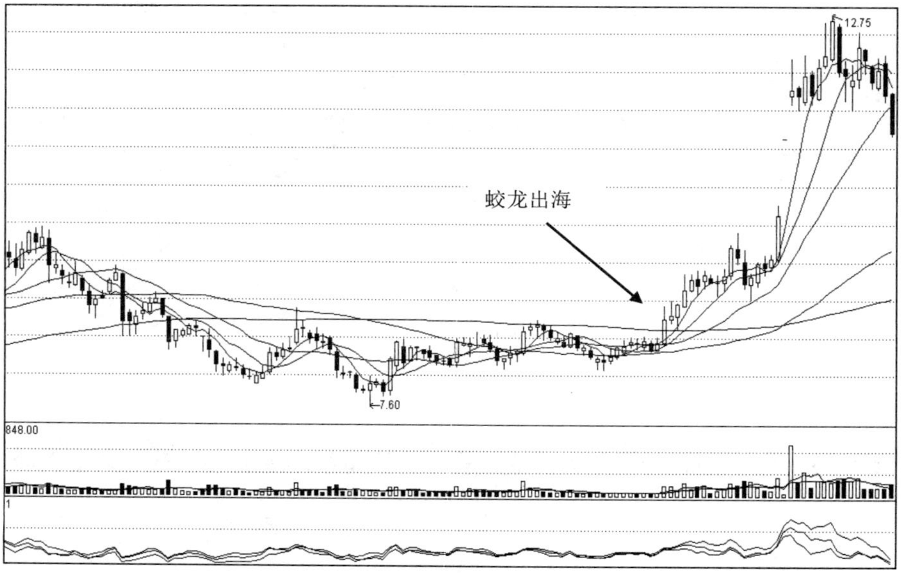

图 8－35　蛟龙出海

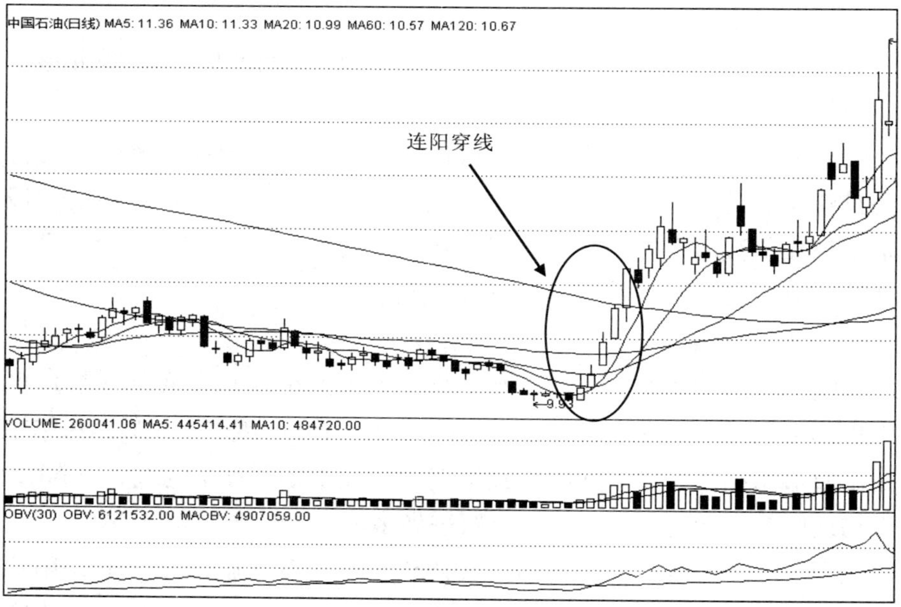

图 8－36　连阳穿线

此外，K 线顶部向下跳空，K 线底部向上跳空等，也是常见的穿越形态。

当我们分析成交量的时候，实际是在寻找行情起落的原因。

第九章 价量关系与筹码分布

如果说移动平均线是行情运行的轨迹，成交量就是推动行情发展的动能。先看量后看价，成交量是判断市场人气和价格走势的重要指标。当股市形势看好，人们踊跃购买股票时，入市资金增多，成交量不断放大，股价随之上涨；反之，当人们看淡后市时，市场买盘稀少，资金不断流出，成交量萎缩，股价必然下跌。所以，成交量的大小不仅能够反映出投资者购买股票欲望的强弱、人气的聚散，同时也能反映出股票市场供需形势的变化和股价涨跌的趋势。

一、量价互动关系

没有成交量的推动，股价不可能上涨，成交量减少，股价自然下跌。所以，关于股价与成交量的关系，从总体上说，牛市价涨量增，熊市价跌量缩。

在牛市上涨行情中，股价走高是必须有成交量推动的。价涨量增，价跌量缩，股价在波动中上升。随着买盘的进入，成交量的增加，股价不断上涨，只要股价和成交量不出现明显的背离，上涨趋势就不会改变。

在熊市下跌行情中，价跌量增，价涨量缩，资金不断撤出，股价在波动中下降。随着资金陆续出逃，成交量逐渐减少，股价不断下跌，当股价下跌到底部时，往往成交量最小。

当然，这只是就总体情况而言，不应做简单化的理解。事实上，成交量既是股价上涨的动能，也是主力机构做盘的手段，是经常用来骗人的一个指标，关于量价互动的关系，可以说微妙复杂，深奥莫测，必须具体情况具体分析，透过现象看本质。为了便于把握要领，我们下面仅列举几种常见现象做一下简要分析。

（一）价涨量增和价涨量缩

股价上涨，主要是由于有买盘的推动，所以量能放大。价涨量增，通常说明投资者看好后市，入市资金量增加。在涨升行情中，价格上涨，成交量增加，价格回落，成交量减少，是健康走势，后市看好。

如果股价上涨，成交量反而减少，即通常所说的缩量上涨，是量价背离的走势。这有两种可能：一是入市资金减少，上涨动力不足，说明主力机构在拉升过程中，可能开始出货；二是在个股行情中出现缩量上涨，有时反映主力已经高度控盘，抛压很小。

所以，当股价经过长期上涨之后，在高位出现缩量上涨现象，通常说明市场买盘减少，意味着上涨行情进入末升段，风险加大，要提防行情发生逆转。如图9－1通宝能源（600780）的走势。

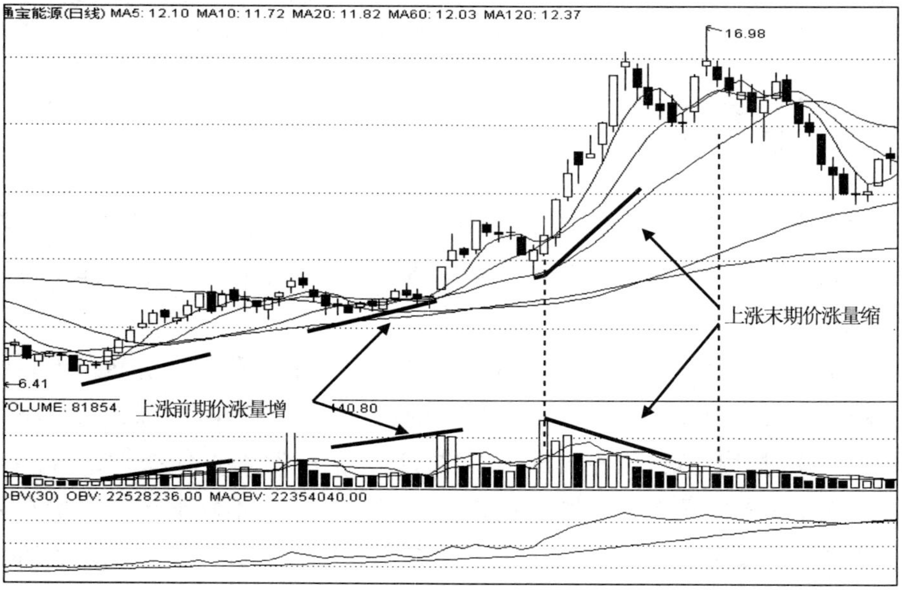

图9－1 价涨量增和价涨量缩

如图9－1所示，通宝能源在2007年7月至10月这波上涨行情中，总体上7至9月这段时间是价涨量增的，即量价齐升；而9月至10月是价涨量缩的，即缩量上涨。说明随着股价走高，卖盘在增加，有资金撤出，量能不断萎缩。但是，主力资金的撤出是有个过程的，而且是不断地拉高出货，所以股价不会一下子就掉下来。我们看到，市场成交量虽然在不断减少，但股价仍在上涨，甚至有加速的趋势，移动平均线仍呈多头排列（但乖离加大），一直到10月中旬见到第二个星线，形成双顶形态，股价才开始拐头向下。这个例子表明，成交量的变化和股价的表现有时是矛盾的，“鸭子凫水浪在底下”；同时也说明，成交量能够超前反映股价的趋势变化，领先于K线和移动平均线发出预警信号，这为我们判断行情是否接近顶部提供了一个重要依据。

（二）价跌量缩和价跌量增

股价下跌，成交量减少，一般属于弱势行情，后市看淡。在上涨过程中，回调整理时价跌量缩，往往是震荡洗盘或反映惜售心理，调整后可能继续上涨。在下跌趋势的末期，抛盘减少，成交量极度萎缩，说明股价可能接近底部。

股价下跌，成交量增加，即放量下跌，一方面说明抛盘很大，另一方面说明承接盘踊跃。这有两种情况：一是出现在涨升的高位，可能有主力出货，大量卖盘涌出，但还有一部分人仍然看好后市，以为是上涨过程中的回调，积极买入。二是出现在下跌趋势的末期，由于股价持续下跌，成交量不断萎缩，已跌无可跌，反而出现加速下跌，放出巨量，可能是主力机构的打压吃货行为，是一种止跌回升迹象。

如图9－2和图9－3所示，在股价下跌过程中，成交量总体是不断萎缩状态，即价跌量缩，但在下跌趋势的末期，成交量出现温和放大迹象，提前给出底部信号。

（三）温和放量和突放巨量

温和放量上涨，通常是一种比较平稳的上升趋势。特别是在上涨行情启动的初期，成交量往往温和放大，买盘大于卖盘，成交量逐渐增加，推动股价不断上升。如图9－4所示。

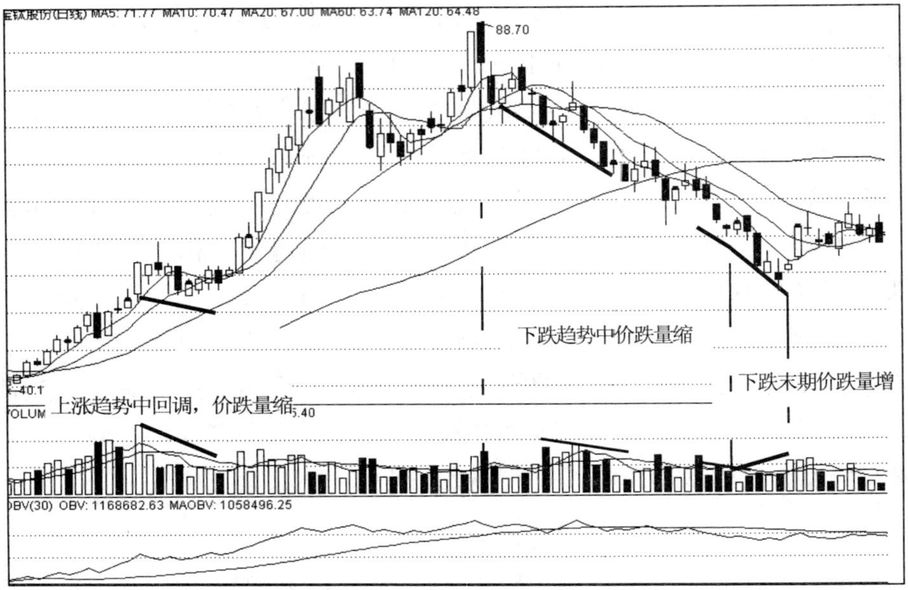

图9－2　价跌量缩和价跌量增（一）

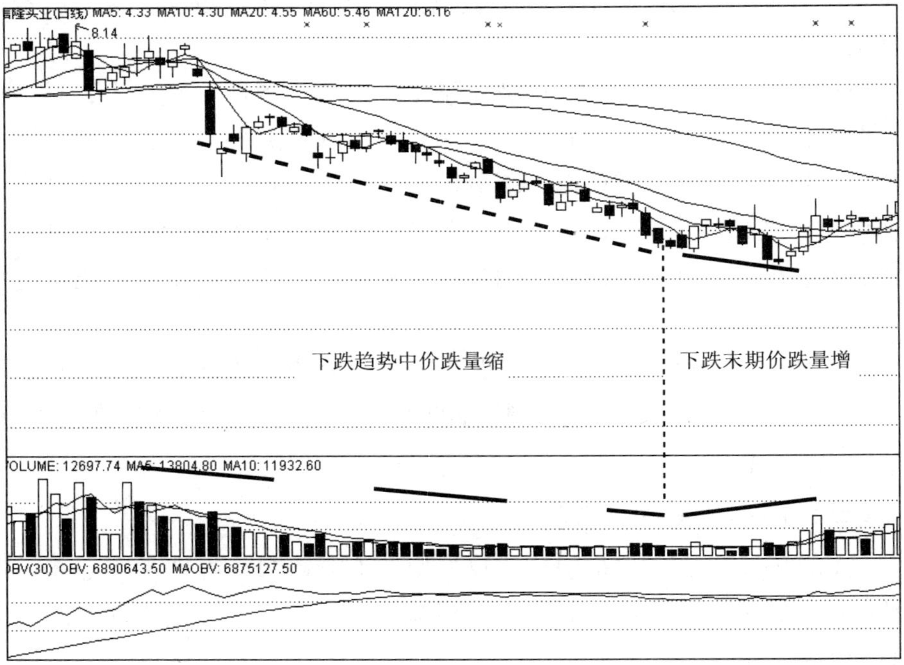

图9－3　价跌量缩和价跌量增（二）

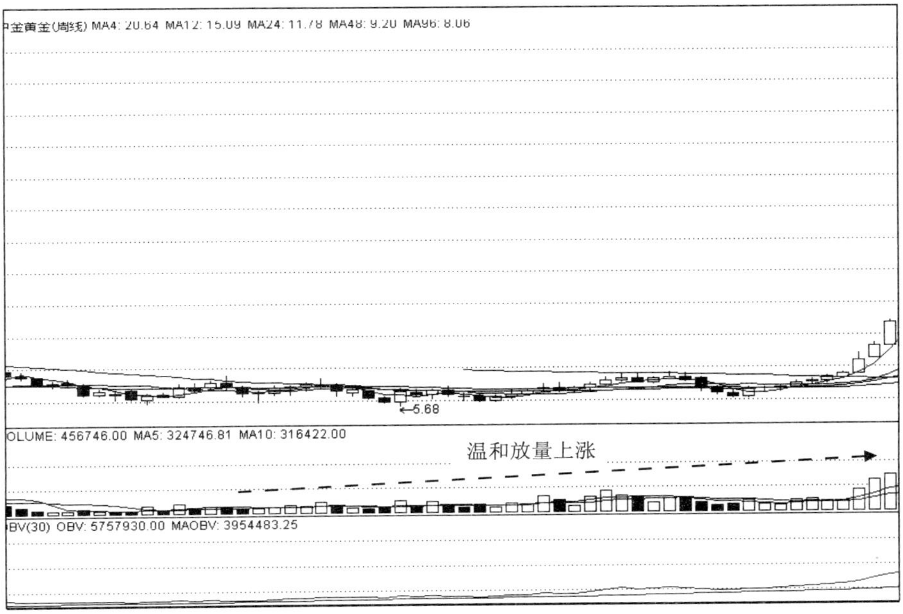

图 9－4　温和放量

突放巨量，一般出现在关键点位。比如，在低价区主力机构完成建仓之后，要快速拉升脱离成本区；在平台整理之后，突破重要的阻力位和颈线位，需要有大成交量的配合；在行情深幅下跌后期突放巨量，说明主力机构开始大单买入；在股价连续上涨进入高位区突放巨量，可能是主力机构大单出货等等，而巨量涨停和巨量跌停，则往往明确指示出行情的发展方向。

总之，突放巨量是关键点位的突破性动作，大成交量说明有主力资金介入。巨量开盘，放量涨停，放量跌停，是主力机构经常使用的做盘手法，有时是通过大单对敲制造出来的，从而吸引跟风盘，达到拉升或洗盘的目的。如图 9－5 所示。

(四) 低位放量和高位放量

低位放量，通常说明有主力介入。人们常说，底部放量，可以闭眼买进。股价经过长期下跌后，触底盘稳不再下跌，成交量也极度萎缩，股价波动的幅度越来越小，进入低位无量吸筹区。此时，如果成交量由萎缩而递增或剧增，出现低位放量上涨，说明买盘增加，后市看好。

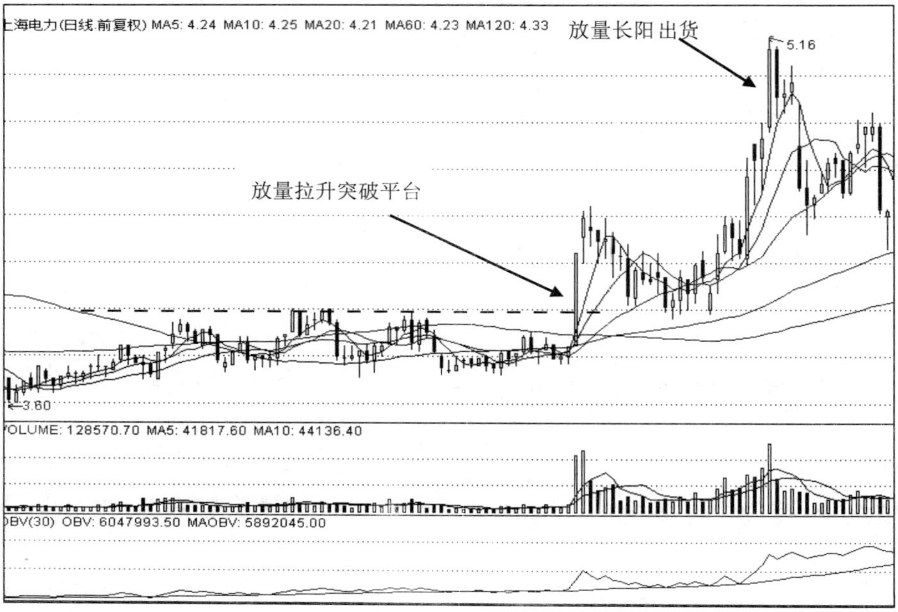

图 9－5　突放巨量

高位放量，说明有主力机构出货。所以，当股价已经有相当涨幅之后，在高位出现长阳或长阴线，同时放出巨量，是一种下跌信号。如图 9－6 所示。

图 9－6　低位放量和高位放量

（五）天量天价和地量地价

股价经过长时间上涨，价位已经很高，成交活跃，又突然放出前所未有的巨量，即“天量”，说明做多动能已充分释放。巨额成交量的出现，表示大量的换手，是股价趋势反转的预警信号。所以，在大涨之后出现创纪录的成交量时，应该适当减仓。

股价经过长时间下跌，价位已经很低，成交清淡，出现出前所未有的“地量”，说明做空动能已经充分宣泄，预示行情将见底回升，可以适当买入。

但是，对于所谓“天量天价”、“地量地价”的理解不能简单化。

图 9－7 是沪市的月线图，从中可以清晰地看到，在牛市行情中，总体看是价涨量增的，但在出现“天量”的时候并没有出现“天价”，2007 年 5 月份出现“天量”之后，股指又大涨了五个月，才出现所谓“天价”6124 点，而在这五个月冲顶过程中的量价关系，基本上是价涨量缩。在随后的熊市行情中，总体上是价跌量缩的，但在出现“地量”的时候并没有出现“地价”，随后三个月基本是价跌量增走势，见“地价”后才开始新一轮上涨行情。

那么，在上涨或下跌行情的末期，成交量的变化和移动平均线运行是

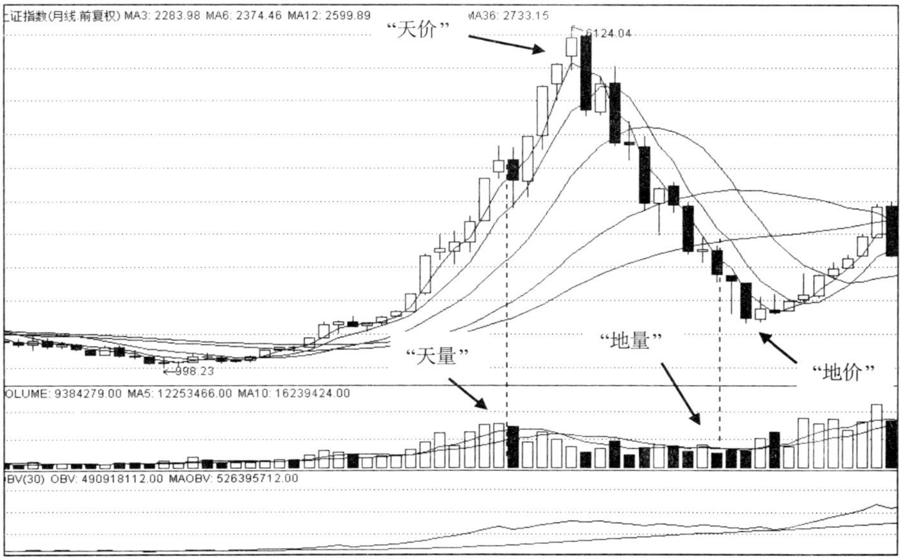

图 9－7 “天量天价”和“地量地价”

一种什么关系，应该怎样操作呢？请看图 9－8 和图 9－9。

图 9－8　上涨后期价涨量缩

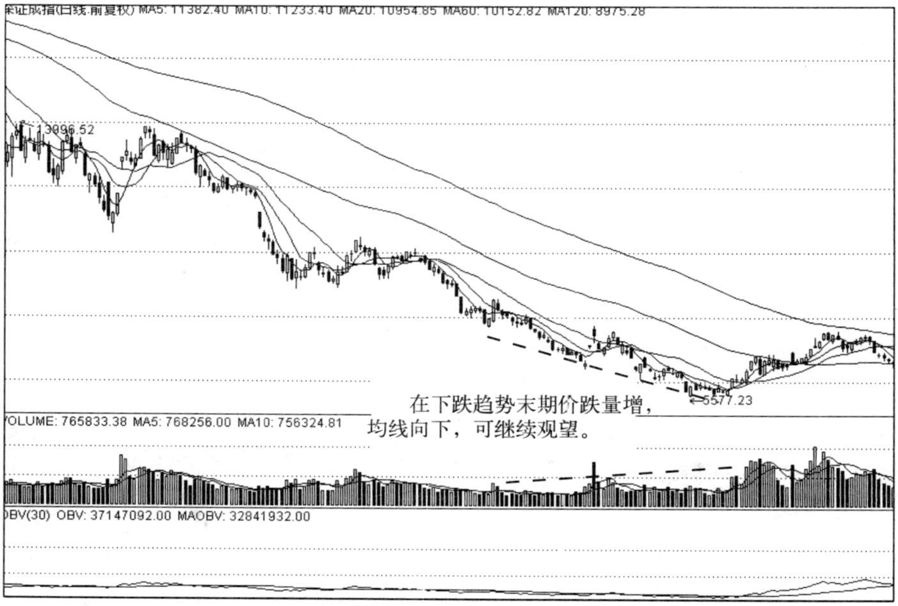

图 9－9　下跌末期价跌量增

从图 9 – 8 和图 9 – 9 中看到，在上涨趋势的后期，总体是价涨量缩的，但在这个过程中，移动平均线仍呈多头排列状态，可谨慎持股做多。在下跌趋势的末期，会出现价跌量增的情况，但只要移动平均线仍呈空头排列状态，应继续观望。

二、均量线与双均线分析

（一）均量线

均量线（VOL）是一个反映市场平均成交量变化的技术指标。

成交量是个非常活跃的变量，而且单日成交量大小差别很大，为了便于分析市场的持仓成本和量能变化，人们常常使用均量线指标。所谓均量线，就是将一定时期内的股票成交量相加后求出平均值，画出较为平滑的成交量平均线，简称均量线。

均量线在成交量的柱状线上波动，在上涨行情中，随着成交量的不断放大，均量线向上运行，当上涨动能不足时，均量线开始走平或下跌；在下跌行情中，成交清淡，随着成交量的不断萎缩，均量线向下移动，当成交量放大时，均量线开始走平上扬。均量线能够跟踪反映市场量能的变化趋势，所以，是一个观察市场行情波动的辅助性指标 。如图 9 – 10 所示。

1. 均量线和单日量

如果单日成交量极度萎缩，处于均量线之下，一般属于行情波动的低点。如果在成交量很小的横盘阶段，单日成交量放大，超过了均量线，说明有增量资金介入。如果成交量不断放大，均量线同时向上移动，说明行情处于上升趋势。如果股价从高位下跌，均量线走平或向下拐头，说明有资金撤出。如图 9 – 11 所示。

2. 不同时间周期均量线

各种炒股软件均量线的设置不尽相同，有的设置两条均量线，有的设置三条，有的设置多条均量线。一般来说，当均量线从相对低点逐步上行，短期均量线在长期均量线之上呈多头排列时，表明股价将持续上涨，应以持股为主。当均量线从相对高点向下移动，短期均量线在长期均量线之下呈空头排列时，表明股价将持续下跌，应以持币为主。均量线向上或向下拐头时，

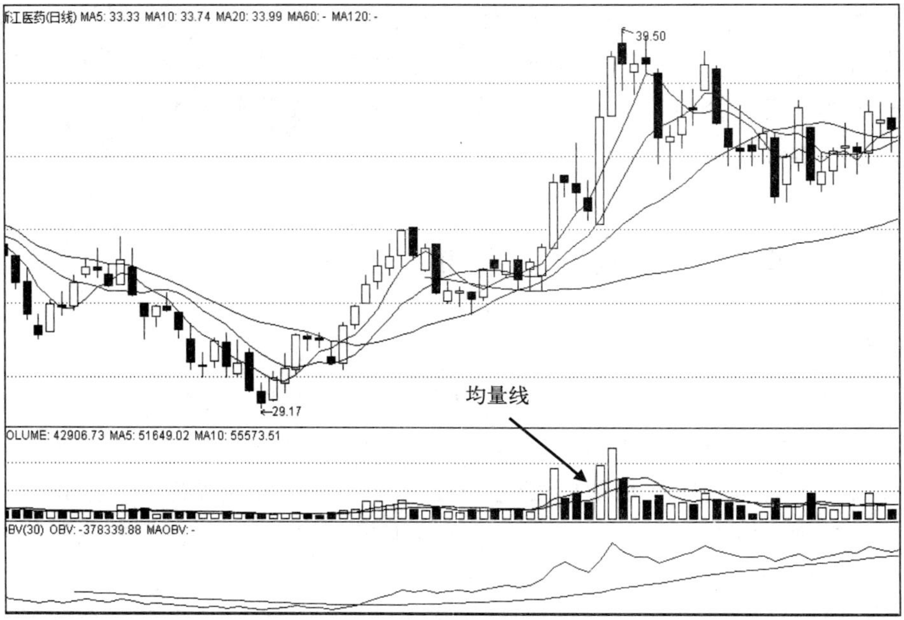

图 9－10　均量线

图 9－11　均量线与单日成交量

预示着行情发生变化。股价横盘整理时，成交量一般比较小，均量线会形成黏合状态，如果成交量温和放大，短期均量线上穿长期均量线，形成黄金交叉，说明市场做多动能增强，后市看涨。在上涨趋势末期，股价继续上涨，短期均量线下穿长期均量线，形成死亡交叉，是减仓卖出信号。如图9－12所示。

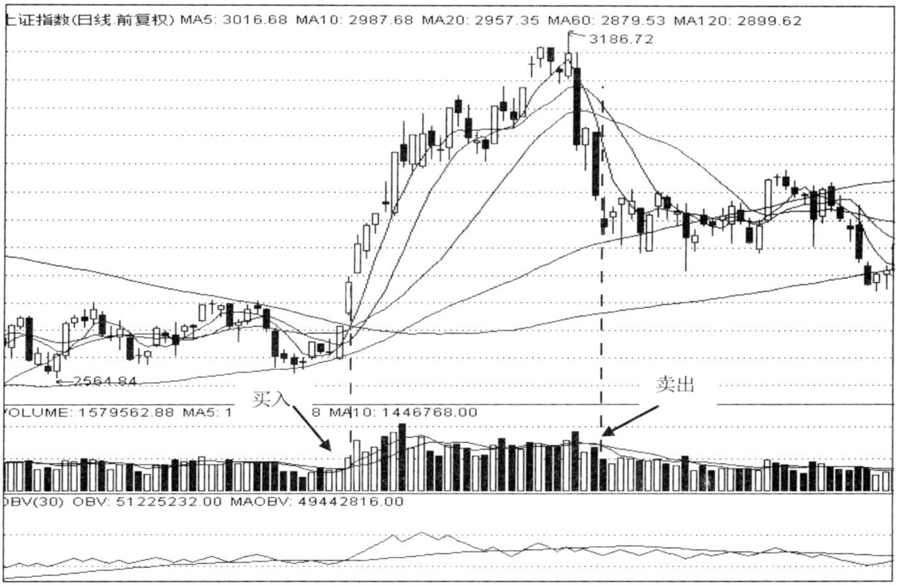

图9－12　均量线交叉

（二）双均线分析

所谓双均线分析，是指均价线（股价移动平均线）和均量线（成交量移动平均线）分析。均价线反映一定时期内市场平均价格的变化，均量线反映在同一时期内平均成交量的变化，把二者结合起来分析，两相对照，可以对市场走势获得更全面的认识。

双均线分析的重点是分析量价的配合情况，观察均价线和均量线的变动趋向是否一致，研判股价变动是否具备量能基础。

1. 双均线排列

双均线分析，首先要观察均价线和均量线的排列情况。当均价线和均量线同时形成多头排列，短期均线在上，长期均线在下，同步向上运行时，说明行情处于上涨过程中，应该持股做多。反之，当均价线和均量线形成空头排列，短期均线在下，长期均线在上，同时向下移动时，说明行情处于下跌趋势，应该持币观望。如图9－13和图9－14所示。

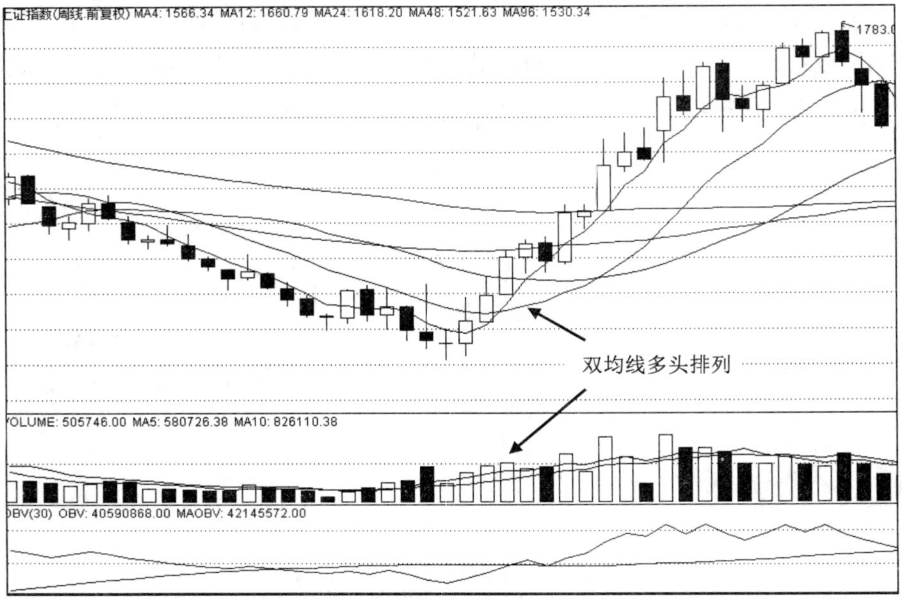

图9－13　双均线多头排列

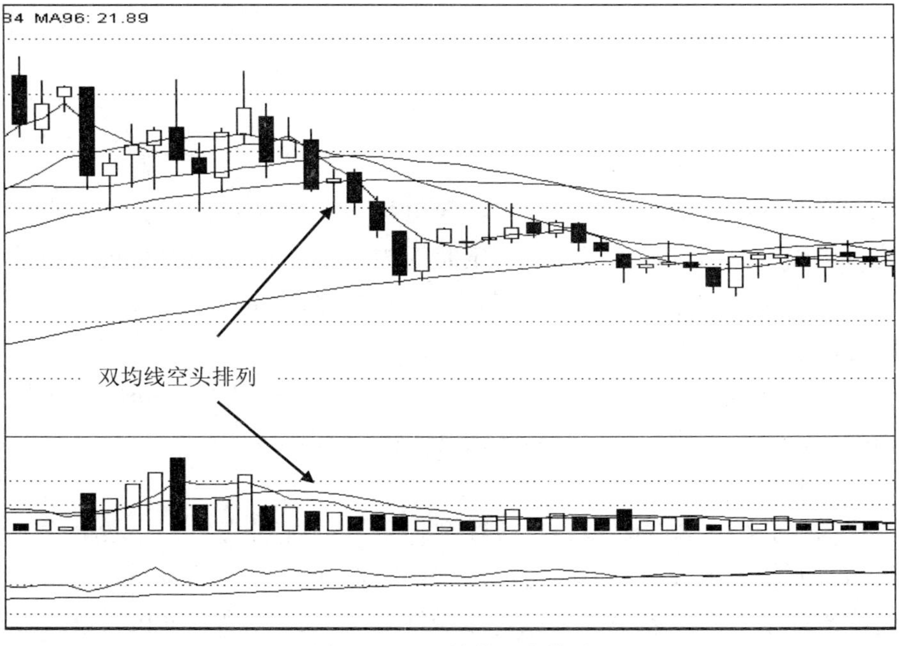

图9－14　双均线空头排列

2. 双均线交叉

当均价线和均量线同时上翘，并形成黄金交叉时，说明市场转入强势行情，应当买入。反之，当均价线和均量线同时向下运行，并形成死亡交叉时，说明市场转弱，应该卖出。如图 9－15 所示。

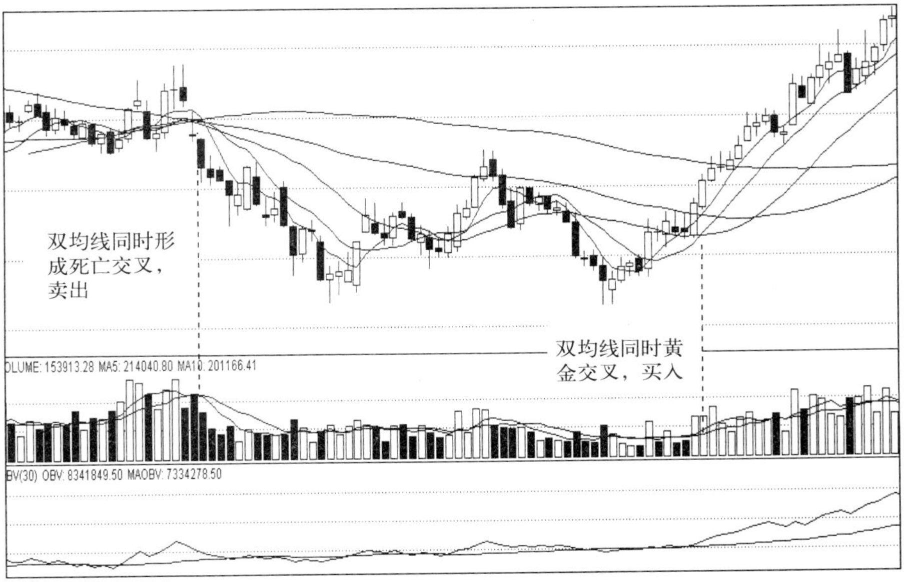

图 9－15　双均线交叉

3. 双均线背离

当均价线和均量线运行方向一致时，表明股价走势得到成交量的支持，这种走势可望得到延续。当均价线和均量线走势发生背离时，说明成交量不支持股价走势，股价的运行方向可能发生转变。

一是均价线在上升，而均量线却走平或下降。例如，在上涨行情的末期，往往股价仍创新高，均价线继续向上运行，但均量线却开始走平或拐头向下，出现顶背离现象。这种情况表明买盘减少，虽然移动平均线仍呈多头排列，可以继续做多，但应多加几分小心，警惕变盘的发生。如图 9－16 所示。

二是均价线向下，而均量线向上运行。如，在下跌行情的末期，常常股价仍创新低，均价线继续向下运行，但均量线出现黄金交叉，开始向上运行，出现底背离现象，表明股价可能见底回升，应密切关注盘面的变化，做好择机建仓的准备。如图 9－17 所示。

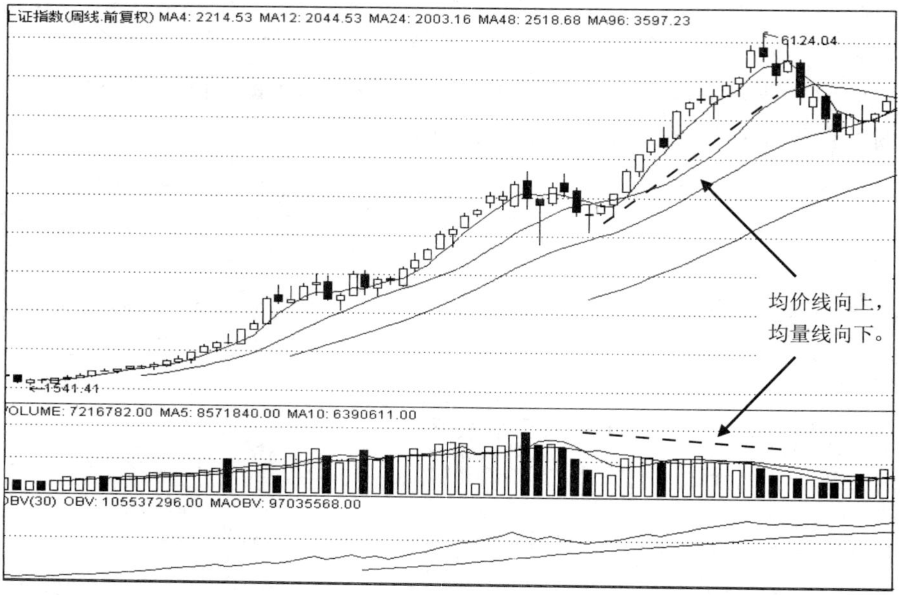

图 9－16　双均线顶背离

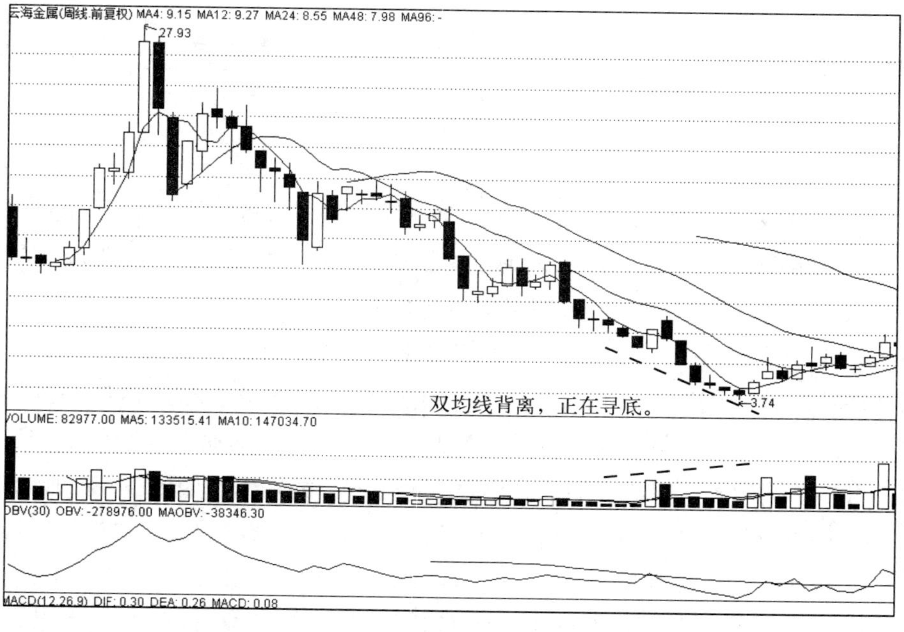

图 9－17　双均线底背离

总之，股票价格的运动，说到底是入市资金推动的结果，双均线分析，能够使我们从价和量两个方面综合研判市场趋势的变化，是把脉股市运行方向的一种方法。但也应该指出，均量线波动过于频繁，并不能经常给出很清晰的买卖信号，所以，只应作为辅助性的分析手段。

三、筹码分布

目前，在各种股票分析软件上都设有筹码分布（CYQ）指标，通过对市场筹码转移的跟踪分析，研判不同时间段的股价涨落和持仓成本变化，使价和量的分析更加有机统一，形象直观。

筹码分布图，反映的是不同价位上投资者的持仓数量。其使用方法是：在K线走势图上，用鼠标点击右下方的“筹”字，即可进入筹码分布图（在界面的上方或下方还可以点击“火焰山”和“活跃度”等）。

筹码分布图由紧密排列的水平线构成。每根水平线与K线图的价格坐标是相互对应的，水平线的位置表示筹码所处的价位，水平线的长度表示持仓数量，线条越长说明成交量越大。

在筹码分布图上，用不同颜色表示筹码的分布情况。如，用红色或黄色线条表示目前价位的获利筹码，用蓝色或白色线条表示亏损筹码，白色虚线表示平均成本等。在K线图上移动光标，线条的长短和颜色会发生变化，反映出不同时期持仓成本的变化情况。如图9－18所示。

筹码分布图能够非常直观地反映出市场成交量的分布和转移情况，是一种很非常好用的分析工具。它可以帮助我们有效地判断股票的行情趋势和性质，分析成交密集区的筹码分布和变化，识别主力机构建仓和派发的全过程，以及行情发展中重要的支撑位和阻力位，所以，作为一种新的技术分析方法很受广大投资者的欢迎。

（一）基本形态

筹码分布的两种基本形态是筹码密集和筹码发散，而且这两种形态是互相转化的。

所谓筹码密集形态，是指股价在某一价位长时间横盘形成的筹码高度集中，比如，在20%左右的价格区间集中了几乎所有筹码，形成筹码密集峰。筹码密集好比大战之前部队的集结，往往是一场多空之战的前奏，是一波行情的酝酿生成形态。如图 9－19 所示。

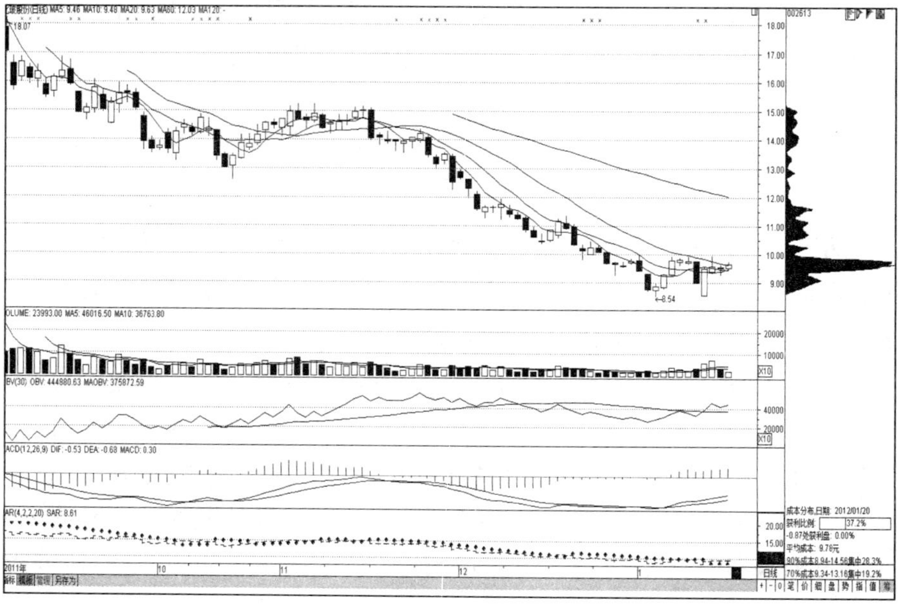

图 9－18　筹码分布界面

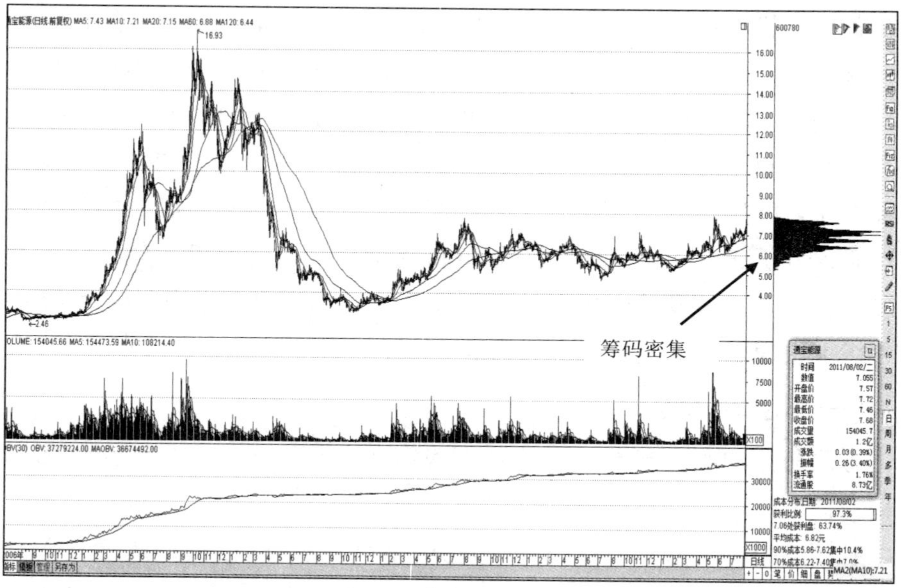

图 9－19　筹码密集形态

所谓筹码发散形态，是指筹码分布在比较广阔的价格空间，其市场含义是股价处于大幅度的上涨或下跌过程之中，筹码处于分散状态，好比战役进行中，部队展开作战。如图 9－20 所示。

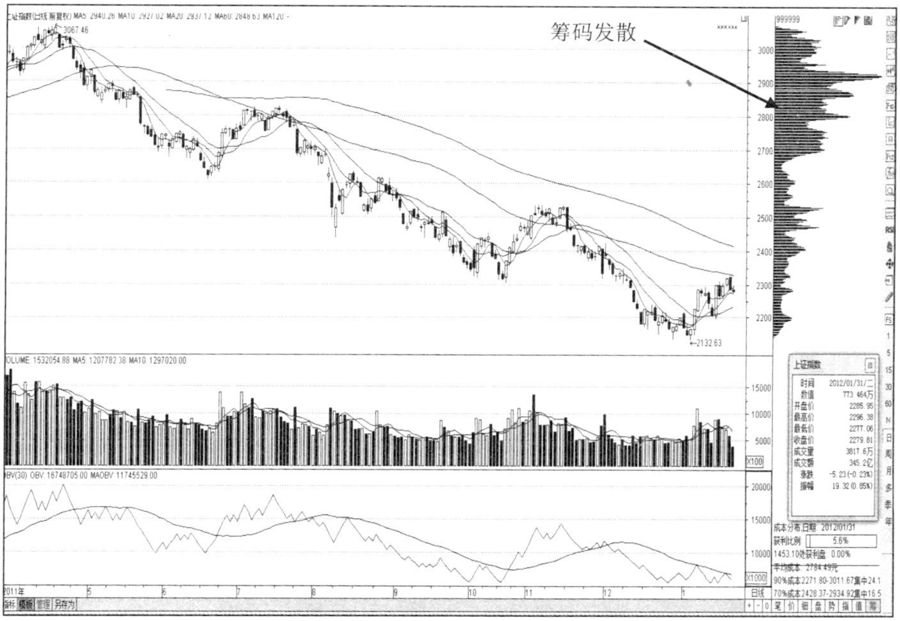

图 9－20　筹码发散形态

筹码移动分布的一般规律是：“密集—发散—密集—发散”，处于不断的动态变化之中。

（二）单峰密集

密集的筹码横向成峰。所谓单峰密集，是指筹码分布图中所形成的一个独立的密集峰，在这个筹码峰的上下几乎没有筹码分布，表明股票的筹码在某一价位高度集中。根据股价所处的相对位置不同，单峰密集可以分为低位单峰密集和高位单峰密集。

1. 低位单峰密集

低位单峰密集，是指股价在深幅下跌之后，筹码从高位流向低位，并且在相对狭窄的价格空间实现高度集中，在底部区域出现筹码密集峰。几乎所有股票在涨升之前都会出现低位单峰密集形态，反映主力机构在低价区已收集大量筹码，一波上涨行情处于蓄势之中。如图 9－21 大族激光（002008）的筹码分布。

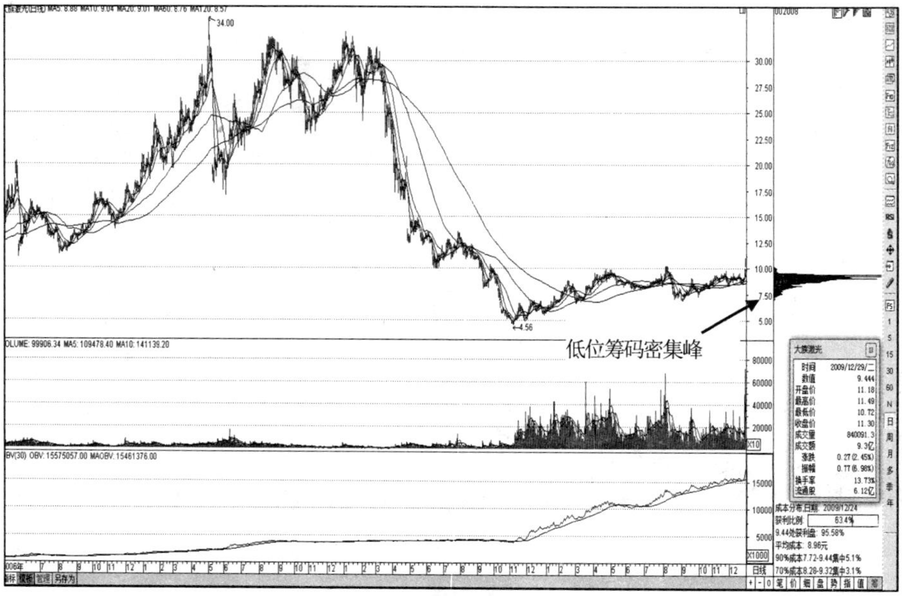

图 9－21　低位筹码峰

如图 9－21 所示，大族激光在低位区筹码形成明显的单峰密集，移动平均线于低位走平、收束，成交量很大，通常这是主力机构低位建仓的一种形态。

2. 高位单峰密集

高位单峰密集，是指股价连续上涨之后，筹码从低价区流向高价区，并且在相对狭窄的价格空间实现高度聚集，出现单峰密集形态。高位单峰密集是一种岌岌可危的筹码形态，多数筹码集中到高价区，预示市场处于获利派发阶段，股票将出现下跌。如图 9－22 豫光金铅（600531）的筹码分布。

图 9－22 显示，豫光金铅连续涨升之后，筹码在高位区形成单峰密集形态，短期均线出现死亡交叉，呈现出头重脚轻、摇摇欲坠的态势。

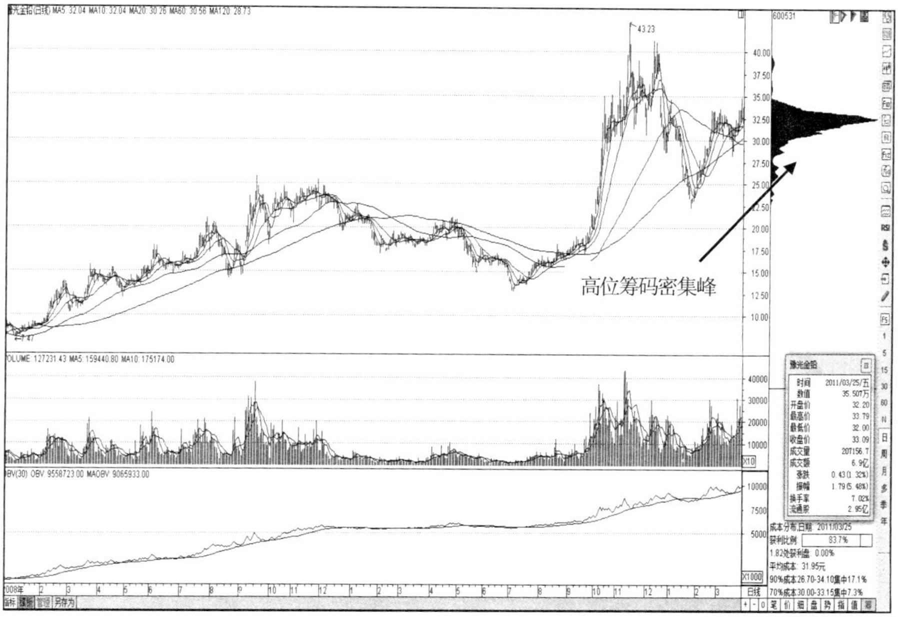

图 9 – 22　高位筹码峰

（三）双峰密集

双峰密集，是指由高位峰（也称上密集峰）和低位峰（也称下密集峰）构成的双峰图形。高位峰也称压力峰，对股价具有压力作用，当股价涨升至高位峰时会有解套盘涌出；低位峰也叫支撑峰，对股价具有支撑作用，当股价跌到低位峰时会有买盘进入。两峰之间为“双峰峡谷”，会逐渐被填平，使双峰变为单峰。根据形成时间次序不同，双峰密集又可以分为上涨型双峰和下跌型双峰等。

1. 上涨型双峰

上涨型双峰的特点是先形成低位峰，后出现高位峰，主力机构先于低位峰买入，后于高位峰卖出，从而形成双峰形态。如图 9 – 23 所示。

2. 下跌型双峰

下跌型双峰的特点是先形成高位峰，后出现低位峰，主力机构先于高位峰卖出，后于低位峰买入。如图 9 – 24 所示。

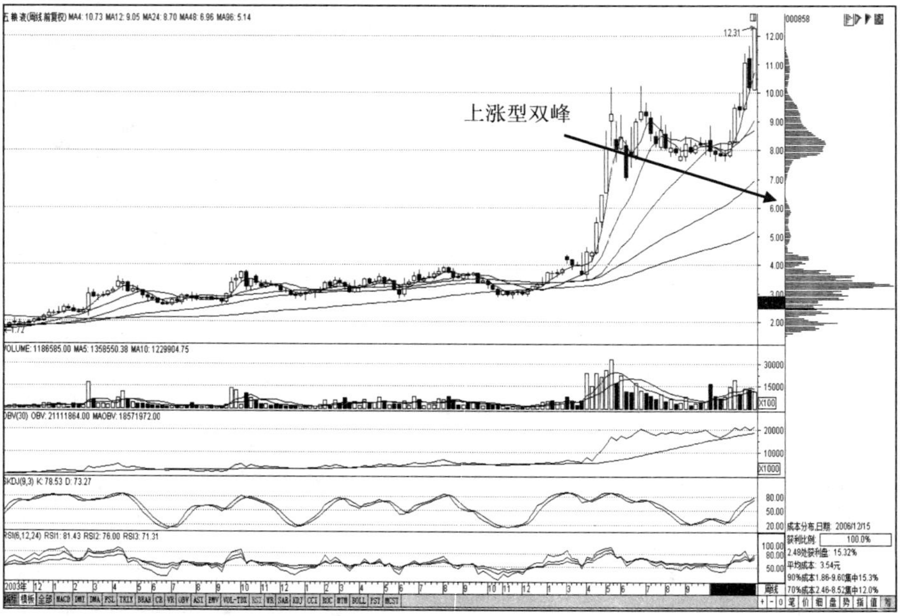

图 9－23　上涨型双峰

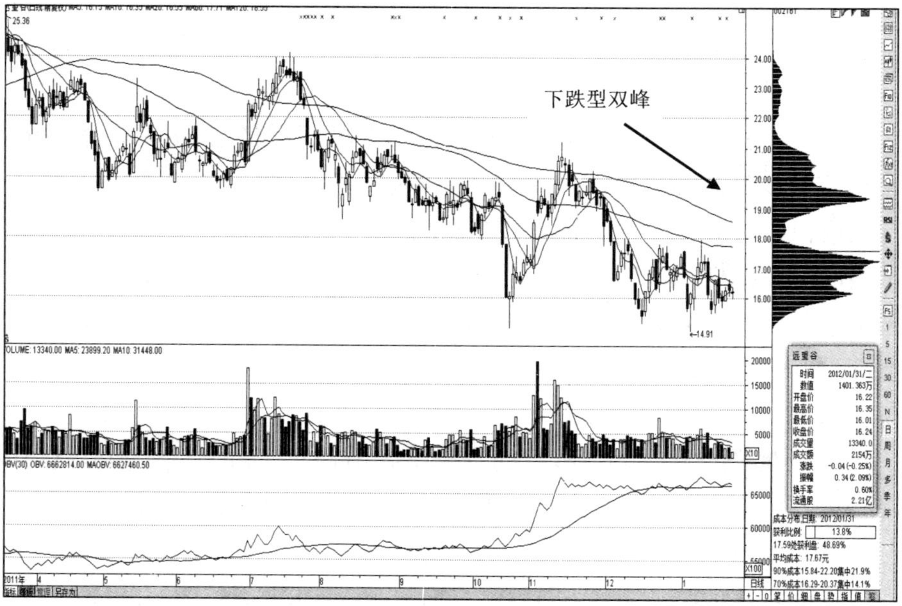

图 9－24　下跌型双峰

当筹码出现双峰形态时，上有阻力，下有支撑。要注意上下峰的形态变化，尤其要关注移动平均线的走势和排列情况。请看图 9－25 万泽股份（000534）的走势。

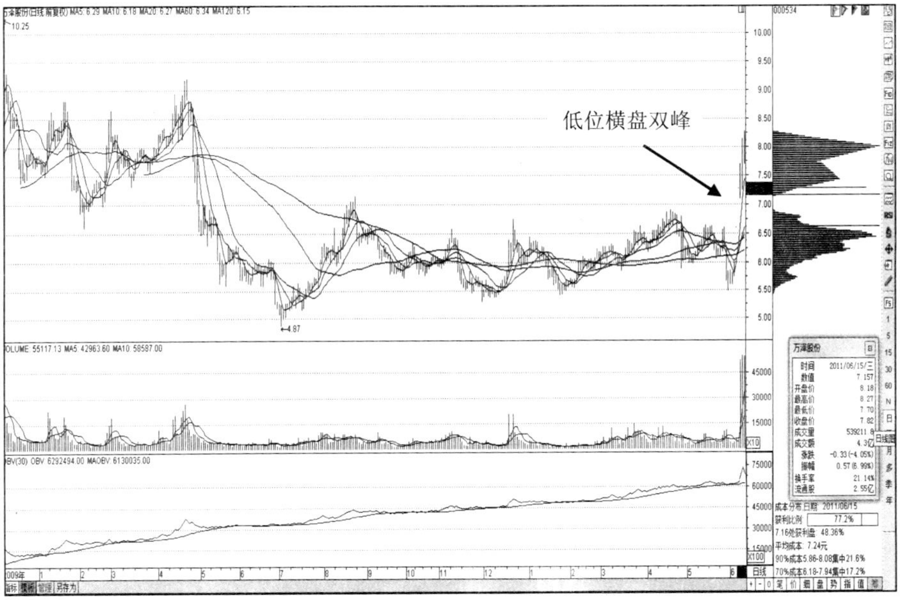

图 9－25　低位双峰

如图 9－25 所示，万泽股份处于盘整走势，筹码在相对低位形成双峰密集，60 日移动平均线基本走平，短期移动平均线上翘形成黄金交叉，同时成交量放大，但面临的上档抛压很大。

如图 9－26 所示，五粮液（000858）于高位出现筹码双峰密集形态，60 日移动平均线弯转向下，20 日与 60 日均线形成死亡交叉，是一种下跌态势。

在临盘实战中，我们还会看到这种情况：股价处于上涨过程中，但筹码并没有向高位转移，而是在低位沉淀，即“低位锁仓”，这种情况说明，该股被主力机构长期看好或筹码尚没有完全抛出，此时如果股价下跌，可以看做是洗盘动作。如图 9－27 所示。

图 9－26　高位双峰

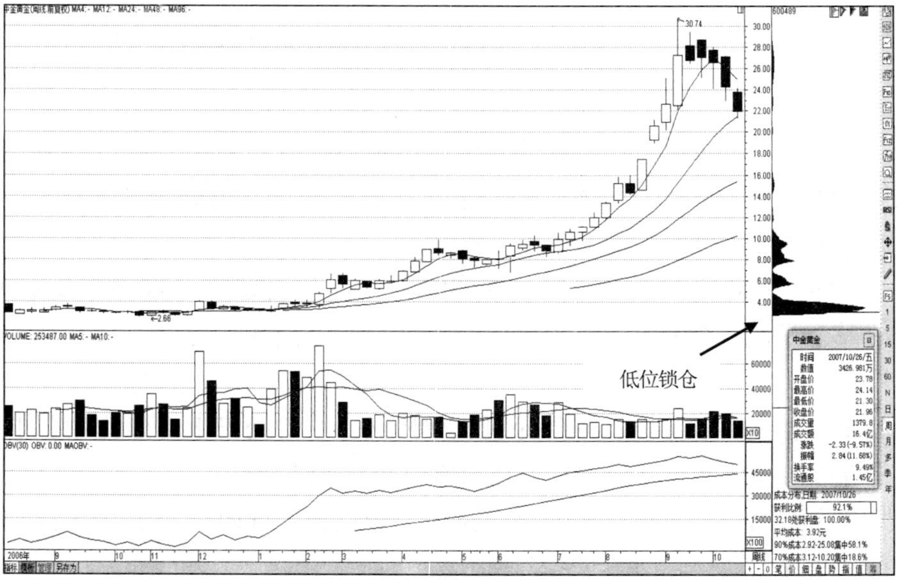

图 9－27　低位锁仓

（四）筹码发散

筹码发散，是指筹码分布在跨度较大的价格区域内，呈现比较松散的分布状态。筹码发散是行情的展开过程，在行情的上涨或下跌过程中都会出现筹码发散形态。

请看图 9－28 宇通客车（600066）和图 9－29 中国国贸（600007）的筹码发散形态。

图 9－28　上涨筹码发散

筹码发散过程可能形成多峰密集形态，即筹码较集中地分布在两个以上的价格区域，形成多峰密集。上方的密集峰，称为上密集峰；下方的密集峰，称为下密集峰；中间的密集峰，称为中密集峰。根据上下峰形成的时间顺序不同，可分为下跌多峰和上涨多峰等。

1. 下跌型多峰

下跌型多峰，是股票下跌过程中，由上密集峰下行，在下跌过程中作阶段性整理，形成中密集峰后继续下跌，在下密集峰处获得支撑，而上密集峰仍然存在，形成多峰形态。上峰是套牢区，一般是主力机构的派发区域，最下方的峰为吸筹峰，筹码经过震荡整理后通常在最下方形成新的密集峰，上方的每一个峰将逐渐被消化掉。如图 9－30 所示。

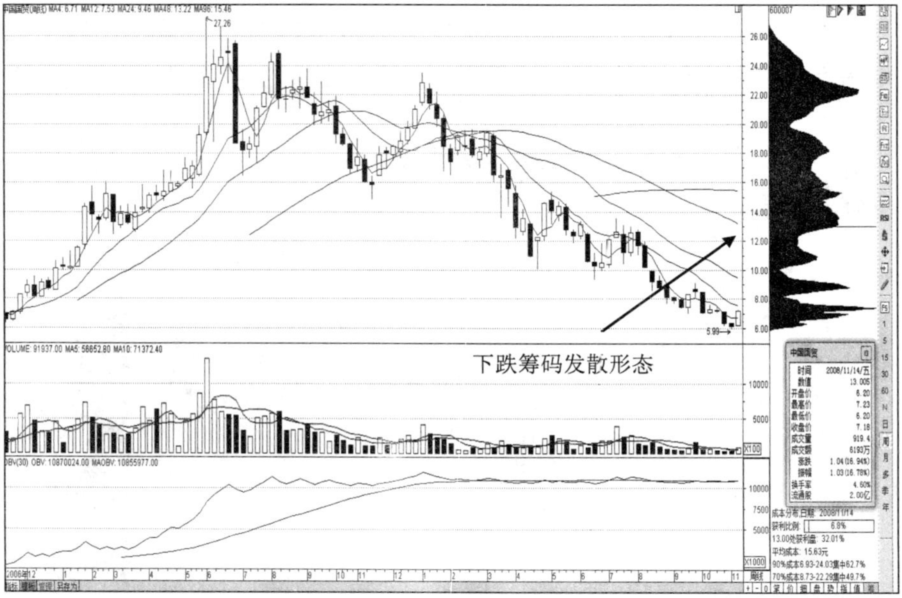

图 9－29　下跌筹码发散

图 9－30　下跌型多峰

2. 上涨型多峰

上涨型多峰，是在上涨行情中，股价由下密集峰上行，在上涨途中做震荡整理，形成筹码峰后继续上涨形成上密集峰，而下密集峰仍然存在，从而形成多峰形态。如图 9－31 所示，晋西车轴（600495）在上涨过程中形成多峰密集。

图 9－31　上涨型多峰

（五）筹码分布与均线形态

从以上的分析我们可以看到，筹码分布与均线形态具有相关性。低位密集峰一般出现在移动平均线的底部横盘阶段，即建仓阶段；高位密集峰多数出现在移动平均线的顶部震荡阶段，即顶部派发阶段；筹码发散形态出现在移动平均线的向上发散阶段和向下发散阶段。

但需要指出的是，筹码分布形态与移动平均线形态的这种相关性不是绝对的，有时筹码分布形态和移动平均线的形态并不一致，特别是在股价冲到高位时，有时顶部震荡的时间很短，比如出现倒 V 字形走势，股价很快回落，筹码并没有出现高位密集峰。所以，不应把有无高位密集峰作为卖出股票的主要依据。如图 9－32 所示。

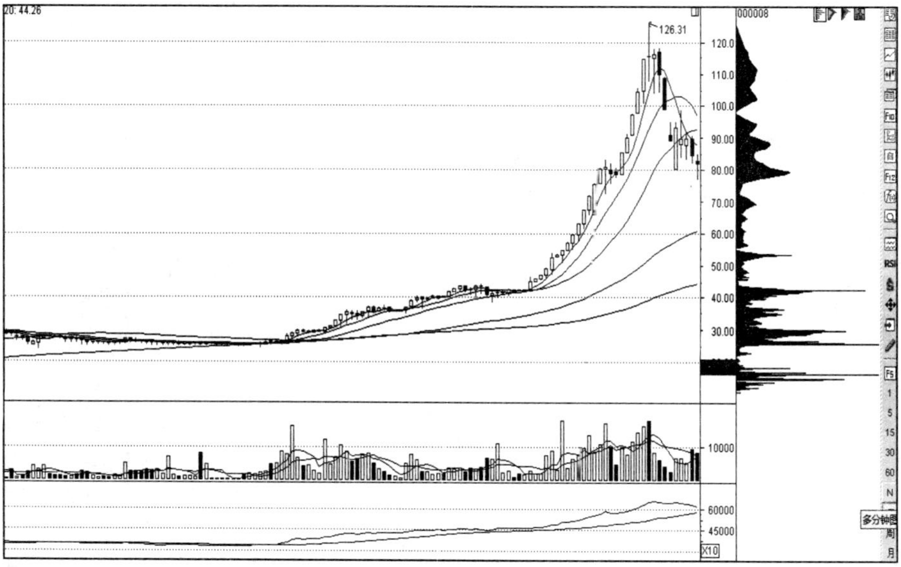

图 9－32　无筹码峰下跌

另外需要提及的是，在股票除权以后，筹码分布图会出现失真现象，所以，一般需要采取前复权的方式来处理，以保持图形的连贯性和可比性。

股价是有脚的，迈出一只左脚，就必然再迈出一只右脚。

第十章　趋势指标与摆动指标

技术分析的主要任务有两个：一是预测市场的发展趋势，做到顺势而为；二是寻找合适的交易位置，确定最佳买卖时机。

技术指标基本分为两类：一类是趋势指标，功能是预测市场的发展方向；另一类是摆动指标，主要通过反映市场的超买超卖状态，寻找最佳的买卖点。

趋势指标和摆动指标具有一定的互补性。所以，在综合运用各项技术指标分析行情走势时，应该注意把趋势指标和摆动指标结合起来，建立适合自己操作习惯的技术指标体系，就是说，要“君臣佐使”合理搭配，尽量做到趋势指标与摆动指标结合，长线指标与短线指标结合，量价指标结合，这样才有利于对市场行情做出全面的分析判断。

目前，一些炒股软件上列出的技术指标很多，好些指标的作用大体相同，下面重点介绍几种常用的指标，结合说明趋势指标与摆动指标组合分析的方法。

一、趋势指标

趋势指标的特点，是反映市场沿一定方向的持续运行状态，显示市场较长时期的发展方向。趋势指标能够帮助我们把握行情的中长期走势，以便在趋势开始时抓住趋势，在趋势发展中跟踪趋势，并在趋势转变时改变投资策略。

移动平均线是最主要的趋势指标。所以，我们反复强调“均线为王”，“均线看盘”。但这并不是说移动平均线可以包打天下，还有其他一些趋势分析的指标和方法，测市效果也很好，把移动平均线和这些趋势指标结合起来分析，会收到相得益彰的效果。

下面介绍几种常用的趋势性指标。

（一）瀑布线

瀑布线，也叫非线性加权移动平均线，是由六条移动平均线组合而成的，因汇聚发散时呈瀑布状而得名。瀑布线可以说是加密了的移动平均线。瀑布线与普通移动平均线相比，具有波段性强，给出的买卖信号明确的特点，同时又具有鲜明的趋势性，很适合波段操作。如图 10－1 所示。

图 10－1　瀑布线

瀑布线的使用方法：

（1）在上升行情中，瀑布线向上发散，呈多头排列，股价处于各条均线之上，应该持股做多；股价远离瀑布线，正乖离过大，且瀑布线间距拉大时，股价有可能回调，可适当减仓。

（2）在下跌行情中，瀑布线向下发散，呈空头排列，股价处于各条均线之下，应持币观望；股价远离瀑布线，负乖离很大，且瀑布线间距较大时，股价有可能反弹。

（3）瀑布线在低价区由收束黏合开始向上发散，短期线向上穿越长期线，股价站到各条均线之上时，应该买入；瀑布线在高价区由收束黏合开始向下发散，短期线向下穿越长期线，股价跌到各条均线之下时，应该卖出。

如图 10－2 沪铜周线走势图所示。

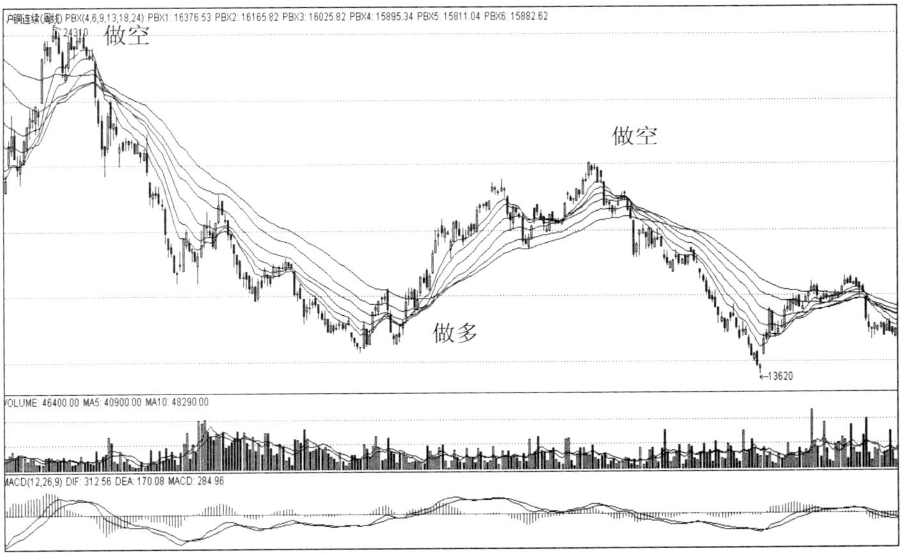

图 10－2　沪铜连续（周线）

（二）趋势线

趋势线是一种简单适用的技术分析方法，所谓“一把尺子闯天下”，就是讲趋势线的适用性。

趋势线，是指将股价波动的低点和低点或高点和高点连接的直线。如果股价运行一个低点比一个低点高，在股价的下方所画出来的趋势线就是上升趋势线。如果股价运行一个高点比一个高点低，股价高点的连线就是下降趋势线。如图 10－3 所示。

趋势线具有支撑线和压力线的双重作用。在上涨行情中，股价出现回调，如果跌到上升趋势线附近受到支撑，可考虑买入；如果股价从上向下

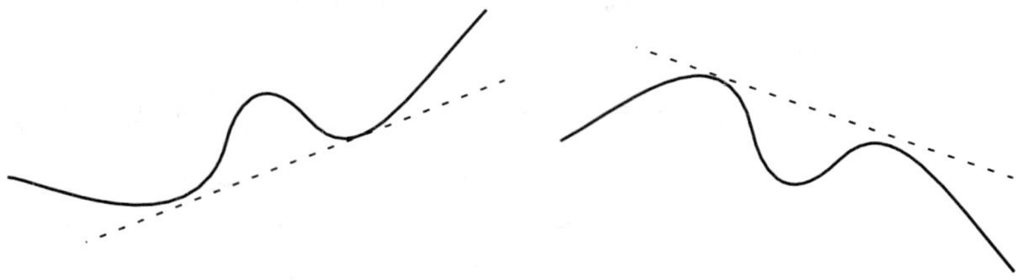

图 10－3　上升趋势线和下降趋势线

跌破上升趋势线，原有的支撑线就转变为压力线，所以上升趋势线被有效跌破应该考虑卖出。同样，当股价处于下跌趋势中，如果出现反弹，上涨到下降趋势线一般会有抛压，遇阻回落，应该卖出；如果股价从下向上有效突破下降趋势线，原有的压力线就转变为支撑线，所以，下降趋势线被成功突破应该买入。如图 10－4 所示。

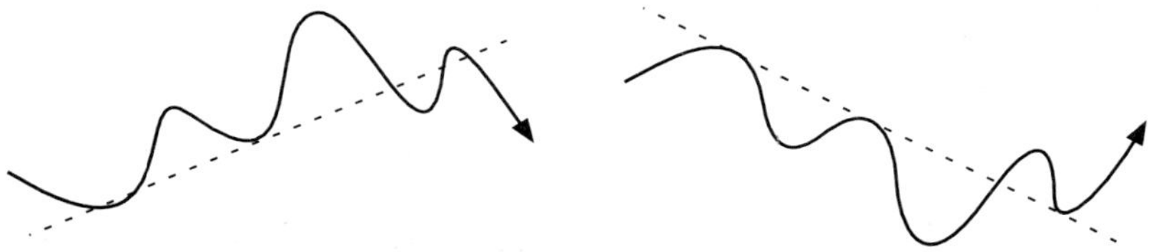

图 10－4　趋势线的突破

趋势线使用的目的是为了把握股价运动的基本趋势，顺势操作，即在市场处于上升趋势时买入并持有，在市场处于下跌趋势时卖出观望。在上升趋势线被有效打破时做空，在下跌趋势线被有效突破时做多。

需要指出的是，在趋势发展过程中价格上下波动，经常会出现对趋势线的假突破现象，所以，对趋势线的突破有一个确认的过程，要参照其他指标来观察，如果将趋势线的偶然破位作为买卖点的话，往往会造成不必要的损失。如图 10－5 所示。

（三）通道线

通道线也叫轨道线、管道线，是在趋势线基础上建立的一种支撑压力线。通道线是在趋势线的反方向上经过价格的最高点或最低点画一条与趋势线平行的直线，这两条线将股价夹在中间，形成明显的通道形状。只要两个点能确立一条趋势线，那么与之反向的另一个价格最高点或最低点之处，就可以画出一条与之平行的直线，形成通道线。如图 10－6 所示。

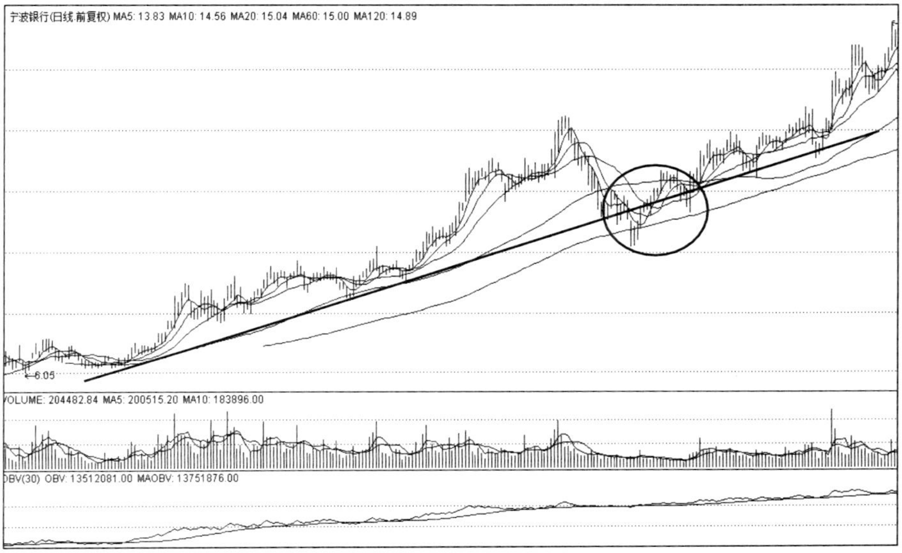

图 10－5 趋势线假突破

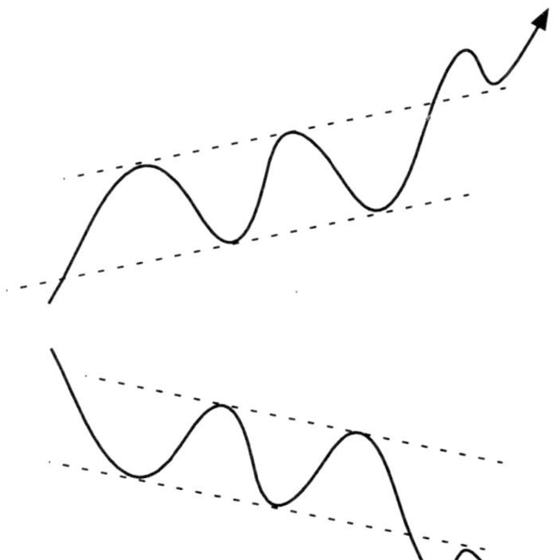

图 10－6 通道线

股价运行在通道线之间，上面的线为压力线，下面的线为支撑线。股价一般在通道线内沿“之”字形轨迹运行，从支撑线到压力线，再从压力线到支撑线。当股价触及上方压力线时，是卖出的时机，当股价触及下方的支撑线时，一般是买进的时机。通道线的突破，是重要的买卖信号。股价有效跌破下方的支撑线时，表明将创新低，应该卖出。股价强势突破上方的压力线时，表明将创新高，应该买入。如图 10－7 和图 10－8 所示。

图 10－7　通威股份日线图

图 10－7 显示，股价在通道内运行，突破通道表明趋势发生变化。从图 10－8 中我们看到，股价是长脚的，迈出一只左脚，就必然再迈出一只右脚。

通道线对市场运行的低点和高点、底部和顶部具有重要揭示作用。当股票形成明显的趋势后，往往会形成上升通道或下降通道，而当市场结束原有的上升或下降趋势时，则会突破原有的通道线。所以，当长期的上升通道被向下突破时，往往会形成阶段性高点或顶部，而长期的下降通道被向上突破时，市场则会形成阶段性低点或底部。如图 10－9 所示。

图 10－8　机器人日线图

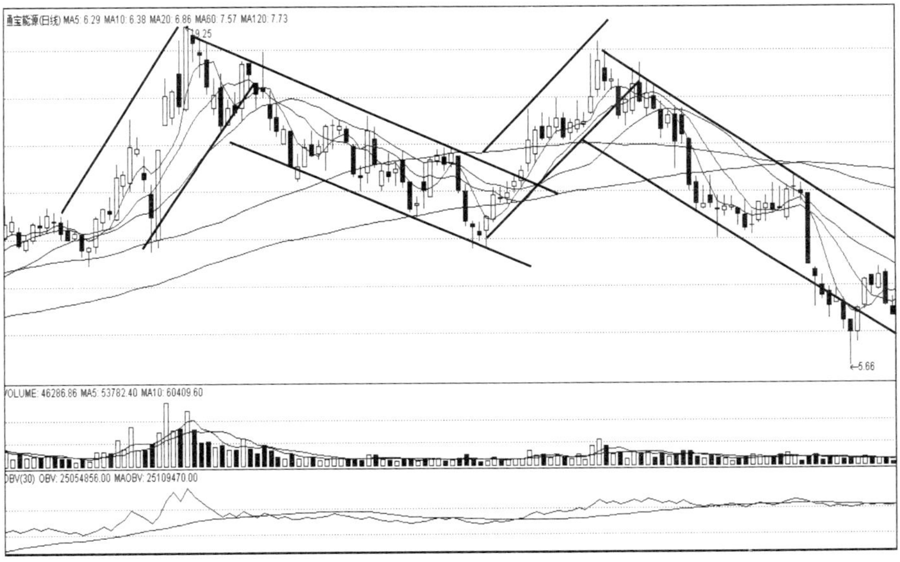

图 10－9　上升通道和下降通道

(四) 黄金分割线

黄金分割线是人们经常使用的分析工具之一，是预测趋势拐点的一把

"量天尺"。其测市作用主要是运用黄金分割比率画出的黄金分割线，研判上涨行情调整的支撑位或下跌行情反弹的压力位。黄金分割线的画法，一般是以近期走势中重要的高点和低点作为计量的基数，按 0.191（0.236）、0.382、0.5、0.618、0.809 等黄金分割点画出黄金分割线，股价涨跌的走势将可能在这些黄金分割线上遇到阻力或支撑。其中，最重要的数字为 0.382、0.5、0.618，这三条黄金分割线经常成为最重要的支撑位和阻力位。

目前，股票分析软件上都有画线辅助功能，黄金分割线的使用方法很简单：首先点击分析软件的画线功能；在画线工具栏中点击黄金分割选项；如果股价处于由高点回落阶段，以此高点为基点，用鼠标左键点击该高点，并按住鼠标左键不放，拖动至测量低点，松开鼠标左键，系统即生成下跌支撑位的黄金分割线。如果股价正处在见底回升的阶段，以此低点为基点，用鼠标左键点击该低点，并按住鼠标左键不放，拖动鼠标至测量高点，松开鼠标左键，系统即生成向上反弹压力位的黄金分割线。如图 10－10 所示。

图 10－10　黄金分割线

市场的涨跌波动具有一定的规律性。道氏理论认为，市场中的基本运动通常都包含着一次至少达到其 3/8 规模的反向作用的次级运动，即如果一种股票上涨了 10 点，它往往可能会再下跌 4 点以上。通常是 50% 的折回，即在趋势确定的情况下，在牛市中价格一般回调到以前从底部到顶部涨幅的50%，在熊市中则做出相反方向的移动（通常回调的数值是38%、50%和62%）。

艾略特认为，斐波纳奇加法数列是波浪理论的基础。他认为波浪通常回调比率为0.382、0.5、0.618。

江恩强调的百分比回撤，把价格运动划分为八等份：1/8、2/8、3/8、4/8、5/8、6/8、7/8、8/8。其中，33%、37.5%、50%、62.5和67%是最常见的回撤。

由此可见，道氏的38%、50%和62%回撤，艾略特的斐波纳奇数列，江恩把趋势8等分等，如出一辙，大体相当，这反映出市场波动的一般规律。

除此之外，历史高点和低点往往是重要的支撑位和阻力位。一般来说，股价涨到前期高点附近应该考虑减仓卖出，股价跌到前期低点附近应该加仓买入。如果前期高点被突破，应该跟进做多，如果前期低点被跌破，应该做空。而且支撑位和阻力位是互相转化的，前期高点被突破后，就成为支撑位；前期低点被跌破后，就成为阻力区。如图10－11所示。

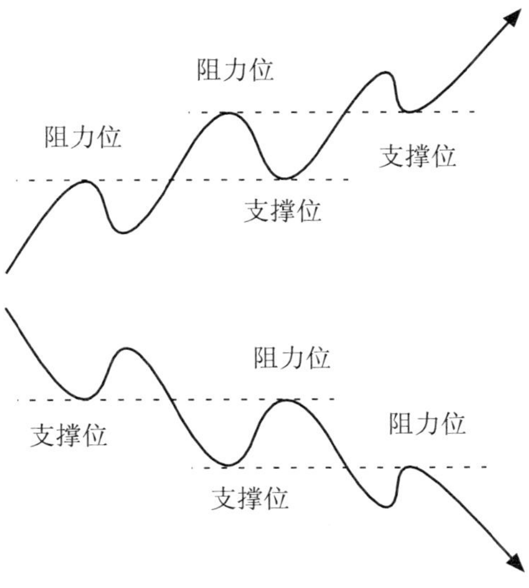

图10－11 支撑位和阻力位的转化

下面再请看一下图10－12沪市走势图的阻力位与支撑位。

图 10－12　阻力位与支撑位

二、摆动指标

摆动指标，一般是指通过股价的波动幅度及相对位置反映买卖时机的指标。多数摆动指标的特点是，指标线围绕着一个固定的中轴线上下摆动，当指标线运行到超卖区时买入，当指标线运行到超买区时卖出，如 KDJ 、RSI 等。其实，摆动指标也泛指反映市场超买超卖状态的一类指标，有些指标虽然统计方法、图表形式不相同，没有上下限，但根据其作用特点，也可以视为摆动指标，如 SAR、MACD、BOLL，等等。趋势指标与摆动指标的划分是相对的，有些指标可以视为“准趋势指标”或“亚摆动指标”，总体上看摆动指标相对较多，下面仅介绍几种常见的摆动指标。

（一）RSI

RSI 指标，即相对强弱指数，是一个应用广泛的摆动指标。RSI 指标（包括 KDJ 等）有三条线，反映股价运行的不同状态。如图 10－13 所示。

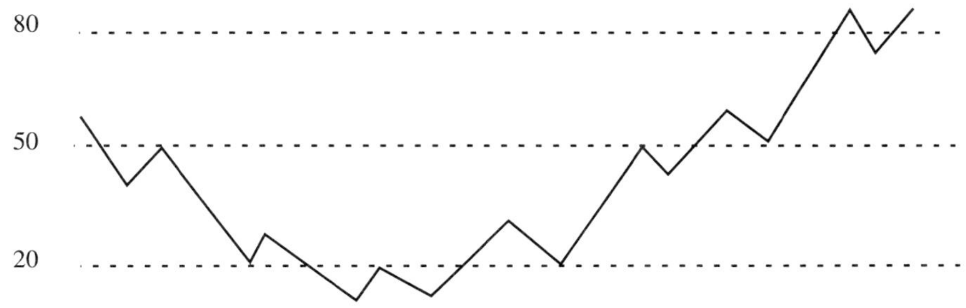

图 10－13

RSI 指标的使用方法：

（1）强弱分界线。RSI 指标值在 0～100 之间波动。RSI 指标高于 50 为强市，低于 50 为弱市。RSI 值由下向上穿越 50，说明走势转强；RSI 值由上向下跌破 50，说明走势转弱。

（2）超买超卖线。当 RSI 指标达到 80 以上时，说明市场处于超买状态，短期线在 80 以上向下交叉长期线，通常为卖出信号。当 RSI 指标下降至 20 以下时，反映市场处于超卖状态，短期线在 20 以下往上交叉长期线，为买进信号。

（3）顶背离和底背离。股价一波比一波高，而 RSI 指标一波比一波低，形成顶背离形态，预示行情转弱。反之，股价一波比一波低，而 RSI 指标一波比一波高，形成底背离形态，预示行情转强。

（4）RSI 指标在高位区形成 M 顶、三重顶和头肩顶时，预示行情将转跌。RSI 在低位区形成 W 底、三重底和头肩底时，预示行情将转强。如图 10－14 所示。

（二）KD、KDJ

KD、KDJ 指标，称随机指标，是在市场超买超卖的预测方面最为敏感的一个指标，因此被投资者广泛使用。

KD、KDJ 指标的使用方法与 RSI 基本相同：

（1）强弱分界线。KD、KDJ 指标值在 0～100 之间波动。KD、KDJ 指标高于 50 为强市，低于 50 为弱市。KD、KDJ 值由下向上穿越 50，说明走势转强；KD、KDJ 值由上向下跌破 50，说明走势转弱。

图 10－14　RSI 底背离

（2）KD 值在 80 以上、J 值在 100 以上为超买区，一般应减仓卖出；KD 值在 20 以下、J 值小于 0 时，为超卖区，可考虑低位买入。

（3）当 K、J 线向上突破 D 线时，一般为买进信号；当 K、J 线向下跌破 D 线时，通常为卖出信号。

（4）顶背离和底背离：当股价走势一峰比一峰高，KD、KDJ 指标一峰比一峰低，形成顶背离，行情可能走弱。股价一峰比一峰低，KD、KDJ 指标一峰比一峰高，形成底背离，行情可能走强。

（5）KD、KDJ 在 20 以下形成 W 底、三重底和头肩底，是买入信号；KD、KDJ 在 80 以上形成 M 顶、三重顶和头肩顶，是卖出信号。如图 10－15 所示。

（三）MACD

MACD，即平滑异同移动平均线，是一种常用的技术指标。

MACD 由两条指数加权移动平均线构成，其操作原理是根据短期（快速）均线和长期（慢速）均线的聚合和分离来研判买卖时机。两条均线在零线上下摆动，但没有上下幅度限制。在 MACD 走势图上，还绘制了围绕 0 轴线波动的柱状线，高于 0 轴以上的是红色线，表明买盘较强；低于 0 线的是绿色线，表明卖盘较强。

图 10－15　KD、KDJ 指标

MACD 指标的使用方法：

（1）MACD 指标的两条线围绕 0 轴上下波动。短期均线（DIF）和长期均线（DEA）在 0 轴之上并向上移动时，为多头市场；两条线同时向下穿越 0 线时，说明趋势转弱。短期均线和长期均线在 0 轴之下并向下移动时，为空头市场；两条线同时向上穿越 0 线时，说明趋势转强。

（2）短期均线由下而上穿越长期均线，形成黄金交叉时，是买入信号；短期均线自上而下跌破长期均线，形成死亡交叉时，是卖出信号。

（3）当红色柱状线不断放大时，反映股价处于上升趋势；红色柱状线缩短，说明股价将要调整；当红色柱状线消失、绿色柱状线放出时，说明股价由升转跌。当绿色柱状线不断放大时，反映股价处于下跌趋势；绿色柱状线缩短，反映股价跌势趋弱；绿色柱状线消失、红色柱状线放出，说明股价止跌回升。

（4）两条线在 0 轴之下形成 W 底、三重底或头肩底，短期均线上穿长期均线是买入信号；两条线 在 0 轴之上形成 M 顶、三重顶或头肩顶，短期均线向下跌破长期均线，是卖出信号。

（5）顶背离：股价连续上涨，高点一浪比一浪高，而 MACD 高点一浪比一浪低，DIF 和 DEA 在 0 轴之上多次交叉不能创新高，是卖出信号。底背离：股价连续下跌，一底比一底低，而 MACD 一底比一底高，DIF 和 DEA 在 0 轴之下多次交叉不创新低，是买入信号。

（6）MACD 高位走平或低位躺底，注意趋势反转。

如图 10－16 所示。

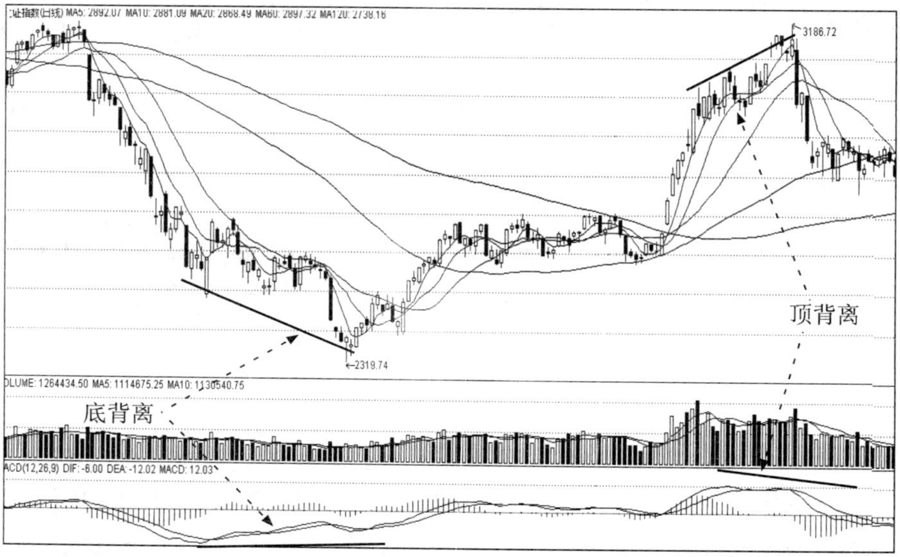

图 10－16　MACD 指标

（四）SAR

SAR 指标，称停损转向操作点指标，也叫抛物线指标。

SAR 指标的优点是操作简单，买卖点明确，出现买卖信号即可进行操作，因此，SAR 指标又称为“傻瓜”指标，被广大投资者普遍使用。使用 SAR 指标虽然不能买进最低价，也不能卖在最高价，但能够把握住主要波段行情，又能及时止损。

目前，在多数软件中，SAR 指标中的股价线是以美国线来表示，而 SAR 曲线是由红色和绿色的圆圈组成，这个指标主要是通过 SAR 曲线和股价线的相互位置变化给出买卖信号。

SAR 指标的使用方法：

（1）SAR 指标呈一波一波向上运行状态时，市场处于上涨趋势，SAR

指标呈一波一波向下运行状态时，市场处于下跌趋势。

（2）价格线由下而上站到 SAR 曲线之上，绿色圆圈变为红色圆圈时，是买入信号。价格线由上而下跌到 SAR 曲线之下，红色圆圈变为绿色圆圈时，是卖出信号。

（3）当价格线运行在红色圆圈之上时，说明处于上涨趋势中，应该持有股票；当价格线处在绿色圆圈之下时，表明处于下跌趋势之中，应持币观望。

SAR 指标在趋势明显的市场中，给出的转向点信号准确，适合波段操作，但在盘局和弱势行情中，信号频繁变化，应参考其他指标操作。如图 10－17 所示。

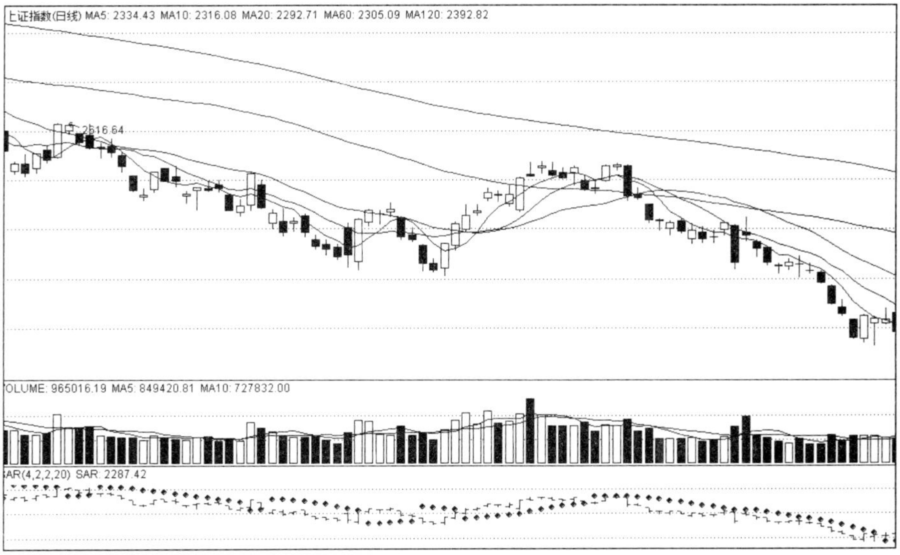

图 10－17　SAR 指标

（五）BOLL

布林线指标（BOLL）也叫布林带，由三条轨道线组成。其中上下两条线是价格的压力线和支撑线，在两条线之间是一条价格平均线（中枢线），布林带的宽窄，随着价格波动幅度的大小而变化。若高点触到上轨，可能会有回档；低点触及下轨，可能出现反弹。

布林线的使用方法：

（1）布林线的上、中、下轨向上倾斜，是强市特征；布林线的上、中、下轨向下倾斜，是弱市特征；当布林线横向走平，股价波动幅度变小，布林带变窄时，反映市场面临方向选择。

（2）在低位区，当股价突破狭窄通道的中轨，上轨线向上扬升，下轨线同时下行，形成扩张喇叭口时，反映市场强势上涨。反之，在高位区，当股价跌破狭窄通道的中轨，下轨线向下运行，上轨线向上运行，形成喇叭口时，说明出现急跌。在快速涨跌之后，上下轨逐渐收拢，一般会形成收敛性喇叭口。

（3）股价在中轨与上轨之间向上运行，可持股做多。中轨线对股价形成支撑，股价跌至中轨为买入信号，如果由上向下跌破中轨线，是卖出信号。

（4）股价在中轨与下轨之间向下波动时，应持币观望。中轨线对股价形成反压，股价反弹至中轨线为卖出信号，由下向上穿越中轨线时，为买进信号。

（5）股价突破上下轨道线，反映市场处于超买超卖状态，可能出现反向运动。

如图 10－18 所示。

图 10－18　布林线

（六）OBV

OBV 指标，即累积能量线，又叫能量潮指标、人气指标。“量在价先”，OBV 指标将股价上升时的成交量视为买方推动力量，下降时的成交量视为卖方推动力量，OBV 就是双方力量的累计数值，OBV 指标的作用主要是用来判断量价关系。如图 10－19 所示。

图 10－19　OBV 指标

OBV 指标的使用方法：

（1）当 OBV 线与股价同时向上运行时，表明市场趋势向好；当 OBV 线与股价同时向下运行时，说明市场趋势向淡。

（2）当股价上升而 OBV 线下降时，反映股价上升能量不足，是走势趋弱信号。当股价下跌而 OBV 线上升时，说明买盘较强，是走势看好信号，如图 10－20 所示。

（3）如果 OBV 线急速上升，说明能量过度释放，难以持久，行情可能回调。如果 OBV 线急速下跌，反映卖盘大量涌出，会有一波跌势，以观望为宜。

（4）股价长期盘局整理后，OBV 突然强势上行，说明行情选择向上突破，应该跟进做多，如图 10－21 所示。

图 10－20　顶背离

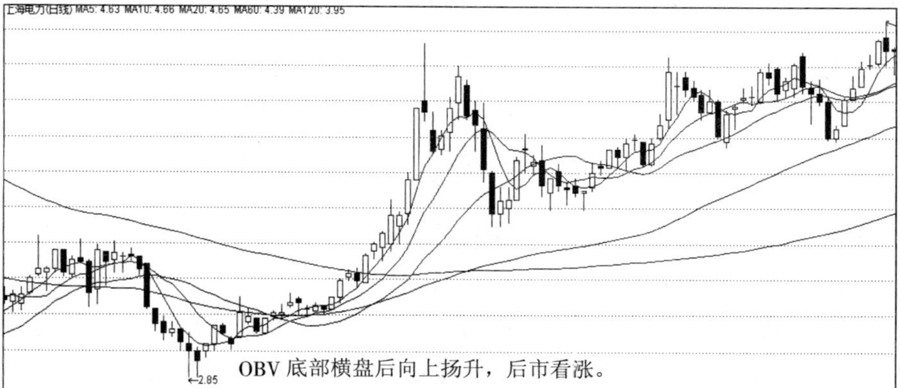

图 10－21　OBV 底部上扬

三、趋势指标与摆动指标综合分析

趋势指标的作用是跟踪市场运行方向，对上升或下降趋势做出基本判断，使我们不因股价出现短暂回落或反弹就买进卖出，小赚大赔，造成不必要的损失。技术分析的首要任务是弄清市场趋势，趋势决定成败，从这个意义上说，趋势指标是第一位的指标，趋势是个载体，买卖点应该在趋势中寻找，摆动指标是附属于趋势分析的，是第二位的指标。

但是，趋势指标也有“软肋”，不是在所有情况下都很管用。从市场形态说，市场运行事实上存在着四个阶段，表现为两种行情，即趋势行情和震荡盘整行情。在趋势行情中使用趋势指标把握中长期趋势，犹如龙行于天，云雾滂沛；但在震荡盘整行情中运用趋势指标，好比龙入浅滩，进退失据。此时，使用摆动指标往往如鱼得水。

摆动指标的特点是适合短线进出。当市场处于横盘整理阶段时，市场趋势不明显，价格常常在一个区间内上下波动，摆动指标能够紧跟价格的变化，及时显示市场的超买超卖状态。另外，在行情进入敏感期，面临方向选择时，摆动指标往往首先做出反应。所以，在运用移动平均线等趋势指标把握市场趋势的同时，必须注意摆动性指标的波动变化。

要跑赢大市，不仅要认清趋势，顺势操作，还要选择好买卖时机，趋势指标和摆动指标优势互补。趋势指标与摆动指标综合分析，首先要看趋势指标形态，特别是移动平均线的走势，对市场趋势形成一个基本概念。然后，再观察摆动指标的变化，根据股价的超买超买状态，寻找最佳买卖点。

趋势指标和摆动指标综合分析好比“两院合议”，“参议院”和“众议院”意见一致时才好通过，基本的操作原则是：在二者信号一致时果断决策，在出现意见分歧时等待、观察。

（一）信号一致

在上涨或下跌趋势明显的市场中，有时趋势指标和摆动指标给出的市场信号基本一致。如图 10－22 所示。

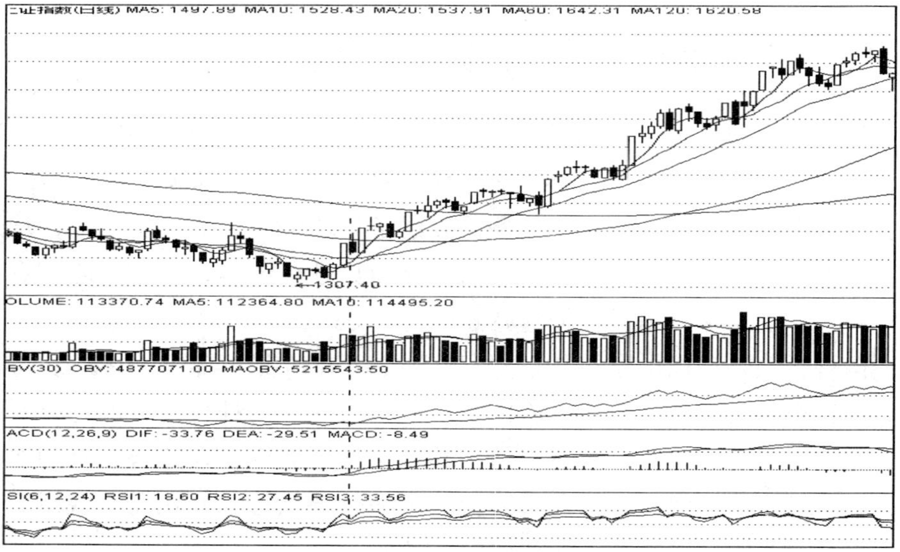

图 10－22 上涨信号一致

从图 10－22 中看到，在划虚线的位置，移动平均线、OBV、MACD 和 RSI 指标几乎同时显示出上涨信号。在这种情况下，应该果断入市做多；此后的行情稳定运行在上升通道中，均线系统多头排列，应该坚定持股。

如图 10－23 所示，在划虚线的位置，五粮液（000858）的移动平均线、MACD、SAR 和均量线几乎同时显示出下跌信号，应该果断卖出。此后一直处于下跌趋势当中，均线呈空头排列状态，趋势线向下，应该坚持看空。

如图 10－24 所示。深市在上涨行情的末期，移动平均线向下运行，形成死亡交叉的同时，OBV、MACD 和 RSI 也同时显示卖出信号，应该果断离场。

（二）信号不一致

在有些情况下，趋势指标和摆动指标所给出的买卖信号并不一致，这要区别不同情况，采取不同的操作策略和方法。

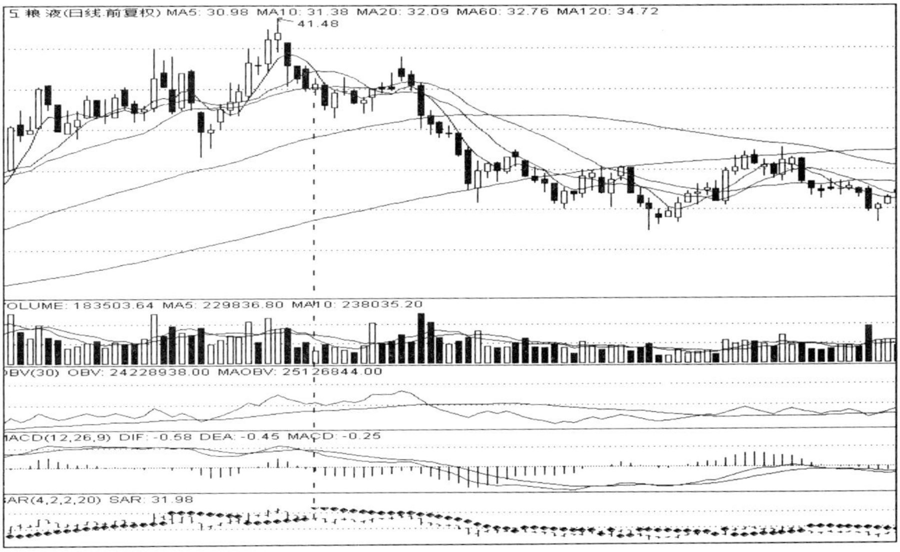

图 10－23　下跌信号一致（一）

图 10－24　下跌信号一致（二）

1. 趋势指标看多，摆动指标看空

在牛市上涨的初期或主升段，往往移动平均线呈现明显多头排列，而摆动指标显示超买。这时，RSI、KDJ 等指标进入 80 以上的区域，给出超买信号，并不表示上升行情将要结束，恰恰相反，它是一种强势的表现。有时摆动指标会几次触顶，如果不做短线，不要因为 RSI、KDJ 等指标进入超买区域就匆忙卖出手中的股票，要用移动平均线把握趋势。如图 10－25 所示。

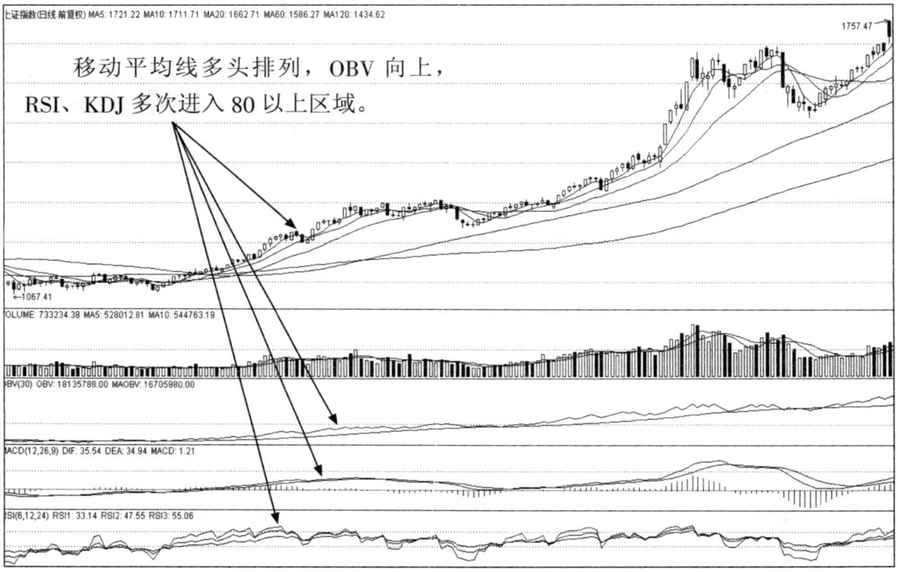

图 10－25　趋势指标看多，摆动指标看空

从图 10－25 中我们看到，在沪市一轮牛市刚刚开始的时候，移动平均线呈明显多头排列，OBV 指标稳定上行，大牛市正以排山倒海之势向前推进，而摆动指标 RSI、KDJ 多次进入 80 以上的区域，很像一个殷勤而胆怯的小脚女人，一再提醒你："超买，卖出，""超买，卖出！"

2. 趋势指标看空，摆动指标看多

在熊市下跌初期或大跌过程中，移动平均线呈现明显的空头排列，摆动指标显示超卖。这时，RSI、KDJ 等指标进入 20 以下的超卖区域，并不一定反映行情将止跌回升，而是表明抛压沉重，有时摆动指标会几次触底，不要因为 RSI、KDJ 等进入超卖区域，就贸然进场买入，要注意移动平均线等趋势指标的形态。如图 10－26 所示。

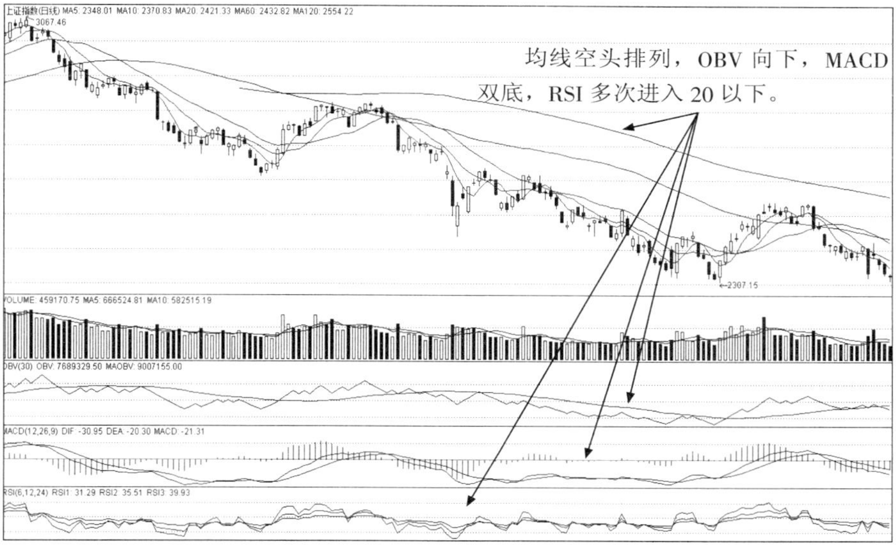

图 10－26 趋势指标看空，摆动指标看多

图 10－26 显示，沪市中长期移动平均线明显呈空头排列，OBV 向下运行，MACD 形成双底，两次给出买入信号，反弹行情都非常短暂，而 RSI 则数次进入 20 以下，就像一个不谙世事的孩子，一再催促你："超卖，买入，""超卖，买入！"

3. 信号模糊，趋势不明

在所谓震荡市或盘整市中，在行情发展的顶部或底部区域，往往各条移动平均线走平、交叉，趋势指标信号不明显，而摆动指标显示超买超卖。这可能有多种情况，仅举几例：

（1）如图 10－27 所示，在虚线 A 的位置，短、中、长期移动平均线呈明显空头排列，EXPMA 也是下跌形态，说明市场处于下行趋势中，但 MACD 和 SAR 给出买入信号，这时应该坚持做空，同时关注行情的积极变化。在虚线 B 的位置，中长期均线向下，三条短期均线出现黄金交叉，MACD、SAR 给出买入信号，短线投资者可以做多。在虚线 B 到虚线 C 之间，60 日均线基本走平，短期移动平均线横盘波动，各项指标的变化频繁，买卖信号不一致，稳健投资者可持币观望或轻仓介入。在虚线 C 的位置，短中期移动平均线形成明显的多头排列，60 日移动平均线上翘，股价放量突破平台，EXPMA、

MACD 和 SAR 同时给出买入信号，应该果断买入。

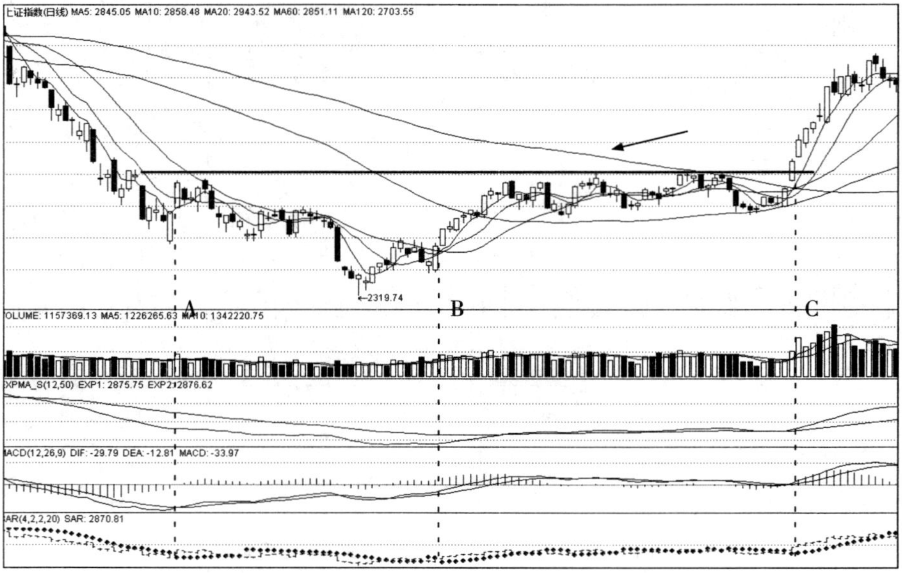

图 10－27　三种状态

（2）如图 10－28 所示，在宽幅震荡行情中，中长期均线基本走平，趋势性不明显，可以根据短期均线和 MACD 等摆动指标做短线。

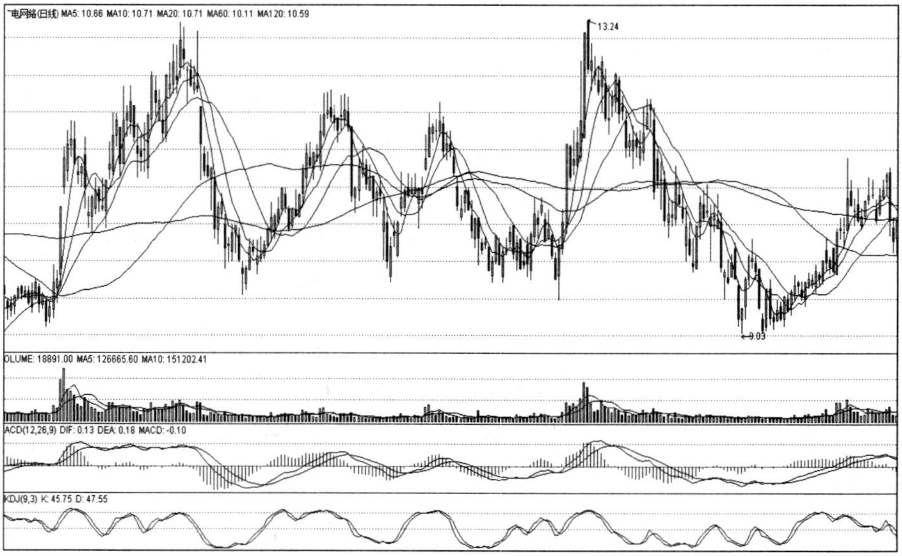

图 10－28　依据摆动指标做短线

（3）如图10－29所示，在下跌趋势的末期，移动平均线继续向下运行，一底比一底低，但MACD和RSI等摆动指标开始走强，一底比一底高，形成底背离，显示买入信号，可以考虑于低位区分级建仓。

图10－29　底背离建仓

（4）如图10－30所示，在上涨趋势的末期，移动平均线继续向上运行，一顶比一顶高，但MACD和RSI等摆动指标开始走弱，一顶比一底低，形成顶背离，显示卖出信号，应该择机于高位分批出货。

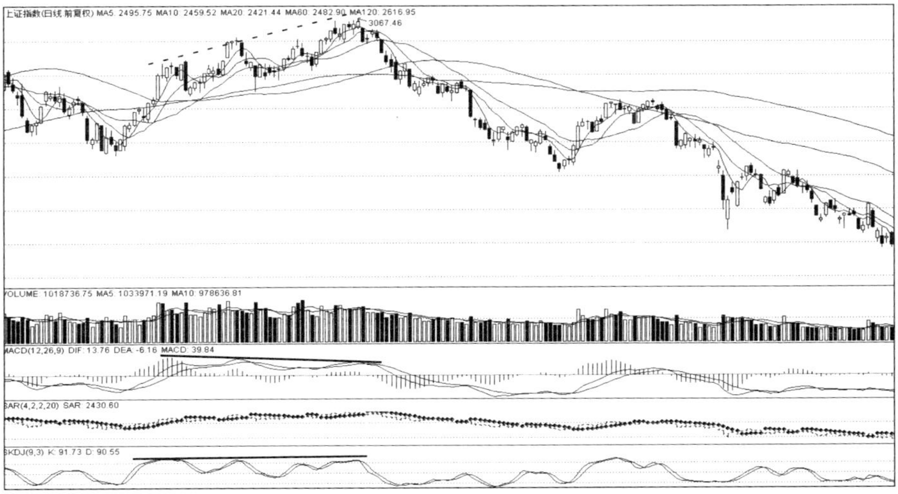

图10－30　顶背离卖出

通过以上分析我们看到，在震荡盘整市中，在行情的顶部区域或底部区域，趋势指标反映迟滞，摆动指标相对灵敏，往往是行情转变的领先指标，给出重要的转市信号。RSI、KDJ 等摆动指标很像看家的狗，狗叫的时候，不一定是贼来了，也许是有行人在走动；但贼来了的时候，狗一定会汪汪叫。

当然，以上分析是就中长线操作而言，如果你要做短线甚至超短线，那你可以跟随摆动指标去跳舞，不过，移动平均线是一个必须首先选择好的舞台，否则，你的演出很可能会失败。

（三）技术分析的难点

证券投资离不开技术分析，但由于技术分析的对象是不确定的，变数很多，难度很大。特别要注意以下两个问题：

（1）摆动指标的敏感性与趋势指标的滞后性。如图 10－25 所示，在沪市一轮大牛市刚刚开始，大盘处于稳定上涨的趋势中，RSI 指标多次进入 80 以上的超买区域，显示卖出信号。而在图 10－26 中，大盘正处于下跌过程中，RSI 指标多次给出买入信号。如果按照摆动指标信号买进卖出，上涨中常常错失大的行情，下跌中往往因小失大。

与此相反，移动平均线等趋势指标，则常常对行情做出滞后反应。如图 10－29 所示，中长期移动平均线对行情的反应是滞后的，而 MACD 和 RSI 指标则相对超前。在震荡盘整市中，移动平均线等趋势指标反应“慢半拍”，往往跟不上股价波动的节奏，按其操作常常会出现失误。

（2）个股走势逆势而动。多数股票的走势和大盘是基本一致的，所以，我们选择入市时机购买股票，通常选择大盘和个股走势都看好的时候。但也有一些股票逆市而动，反向操作，让你卖出踏空，买入上套。如图 10－31 和图 10－32 所示。

在 2011 年 7 月 25 日至 8 月 15 日，沪市大盘处于下跌趋势中，而同一时间段，通宝能源（600780）竟上涨了 2.25 元，涨幅高达 30% 以上。

从以上的分析可以看出，技术分析可以使我们把握市场的脉搏，使投资行为更科学、更理性，但技术分析的难度很大，影响股价涨跌的因素是很多的，没有谁能够准确预知市场的每一波行情走势。有时成败得失似应归功于偶然性，但必然性却说：“我是存在于偶然性之中。”

图 10－31　沪市大盘日线图

图 10－32　通宝能源日线图

四、"骗线"

在技术分析中，最让人头疼的是"骗线"。所谓"骗线"，是指庄家利用散户经常使用的一些技术分析方法，故意拉抬或打压股价，使技术图表形成一定线型，进行反向操作，从而引诱股民上当。如，大阳线表示买方力量强大，庄家就故意在高点拉出大阳线出货，大阴线反映卖盘较大，就故意在低位砸出大阴线吃货，等等。在股市的实际走势当中，由于庄家力图把自己的真实意图掩盖起来，把散户绕进去，经常刻意做盘，制造假象，设迷魂阵，"骗线"是很多的，可以说防不胜防，特别是分时走势的"骗线"更多，主力机构甚至可以操控盘面，进行随意拉抬或打压（正因如此，在以搏短线为主的期货和黄金市场中，散户很难取胜）。同时还要指出，庄家拉抬或打压股价也需要顺势而为，有时庄家判断失误，操作方向同大盘走势相背离，也要进行操作方向的调整，出现所谓"骗线"。另外，突发的重大政治、军事、经济事件往往会骤然改变市场的路线图，使技术分析"失灵"。所以，技术分析不是万能的，"看图说话"经常会出现失误，如果发现盘面异常，要及时调整操作策略。

下面，我们列举几种常见的"骗线"，做一下简要分析，期望起到举一反三、提请注意的作用。

1. 底部"下蹲起跳"

在底部盘整后期，拉升前先"拉黑"。如图 10－33 华远地产（600743）的走势，在拉升起跳前先拉出一条长阴线，长阴线破位，形成断头铡刀图形，样子很吓人（注意下跌无量），然后短暂盘整拉出长阳，再跳空向上。这种先下后上，在低水区猛然下沉的动作，很容易把船上的最后一批乘客赶跑。

2. 诱空做底

如图 10－34 松辽汽车（600715）的走势。在下跌的低位砸出一个吓人的大阴线（没有放大量），跌穿前期低点，形态凶险，但之后股价并没有跌得更低，而是止跌企稳形成了底部。

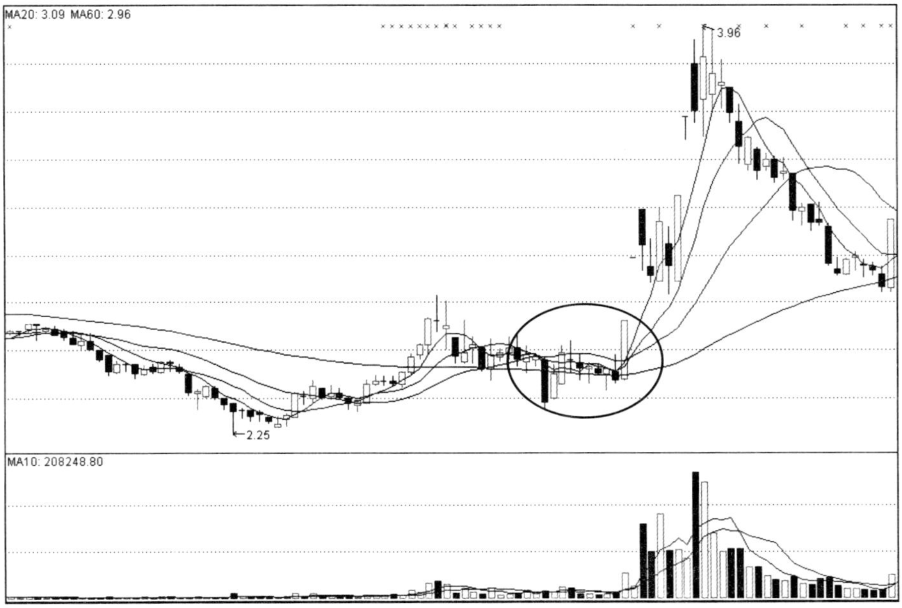

图 10－33　华远地产“下蹲起跳”

图 10－34　松辽汽车“诱空做底”

3. 假突破

如图 10－35 中国国贸（600007）的走势。高点下跌途中走出短多行情，短期均线一度出现黄金交叉，上穿60 日移动平均线，并出现长阳 K 线贯穿四条均线的假穿越形态，似乎行情将走强，但随后形成小双顶，连阴破四线后连续下跌，60 日移动平均线开始向下倾斜。

如图 10－36 所示，沪市股指下跌到60 日移动平均线支撑位，K 线出现一个看涨吞没形态，随后收出一根中阳线，构成三外升形态，并形成贯穿多条均线的突破形态，给出买入信号。但随后几乎没有上涨，十字星后连续阴线下跌。这个看涨形态无疑是一个“骗线”，就是骗你上当的线。

图 10－35　中国国贸“假穿越”

如图 10－37 所示，吉恩镍业（600432）在横盘整理之后，拉出一条长阳线，形成“蛟龙出海”形态，同时放出巨量突破前期平台，给出强烈买入信号，可是随后出现了一个螺旋桨，不涨反跌。这种虚张声势的形态很容易使人上当。

图 10－36　假突破

图 10－37　虚张声势

如图 10 – 38 所示，中国化学（601117）在下跌途中出现一波反弹行情，短期均线一度上穿 60 日移动平均线，形成多头排列。但 60 日移动平均线是一直向下走的，这是一种明显的短期行情。

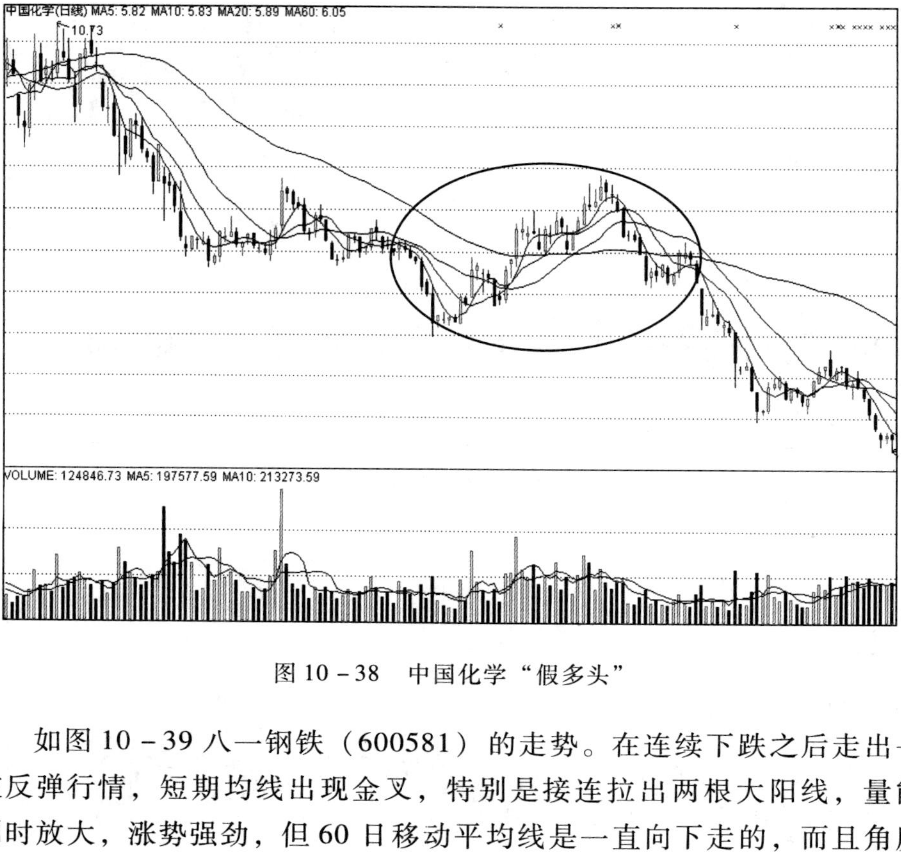

图 10 – 38　中国化学“假多头”

如图 10 – 39 八一钢铁（600581）的走势。在连续下跌之后走出一波反弹行情，短期均线出现金叉，特别是接连拉出两根大阳线，量能同时放大，涨势强劲，但 60 日移动平均线是一直向下走的，而且角度很陡，随后继续下跌。

4. 二峰低

如图 10 – 40 所示，金自天正（600560）在高位回跌之后，震荡形成平底，然后拉起一个长阳，同时穿越 4 条均线，量能也有所放大，此时 60 日移动平均线仍向上运行，行情应该看好。但是，随后连阴破位，跌穿前期平底，均线系统呈空头排列，形成二峰低形态，此时应该果断反手做空。

图 10－39　八一钢铁"示强走弱"

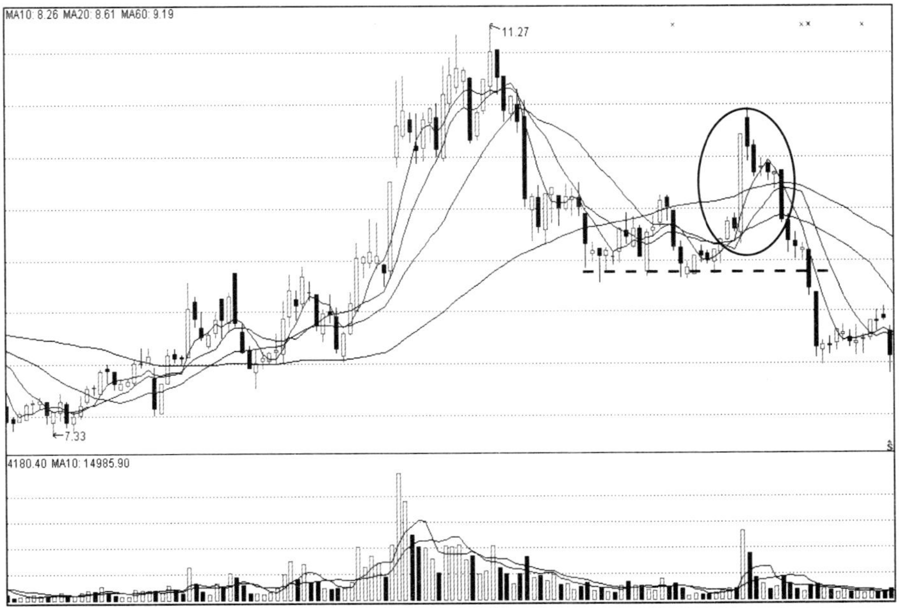

图 10－40　金自天正"二峰低"

5. “虚晃一枪”

如图10－41江西长运（600561）的走势，60日移动平均线基本走平，行情正面临方向选择。股价先放量向上，一条带长上影的中阳K线穿越四条移动平均线，虚晃一枪，将跟盘者全部套牢，随后一条大阴K线返身向下跌穿四条均线，并跌破前期低点，出现加速下跌趋势。

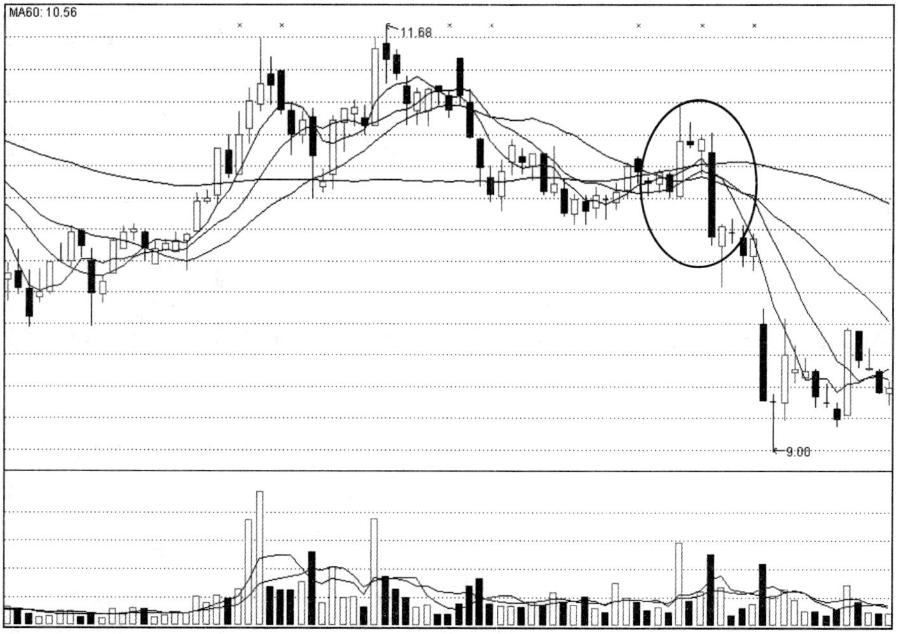

图10－41　江西长运“虚 晃一枪”

6. 顶部长阳诱多

在连续上涨之后长阳诱多出货，是一种常见形态。如图10－42人福医药（600079）的走势，股价在连续上涨之后，已经接近高点，突然拉出长阳线，同时放出大量，好像发力要继续上涨，其实是上涨末期的一种放量出货形态。

如图10－43惠泉啤酒（600573）所示，长阳之后拉长阴，诱多之后卖盘巨量涌出，将买盘全部套在了高位。

图 10－42 人福医药“长阳诱多”

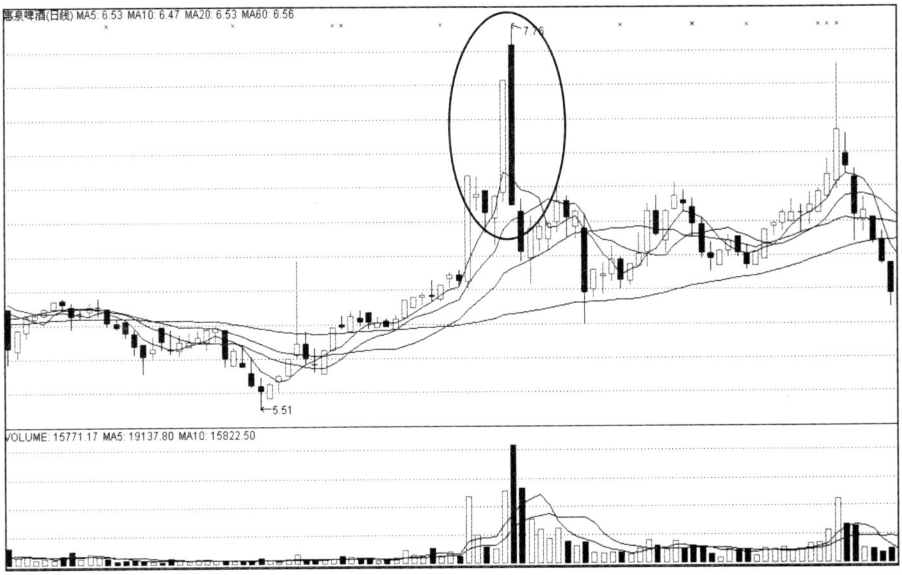

图 10－43 惠泉啤酒“长阴吞长阳”

7. 低位假拉

如图 10－44 宏达矿业（600532）的走势。在下跌到低位以后，跳空拉出一个大阳线，均线系统已经变好，同时放出巨量，是明显做多形态，但随后却连续下跌，套你没商量。所以，技术分析有时也是靠不住的。

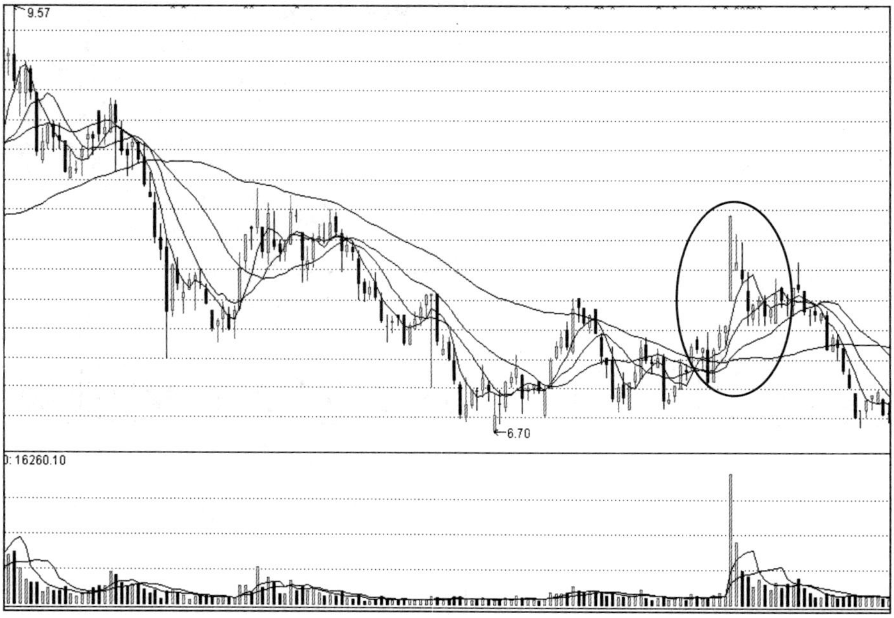

图 10－44　宏达矿业“低位假拉”

8. 双重底突破失败

如图 10－45 常林股份（600710）的走势，在下跌的低位已经形成明显的双底形态，一条大阳线拉起，站在各条移动平均线之上，同时放出巨量，是明显上涨走势形态，但随后出现一个放量的射击之星，股价继续下挫。

9. 复合底突破失败

如图 10－46 山西焦化（600740）的走势。股价已经形成复合底形态，但放量拉出几个长阳线之后又跌了回来，而且出现长阴破位的走势。

10. “俯冲诱空”

如图 10－47 国药一致（000028）的走势，在上涨过程中出现短期下跌

图 10－45　常林股份双重底“突破失败”

图 10－46　山西焦化复合底“突破失败”

行情，而且一条长阴 K 线跌穿 60 日移动平均线，20 日和 60 日均线一度出现死亡交叉，形态变坏，但由于 60 日移动平均线向上的趋势没有改变，俯冲诱空之后仍继续上涨走势。

图 10－47　国药一致“俯冲诱空”

11. 下跌途中筑假底

如图 10－48 丹化科技（600844）的走势。在下跌途中出现两次强势反弹，形成双底形态，之后又形成三重底，但都是“假底”，仍继续跌势。

12. 跳空出货

如图 10－49 信隆实业（002105）的走势，在上涨的高位跳空向上，放出巨量，好像要放一颗耀眼的卫星，实为跳空出货。

从以上图例可以看出，股市走势图中的“骗线”是很多的，技术分析不是万能的，受骗上当是难免的，重要的是尽量少上当，出错时及时调整操作策略，尽量避免吃大亏。

图 10－48　丹化科技下跌途中的“假底”

图 10－49　信隆实业“跳空出货”

定性、定量与定位分析结合，
是筛选好股票的基本方法。

第十一章　“三定”选股法

证券市场上，有两个大名鼎鼎的世界名人：一个是富可敌国的股神巴菲特，一个是名满天下的大师艾略特。这两位老先生的观点有些大相径庭。

巴菲特是著名的价值投资者。他说，我们希望你将自己想象成为公司的所有者之一，对这家企业的股票你愿意无限期地持有，就像你与家庭中的其他成员合伙拥有一个农场或一套公寓那样。巴菲特说：“我最喜欢持有一只股票的时间期限是：永远。”这无疑是一种十分极端的观点。

艾略特是波浪理论的创始人。这位没有华尔街背景的睿智老人在病休之后，开始将他的全部注意力转向股票市场，他研究了道氏理论以及市场预测的许多方法，研究了覆盖 75 年股票市场行为的各种不同指数的年、月、周、日、小时走势图，甚至半小时走势图。在观察、研究和思考的过程中，他发展了道氏理论，创立了更精致、更适用的波浪理论。波浪理论作为一种解释不可思议且难以捉摸的市场的工具，使我们能够知道在每一个循环中市场的当前位置，并有可能预测什么时候牛市可能结束而熊市正在开始。反之亦然。显然，艾略特波浪理论要告诉人们的是“什么时候是最佳买卖时机”，从而做到“低买高卖”，而不是“持有一只股票到永远”。

假如巴菲特和艾略特坐到一起，讨论股票投资的问题，情况会是怎样呢？会不会有一场唇枪舌剑的激辩呢？我们不得而知。

其实，巴菲特和艾略特所面对的是两个问题：选股和选时的问题。我们知道，巴菲特并没有持有中石油的股票到“永远”，艾略特也不会买了股票就很快卖掉。从根本上说，智者之心是相通的。

做股票投资，从总体上讲就是这样两个问题：“买什么股票”和“什么时候买卖”，即选股和选时的问题，并常常产生出各执一端的说法：有的认为选股不如选时，有的强调选时不如选股。

认为选股不如选时者强调，在市场处于上升趋势时多数股票都上涨，在市场处于下跌趋势时多数股票都下跌，所以选对买卖时机是个关键。

强调选时不如选股者认为，股票有好坏优劣之分，即使在相同的市场行情中，不同的股票涨跌幅度差别巨大，所以选好股票是最重要的。

实际上，选股与选时密不可分，就是说“买什么股票”和“什么时候买卖”不可分割。股票价格是起伏波动的，具体的股票总是存在于一定的时空之中，体现出或高或低的价格。从这个意义上说，选股离不开选时，选时也是在选股，选股与选时是统一的。只不过我们讲选股，是把股票作为选择的对象，我们讲选时，是把股票作为炒作的对象而已。

股票市场的整个技术分析几乎都是围绕选时展开的，那么，怎样选股呢？关于这个问题，专家们有不少真知灼见可供参考。不过，要问一下选股的要点究竟是什么，恐怕多数人还是很茫然。

我认为，选股也像做其他任何事情一样，必须确定一个正确的思路，把握要点。这个思路和要点是什么呢？就是要对目标股票进行定性分析、定量分析和定位分析，并将这三者统一起来，我把它叫作“三定”选股法。

一、股票定性分析

所谓股票的定性分析，是指对目标股票进行质的方面的分析。通常是指不通过数量关系，而依靠非量化的因素，通过调查了解收集的信息和各种渠道掌握的资料，凭投资者的直觉和经验，对股票的所属行业、经营形势、发展潜力和管理层素质等进行综合研究，从而对股票的质地、上市公司的好坏优劣做出分析判断。

股票定性分析，要重点关注哪些问题呢？概括起来就是“十看”：

（一）所属行业

选股，首先要看上市公司所属行业。因为不同行业的投资回报往往差别很大，而且景气周期不同。

要关注朝阳行业的股票。通常朝阳行业具有较高的成长性，市场份额会不断扩大，发展前景看好。例如，通信行业，近年来以每年30%以上的速度发展，远远高于其他行业的增长速度，通信类股票倍受青睐，生物工程、清洁能源行业的股票也受到热烈追捧。行业的发展也存在自己的生命周期，所以要注意行业所处的发展阶段和市场形势变化，如，四川长虹（600839），在彩电初始时期曾大放异彩，现在却风光不再。波导股份（600130）也曾靓丽一时，由于市场的竞争乱象和需求饱和，已铅华洗尽。

要关注具有垄断优势的股票。垄断可以带来超额利润，所以巴菲特最喜爱的是有“经济特许权”的公司：“游着鳄鱼的很宽的护城河保护下的企业经济城堡。”它被认定为找不到很类似的替代品，不受价格上的管制。上述特点的存在，将会体现为一家公司能够对所提供的产品与服务进行主动提价从而赚取超额利润。垄断优势主要表现为资源垄断和技术垄断。如，如盐湖股份（000792）、中金黄金（600489）、山东黄金（600547）、吉恩镍业（600432）、西山煤电（000983）、兰花科创（600123）等，这些上市公司拥有优越的自然资源，得天独厚，不可再生。还有些行业进入门槛很高，匠心天成，独一无二，别人无法模仿，因此具有垄断经营的优势。如，云南白药（000538）和五粮液（000858）等。

要关注那些可以产生暴利的股票。在上市公司的选择方面，有的公司生产经营的成本很低，但产品价格奇高，即生产暴利产品或提供暴利服务。如，茅台酒毛利率超过85%。有些公司由于在某一领域具有垄断优势，技术含量高，产品附加值高，毛利率也很高，如2007年报显示，用友软件（600588）毛利率88.9%。

一般来说，应该尽量回避高投入、高负债、高能耗的“三高”股票。

（二）品牌优势

要关注拥有知名品牌的股票。知名品牌的上市公司产品畅销、经营稳定，具有很高的市场信誉度和美誉度，多数拥有悠久历史、核心技术和稳定的客户群，具有竞争优势。如，同仁堂（600085）、片仔癀（600436）、山西汾酒（600809）、青岛海尔（600690）等。

巴菲特说：“我们喜欢一家具有持续竞争优势并且由一群既能干又全

心全意为股东服务的人来管理的企业。当发现具备这些特征的企业而且我们又能以合理的价格购买时，我们几乎不可能出错。”他说：“这种投资方法——寻找超级明星——给我们提供了走向真正成功的唯一机会。”“我们的目标是发现价格合情合理的优秀公司，而不是价格便宜的平庸公司，换言之，以一般的价格买入好企业，而不是以好价格买入一般的企业。”知名品牌的上市公司就是具有持续竞争优势的“超级明星”，毫无疑问，我们应该重点关注这些“超级名星”。

（三）成长性

买股票就是买未来，成长性是个关键。

费雪认为，选择股票必须同时考虑到内在价值和发展前景两个方面。他主张投资那些发展潜力在平均水平之上的公司。公司应当有按部就班的计划使盈利长期大幅增长，且其内在特质很难让新加入者分享其高成长。费雪指出，收益的实质性增长，必将体现为价格的实质性增长，价格就是市场对收益增长的基本评价标准。要想长期获得可观的收益，最好的办法莫过于投资于那些增长势头强劲的企业，它们的收益增长率要远远超过整体市场。他想找到的是能够成长、再成长的公司股票，而且以合理的价格买到后，几乎不卖出，抱牢很长时间，让股票大幅增值。

彼得·林奇说，想赚钱的最好方法，是将钱投入一家成长中的小公司，这家公司近几年一直都出现盈余，而且将不断地成长。

是川银藏主张，选择未来大有前途，却未被世人发现的潜力股，长期持有。

邱永汉说，我对哪一种股票是属于下一波的成长股最感兴趣。选明日之星的成长股比选成熟型大企业来得重要。成长股势必带来金钱是极为理所当然的一种常识。成长股每年销售额加倍并不稀奇，经常为资金不足伤脑筋，因此都是反复地办理增资。就像任何时代都孕育下一个成长的一代，产业界也逐渐有新的企业成长起来。从这种角度来看，任何时代都有成长股存在，如果能巧妙地选中成长股，一路长抱到底，在不知不觉中股价上扬，股数也随之增加，使股东得到最大报酬，这是少许本钱的人投资股票能提高获利的捷径。与其预测景气好转与否作为购买股票的参考，不如针对产业发展而从产业变化中挑选潜力股，再待价而沽，弹性调整，才是最赚钱的股票玩法。

一般来说，中小盘股票的股本轻，有扩盘要求，爆发力强，业绩好时涨幅惊人，是一个值得关注的股票群。如，机器人（300024）、华兰生物（002007），等等。

（四）主业是否突出

巴菲特认为，超级明星企业的特征是：拥有历史悠久的、影响力巨大的无形资产，对有形资产需求却相对很小，能够产生远远超过产业平均水平的投资回报率，这种超额盈利能力的资本化价值就是经济商誉。他说："伟大企业的定义如下：在25年或30年仍然能够保持其伟大企业地位的企业。"这些企业的特点是：在某一行业中长期占统治地位，技术上很难被人剽窃；有良好的盈利纪录，有稳定的经营史；有良好的发展前景，产品畅销；超出产业平均水平的股东权益报酬率。

巴菲特说："作为一名投资者，你的目标应当仅仅是以理性的价格买入你很容易就能够理解其业务的一家公司的部分股权，而且你可以确定从现在开始的5年、10年、20年内，这家公司的收益实际上肯定可以大幅度增长。所以，一旦你看到一家符合以上标准的公司，你就应当买进相当数量的股票。"他认为，主业长期稳定的企业往往盈利能力最强。"经验表明，经营盈利能力最好的企业，经常是那些现在的经营方式与5年前甚至10年前几乎完全相同的企业。""真正的好企业常常并不需要借款。绝大多数企业的业务一般都非常平凡普通。它们大都出售的还是与10年前基本上完全相同的产品（不过现在的销售额更大、价格更高或者二者兼而有之）……专注于一个遥遥领先的核心业务，往往是形成非常出众的竞争优势的根本所在。"

我们注意到，在沪深上市公司中，有些主业并不突出，经营项目多而杂，缺少明确一贯的经营方向。对于这类股票，应该注意回避。

（五）业绩增长预期

威廉·欧尼尔认为，股市赢家法则是：不买落后股，不买平庸股，而要全心全意抓住领涨股！而公司盈利能力是影响股价最重要的因素，也就是说，投资者应该买入那些盈利能力在不断上升的公司。他喜欢选择那些在行业中销售和盈利、净资产收益率增长最快的公司。根据多年研究，他发现3/4的个股在股价大幅飙升的前三年时间，其每股收益至少以30%的速度递增，也就是说，这些个股具有很强的盈利能力，过去及未来几年，公司的收入有稳定增长。

本杰明·格雷厄姆认为，评价公司的六个基本因素是：盈利性、稳定性、增长性、财务状况（负债不能超过现有资产的50%）、红利分配（关注连续支付的年限）和历史价格。账面价值的长期稳定增长是衡量企业经营稳定性的重要指标之一。权益投资报酬率表现了管理层利用股东投入资本的经营效率。

上市公司业绩稳定增长是股票价格走强的基础，反映企业良好的经营形势和发展前景，所以，要注意选择那些经营形势向好，有业绩增长预期的股票。

（六）股权结构和治理结构

股权结构与公司治理结构是公司制企业健康发展的体制机制保障。目前我国上市公司中有的股权结构与公司治理结构不合理，成为影响企业发展的内在隐患。许多国有控股公司“一股独大”，实际上国有资产所有者虚置，没有人真正对国有资产负责，又缺乏多元股权制衡，董事会的投票决策机制形同虚设，有的国有大股东利用其控股地位，越权干涉上市公司的董事会和管理层工作，进行关联交易，违规违法经营，影响到公司的健康发展。有的家族企业一股独大，包装上市后，董事长和总经理仍由一人兼任，一个人说了算，常常推出有利于家族利益的管理举措和利润分配方案。这些问题是应该注意到的。

（七）管理团队

巴菲特说：“我会这样进行投资：首先，评估每一家公司业务的长期经济特征；其次，评估负责公司的经营管理层的能力水平；最后，以合情合理的价格买入其中几家最好公司的股份。”公司主要领导人的素质决定着企业的发展前途，所以，要关注上市公司管理层的素质，包括公司一把手的个人经历、经营业绩、知名度和美誉度，以及公司管理层的整体情况，协调和沟通能力，开拓创新精神，等等。

（八）激励机制和分红派现

一家好的上市公司必然有一套催人奋进的激励机制。股权激励机制是一种有效的激励制度，它能够把经营者的自身利益和企业的长远利益结合起来，所以，实施股权激励的上市公司更有利于最大限度地调动管理层的积极性和创造性，促进企业的长期发展。

上市公司的分红派现方案，不仅反映企业的经营形势，而且表明对全体股东的责任感，同时又会直接影响到股价的涨跌。

所以，我们应该注意选择那些上市公司实行股权激励和有优厚分红预案的股票。

（九）重组题材和重大事项

资本市场的一个重要功能是实现社会资源的优化配置，兼并重组是一个永恒的主题，也是一个风生水起的地方，重组股历来是产生黑马的摇篮。

资产重组，收购兼并可以使企业实现超常规的发展，有很多上市公司通过资产重组咸鱼翻身，乌鸡变凤凰。但资产重组也蕴含着风险，并不是所有的资产重组都是成功的。费雪的观点是：那些采取前向一体化、后向一体化或是坚持在自身核心能力领域内稳扎稳打的公司，更有可能取得成功，而那些追逐横向多样化经营的企业，厄运往往就在它们前面。

（十）管理层与机构持股

管理层持股和机构持股，说明管理层和主力机构看好上市公司的发展前景，所以，要特别注意管理层和主力机构持有公司股票的增减变化，应该买入管理层和主力机构增加持股的上市公司的股票。

以上“十看”，是股票定性分析的一些主要内容和方法。

二、股票定量分析

股票的定量分析，是指通过可量化的数据分析，对上市公司的经营情况给予评价并做出投资判断，定量分析的对象是财务数据和财务报表。通过定量分析，可以使我们对上市公司的认识由模糊变得清晰，由抽象变得具体，做出更科学的评价。

目前，在各种炒股软件上，点击 F10 都可以查到有关上市公司的财务数据。如表 11－1 所示。

表 11－1 宁波银行主要财务指标

★最新主要指标★	2011－03－31	2010－12－31	2010－09－30	2010－06－30	2009－12－31
每股收益（元）	0.2800	0.9100	0.7500	0.5100	0.5800
每股净资产（元）	5.7900	5.5100	4.4600	4.2100	3.9000
净资产收益率（%）	4.8815	14.6300	16.8500	11.9830	14.9600
总股本（亿股）	28.8382	28.8382	25.0000	25.0000	25.0000
流通 A 股（亿股）	24.7430	24.7430	24.7446	10.5946	10.5355
有限售条件股份（亿股）	4.0952	4.0952	0.2554	14.4054	14.4645

表中列举的是一组简单的财务数据，这是比较好看的。但“财务分析”专栏列出的财务数据则比较复杂和专业，包括：资产负债表、利润表、现金流量表和所有者权益（净资产）变动表，涉及许多财务指标。

对于大多数投资者来说，弄通这些报表比较困难。云里雾里的财务数据，数不胜数的财务指标和防不胜防的财务陷阱，不仅让人望而却步，而且失去对财务报表的信任。但是，对于上市公司的报表数据，不可全信，也不可不信。一家负责任的上市公司的财务报表，我们还是看得出来的。在对上市公司进行定量分析的时候，应该重点关注那些主要财务指标，做到心中有数。

（一）股本规模和负债能力

主要涉及以下几个指标：

1. 总股本

总股本，是指上市公司的股份总额，包括新股发行前的股份和新发行的股份数量的总和。

2. 流通股

流通股是在证券市场交易流通的股票数量。

通过以上两个指标，主要是了解上市公司的股本规模和流通盘的大小。因为股本大小直接影响股票的活跃度、股价的市场定位和股本扩张能力。

3. 资产总额

资产总额也叫总资产，是指企业拥有或控制的全部资产，即企业资产负债表中的资产总计。

4. 净资产总额

净资产也叫股东权益、所有者权益，是公司资产减去债务的余额。计算公式是：

净资产总额(所有者权益总额) = 资产总额 - 负债总额

5. 负债总额

负债是指公司的债务，分为流动负债与非流动负债。流动负债是指一年之内要偿还的债务，流动负债以外的负债为非流动负债。

6. 资产负债率

资产负债率是指公司年末的负债总额同资产总额的比率，用以表明企业负债占全部资产的比重，反映在总资产中有多大比例是通过举债筹资的。计算公式是：

资产负债率 =（负债总额 ÷ 资产总额）× 100%

通过以上四个指标，主要是掌握上市公司的家底和投资该股票的安全性。比如，对多数行业的上市公司来说，如果资产负债率高达50%以上，说明该公司资金链很紧，经营风险较大，一般情况下就不要再买这样的股票了。

（二）经营形势和盈利能力

主要涉及以下几个指标：

1. 每股收益

每股收益，又称每股税后利润、每股盈余，指税后利润与总股本的比率。每股收益越高，表明公司的盈利越多。所以，每股收益是评价企业盈利能力，预测企业发展潜力，进而做出投资决策的最主要的一个财务指标。

为了全面考察上市公司的盈利能力，我们不仅要看当年的每股收益，还要注意公司盈利能力的变化趋势，例如，可以通过对最近5年或更长期的每股收益对比，了解公司盈利的历史变化情况。如表11－2所示，2007年以来宁波银行每股收益是逐年稳定增长的。

近5年每股收益对比：

表11-2 宁波银行近5年每股收益对比

年度	年度	三季	中期	一季
2011	-	-	-	0.2800
2010	0.9100	0.7500	0.5100	-
2009	0.5800	0.4400	0.2824	0.1420
2008	0.5300	0.4500	0.2900	0.1400
2007	0.4300	0.3000	0.1900	-

2. 净利润

净利润是指在利润总额中扣除所得税后的利润留存，一般也称为税后利润。净利润是一家企业经营的最终成果，净利润多，说明上市公司的经营效益好；净利润少，反映经营效益差。

3. 净利润增长率

净利润增长率反映企业净利润的增长变化情况，是判断上市公司成长性的一个重要指标。计算公式是：

净利润增长率 = （本期净利润 - 上期净利润）/上期净利润 ×100%

净利润增长是成长性公司的基本特征。净利润增长率高，表明公司经营业绩突出，市场竞争能力强，具有发展潜力。反之，净利润增率低甚至出现负增长，也就谈不上具有成长性。

为了全面考察上市公司净利润的长期变化，应该对比过去年度的指标，要特别关注净利润年复合增长率的变化情况，如，公司近5年净利润年复合增长率是多少，上市以来净利润年复合增长率是多少，等等。

4. 净资产收益率

净资产收益率又称股东权益收益率，是上市公司税后利润除以净资产得到的百分比率。计算公式是：

净资产收益率 = 净利润/净资产（股东权益）×100%

净资产收益率，是反映公司经营管理业绩的一个重要指标。净资产收益率越高，说明公司资产（股东权益）使用的越好，公司的盈利能力越强。一般来说，盈利能力高于行业平均水平的上市公司才具有投资价值。

（三）分红派现和扩张能力

上市公司的分红派现能力，取决于企业的经营成果，所以，每股收益是反映分红派现能力的一个最主要指标。但上市公司的分红派现能力又不完全取决于年度的生产经营情况，同时也和公司的经济实力、历史积累有关，除了上面已经介绍的每股收益，还要关注以下几个指标：

1. 每股净资产

净资产代表公司本身拥有的财产，也是股东们在公司中的权益，因此，又叫作股东权益。在资产负债表上，相当于总资产减去总负债的余额。

每股净资产的计算公式是：

每股净资产 = 净资产（股东权益）÷ 总股数

每股净资产指标，反映每股拥有的资产净值（现值），是支撑股票市场价格的重要基础。每股净资产越高，股东拥有的资产现值越多，代表公司的财富实力越雄厚；每股净资产越少，股东拥有的资产现值越少，抵御外来因素影响的能力越差。同时，每股净资产多少，也体现上市公司转增股本的能力。

2. 每股资本公积金

资本公积金，是在公司的生产经营之外形成的一种资金积累。其主要来源有股票溢价发行收入、财产重估增值，以及接受的捐赠资产等。其中，股票发行溢价是上市公司最主要的资本公积金来源。

每股资本公积金 = 资本公积金 / 总股本

每股公积金是公司的一种“储备”，可以用来转增股本。所以，每股公积金数额越高，说明转增股本的可能性越大，股本扩张的能力越强。

3. 每股未分配利润

未分配利润是以前年度未分配完的净利润的积累，也是企业留待以后年度进行分配的结存利润，包括历年留利（也叫滚存利润）和当年税后利润。

每股未分配利润的计算公式是：

每股未分配利润 = 当年未分配利润总额 / 总股本

未分配利润既可以转换成股本（送红股），又可以用现金的形式分给股东（派现），每股未分配利润越高，说明上市公司分红派现能力越强，股本扩张的潜力越大。

从以上分析我们看到，每股收益、每股净资产、每股资本公积金和每股未分配利润，是反映上市公司分红扩股能力的几个重要指标。

我们知道，上市公司的分红扩股包括：送红股、转增股本、配股和现金分红等多种形式。

送股是上市公司将本年的可分配利润留在公司里，发放股票作为红利，使股东的持股数目增加。送股后，公司的资产、负债和股东权益的总额并没有发生改变，由于总股本增大了，同时每股收益、净资产等指标相应稀释，股价也相应降低。

转增股本是指公司将资本公积金转化为股本，转增股本并没有改变股东的权益，但却增加了股本的规模，增加了股东的持股数。转增股本与送股的本质区别在于，所送红股来自公司的税后利润，只有在公司有盈余的情况下，才可能向股东送红股；而转增股本却来自于资本公积金，它可以不受公司本年度可分配利润多少的限制，只要将公司账面上的资本公积金减少一些，增加相应的注册资本金就可以了。

配股是上市公司对股东按一定比例和价格（一般低于市价）配售发行股票的行为。通过配股增资，公司的股本扩大资金增多，自然有利于企业的发展。

派发现金红利则是以现金红利的形式来实现对股东的投资回报。

4. 流通市值增长率

流通市值增长率 ，一般指上市公司当期流通市值与上市首日（开盘价）流通市值的比率，通常以倍数来表示，是反映上市公司股本扩张能力的一个指标。

我们知道，上市公司的股本扩张能力和分红送配能力是紧密联系的，可以说是一个金银盾的两个方面。

什么是股本扩张呢？股本扩张是指上市公司通过发行股票的方式来筹集资本金，扩大公司的股本规模。

对于已经上市的公司来说，股本扩张的主要手段是送红股、转增股本和配股；而对于全体股东来说，则是一种投资回报的形式。所以，对于上市公司来说是股本扩张，对于股东来说是获得红利，扩大持股份额。

考察上市公司股本扩张，有两种形式：

（1）看股本数量的增加情况。例如 烟台万华（600309），上市时的总股本为8000万股。2000年上市首发4000万股，总股本增至12000万股，扩至1.5倍。当年即推出10送2转增8，又扩张一倍；2001年再度实施10送1转增5，股本再扩张0.6倍；2010年，总股本增至16.6333亿股，为上市前的21.8倍。

（2）看流通市值增长率。单纯看股票数量的扩张，仅表明上市公司规模扩大，但股本扩张必须与利润同步增长，这样的公司才真正具有投资价值。所以，一般用流通市值增长率来考察上市公司的股本扩张能力。以三一重工（600031）为例：2003年7月3日上市时开盘价为23元，流通股6000万股，流通市值约为13.8亿元；2009年2月份股价为22元，流通股9.7个亿，流通市值约为220多亿元。也就是说，三一重工上市5年半，流通市值增长16倍，公司的规模迅速扩张。那么，我们再看一下ST洛玻（600876）的情况：1995年10月31日上市首日开盘价16.78元，流通股为5000万股，流通市值8.39亿元；2009年2月份股价为3.8元，流通股为7100股，流通市值2.7亿元。流通市值仅为上市首日流通市值的0.32倍。也就是说，ST洛玻上市流通13年半，公司的流通市值不但没有增加，反而大幅萎缩，不具备价值投资。

所以，我们应该选择流通市值增长率高的股票，回避流通市值增长缓慢甚至萎缩的股票。

以上介绍这14个指标，是对上市公司进行定量分析时应该重点关注的财务指标。

（四）个人财富的裂变式增长

1. 炒股赚钱的三个途径

投资者购买股票，实际上可以通过三种途径获利：①通过股票的低买高卖获得差价收益，即资本利得；②通过购买绩优股获得高于银行利息的现金分红，享受上市公司的发展成果；③通过公司的股本扩张，扩大自己的持股份额，实现财富的裂变式增长。而这第三条可能是最重要的途径。

投资者怎样才能实现个人财富的裂变式增长呢？主要是通过购买成长性好、股本扩张能力强的股票，获得高送转来实现。中小盘上市优秀公司具有巨大的股本扩张能力，会成就你的梦想。由于中小盘股票的股本小，盈利能力强，每股净资产和资本公积金高，又多处于高速成长期，对资金的需求迫切，大都选择送股和转增股本，增加公司现金流，推动主营业务增长，不断做大股本规模。所以，中小盘股历来是市场的追捧对象，特别是新股与次新股中5000万股以下的小盘股、中低价股，由于新上市，盘子小，公积金多，有送配潜力，往往成为大牛股的摇篮，倍受投资者的青睐。

例如，苏宁电器（002024）上市三年时间，共进行过4次送转股，3次是10送10，一次是10送8，总股本由上市之初的不到1亿股，猛增到14亿股，而公司的业绩却没有因股本的快速扩张而摊薄。到2008年1月9日为止，苏宁电器复权股价已经从上市之初的29.88元上升为1234元（后复权），上涨了74.6倍。如果你慧眼识珠，从苏宁电器上市时就买入了这只股票，并持有三年，那么，无疑你已经腰缠万贯。

2. 两类股票任你选

如果你认真做过股票对比分析的话，就会发现，上市公司的盈利能力、股本扩张能力和对股东回报的情况差别巨大，优劣悬殊，简直天壤之别，不可同日而语。

表11－3是《证券日报》市场研究中心从1800多家上市公司中筛选出的10家最值得投资的公司。

表11－3 高成长高回报A股10强

上市公司	10年净利润增长	10年累计单位分红
烟台万华	增长40倍	2.35元
贵州茅台	增长19倍	5.183元
用友软件	15.9倍	5.135元
盐湖钾肥	18.4倍	6.105元
龙净环保	18倍	1.71元
云南白药	17倍	2.07元
福耀玻璃	15倍	1.835元
张裕A	11倍	5.05元
格力电器	12倍	3.23元
宇通客车	7倍	5.9元

2010－06－19 23：55：00 来源：《证券日报》。

从表中我们看到，这10家高成长型上市公司不仅发展速度惊人，而且对股东回报十分丰厚。

以用友软件（600588）为例，我们粗略计算了一下：2001年5月18日上市，发行2500万股，2002.5.22（2002年5月22日，下同），10派6元①；2003.7.4，10派6元，送2②；2004.5.20，10派3.75元，10送2③；2005.5.23，10派3.2元，10送2④；2006.2.28，10送5⑤；2006.5.18，10派6.6元，送3⑥；2007.5.11，10派6.8元⑦；2008.4.11，10送10，10派10元⑧；2009.4.29，10送3，10派3元⑨；2010.4.30，10派6元，10送3⑩；2011.5.12，10派2.2元⑪。

用友软件上市10年来共分红送配11次，每10股累计派发红利198.73元，股本扩张到113.89股。假如，你于2001年买入用友软件1万股，那么，现在已经变为113890股，股本扩大11.4倍，同时获得红利198730元。

表11－4是5家公司上市以来的送配股统计表。

表11－4　5家绩优上市公司送配股统计表

股票名称	上市时间	每10股送配股票	累计
用友软件	2011.5	2，2，2，5，3，10，3，3	113.89
五粮液	1998.4	5，2，7，3，2，10，4，4，	187.1
亚泰股份	1995.11	9，4，2，2，8，4.4，4，3，3，5，7.5，5	932.7
华兰生物	2004.6	5，3.6，5，2，2，6，6	112.8
大族激光	2004.6	5，3.5，5，5，6，5	109.35

从以上所列5家上市公司的统计，我们可以看到“复利”的神奇力量，如果购买并持有一家优秀上市公司的股票“滚雪球”，雪球越滚越大，确实可以实现财富的裂变式增长。

但是，另一方面，沪深两市的垃圾股成堆，有一些甚至是资不抵债（无力偿债、已丧失偿债能力）的“超级垃圾”。

沪深两市还有100多家连续多年不分红，对股东没有任何回报的上市公司，股民叫它们是“铁公鸡”。这类上市公司的股票，有什么炒作价值呢？

前面我们讲到，投资股票获利有三种形式：资本利得、现金分红和股本扩张，购买这些劣质股票，你只能博取低买高卖的差价，即资本利得，等于放弃了现金分红和股本扩张这两种主要的获利形式，注定你的收益有限，而且很不把握。

孰优孰劣，孰轻孰重，两类股票任你选。

三、股票定位分析

所谓股票的定位分析，是指根据上市公司的定性分析和定量分析，对该股票当期的市场价格进行比较研究，看市场价位是否合理，是偏高还是偏低，是否具有投资价值。也就是说，对于基本面看好的目标股票还要在合适的时机、以合理的价格买入，要在“在理想的时候”“买入理想的股票”。

那么，怎样进行股票的定位分析呢?

（一）安全边际

本杰明·格雷厄姆说：“我大胆地将成功投资的秘密精炼成四个字的座右铭：安全边际。”就是说，投资成功的关键是只买入那些价格大大低于其内在价值的股票，是在一家优秀公司的市场价格相对于其内在价值大打折扣时买入其股票。因为买入价格越低，盈利可能性越大。在买入价格上留有足够的安全边际，不仅能降低因预测失误引起的投资风险，而且在预测基本正确的情况下，可以降低买入成本，从而大大提高投资回报。

本杰明·格雷厄姆认为，短期内的市场价格剧烈波动给投资者带来很大风险，但是在长期趋势内，偏离内在价值的市场价格将逐步向价值回归，对企业价值做出真实反映。他说：“从根本上讲，价格波动对真正的投资者只有一个重要意义：当价格大幅下跌后，提供给投资者购买机会；当价格大幅上涨后，提供给投资者出售机会。”他认为，在各个不同阶段，股票价格不断波动，低于价值或高于价值，而投资者的任务就是在购买之前确定一个公司是处于上升阶段还是下滑阶段。当股票价格无论从统计分析还是从历史上看都十分便宜时买进，当其价格相当高时卖出。他偏爱那些低于其现有资产净值出售的股票。

费雪主张，集中全力购买那些失宠的公司，这是指当市场走势或当时市场误判一家公司的真正价值，使得股票的价格远低于真正的价值时，应该对其断然买进。出色的公司在任何市场都只有5%左右，而能找到其中股价偏低的则更是千载难逢的好机会，一旦机会来临，应该重仓买进，甚至是以全部资金买进。

这就是说，我们要坚持安全边际原则，在相对低位区购买股票，留出较大的安全边际。要选择绩优价廉、价值被严重低估的股票，尽量降低投资风险。绩优股一般股价都是比较高的，特别是在股价高企的牛市中，缺少资金实力的广大散户很难买高；但在大盘下跌和股市走熊的时候，往往能以较低的价格买到绩优股，如果有这样的机会不应错过，要大胆买入，然后一路持有。

（二）价值尺度

那么，怎样衡量一只股票的市场价格是否合理，是否具有投资价值呢？虽然确定一个普遍适用的标准很难，但是，我们还是应该把市盈率和市净率作为衡量股票市场价位高低的重要尺度。

1. 市盈率

市盈率又称本益比，是股票市价与其每股收益的比值。

市盈率 = 股价 ÷ 每股收益

市盈率是评估股票价格合理性的主要指标之一。公司业绩应该是决定股价的最重要因素，市盈率指标的最大特点，是把股价高低和企业盈利水平联系起来，衡量股票市场价格是否合理。市盈率表示的是投资者为了获得上市公司每一单位的收益或盈利而愿意支付多少倍的价格。例如，某只股票每股收益是1元，投资者以市价10元购买这只股票，该股票的市盈率就为10，如果以20元购买，市盈率就是20，一般来说，市盈率越高说明投资者承担的风险越高。比如，股价同为30元的两只股票，其每股收益分别为3元和1元，则其市盈率分别是10和30。这说明同样以30元价格购买的两种股票，要从企业盈利中收回投资分别需要10年和30年。

一般认为，沪深股市平均市盈率在20~30左右是正常的，过高买入风险较大，偏低买入风险较小。牛市和熊市不同，牛市为40~50，熊市为10~20左右。但这只是衡量市场价格总体水平的一般概念，实际上，个股的市盈率差别很大，有的市盈率只有几倍，有的上千倍。这是因为影响个股市盈率水平的因素很多，有些业绩好、被热炒的股票市盈率很高，但也有时亏损或微利公司每股收益稍有增长市盈率就变得奇高。通常上市公司流通盘大小与市盈率高低成反比，公司流通盘越大市盈率越低，流通盘越小市盈率越高，因为盘子大小影响股票的活跃度，而且小盘新股或次新股有含权概念。股价的变化常常领先于公司业绩的变化，有潜在利好或重组题材的股票，往往市盈率很高。所以，市盈率是一个重要的价值尺度，又不应过于刻板去理解。

2. 市净率

市净率也是衡量股价高低的一个重要指标。市净率指的是每股股价与每股净资产的比率。计算公式是：

市净率 = 股价 ÷ 每股净资产

市净率告诉我们，购买上市公司 1 元的净资产要花多少钱。例如，一家上市公司的市净率是 20，就说明该上市公司账面上 1 元的净资产在股票市场上卖 20 元，如果市净率是 30，说明 1 元的净资产卖了 30 元。一般来说，市净率较低的股票，投资价值较高，相反，市净率较高的股票，则投资价值较低。但如上所述，在判断投资价值时还要考虑当时的市场环境以及公司经营预期等多种因素。

一般情况下，股价都是高于净资产的，只有在熊市下跌的过程中，个别股价才会跌破净资产，即所谓出现“破净”的现象，如果有一批上市公司跌破净资产这个价值底线，说明大盘已经跌无可跌了，底部就在眼前。如果是一家经营较好的公司，只是遇到暂时困难，在熊市中股价跌破净资产（市净率小于 1），那无疑是难得的买入机会。

从上面的分析可知，我们应该尽量挑选市盈率和市净率较低的股票，特别是要选择那些股价接近或低于净资产的股票，但这样的股票多数经营形势不好，所以，要全面分析上市公司出现经营困难的原因，既要有尺度，又要具体情况具体分析。需要明确的是，“好公司”不等于就是“好股票”，其实，“好公司”的股票价格过高时就变成了“坏股票”；同样，“坏公司”不等于就是“坏股票”，“坏公司”的股票价格过低时就成了“好股票”。而且“好公司”和“坏公司”也不是绝对的，是可以互相转化的。更何况有些“绩优股”可能是庄家“包装”和“忽悠”起来的，有些“绩差股”可能是因为经营上遇到暂时困难，连出利空，也许庄家正在打压吃货，等等。

（三）技术方法

股票的定位分析，主要是对股票盘面走势的技术分析，通过横向纵向比较股票的走势形态，分析目标股的价格定位是否合理，是否具有买入的价值。股票的市场定位分析，虽然可以运用多种技术分析指标，但毫无疑问移动平均线是主要的分析工具，就是说，要用均线选股。为什么呢？道理很简单，因为买涨不买跌，买股票首先要看市场趋势，你只有在市场出现由跌转升趋势时才可以买入，只有在股价仍有上涨空间时才可以买入，只有在市场处于相对底部区域物有所值时才可以买入，而移动平均线不仅是一个最重要的趋势指标，同时，也只有移动平均线才能展示股票走势的全过程和价格空间，使我们得以分析比较股价的市场定位是否合理。

图 11－1　万通地产月线图

如图 11－1 中万通地产（600246）上市以来的月线图（复权）所示，从这张图上我们看到，2007 年 8 月，万通地产最高价达到 12. 79 元（当年每股收益为 0. 366 元，市盈率约为 35）；2012 年 1 月 ，该股最低价为 2. 95 元（每股收益 0. 26 元，市盈率约为 11. 4），市净率仅为 1. 1（每股净资产为2.7元），目前股价仅相当于最高价时的23%，已经接近净资产水平，虽然从走势图上看万通地产还处于下跌过程中，但无疑已经越来越具有投资价值，应该纳入股票池，关注它的走势。

选股的问题实际涉及到整个炒股的问题。下面简介几种技术选股方法，目的是重点强调一下低位区买入原则与安全边际原则。

1. 均线选股

均线选股，是最重要的技术选股方法。所谓均线选股，就是根据移动平均线的运行周期和波动形态选股。

（1）黄金交叉。

黄金交叉选股，应该注意选择在底部形态。当股价处于低位区时，中长期移动平均线下跌速度逐渐趋缓，如果此时5日、10日和20日均线出现黄金交叉，短期均线形成升势排列，60日均线逐渐走平上翘，是买入时机。应该逢低买入价格低廉成长性好的股票，不必在意它的短期涨跌，买入后长期持有。

如图11－2所示，五粮液（000858）处于底部横盘阶段，60日和120移动平均线由向下运行变为走平上翘，短期移动平均线的位置不断上移，5日、10日和20日移动平均线多次出现黄金交叉，都是较好的买点。

图11－2 五粮液日线图

（2）槽头牵马。

“槽头牵马”是一种在60日和120日均线之下选股的方法，关键要看60日和120日均线的走势。在底部横盘整理的后期，当60日和120日均线基本走平，形成“马槽”后，短期均线砸坑后向上拉出黄金交叉时，是重要的买入时机。西山煤电（000983）的60日和120日均线基本走平，股价在横盘筑底之后，5日、10日和20日均线形成黄金交叉，股价拉出长阳，成交量极度萎缩之后明显放大，应该果断买入。如图11－3所示。

图11－3　西山煤电日线图

（3）“四线推升”。

在筑底阶段的后期，股价连续拉升，成交量同步放大，5日、10日、20日和60日均线同时发散向上，形成多头排列，即“四线推升”形态，将推升出一波中级以上行情，是重要买入时机。如图11－4所示。通宝能源（600780）移动平均线形成“四线推升”形态，成交量同步放大，是稳健投资者的买入点。

（4）五线成牛。

5日、10日、20日、60日和120日均线由交叉、黏合转变为逐渐向上发散，形成多头排列，说明大牛市已经形成，是可靠的买入机会。如图

11－5 所示，中金黄金（600489）底部长期横盘后放量向上突破前期高点，五条移动平均线顺序向上发散，说明一波牛市行情已经启动，可以说是最佳买入时机。

图 11－4 通宝能源日线图

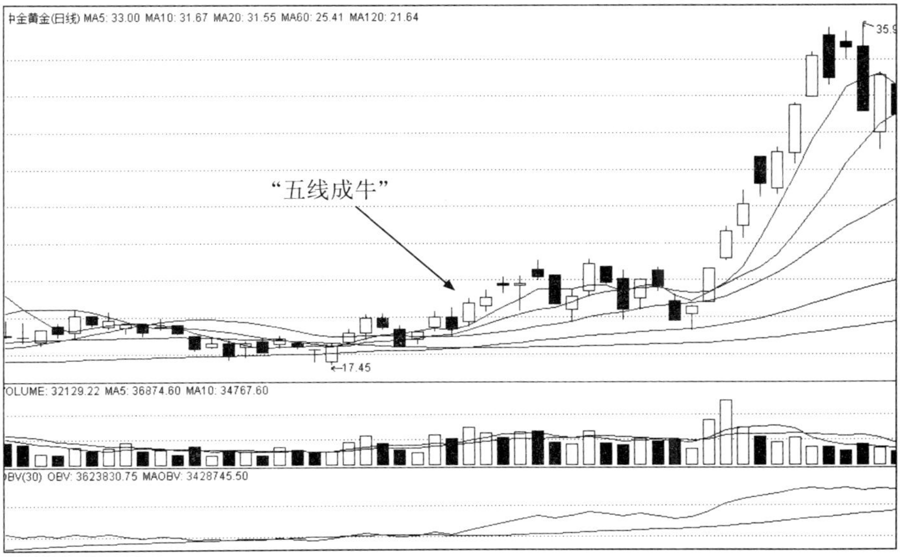

图 11－5 中金黄金日线图

（5）铁道轨。

“铁道轨”是股价长期底部横盘才能形成的，“久盘必涨”。如图 11－6 所示，大族激光（002008）在底部区域长期横盘，60 日和 120 日移动平均线于低位走平，形成铁道轨，铁道轨下是建仓区域，买入做“储蓄”。

图 11－6　大族激光日线图

（6）临界点。

这里所说的“临界点”，是特指行情发展的一些重要转折点。包括均线支撑位和阻力位、黄金分割线和前期高点低点等。临近这些关键点位，常常是重要的买卖时机。

在上涨行情中，要结合大盘走势，注意选择股价回调到均线支撑位获得支撑的股票，即下跌到 20 日、60 日或 120 日均线附近止跌回升的股票。如图 11－7 所示，五粮液（000858）股价上涨过程中进行回调整理，在 120 日移动平均线附近获得强支撑，放量突破平台整理的上限，是买入时机；随后向上突破前期 M 顶，各条移动平均线明显形成多头排列，应该果断买入。

2. 技术图形选股

技术图形选股，主要是观察股价在低位区是否形成 W 底、三重底和头

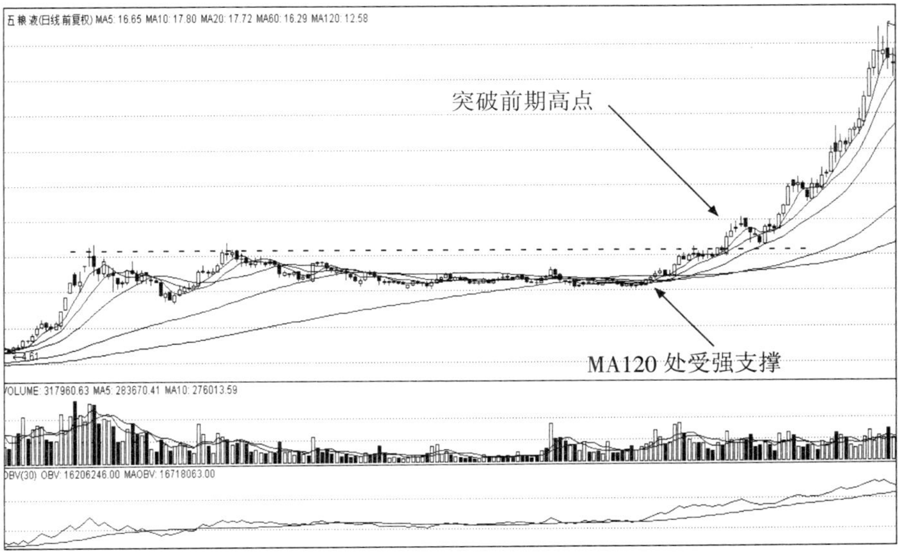

图 11-7 五粮液日线图

肩底等技术图形，择机买入。如图 11-8 所示，用友软件（600588）形成多重底形态，放量突破颈位线是买入时机。

图 11-8 用友软件日线图

如图 11 -9 所示，上海电力（600021）形成 W 底部形态，移动平均线出现黄金交叉、金三角，形成多头排列，股价放量站到各条均线之上，为低位买入点。

图 11 -9 上海电力日线图

3. OBV 选股

能量潮（OBV）指标，是一个重要的选股指标。当股价长期于底部横盘，OBV 也同时长期横盘之后，随着股价放量上涨，OBV 快速拉起向右上方运行，是价量齐升的向上突破形态，跟进做多。如图 11 -10 所示。

4. 筹码峰选股

在底部出现筹码单峰密集的股票，如果移动平均线在底部黏合后向上发散，60 日移动平均线上翘，股价突破前期平台时，是重要买入时机。如图 11 -11 所示，通宝能源（600780）筹码形成底部单峰密集，而且底部不断上移，移动平均线基本形成多头排列，当股价突破前期高点时，是买入的时机。

技术指标选股的方法很多，这里不再一一介绍。总之，按照“三定选股法”，应该把目标股票的定性分析、定量分析和定位分析这三者统一起来。如图 11 -12 所示。

图 11－10 能量潮指标选股

图 11－11 通宝能源日线图

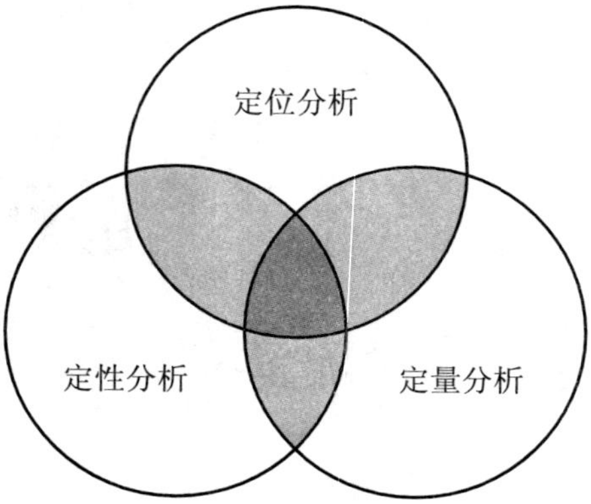

图 11－12 “三定”选股法示意图

要顺势而为，不要逆势操作。

第十二章　投资策略与赢家素质

炒股也是一种博弈，所以，要有对手意识和全局意识。这就像下棋一样，你要想赢棋，不仅要懂得棋谱会下棋，还要考虑到对方可能的应对，瞻前顾后，通观全局，深思几步。

但是，炒股是一种更高级的博弈，参与者亿万众，而且都不亮底牌，千军万马在混乱中厮杀，股场如战场，情况当然要复杂得多。股市是无知者的迷宫，浮浅者的陷阱。智慧者如孔明，羽扇纶巾，运筹帷幄；勇猛者如张飞，历险拔寨，扬威千里。虽血雨腥风，尸横遍野，但画角飞旌，斩将搴旗，酣畅淋漓。

古人说："弈者，谋之相争也。"谋，是物质要素的运筹，是策略手段的活用，也就是说，在博弈场上取胜，不仅靠实力，靠技术，还要有谋略。什么是谋略呢？从字义上讲，谋是对眼前问题思考的对策、解决方案和应对办法；略，则是对长远问题思考的对策、解决方略和计划步骤。计谋策略，既要考虑当前，又要考虑长远，是对全局的筹划，是应变的招法，是深谋远虑的行动。

技术分析只是一种方法，如何掌握和运用关键在人，投资策略和投资者素质，是投资成败的决定性因素。

一、投资策略

股票投资，真金白银，不应该随意和轻率，靠"灵机一动"杀进杀出打乱仗，而应该有预案、有计划，在周密思考的基础上制定正确的投资策略，慎思而后行，谋定而后动。尤其要秉持一些正确的投资策略和原则。

（一）顺势而为

炒股要看大势。要审时度势，顺势而为，不要逆势操作。

所谓大势，是指股票市场的大趋势、大背景和大环境。只有看清大势，选对入市时机，才能获取丰厚回报；如果对大势判断错误，入市时机选择不对，即使有小盈小赚，随着大势走坏，也一定在劫难逃。

看大势，首先要全面分析国内外的政治经济形势。所以，炒股的人一定要关心国家大事。尤其要密切关注宏观经济形势的景气状况，国家经济政策的导向，特别是财政税收政策、利率政策和资本市场政策，等等。随着世界经济政治的一体化，国际政治经济形势成为影响资本市场运行的重要外部因素。各国股票市场的涨落相互关联和影响，道琼斯指数和纳斯达克指数成为世界股市运行的风向标，而美元、石油、黄金和期货市场的价格走势也直接间接影响着股票市场的运行。

看大势，要清楚当期股市处于什么样的运行阶段。我们知道，经济社会和股票市场的运行具有周期性，而股市是市场经济运行的晴雨表，通常情况下，股市的波动超前于整个经济社会的波动。投资股票的人，必须能够很宏观地了解经济社会的运行周期和股市波动周期，尤其要清楚当前股市所处的位置，是处于牛市上升期还是熊市下跌期，是底部横盘阶段刚刚启动、涨升途中，还是高位震荡正在构筑头部，抑或是逐级下跌已步入漫漫熊途。只有全局在胸，知道何时入市何时出市的人，才能进退裕如赚大钱。如果把大趋势看错了，大势要跌的时候买进，大势看涨的时候卖出，逆势操作，必然是满盘皆输。

看大势，要坚持趋势不明朗时不入场。对于稳健的投资者来说，市场显示可靠的发展趋势是决定入市的前提。所以，要像美洲豹静静地等待猎物一样，耐心等待最佳投资机会的来临，趋势不明朗时不入场，当市场的主要趋势已经清楚时奋力出击。原则是顺势而为，跟随趋势走，当趋势向上时买进，当趋势向下时卖出，不在涨势中做空，不在跌势中做多，一般不必要参加盘整。

（二）买卖有道

关于股票炒作，有长线、中线和短线之说，流行“短线是银”，“中线是金”等说法。由于每个人的操作习惯不同，实战效果也不一样，似乎不可随意臧否。

但根据多年的体会，我认为，对于大多数投资者来说，短线炒作是自败之举，长线持股是致富之策，中线操盘是炒作之道。

1. 自败之举

为什么说短线炒作是自败之举，短线操作不可取呢？

（1）股价的短期走势飘忽不定，是不可预测的。短线操作难度很大，做短线需要有很高的专业素养和操作技巧，多数股民朋友不具备这样的能力，成功率很低，而且买卖次数越多失误概率越大。

（2）股价的短期走势是随机的，也是可以人为操纵的，属于主力机构操控的范围。庄家可以利用资金优势提拉打压，翻云覆雨，把散户玩于股掌之上。庄家是不会按正常节奏跳舞的，股价的短期走势骗线很多，买卖的节拍你是踩不准的。广大散户做短线等于把自己放在庄家的砧板之上，“人为刀俎，我为鱼肉”，必然受到主力机构的宰割。

（3）短线买卖，操作成本很高。频繁买进卖出会大幅度增加交易费用，有人计算，一个散户每周买卖 2 ~ 3 次，一年时间，大部分本金基本上都支付了印花税和佣金，等于给交易所打工，做短线即使你搞得好，去掉费用也只能赚点小钱。

（4）做短线你会失去很多买卖机会，人为的压缩盈利空间。做短线盈利空间很小。从道理上讲，好像做短线的买卖机会要大于做中长线的机会，因为一条抻直的曲线要长于同等长度的直线。实则不然，因为做短线你不是一直持有股票，你也不可能不间断地买了卖，卖了买，你是间歇性的操作，你要等待买卖点明确、有盈利空间的时候才能操作。这种浪尖上的频繁买卖，好比蜻蜓点水，不但盈利机会没有增加，反而压缩了盈利空间，因为你是在一个很窄的波幅中运作，掐头去尾，只能获取蝇头小利。

（5）短线操作会使牛市的盈利被“冲减”，熊市的风险加剧。在牛市上涨行情中，短线炒作的盈利会不断被冲减。这好比买卖蔬菜，“快马撵不上青菜行”，菜价在不断上涨：第一天我们买黄瓜花 10 元，卖了 12 元，我们获得 20% 的盈利；当第三天我们再去买黄瓜时，价格已经上涨到 12 元，我们 20% 的盈利被价格上涨因素抵销了，假如我们以 12 元买入、又以 15 元的价格将黄瓜卖出，获得 25% 的盈利；当我们第五天再次去买菜时，黄瓜涨到 13 元，又以 13 元的价格买入……买卖两次实际上只赚了 2 元钱。

在熊市下跌行情中频繁买卖，则风险很大，因为需求减少，价格下跌，只能减价处理，弄不好黄瓜会烂在手里。

（6）短线操作容易因小失大，错失赚大钱的机会。买卖股票必须兼顾大盘和个股的走势，因为大盘和个股通常是同步共振的，但好股票往往逆势而动，在大盘上涨时洗盘，在大盘下跌时拉升，短线炒作很容易忙乱中搞乱步伐，“捡了芝麻，丢了西瓜”，放走不按常规走路的“黑马”，等于加大了机会成本。

所以，彼得·林奇说，指望依靠短线投资赚钱谋生就像指望依靠赛车、赌牌谋生一样机会非常渺茫。

不仅如此，短线操作还很容易搞得你精疲力尽。短线操作尤其不适合上班族，因为做短线需要经常“盯盘”，你没有这个时间和精力。

所以，短线炒作不可取，可以说是自败之举。

2. 致富之策

关于长期持股的投资方法，股市的精英们有过很多经验之谈，入木三分：

艾略特说，在股票市场中，如果是在大浪级运动中操作，就要通观股市波浪运动的总体走势，放长线钓大鱼。只有咬定长期趋势，才能实现巨额利润。

巴菲特说，投资的一切在于，在适当的时机挑选好的股票之后，只要它们的情况良好，就一直持有。他认为，短期投资是赌博。如果用大量的资金进行短期投资，那你很有可能会血本无归。

是川银藏说，自己收集情报，在低价区买进，耐心等待，这是投资股票的秘诀。

邱永汉说，为了想从买卖股票赚到钱，与其经常变换股票，不如静静地、耐心地、有恒心地继续抱着一种股票来得好。只要趋势继续存在，与其巧妙地把握行情赚取差价利益，不如抱着成长股来得妥当。在股价上涨期，就能以几何级数增加持股数，如此反而能赚更多的钱。我主张买入成长股后，无论股价上涨还是下跌都不予理会，每年照旧参加增资而增加持股数，就能成为亿万富翁了。我确信投资股票若采取短期策略成果有限。当确认成长股而购买该股票之后，就不要出脱，静静地等着，比“低价购买，高价卖出”更会赚钱。不要在中途失去信心，而是降价时买进，涨价时也忍耐抱住不要卖出去。以股票来说，将一半持股出售收回本钱之后，留下无本的一半股票就抱住不放。

（1）长期持股可以通过复利实现财富的巨额增值。

巴菲特认为，在长期内复利能战胜一切。他说，在长期投资中，没有任何因素比时间更具有影响力。随着时间的延续，复利的力量将发挥巨大的作用，为投资者实现巨额的税后收益。复利有点像从山上往下滚雪球。最开始时雪球很小，但是往下滚的时间足够长，而且雪球粘得足够紧，最后雪球会很大很大。巴菲特的长期投资经验告诉我们，如果选择并长期持有具有持续竞争优势的企业股票，将给投资者带来巨大的财富。其关键在于投资者未兑现的企业股票收益通过复利将产生巨大的长期增值，投资者所需要做的只是长期持有，耐心等待股价随着公司成长而上涨。一句话，你可以通过持有一家优秀企业的股票而长期享有它的发展成果。因为这种企业具有超额价值创造力，其内在价值将持续稳定地增加，相应地其股价也将逐步上升。最终复利的力量将为投资者带来巨额财富，持有的时间越长，复利的增值作用越巨大。因此，巴菲特强调一定要耐心、耐心、再耐心地长期持有，他的经验是“用屁股比用脑袋挣得钱多”，“投资股票很简单，你所需要做的，就是要以低于其内在价值的价格买入一家大企业的股票，同时确信这家企业拥有最正直和最能干的管理层。然后，你永远持有这些股票就可以了”。什么事都不做才是最困难的一件事。芒格感叹道：“如果既能理解复利的威力，又能理解获得复利的艰难，就等于抓住了理解许多事情的精髓。”在上一章，我们分析了用友软件等优质股票 10 年来的分红送配情况，大家从中可以看到复利的力量和长期投资获得的巨额收益。

（2）长期持股的投资收益率远高于债券和银行存款的收益率。

杰里米·J·希格尔的研究表明，1802—1997 年的 200 年间，股票投资收益率在很多时候都会偏离长期平均水平，但是，美国股票的长期平均实际年投资收益率令人惊奇地稳定，约为 7%，大大超过债券的收益率水平。因此，耐心的投资者积累股票总能比积累其他金融资产获得更大的收益：“如果在 1802 年向股票投资 1 美元并把收益不断地再投资于股票，它在 1997 年末的价值将接近 750 万美元。如果用 100 万美元在这 195 年中进行投资和再投资，它在 1997 年的价值将达到难以置信的 75000 亿美元，比美国股市总值的一半还要多!”（短期吓人的波动性与长期惊人的稳定性）。

（3）长期持股可以提高获胜的机率。

在本书第二章里，我们曾分析过移动平均线运行的“一个周期、两种市场和四个阶段”，指出移动平均线的运行不仅具有周期性，而且具有阶段性，做股票投资，应该树立中长期投资的思维。因为市场的短期波动是难以预测的，而中长期趋势具有周期性和阶段性，是可以把握的。在选择入市时机时，要清楚投资四季，看市场是处于投资四季中的哪个季节，从而采取不同的投资策略。概括起来说，底部横盘阶段建仓，发散向上阶段持股，顶部震荡阶段出货，发散向下阶段空仓观望。对于绝大多数投资者来说，做到这一点难吗？不难。问题是有些人想天天赚钱，所以频繁买卖，结果事与愿违，徒劳而无功。

综上所述，可以说长期投资是致富之策。从我们所了解的情况看，成功的股票投资家绝大多数都是坚持长期投资的，频繁进出，搏取短差而成为巨富者微乎其微。

3. 炒作之道

中线操盘是炒作之道，但是，只有那些具有专业证券投资知识的人才能做到。艾略特认为，波浪循环是自然中的韵律，是一种自然法则。人们掌握了特定现象的韵律，预测就会变得非常容易。波浪形态的共同特点是它们的循环性行为，或者无限重复它们自身的能力。交易循环以及股票市场的熊市运动和牛市运动，也受到相同自然法则的支配。这种基本的法则不会被法令或限制扰乱而废止。时事和政治的发展只有偶然的重要性，很快就会被遗忘；它们对市场趋势的假定影响并不像普遍相信的那样重大。市场波动或换言之股市价格运动的内在规律性受韵律或称一种有规则的顺序的影响。艾略特认为，一轮循环由五个上升浪和三个下跌浪组成一个股票市场循环的完美图形，如图 12 – 1 所示。

图 12 – 1 所显示的是牛市和熊市的一个完整循环。牛市五个大浪，熊市三个大浪。就是说，一个完整的市场循环是八浪，牛市是上升的运动，熊市是牛市的反转。图中的每一个大浪都可以细分成中浪，中浪可以细分成小浪，等等。

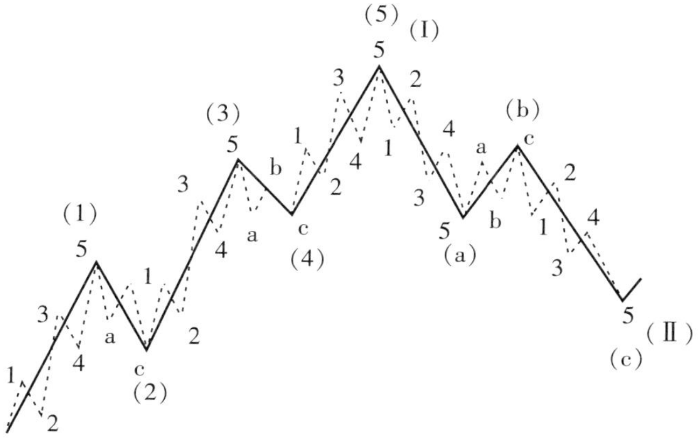

图 12－1　八浪循环

市场"画"出的图形和艾略特画出的图形并不完全一致，所以，艾略特的波浪理论颇受非议。但是，钱塘潮涌，浪叠千层，八月十八，如约而至，一个波浪落下，后一个巨浪随之而来，哪条波浪是相同的呢？其实，股市并不适用于精确数学，而只适用概率论，艾略特的波浪理论给投资者提供了极具价值的思维框架。

我们知道，一轮牛市和熊市的循环要经历很长时间。一轮牛市上涨，不是一口气涨到顶的，会有多次回调，回调之后会继续上涨，直到做多的动能完全消耗，牛市才会结束。一轮熊市下来，也不是一口气跌到底的，会有多次反弹，反弹之后会继续寻底，直到做空的能量完全耗尽，真正的底部才会出现，牛市才会到来。一般来说，主力机构介入一只股票，都是经过精心策划和长期吸筹准备的。因此，一旦行情发动，短时间内不会草率收兵，需要不断的拉升、震荡、派发过程才能完成。波浪理论的重要价值不仅在于提出了八浪循环的模式，更重要的是为我们提供了一种思维方式，提供了一种分析市场运行周期性的方法论，所以，是波段操作的重要理论指导。

事实上，长期持股并不是绝对的，要视具体情况而定。巴菲特以长期投资而闻名，但他真正长期持有的只是极少数几只价值增值能力超越产业平均水平的优秀企业。有些经营形势发生重大变化的股票，他都随时淘汰掉。

我们所说的长期持股，也不是主张持有一只股票到“永远”。因为我们和巴菲特不同，不能生搬硬套。巴菲特实际是个“多头罗汉”：产业巨头、金融寡头、投资专家。他是金融大鳄，收购兼并企业的能手，他的主要精力不是靠低买高卖股票赚钱。

我们所说的长期投资，是主张按投资四季操作，在熊市末期买入，在牛市末期卖出。我们了解市场运行周期性和阶段性的目的，就是为了使自己的投资行动踩到点子上，在牛市抬头时买入，在熊市露脸时卖出，而不是要一味抱牢。

图 12－2 为深成指的走势图，从图中可以看到，我们应该在一轮大牛市行情的底部区域买入建仓，在顶部区域卖出清仓。

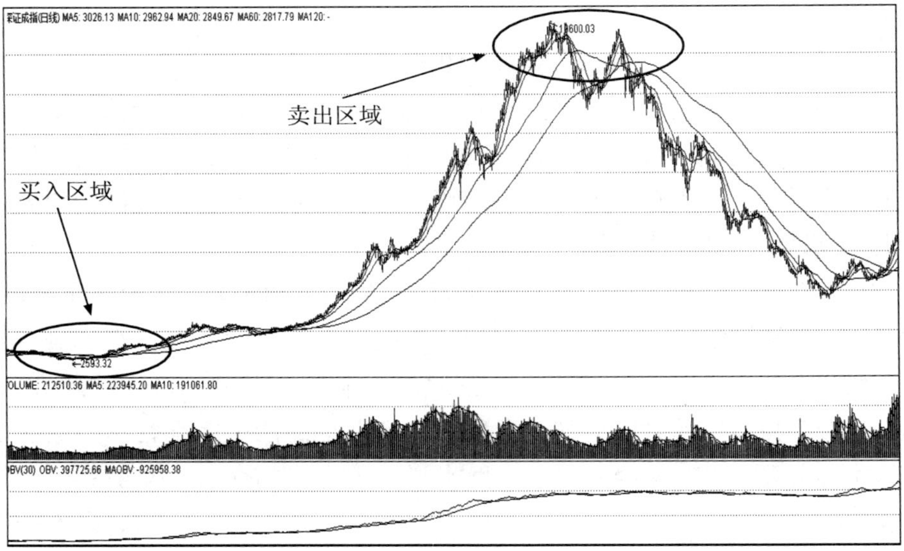

图 12－2　深市日线图

如图 12－3 所示，中金黄金（600489）从 2005 年 11 月的 6.1 元狂涨到 2007 年 9 月的 159.6 元，股价进入高位时，大势和个股的移动平均线指标均已明显走坏，出现多次卖出机会，如果该卖不卖还继续抱牢，坐“过山车”，一定是不懂股票炒作。如果这样操作，艾略特一定会大发雷霆，巴菲特也不会赞成。所以，低买高卖是常识，也是股票市场的铁律。

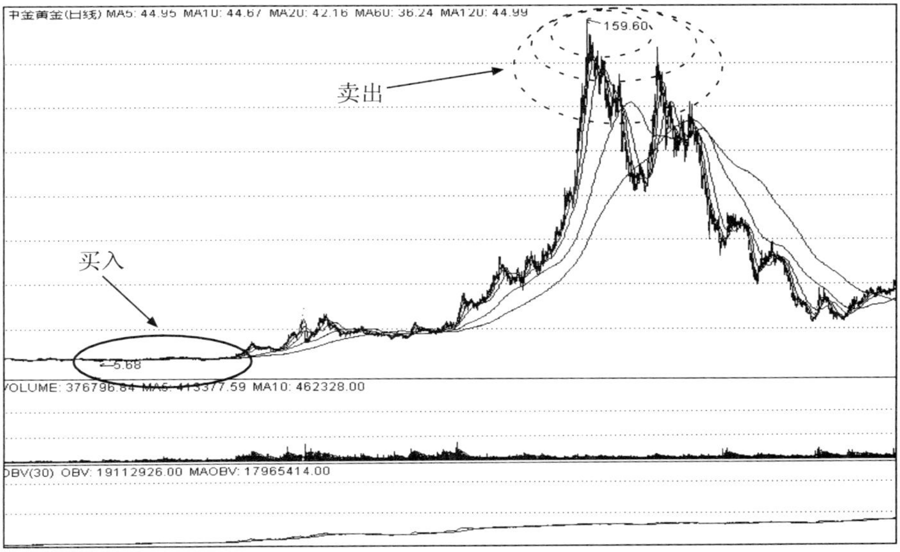

图 12－3　中金黄金日线图

但是，我们这里所说的中线操盘，是指不仅应该看清牛市和熊市，买在大浪的波谷，卖在大浪的波峰，还应该根据市场不同循环阶段的走势，在中浪级的波谷买入，波峰卖出，进行波段操作。通常，一年之中市场会有 2～3 个明显的高点和低点，这样的机会我们可以抓住。最佳状态是把握好市场这种波动的韵律，中期波段也做好，就是说，把长期持股和波段操作结合起来。

如图 12－4 所示，五粮液在上涨过程中，波段性特征十分明显，如果中线操盘能够把握好这种波动的节奏，低买高卖，这就富有韵律之美了。

（三）分散投资

关于集中投资和分散投资，可以说是一个仁者见仁、智者见智的问题。

分散投资，也叫投资多元化，就是将资金分散投资于多种证券，以减少投资风险，“不要把鸡蛋放在同一个篮子里”。

集中投资原则主张集中投资于少数优秀企业，在成功概率最大的地方下大赌注。就是说，“应该把鸡蛋放在同一个篮子里”。

集中投资的代表人物是巴菲特。他说：“我们的投资仅集中在几家杰

图 12－4　五粮液日线图

出的公司上，我们是集中投资者。”“如果你是学有专长的投资者，能够了解企业的经济状况，并能够发现 5～10 家具有长期竞争优势的价格合理的公司，那么传统的分散投资对你来说就毫无意义，那样做反而会损害你的投资成果并增加投资风险。”“我们的策略是集中投资。我们尽量避免当我们只是对企业或其股价略有兴趣时这种股票买一点、那种股票买一点的分散投资做法。当我们确信这家公司的股票具有投资吸引力时，我们同时也相信这只股票值得大规模投资。”

艾略特主张分散投资，彼得·林奇也是讲分散投资的，认为那些把资金投资于不同股票的人才能赚更多的钱。本杰明·格雷厄姆主张应以多元化的投资组合替代个股投资，因为随着买入股票只数的增多，投资的结果是利润总和一般超过损失的总和。那么，鸡蛋到底应不应该放在同一个篮子里呢？

我认为，鸡蛋不应该放在同一个篮子里。为什么呢？

1. 制度不健全

我国的股票市场是一个新兴的市场，而证券市场的制度建设是个长期的过程。目前，无论是审批上市，还是上市公司信息披露和监管等各个环节都存在一些制度性缺陷，暗箱操作很严重，暴露问题很多，适当的分散投资，有利于化解投资风险。

2. 信息不对称

广大散户朋友获取上市公司的信息渠道十分狭窄，主要是通过炒股软件上的财务报表了解上市公司的一些滞后信息，对上市公司的情况缺少及时全面地了解，管中窥豹，不见全貌。不像主力机构那样有专门的研究机构，可以到上市公司实地调查，信息灵通，了解内情，这就难免出现选股上的失误。

3. 财务有陷阱

目前，好多上市公司的财务报表缺少真实性。不要说“体现”、“不体现”的做法非常普遍，有些公司甚至采取十分恶劣的手法欺骗投资者。如，为了达到上市圈钱、配股融资、业绩达标等目的，编制虚假财务报告，高估资产，隐瞒负债，虚报盈利，隐瞒费用，等等。

上市公司造假的手段五花八门：有的虚做销售，增加利润；有的增加应收账款和营业外收入；有的寅吃卯粮，提前确认收入；有的利用出售资产或转让股权等名目实现利润增长；有的做低期间费用，虚增利润；有的利用减值准备，操纵利润；有的借关联交易转移利润；有的隐瞒重大事项，等等。

更为严重的是，有的上市公司与主力机构相互勾结，搞内幕交易，利用虚假财务信息误导投资者，操纵股价。建仓时配合出利空消息，出货时配合出利好消息，等等。

以上这些因素都会影响我们对股票的选择，选股失误可以说是难以避免的。

我们不妨看一下亿安科技这个例子：

图 12－5 是原亿安科技——现在叫 ST 宝利来（000008）的走势图，这只垃圾股从 1998 年 8 月 31 日的 5.5 元，通过制造各种“神话”，曾暴炒到 2000 年 2 月 17 日的 126.3 元，如果你是搞集中投资，而且不幸买在亿安科技的塔尖上，那就会倾家荡产，一辈子别想翻身。

所以，你最好“不要把鸡蛋放在同一个篮子里”。投资难免有失误，适当的分散投资可以化解大的风险，避免出错时血本无归，当然，也不要把投资搞得过于分散。

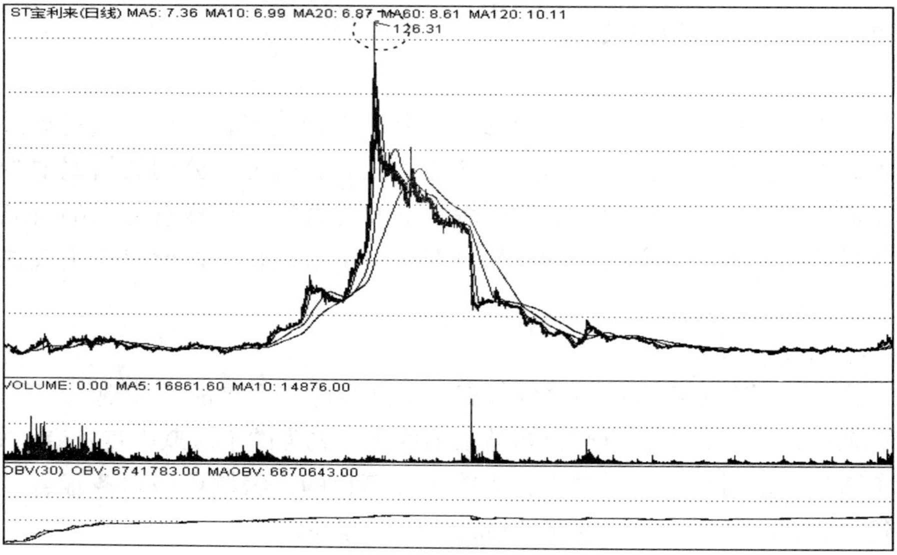

图 12－5　ST 宝利来日线图

（四）控制仓位

资金管理，即仓位控制和资金配置问题，事关重大。不是危言耸听，投资者如何掌握自己的钱财，控制好仓位，甚至直接关系到投资的成败。不论入市资金量大小，应该注意以下几个问题。

1. 不借贷炒股

购买股票必须使用自有资金，从源头上把风险控制在自己可以承受的范围内。千万记住，不要借钱炒股，不要贷款炒股，不要挪用其他资金炒股。

2. 合理配置资金

本杰明·格雷厄姆说，我的基本原则是，投资者永远都应该把最少25%的投资投入债券或债券等价物，再把最少 25% 的投资用于普通股票，余下的 50% 可以根据债券和股票的价格变化在两者之间分配。对于资本金比较少的散户朋友来说，不可能把有限的资金搞得过于分散，但也绝不要把所有的钱都投到股票市场上，难以腾挪，承担过大的风险。

3. 不满仓操作

在牛市中筹码多一些，资金少一些；在熊市下跌过程中，尽量空仓观望。投资冲动是个魔鬼，要克服毕其功于一役的心理，绝不能子弹全打光。因为股市上的不确定因素实在太多。

4. 低位不空仓

如果股价已经跌无可跌，万万不可卖出手中股票，相反，这时你倒是应该买入一些股票。在股市门可罗雀的时候入市淘宝，买些好的品种持有，也许正当其时。

（五）均线止损

股市是一个高风险的场所，一个投资者要想在股市中长期生存下去，必须严格控制风险，学会在面临重大损失时斩仓出局，确保资本金安全。

怎样止损呢?

1. 守住一条安全线

60 日移动平均线是一条多空分界线，也可以说是操盘必守的安全线。要跟住 60 日均线操作，在趋势明朗的市场中，要坚持 60 日均线之上不做空、60 日均线之下不做多的安全操作原则，特别是 60 日均线拐头向下的时候，不要因为跌幅深了就抢反弹。60 日均线好比一把铡刀，你在 60 日均线上面操作，好比置身刀背之上，它是一个安全支架，落到刀背上还可以弹起来；在 60 日均线之下操作，好比处身于寒光闪闪的刀口之下，你可能随时受到伤害。“智者不立于危檐之下”，要坚持顺势操作，不谋小利，避免大损。

2. 看住三条止损线

在大涨行情的末期，市场进入顶部震荡阶段，5 日、10 日和 20 日移动平均线是三条重要的止损线。股价跌破 5 日均线应该减仓，跌破 10 日均线要出货，跌破 20 日均线应择机清仓。如果长阴破位，20 日与 60 日均线出现死亡交叉，应该当机立断，认赔出局，不要心存侥幸，犹豫不决，铸成大错。

3. 盯住两条支撑线

上升趋势线和前期低点连线是重要的支撑线，如果被有效击穿，应考虑止损出局。

（六）一般原则

牛市慎做空，熊市慎做多。

不在连续大涨之后买入，不在连续大跌之后卖出。

连续多日上涨后跳空高开，逢高出货；连续多日下跌后跳空向下，逢低买入。

三次见顶不破卖出，三次探底不穿买入。

股价低位长期盘整后，突然放量跳空向上，跟进做多；股价高位长时间横盘后，突然跳空向下，立即卖出。

牛市回档应择机买入，熊市反弹应逢高出货。

二、赢家素质

证券市场是多空博弈的载体，投资者是市场行为的主体，而心理因素则主宰着投资者的行为。

投资者的市场行为是直接受心理因素影响的。当人们认为买股票有利可图时会疯狂入市，有时尽管股价已经涨到非理性的程度，还要追高买入，即使已经获利丰厚还贪婪地捂着不放；反过来，当人们对股市失去信心时是不会去买股票的，有时尽管股票连续下跌，已经变得很便宜，仍然心存恐惧趑趄不前。投资者经常在市场走坏时过度悲观连续杀跌而导致股价过度下跌，而在市场暴涨时过度乐观追高买入而导致价格过度上涨。

有关研究表明，股市波动与投资者群体的情绪密切相关。股市的极端非理性行为是周期性爆发的，因为人类情绪变化具有周期性的特点。皮古说，商业的上下摆动是由于人类的过度乐观及随后的过度悲观。赫西博士说："对于我们所有的人，欢乐与悲哀有规律地一个接一个，几乎像波浪那样可靠。""人类的情绪通常以33～36天的规则间隔上升和下降。这些因素的上升和下降与股票市场的走势图类似。"有人说，从某种意义而言，资本市场投资的获利，是对我们性格优点的奖赏，反过来说，亏损则是对我们人性弱点的惩罚。

证券市场上，明白人多，赚钱人少。什么原因呢？知易行难。所谓纸上谈兵，不仅说名与实之间存在着巨大差距，也反映知与行之间还有很远一段路程。力行致远者，必有超乎常人的素质。江恩先生说："我给你世上最好的规则，以及研判股票位置的最佳方法，你还是会因为人的因素，也就是你最大的弱点，而输掉账户上的钱。你必须遵守规则。你不要凭希望和恐惧，而要以事实行事。不犹豫迟疑，不失去耐心，不仓促行动，不延误时机。你不要用人性的弱点欺骗自己，然后将损失归咎于市场。你要永远记住，是自己的过错而不是市场的行为或市场操纵者的行为导致了你的损失。”格列高里·莫里斯说：“对于那些损失了钱财的投机者来说，失败一方面源于他们对市场的错误分析，一方面是由于他们缺乏将分析结果转化为实际操作的能力。要想把技术分析真正同实际操作联系起来，投资者就必须克服恐惧、贪婪和欲望的威胁。这就是说，当我们遇到暂时不利的因素时，首先要学会控制住自己的急躁情绪，不要轻易放弃自己正确的分析结果。我们要坚持自己的原则，相信自己的判断是通过正确的技术分析得到的，不要为别人的语言和行为所左右。”

股市是一个精英荟萃之所，群雄博弈，斗智斗勇，时刻都在考验着每个人的智慧、胆识和综合素质。在股市进出的人，绝大多数是聪明而有智慧的人，他们一般都具有丰富的阅历和经验，有较强的市场分析能力。所以，你要成为股市的赢家，必须具备赢家的综合素质。

（一）宏观思维与超前意识

宏观思维是做股票投资所必需的。如果做股票投资只见树木，不见森林，不能对宏观经济政治形势做出正确判断，不能站在全局的视角上、在足够长的时间跨度内对具体的信息进行综合思考，不能洞察宏观形势，把握行业整体走向及业态竞争变化，没有战略头脑和战略思维，就不可能形成清晰的认识、明确的方向和正确的投资决策。因为一只股票虽然是非常具体的，而投资一只股票却要求思维空间足够大，对各种因素的相互影响、相互联系进行全面的缜密思考，最后形成一个投资决策。宏观思维的前瞻性，即超前意识是形成正确投资决策的重要前提，就是说，正确投资决策的前提是对未来趋势的超前预见和清晰洞察。因为我们所要面对的是一个瞬息万变的投资对象和市场环境，投资决策如果不能预见趋势，而只是跟着短期行情走，就不可能抓住大的机遇、大的行情。跟在别人的后边，亦步亦趋，成就有限。

（二）独立思考与判断能力

智慧的头脑是财富的源泉。做股票投资必须善于独立思考，对股票买卖有自己独立的分析和判断，不能人云亦云，自己没有主见。

本杰明·格雷厄姆说："在华尔街投资成功有两个条件：第一，正确思考；第二，独立思考。"

安德列·科斯托兰尼说："职业投资者的工作，95%是在浪费时间，他们在阅读图表及营业报告，却忘记了思考，但对投资者来说，这才是最重要的。"又说："投机家是以思考工作的人。"

如果说缺少独立思考力像无帆的船，缺少独立判断力就像这船上没有舵手，随风飘泊，没有确定的方向。股票市场的信息铺天盖地，股票的走势众说纷纭，你要想驶向成功的彼岸，必须有自己独立的分析判断，咬定目标，破浪前行，雷霆不移。

周密思考，果断决策，几乎是一切成功的重要前提。

（三）勇气与决断

勇为帅胆，强者资质。智者不惑，勇者不惧。富贵险中求，大赢家都是有冒险精神的。巴菲特说："对于从小就习惯于与群体和社会保持一致的我们来说，在股市中要摆脱追随大众的愚蠢，坚持自己的独立判断，需要很大的勇气和自信。""一个投资者必须既具有良好的公司分析能力，同时又必须具备把他的思想和行为同在市场中肆虐的极易传染的情绪隔离开的能力，才有可能取得成功。"

股票投资是一种以金钱做赌注的游戏，任何一笔买卖都要承担决策失误的风险，所以叫冒险掘金。在群情激昂的上涨行情中逆市卖出，需要独立的判断和勇气；在看跌趋势形成时割肉止损，抽身离场，需要果断决策和勇气；在市场一片恐慌情绪中冒险杀进，重仓买入，把钱砸进去，更需要独立的判断和勇气。市场表现得越愚蠢，善于捕捉机会的勇敢者胜算越大。机会偏爱勇者。敢作敢为，敢为人所不为，做到与众不同确实不容易，但这是赚大钱、发大财的重要前提。

到目前为止，所有股票书籍所介绍的技术分析方法，几乎都是跟市行为，而不是超前行为，但是，要在股市赚大钱，却要求有超前行为，超前买入，超前卖出。这不仅需要超前意识，更需要有很大的胆量和勇气。如图 12－6 所示。

从图 12－6 中我们看到，沪市在底部区域曾出现四个买点：

（1）A 点买入，可以说是一种冒进。因为虽然低位放量出现长阳，短

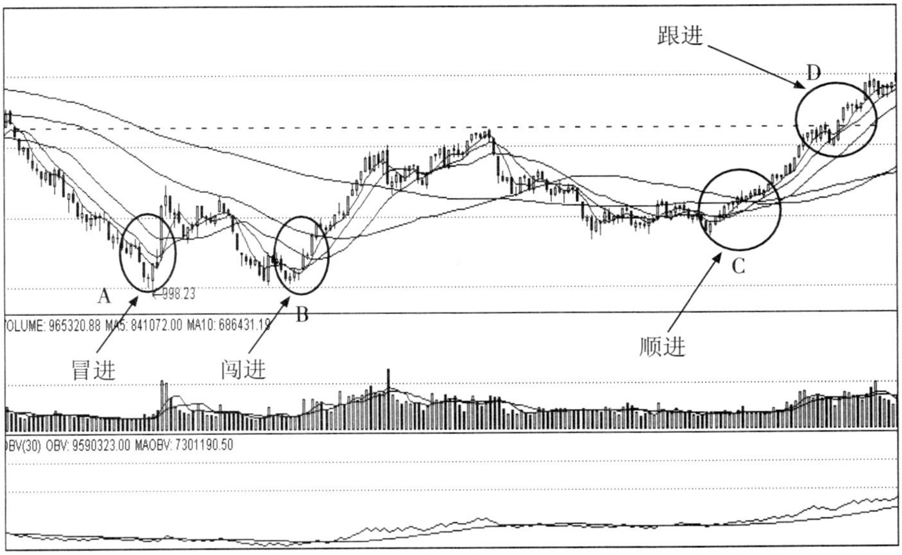

图 12－6　操作中的顺势而为

期移动平均线出现黄金交叉，但 60 日和 120 日移动平均线仍然向下运行，大盘下跌的趋势并没有改变。

（2）B 点买入，可以说是闯进。因为 60 日和 120 日移动平均线虽然仍然向下运行，但短期均线已于低位连续两次出现黄金交叉，形成银三角和金三角，并明显形成 W 底，成交量放大。所以这时买入，虽然有一些冒险，但胜算要大得多。

（3）C 点买入，可以说是顺进。C 点是一个比较稳健的买入点，因为这时已经形成明显的大底形态，而且底部在抬高，移动平均线系统已经从向下运行转变为向上运行，上升趋势基本形成，这时买入属于顺势而为，但重仓进入需要勇气。

（4）D 点买入，可以说是跟进。但这是一个最佳买点，因为这时股价已经突破颈位线和前期高点，各条移动平均线已经形成明显的多头排列，一轮牛市行情已经形成。

从这四个买点我们可以看出，冒进、闯进的买点具有一定的冒险性，但如果买对了，盈利空间很大。顺进、跟进的买点比较稳妥，但相对盈利空间要小些。一轮牛市启动，往往绩优股充当先行，从 A 点到 D 点，绩优股多数已经有了较大涨幅，跟进的投资者再追高买入需要付出较高的代价。

勇敢者，天助之。但勇气须睿智相随，勇而无智，久战必伤。

（四）理性与定力

理性是投资中最重要的因素。格雷厄姆指出：“对待价格波动的理性的态度，是所有成功的股票投资的试金石。”他认为，成功的投资者往往是那些个性稳定的人，投资者最大的敌人不是股票市场，而是他自己，即使投资者具有数学、财务、会计方面的高超能力，如果不能掌控自己的情绪，仍难以从投资行动中获益。他说，你需要对欲望有相当的自我控制能力，在投资中保持克制是最明智之举，强烈的投资欲望可能使你血本无归。

巴菲特说:“投资必须是理性的，如果你不能理解它，就不要做。”“一种近乎懒惰的沉稳一直是我们的投资风格的基石。”“我很理性。很多人比我智商更高，很多人也比我工作时间更长、更努力，但我做事更加理性。你必须能够控制自己，不要让情感左右你的理智。”他说，如果你不能控制自己，你迟早会大祸临头。他认为，决定投资成功与否的最重要因素是投资者的性格，而不是他的能力。你必须将情绪纳入纪律之中。

约翰·内夫认为，冷静的态度是任何想要在股票市场上有所成就的人必须具备的第一心理素质。买入前要冷静思考，深入分析；持股要坚定，不要一跌就恐慌抛出，暴跌往往是买入机会。也就是说，要有定力。在市场的大涨大跌面前，要沉着冷静，从容镇定，不慌不乱。

事实证明，冲动是魔鬼。真正的赢家，是那些心态稳定，能够在狂热气氛中控制住自己情绪，始终保持高度冷静的人，而亏损的投资者往往是那些容易受到市场波动影响的人。这些人的共同特点是：在坏消息下过度悲观，在好消息下过度乐观；过于强调短期投资盈亏而不愿意长期持有股票；根据别人的意见或者股评买进卖出，甚至是知其然不知其所以然地频繁买卖。

其实，要在股票投资中保持一种从容和淡定的态度，一是要棋局看得清，自然从容；二是仓位不要太重，自然也就轻松了。

（五）忍耐力

做股票投资，必须有灵活性，善于临机决策，要能够对错误的投资决策及时果断调整，但更需要的是超常的忍耐力。

股票市场是很折磨人的，反反复复涨涨跌跌得得失失。邱永汉说，股票赚到的钱是一种忍耐费。“忍”字心头一把刀，是对心灵的一种磨砺和伤害，股票投资要付出沉重的精神成本。但是，如果你选择的入市时机基本不差的话，忍耐力却是促使你走向成功的主要推手。

如图 12－7 五粮液（000858）的周线图所示，假如你于 2008 年 8 月 8 日在 A 点以 21 元/股买入五粮液，结果不涨反跌，一直跌到 11 月 8 日的 B 点最低 11.69 元/股，你损失了 43% 的资本金，同时忍受了 3 个月的精神折磨。这期间，你曾几次想把五粮液卖掉，但自己选择的股票就像自己选择的爱人一样，是经过反复比较才选中的，你还是认为它是一只好股，没有出手。结果怎么样呢？严冬过尽绽春蕾，五粮液开始缓慢地上涨了。经过 8 个月的爬升，到 2009 年 7 月 8 日的 C 点最高上涨到 21.7 元/股，你已经扭亏了！从图 12－7 中我们看到，A 点和 C 点的高度基本是相同的。但 C 点是正确的买点，A 点是错误的买点。因为你选择的买点是错误的，所以，你付出了 11 个月的忍耐费——精神损失费，这是一种非财产的损失、精神上的损失，可以叫精神成本，也是时间成本。除此之外，在 A 点和 C 点买入还有什么差别呢？没有了。所以，忍耐力很像一个默默无闻的清理工，

图 12－7　忍耐力的体现

给他足够长的时间可以把你失败的足迹一点点抹掉，弥补你的失误和缺憾，推动你在历经坎坷之后以崭新的姿态走上胜利的台前！

是川银藏积累多年的经验认为，投资股票就像兔子与乌龟的竞赛一样，只有小心谨慎，坚持和忍耐，才能赢得胜利。投资者的心境必须和乌龟一样，要慢慢观察，耐心等待，审慎买卖。

股票投资需要良好的意志品质，买入股票需要谨慎和勇气，持有股票需要耐心和定力。无论职场还是商场，忍耐力是低谷中的朋友。而从长期趋势来说，股市指数总体是上涨的，不会永远低迷。所以，忍耐力不仅是人性的光荣，也是投资者的挚友。

“唯坚忍者，始能遂其志。”